Practical
자바 유틸리티

Practical 자바 유틸리티: Git, 서브버전, 메이븐, 그레이들, JUnit, 트랙, 젠킨스, JMeter

초판 1쇄 발행 2016년 9월 30일 **3쇄 발행** 2019년 3월 18일 **지은이** 장윤기 **펴낸이** 한기성 **펴낸곳** 인사이트 **편집** 정수진 **제작·관리** 박미경 **용지** 월드페이퍼 **출력** 소다미디어 **인쇄** 현문인쇄 **후가공** 이지앤비 **제본** 자현제책 **등록번호** 제10-2313호 **등록일자** 2002년 2월 19일 **주소** 서울시 마포구 연남로 5길 19-5 **전화** 02-322-5143 **팩스** 02-3143-5579 **블로그** http://blog.insightbook.co.kr **이메일** insight@insightbook.co.kr **ISBN** 978-89-6626-194-9 책값은 뒤표지에 있습니다. 잘못 만들어진 책은 바꾸어 드립니다. 이 책의 정오표는 http://blog.insightbook.co.kr에서 확인하실 수 있습니다. 이 도서의 국립중앙도서관 출판예정도서목록(CIP)은 서지정보유통지원시스템 홈페이지(http://seoji.nl.go.kr)와 국가자료공동목록시스템(http://www.nl.go.kr/kolisnet)에서 이용하실 수 있습니다.(CIP제어번호: CIP2016020687)

프로그래밍인사이트

Practical

Git, 서부버전, 메이븐, 그레이들,
JUnit, 트랙, 제킨스, JMeter

자바 유틸리티

장윤기 지음

인사이트
insight

지은이의 글

IT를 직업으로 삼고 있는 사람들이나 이 분야에 관심이 많은 사람들과 만나서 이야기하거나 SNS를 통해 올라오는 글들을 보면 최근 화두가 되고 있는 것은 크게 3가지인 것 같다.

1. 빅데이터
2. 클라우드
3. 사물인터넷 (IoT)

빅데이터는 기존에는 버려지던 어마어마한 비정형 데이터를 분석하고 가공하여 새로운 정보를 제공하는 것을 목표로 하고 있다.

클라우드는 전통적인 데이터 센터의 비효율적인 하드웨어 납품/소프트웨어 설치/서비스 사용의 주기를 신속히 줄여주고 이미 준비되어 있는 서비스를 활용함으로써 초기 투자 비용과 서비스 배포 시간을 줄이려는 것이다.

사물인터넷은 우리가 주변에서 볼 수 있는 모든 물체를 네트워크에 연결시켜서 새로운 가치를 창조하는 것을 목표로 하고 있다.

이 세 가지 기술을 비교해 보면 확연히 다른 분야같지만 사실 모두 공통된 기반을 가지고 있는데 그것은 바로 빠르고 쉽고 가벼우면서도 확장성과 안정적인 성능이 제공되고 하드웨어와 소프트웨어의 비용이 저렴해야 한다는 점이다. 이러한 저렴한 인프라 환경 요건을 충족하기 위해서 오픈 소스 기반의 소프트웨어와 솔루션들을 우선 고려해서 적용하고 있다. 그리고 이러한 무료 혹은 무료에 가까운 기술들이 접목되고 응용되어서 빅데이터, 클라우드, 사물인터넷 같은 광범위한 서비스와 가치가 창조될 수 있는 것이라고 필자는 생각한다.

개발 분야에서도 마찬가지로 과거 자바와 닷넷으로 양분되던 것이 이제는 Node.js와 같은 가볍고 빠르면서도 충분한 성능과 확장성을 제공하는 기술과 MongoDB, Redis나 HBase 같이 전통적인 SQL 기반의 관계형 데이터베이스가 아닌 NoSQL을 기반으로 한 데이터 처리가 각광을 받고 있다. 게다가 이 모든 것이 (라이선스마다 다소 차이는 있어서 조건부이긴 하지만) 무료로 사용할 수 있다는 점은 우리를 더욱 더 설레게 만든다.

물론 과거에 이러한 시도가 없었던 것은 아니다. 더 좋은 개발 언어와 개발 환경을 만들기 위해서 노력했지만 그 당시에는 자바와 닷넷 신영의 빠른 발전을 쫓아가기에도 너무나 버거웠고 관계형 데이터베이스가 가지고 있는 아성을 파고들기 어려웠기 때문에 주목은 받았으나 대중적이지는 못했다. 하지만 지금은 많은 대안들이 나타나고 있고 시장에서의 반응도 상당히 좋다. 또 오픈 소스에 대한 인식도 좋아졌고 기업의 핵심 업무에도 사용될 정도로 안정성을 증명하고 있다.

필자도 Node.js와 MongoDB의 조합과 빅데이터를 위한 소프트웨어 구성 등을 바라보면서 과연 나도 자바라는 언어가 아닌 다른 개발 환경으로 변화를 주어야 하는 게 아닌가 하는 고민이 생겼지만 아직까지도 내가 자바를 좋아할 수밖에 없는 이유가 있다.

1. 20여 년간 쌓인 수많은 관련 정보 및 지식: 아무리 어려운 문제라도 Google에 정확한 키워드만 입력한다면 금방 관련 정보 및 문제를 해결할 수 있는 힌트를 얻을 수 있을 정도로 많은 연관 정보들이 넘치고 있다.

2. 자바 관련 통합 개발 환경: 이클립스와 이클립스 기반의 다양한 도구들은 어떻게 이 도구들 없이 과거에 개발을 했었는지 궁금할 정도다. 이클립스가 아니더라도 인텔리제이 IDEA, JDeveloper, NetBeans와 같은 강력하고 다양한 도구들을 선택할 수 있다.

3. 자바 개발 프레임워크: 스프링(Spring), 스트럿츠(Struts) 같은 통합 개발 프레임워크부터 시작해서 하이버네이트(Hibernate), iBatis, JPA 등 다양한 데이터 처리 관련 프레임워크는 단기간 내에 나오기 어려운, 많은 시간의 노력과 경험이 축적된 산출물이며 다른 언어들이 쉽게 대안을 내놓기 힘든 독보적인 기술들이다. 뿐만 아니라 많은 개발자들이 프로젝트를 하면서 얻은 익숙함과 친숙함은 그 무엇보다도 큰 자산이다.

4. 자바 기반의 솔루션: 개발 언어를 선택할 때 가장 중요하게 생각하는 부분은 이식성과 확장성 그리고 상호 호환성이다. 많은 기업용 솔루션이나 대중을 위한 서비스들은 특정한 시스템 하나만으로 구성된 것이 아니다. 많은 서비스와 시스템 그리고 솔루션들이 유기적으로 연동되어 있다. 그리고 많은 서비스와 시스템들이 자바 기반의 미들웨어나 솔루션으로 연동 기술을 제공하고 있기 때문에 자바를 통한 연계성은 결코 버릴 수 없는 큰 매력이다.

5. 자바를 돕는 도구들 - ANT, 메이븐과 같은 빌드 툴과 Log4J와 같은 디버깅 도구, Junit 같은 테스트 도구, 그리고 젠킨스, 허드슨과 같은 CI 도구 등 자바 개발에서 활용되는 도구들은 다른 진영에서 절대 넘볼 수 없는 영역이며 게다가 이러한 것들이 무료로 사용할 수 있다는 점은 실로 경이롭기까지 하다.

이 외에도 많은 이유가 있겠지만 위의 5가지를 생각하면 비록 현재 자바 진영의 발전이 더디 가고 있고 언어적인 선호도와 점유율이 점점 내려가고 있을지라도 자바 언어는 앞으로 10년이 지나도 결코 사라지지 않고 대중적으로 널리 사용하는 언어로 계속 자리 잡고 있을 것이라고 확신할 수 있다.

이 책은 자바 개발자들이 개발 프로젝트를 진행하면서 도움이 될 만한 유틸리티를 선별해서 설명하고 있다. 많은 서적과 웹 페이지 그리고 블로그를 통해 정보를 찾을 수 있지만 어떠한 방향으로 자바 유틸리티들을 선택해서 사용할지 고민하는 개발자들에게 도움을 주고자 하였다.

또한 이 책에서 설명하고 있는 유틸리티들 중 많은 것들이 꼭 자바 언어와 관련되었다고 볼 수 없을 정도로 다른 언어, 다른 기반 기술 및 환경에서도 사용할 수 있는 도구이므로 이 책을 통해 기본기를 다지고 프로젝트를 진행하면서 기술을 늘려나가는 것도 좋은 방법이다.

책의 구성

자바 기반 프로젝트에서 필요한 것이 무엇일까 고민하면서 다음과 같이 내용을 구성했다.

1. 통합 자바 개발 도구
2. 형상 관리 혹은 버전 관리 도구
3. 자바 기반 소프트웨어 빌드와 배포 도구
4. 단위 테스트 및 버그 트래킹 도구
5. 성능 측정 및 모니터링 도구
6. 협업 도구
7. 지속적 통합 도구

애플리케이션을 배포하는 미들웨어 혹은 컨테이너는 유틸리티라고 하기에는 너무나 큰 분야이며 굉장히 다양한 요건들이 존재하기 때문에 자바 유틸리티에 대해서 설명한다는 측면에서 너무 큰 범위라 판단되어 위의 7가지 분야로 한정했다. 그리고 7가지 분야를 대표하는 유틸리티나 소프트웨어늘을 선성해서 이 유틸리티가 어떤 것이고 어떻게 사용해야 하는지를 설명한다.

감사의 말

나이가 들어가고 경력이 쌓일수록 회사에서나 집에서나 나만의 여유시간을 갖는 게 무척이나 어려워진다. 그리고 어렵게 마련한 여유 시간에 책을 쓴다는 것은 더더욱 힘든 일이 아닐 수 없다. 책을 쓰고 내용을 확인하고 다듬기 위하여 가족들과 함께 하지 못한 시간들을 생각하면 너무나 미안한 마음과 함께 고마운 마음이 든다. 그리고 책과 관련하여 여러 가지 조언과 지식을 공유해 주신 많은 분들과 이 책을 구입하여 읽어주시는 모든 독자들에게 특별히 감사를 전하고 싶다.

장윤기

차례

1장

형상 관리와 Git

1.1 들어가며

형상 관리 도구는 소프트웨어 프로젝트에서 나오는 결과물을 관리하는 소프트웨어로, 소스 코드 버전 관리 소프트웨어와 같은 것으로 인식하는 경향이 있다. 하지만 최근에는 버전 관리를 넘어서 각종 소프트웨어 프로젝트 산출물을 관리, 배포, 폐기하는 라이프사이클을 담당하는 다소 확장된 개념으로 형상 관리를 이해한다. 때문에 소스 코드에 대한 버전 관리뿐만 아니라 각종 문서 및 디지털 자원에 대한 라이프사이클을 관리하는 용도로도 사용하고 있다.

소프트웨어 개발 환경에서는 형상 관리 도구 없이 개발을 진행하는 것을 상상할 수 없다. 하지만 그 기능을 제대로 활용하지 않거나 형식적으로만 사용하는 경우가 많고 일부 공통 개발자[1] 혹은 개발 리더가 설정해 놓은 형상 관리 환경에 단순히 연결해서 사용하는 경우가 대부분이다.

이번 장에서는 형상 관리 도구로 가장 각광받고 있는 Git을 기반으로 소프트웨어 형상 관리에 대해 정리해볼 것이다.

- 왜 형상 관리가 필요하며 어떤 도구를 사용할 것인가?
- Git 설치와 환경 설정
- Git으로 형상 관리하기
- 브랜치와 머지에 대해 이해하기

---

[1] 공통 개발자란 프로젝트의 개발자들이 공통으로 지켜야 하는 표준을 정의하거나 공통된 라이브러리 혹은 기능을 개발하는 개발자를 의미한다. 최근에는 주로 프레임워크를 담당하는 개발자를 의미하기도 한다.

- Git 원격 작업과 GitHub

1.2 왜 형상 관리 도구가 필요한가?

많은 곳에서 형상 관리 도구를 프로젝트에 필수적인 도구로 생각해서 도입하고 사용하고 있지만 그 필요성이나 당위성에 대해서 제대로 이해하고 있는 개발자는 그리 많지 않다. 대부분 주어진 환경 및 표준대로 사용하기 때문에 내부적으로 어떤 점을 고려해야 하고 어떠한 프로세스를 만들어야 하는지, 어떠한 항목들을 형상 관리할지 고민할 필요를 느끼지 못한다.

형상 관리 소프트웨어를 도입하면 단지 소스 코드를 중앙의 저장소에서 관리하도록 바뀌는 것뿐 아니라 개발 프로세스 전체가 영향을 받는다.

이 절에서는 프로젝트에서 소스 코드를 공유하고 관리하는 방식에 대해 알아보고 이를 형상 관리 도구에 적용했을 때 어떠한 변화가 있는지 알아보자.

1.2.1 파일 공유 기반의 개발

형상 관리 혹은 버전 관리라는 개념이 미비하던 시절에는 소스 코드, 이미지, 디렉터리 등을 파일 서버 기반으로 공유해서 관리했고 지금도 일부 환경에서는 별도의 버전 관리 소프트웨어 없이 파일 서버에 소스 코드와 문서를 공유하면서 사용하기도 한다. 이러한 파일 서버 기반의 버전 관리는 다음과 같은 심각한 문제가 있다.

- 실수 혹은 고의로 파일을 삭제할 경우 복구할 방법이 없다. 혹시 모를 삭제에 대비하기 위해서 백업을 하지만 시점 차이로 인한 데이터 손실은 피할 수 없다.
- 하나의 파일을 여러 사람이 동시에 작업할 수 없다. 만일 2명 이상이 동시에 작업할 경우 정보가 유실되거나 과거 정보로 초기화될 수 있다.
- 이전 데이터로 복구할 수 없다. 예를 들어 소스 코드 작성 중에 이전 소스 코드로 되돌아갈 필요가 생겨도 파일 서버 기반에서는 불가능하다. 이런 상황에 대비해서 소스 코드를 백업하거나 소스 코드에 과거 이력 코드를 주석으로 계속 남겨놔야 한다.

파일 서버 기반으로 프로젝트 산출물을 관리하는 프로젝트에서는 아마도 위의 3가지 경우를 대부분 경험했을 것이다. 특히 2명 이상이 동시에 작업할 때 주로 문제가 생기는 데 그 내용은 그림 1-1과 같다.

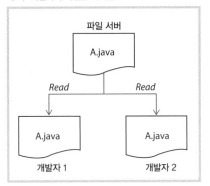

❶ 두 개발자가 파일을 가져옴

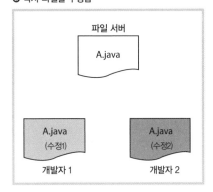

❷ 각자 파일을 수정함

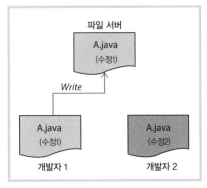

❸ 개발자 1이 파일 서버에 저장함

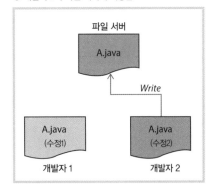

❹ 개발자 2가 파일 서버에 저장함

그림 1-1 파일 서버 공유 시 문제점

그림 1-1과 같이 1번부터 4번까지의 작업이 반복적으로 이루어지는데 결국 개발자 1이 작업한 내용은 서버에 반영되지 않고 최종적으로 개발자 2가 작업한 내용만 저장된다. 쉽게 설명하기 위해 두 명의 개발자로만 예를 들었지만 프로젝트의 규모가 크다면 많은 사람이 동시에 작업할 것이고 매우 많은 경우의 수가 생길 것이다. 이를 파일 서버 기반으로 공유하는 것은 거의 불가능에 가깝다.

그래서 파일 서버 기반으로 소스 코드를 관리하는 프로젝트에서는 개발자가 담당해야 하는 소스 코드를 정확하게 지정해서 다른 사람의 소스 코드를 직접 보거나 수정할 수 없도록 하는 내부적인 정책을 통해 이러한 문제를 해결하였다.

1.2.2 중앙형 및 분산형 형상 관리

파일 시스템 기반의 버전 관리는 장점보다는 단점이 크기 때문에 버전 관리 시스템의 등장 및 도입은 너무나 당연한 것이다. 버전 관리 시스템의 경우 다시 크게 두 가지로 구분할 수 있다.

- 중앙형 형상 관리: 모든 개발자가 개발 시스템을 중앙의 특정 서버에 연동해 버전을 관리하는 방식이다. 대표적으로 CVS, 서브버전이 있다.
- 분산형 형상 관리: 중앙형 형상 관리의 문제점을 해결하기 위해서 도입된 방식이다. 형상 관리 저장소를 여러 서버에 분산시켜서 관리하는 개념으로 Git이 대표적이다.

분산형 형상 관리 시스템은 개념이 다소 낯설지만 구조적으로는 그림 1-2와 같다.

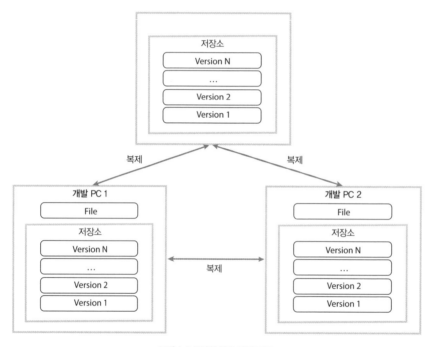

그림 1-2 분산형 형상 관리 구조

얼핏 기존 형상 관리와 유사해 보이지만 가장 큰 차이점은 체크아웃 개념보다는 복제 개념이 강하다는 것이며, 중앙의 Git 형상 관리로부터 로컬 저장소에 복제를 한 후 저장소 간의 동기화를 통해 형상 관리 및 협업을 하게 된다.

　중앙형 형상 관리와 분산형 형상 관리에 대한 장단점과 특징은 Git과 서브버전을 설명하면서 자세히 알아볼 것이다.

1.2.3 형상 관리 도입의 장점

파일 서버 기반으로 관리할 때의 문제점과 단점을 보강하기 위해 형상 관리 도구가 개발되었고, 이제 대부분의 개발 프로젝트에서 사용하고 있어서 그 필요성에 대해서 의문을 가지는 경우는 매우 드물다. 심지어 공동작업이 필요 없는 1인 개발 환경에서도 형상 관리를 반드시 필요한 개발 환경으로 인식하고 있다.

형상 관리의 필요성과 이를 사용함으로 얻게 되는 이득은 다음과 같다.

- 소스 코드의 변경 이력을 관리할 수 있다.
- 소스 코드를 프로젝트 팀원 및 관계자들이 서로 공유할 수 있다.
- 개발자들끼리 공유할 때뿐 아니라 서버나 클라이언트에 배포할 때에도 유용하게 사용할 수 있다.
- 장애 혹은 기능상 필요할 때 이전 버전으로 소프트웨어를 원상복구할 수 있다.
- 여러 사람이 동일한 소스 코드를 공유해서 개발할 수 있으며 소스 코드를 공유할 때 생기는 버전 충돌 문제를 관리할 수 있다.
- 동일한 소프트웨어를 여러 개의 버전으로 분기해서 개발할 필요가 있는 경우에 유용하게 사용할 수 있다.

이외에도 많은 장점들이 있는데 궁극적으로 어떠한 것을 형상 관리 시스템에서 관리해야 하는지 정리할 필요가 있다. 프로젝트 환경과 여건에 따라, 그리고 참여하는 팀원들의 성향에 따라 다르겠지만 다음 사항을 고려하면 좋다.

- 파일 혹은 디렉터리 중 변경이 발생할 소지가 있는 모든 자원을 1차 대상으로 한다.
- 파일의 크기가 너무 커서 형상 관리로 관리하기에는 무리가 있는 경우 제외한다(예: 데이터베이스 덤프 파일, 로그 파일, 제품 매뉴얼).
- 파일의 변경 발생 가능성이 매우 낮은 경우 제외를 고려할 수 있다(예: 소프트웨어).
- 사용하는 프레임워크 혹은 개발 방법론에 따라 불필요한 경우 제외를 고려할 수 있다(예: 메이븐, 그레이들 기반의 프로젝트에서 라이브러리).

현존하는 많은 형상 관리 소프트웨어들이 자체 저장소를 파일 시스템에 관리하고 있고 버전의 변경을 버전별로 계속 축적하기 때문에 크기가 큰 파일을 관리하는 것은 매우 소모적인 일이다. 이 때문에 자바 라이브러리를 형상 관리에서 관리하는 것에 대해 찬반 의견이 분분하다. 최근에 많이 사용하고 있는 메이븐과 그레이들 기반 프로젝트는 형상 관리 도구로 라이브러리를 관리할 필요는 없다. 모든 것에는 정답이 없으니 직접 환경에 맞게 정의하고 원칙을 수립해 나가는 것이 좋다.

1.2.4 형상 관리에 따른 절차

형상 관리 도구를 도입하면 결국 개발자의 개발 프로세스도 변한다. 도입할 형상 관리 도구의 버전 관리 기능, 공유 기능 및 관리 구조에 따라 개발 프로세스도 이에 맞게 변경해야 하기 때문이다. 반대로 바꾸려는 개발 프로세스에 맞게 형상 관리 소프트웨어가 기능을 충분히 제공하는지 확인해볼 필요도 있다.

형상 관리 도구에서 동시 작업을 위한 처리 방식은 Lock-Modify-Unlock 방식과 Copy-Modify-Merge 방식이 있는데 각각에 대해서 알아보겠다.

1.2.4.1 Lock-Modify-Unlock 방식

초기 버전 관리에서 사용하던 방식이지만 최근의 형상 관리 소프트웨어에서도 기능을 제공한다. 이 방식은 오직 한 명의 사용자가 파일을 읽고 쓸 수 있도록 하고 작업이 완료되면 다른 사람에게 읽고 쓸 수 있는 권한을 주는 방식이다. 예를 들어 A.java라는 파일을 개발자 1과 개발자 2가 동시에 수정하길 원한다면 다음과 같은 절차를 거친다.

1. 개발자 1: A.java에 Lock이 걸렸는지 확인하고 걸려있지 않으면 Lock을 건다. 만일 Lock이 걸려 있다면 해제될 때까지 기다린다.
2. 개발자 1: A.java를 로컬에 내려받는다.
3. 개발자 1: A.java를 수정한 후 형상 관리 서버에 반영한다.
4. 개발자 1: A.java의 Lock을 해제한다.
5. 개발자 2: A.java가 개발자 1에 의해 Lock이 해제될 때까지 기다린다.
6. 개발자 2: A.java의 Lock이 해제된 것을 확인한 후 Lock을 걸어서 파일을 내려받는다.
7. 개발자 2: A.java를 수정한 후 형상 관리 서버에 반영한다.
8. 개발자 2: A.java의 Lock을 해제한다.

❶ Lock을 걸고 소스 코드 수정

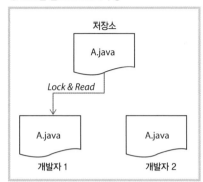

❷ Lock이 해제될 때까지 대기

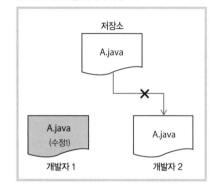

❸ 변경분 반영 및 Lock 해제

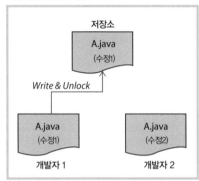

❹ Lock이 해제된 것 확인 후 작업

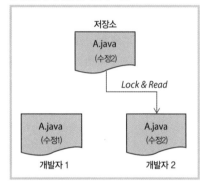

그림 1-3 Lock-Modify-Unlock 방식

이 방식은 위의 절차처럼 파일을 다른 사람이 사용하지 못하도록 잠금 처리를 한 상태에서 개발자들이 순차적으로 최신 버전을 다운받고 변경하고 반영하는 방식을 취한다. 이러한 개발 절차는 간단하지만 매우 비효율적이다. 특히 항상 작업할 때마다 최신 소스 코드를 내려받는 작업을 잊어서는 안되며 다른 사람의 작업이 완료될 때까지 작업을 할 수가 없다.

또한 이러한 형상 관리 솔루션과 작업 절차로 진행되는 프로젝트에서는 항상 빠지지 않고 나오는 이슈가 개발자가 파일에 Lock을 건 후 퇴근하거나 휴가를 가버려서 해당 소스 코드에 대한 작업이 중단되는 상황이 생기는 것이다(물론 관리자가 Lock을 임의로 해제할 수는 있다).

1.2.4.2 Copy-Modify-Merge 방식

앞서 설명한 많은 문제들을 해결하기 위해서 나온 방식이 Copy-Modify-Merge 방식으로 우리가 알고 있는 최근의 형상 관리 소프트웨어들이 현재 이 방식을 지원하고 있다.

이 방식의 특징은 다른 개발자가 소스 코드에 접근을 못하도록 Lock을 걸지 않는 것으로, 일단 수정을 원하는 개발자가 모두 소스 코드를 다운로드해서 수정한 다음 형상 관리에 커밋을 하되 버전에 충돌이 생길 경우 머지 명령을 통해 통합해서 이를 해결한다.

예를 들어 A.java 파일을 두 명의 개발자가 동시에 수정한다면 다음과 같은 절차로 진행된다(그림 1-4).

1. 개발자 1, 개발자 2: 두 개발자 모두 A.java를 형상 관리에서 로컬로 내려받는다.

2. 개발자 1, 개발자 2: 두 개발자 모두 A.java를 수정한다.

3. 개발자 1: A.java를 형상 관리에 반영한다.

4. 개발자 2: A.java를 형상 관리에 반영할 때 버전 충돌로 반영이 되지 않는다(개발자 1이 먼저 변경했기 때문이다).

5. 개발자 2: 형상 관리에 있는 A.java와 로컬에 있는 A.java를 비교한다.

6. 개발자 2: 형상 관리에 있는 A.java와 로컬에 있는 A.java를 Merge해서 내려받는다.

7. 개발자 2: 내용을 확인한 후 A.java를 형상 관리에 반영한다.

여기서 차이점은 개발자 1과 개발자 2가 동일한 소스 코드를 받아서 각자 맡은 영역을 수정하는 것으로, 다른 개발자의 수정 작업이 끝날 때까지 기다리지 않고 개발 작업을 진행할 수 있다. 다만 수정한 정보를 형상 관리에 반영할 때 문제가 생기는데 둘 중에 먼저 형상 관리에 반영하는 개발자는 특별한 문제 없이 처리가 가능하지만 그 이후에 형상 관리에 반영하는 개발자는 버전 충돌이 발생한다. 두 번째 개발자의 로컬에 있는 소스 코드의 형상 관리 버전이 현재 형상 관리에 있는 소스 코드의 버전보다 낮기 때문이다.

이러한 문제를 해결하는 것이 머지 작업으로, 형상 관리에서 최신 소스 코드와 로컬 소스 코드를 병합하여 내려받고 계속 개발 작업을 진행한 다음 최종적으로 형상 관리에 반영한다.

머지 작업이 상당히 복잡해 보이지만 현재 자바 통합 개발 도구는 형상 관리와 연계해서 머지를 자동으로 해주는 좋은 기능들이 있고 또한 형상 관리의 코드와 로컬의 코드를 비교해 주는 기능(Diff)도 제공되기 때문에 손쉽게 처리할 수 있다.

❶ Lock을 걸고 소스 코드 수정

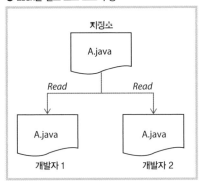

❷ Lock이 해제될 때까지 대기

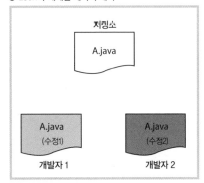

❸ 변경분 반영 및 Lock 해재

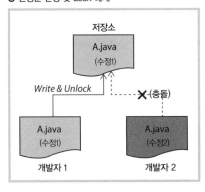

❹ Lock이 해제된 것 확인 후 작업

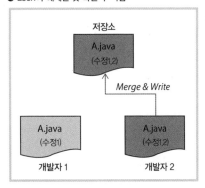

그림 1-4 Copy-modify-Merge 방식

이 방식이 우수하고 훨씬 효율적이지만 일부 프로젝트에서는 여전히 'Lock' 방식을 고집하는 경우도 있다. 왜냐하면 형상 관리 절차에 익숙하지 않은 개발자들이 머지 작업을 수행하다가 문제를 발생시키는 경우가 종종 있고 때로는 3~4명의 개발자가 동시에 작업하면 머지 작업이 제대로 동작하지 않을 때도 있기 때문이다.

궁극적으로는 여러 개발자가 동시에 소스 코드를 수정하는 일이 생기지 않도록 잘 설계하고 분배하는 것이 중요하다. 아무리 형상 관리 소프트웨어가 머지 기능을 잘 제공하더라도 소스 코드 버전의 충돌이 발생하는 것은 매우 귀찮은 일이기 때문이다.

1.3 어떤 도구를 사용할까?

형상 관리 도구 역시 굉장히 많은 무료 소프트웨어와 상용 소프트웨어가 있는데 이것들의 여러 가지 기능적인 특징과 장단점을 잘 파악해서 자신에게 적합한 것을 도입해야 한다.

특히 형상 관리 도구는 소스 코드에 대한 버전 및 이력 등이 쌓이기 때문에 한 번 결정해서 사용하기 시작하면 다른 제품으로 변경하는 것이 쉽지 않다. 그 이전의 이력 정보까지 신규 제품으로 이관할 수가 없기 때문이다.

형상 관리 도구를 도입하고 사용하기 전에 다음 항목들을 고려하는 것이 좋다.

- 현재 표준으로 사용하고 있는 개발 도구에서 연계가 가능한가(예: 이클립스, 인텔리제이 IDEA에서 연계 가능성)?
- 지속적 통합 도구, 버그 트래킹 도구와 연계가 가능한가(예: 젠킨스, 트랙)?
- 연계할 수 있는 프로토콜은 다양한가(예: HTTP/HTTPS를 통해서 연계가 가능한가)?
- 별도의 GUI 클라이언트를 제공하는가?
- 사용자 관리 기능을 제공하는가?
- 사용자별 권한을 관리할 수 있는가?
- 백업 및 복구는 용이한가?
- 다양한 운영체제를 지원하는가?

최근에는 무료 형상 관리 도구들도 좋은 기능들을 제공하고 있어 널리 쓰이고 있다. 이런 무료 제품들은 상용 제품보다 통합 개발 도구나 프로젝트 관리 도구에서 훨씬 연계가 잘 된다. 주로 많이 사용하는 무료 형상 관리 도구들을 정리하면 다음과 같다.

- CVS: 무료 형상 관리 소프트웨어가 개발 환경에 자리 잡을 수 있도록 한 대표적인 형상 관리 소프트웨어다. 파일 및 디렉터리 단위로 버전을 각각 관리하며 현재도 일부 현장에서 사용되고 있다.
- 서브버전: CVS의 기능적인 제약과 버전 관리 체계의 단점을 개선했으며 Git이 등장하기 전까지 10여 년간 꾸준히 사용된 소프트웨어다.
- Git: Git은 분산 버전 관리 개념을 바탕으로 하는 소프트웨어로 기존 CVS나 서브버전에 비해 형상 관리 속도 및 작업이 대폭 향상되었다. 특히 2008년부터 Github에서 무료로 형상 관리 서비스를 제공하기 시작하면서 빠르게 대세로 자리잡고 있다. 특히 오픈 소스 프로젝트 진영에서 많은 지지를 받고 있다.

CVS, 서브버전이 2세대 버전 관리 소프트웨어라면 Git, Bazaar, Mercurial은 3세대 버전 관리 소프트웨어로 분류할 수 있다. 이 책에서는 각각을 대표하는 서브버전과 Git을 기반으로 설명할 것이다.

1.4 Git 설치 및 환경 설정

Git은 리눅스 창시자로 유명한 리누스 토발즈가 리눅스 커널 소스 코드를 좀 더 효과적으로 관리하고 전세계에 흩어져 있는 리눅스 커널 개발자들과 소스 코드 변경 내용을 공유하기 위해 만들었으며 2005년에 최초로 발표하였다. 기존에 개발자들이 많이 사용하던 CVS, 서브버전과 같이 파일에 대한 변경을 추적하고 관리해주는 형상 관리 도구이지만 독특한 특징을 가지고 있다.

전통적으로 형상 관리 도구들은 하나의 하드웨어와 스토리지에 설치하고 하나의 저장소에 모든 내용들을 보관하고 관리하게 되는데, 이때 형상 관리 도구에 장애가 발생하면 모든 개발 업무 및 배포 업무가 마비된다. 이러한 문제를 해결하기 위해 저장소에 대한 백업 기법이나 실시간 복제 기술 등 다양한 기술적인 해결 방안이 제공되고 있지만 여전히 제약이 많다.

이에 비해 Git은 분산된 버전 관리 시스템으로 형상 관리 소프트웨어 중에서 가장 최신 세대로 구분할 수 있다. Git은 전체의 변경 히스토리와 내용을 각각의 사용자들 환경에 분산해서 관리하며 흔히 우리가 말하는 '저장소'라는 것이 중앙에 위치해 있긴 하지만 개별 사용자의 로컬 환경에도 있다. 이를 '저장소를 복제한다'고 표현한다. 그리고 관리되는 파일을 사용자들끼리 공유할 필요가 있을 경우에만 네트워크를 통해서 중앙 저장소에 반영한다.

그래서 Git은 중앙의 형상 관리 도구에 장애가 생겨도 개발 업무에 미치는 영향이 크지 않으며 형상 관리 속도 역시 매우 빠르다.

또한 CVS나 서브버전에서 제공은 되지만 잘 사용하지 않고 관리하기 어려운 기능 중 하나가 브랜치(branch) 기능인데 속도가 느리고 관리가 힘들며 최종적으로 내용을 취합하는 것이 어렵다. Git의 가장 큰 장점이 바로 브랜치 기능이다.

그리고 Git을 가장 유명하게 만든 것은 GitHub이다.[2] GitHub는 많은 오픈 소스 프로젝트들이 소스 코드 관리 용도로 사용하고 있으며 특히 소스 코드를 공개한다면 별도의 비용 없이 서비스를 사용할 수 있다. 이외에도 여러 가지 개선된 기능들 때문에 최근에 형상 관리 도구로 각광받고 있다.

---

2 *https://github.com*

1.4.1 Git 설치

Git은 비교적 설치가 쉽다. *https://git-scm.com/downloads*에서 윈도우, 리눅스, 맥, 솔라리스용 설치 파일을 다운로드 받을 수 있는데 리눅스 버전은 별도의 다운로드 파일을 제공하지 않고 각 배포판에서 관리하는 패키지 명령을 이용해서 설치하는 방법만 제공된다. 이외에도 Git의 소스 코드 관리 저장소인 *https://github.com/git/git*에 가면 최신의 소스 코드를 확인할 수 있고 컴파일 및 패키징 작업을 통해 사용을 원하는 운영체제 환경에서 Git을 사용할 수도 있다.

우분투로 대표되는 데비안 계열은 sudo apt-get install git-all, 레드햇 계열은 sudo yum install git-all 명령을 수행하면 된다. 필자의 경우 우분투를 이용하고 있어서 apt-get을 이용해서 설치했다.

apt-get을 이용해서 설치를 완료한 다음 정상 설치 여부를 확인하기 위하여 git 명령을 수행하면 그림 1-5와 같이 git 명령어에 대한 설명이 나온다. 설치 버전을 확인하려면 git --version을 실행하면 된다.

```
ykchang@javatools: ~
ykchang@javatools:~$ git
usage: git [--version] [--help] [-C <path>] [-c name=value]
           [--exec-path[=<path>]] [--html-path] [--man-path] [--info-path]
           [-p|--paginate|--no-pager] [--no-replace-objects] [--bare]
           [--git-dir=<path>] [--work-tree=<path>] [--namespace=<name>]
           <command> [<args>]

The most commonly used git commands are:
   add        Add file contents to the index
   bisect     Find by binary search the change that introduced a bug
   branch     List, create, or delete branches
   checkout   Checkout a branch or paths to the working tree
   clone      Clone a repository into a new directory
   commit     Record changes to the repository
   diff       Show changes between commits, commit and working tree, etc
   fetch      Download objects and refs from another repository
   grep       Print lines matching a pattern
   init       Create an empty Git repository or reinitialize an existing one
   log        Show commit logs
   merge      Join two or more development histories together
   mv         Move or rename a file, a directory, or a symlink
   pull       Fetch from and integrate with another repository or a local branch
   push       Update remote refs along with associated objects
   rebase     Forward-port local commits to the updated upstream head
```

그림 1-5 Git 실행 화면

git 명령은 git --help 명령과 동일하며 간단한 명령어 사용법과 사용할 수 있는 옵션 정보를 보여준다. 여기에서 보여주는 옵션들은 이 책을 진행하면서 계속 설명하겠다.

1.4.2 Git 환경 설정

Git을 설치하고 나면 별도의 환경 설정 없이 바로 사용이 가능하지만 자신만의 사용 환경을 적용하기 위해 환경 설정하는 방법을 이해해야 한다. Git의 환경 설정 정보는 다음 명령을 이용해서 관리한다.

```
git config
```

이 명령을 실행하면 `git config` 명령으로 설정할 수 있는 항목들을 나열해 주며 이 명령을 이용해서 설정한 결과는 다음 세 군데의 파일에 저장된다.

- /etc/gitconfig: Git과 관련된 시스템 레벨의 설정 정보가 저장된다. 아무런 설정을 하지 않았다면 해당 위치에 파일이 존재하지 않는다. --system 옵션을 적용한 설정 정보가 저장된다.
- ~/.gitconfig 또는 ~/.config/git/config: 특정 사용자를 위한 환경 설정 파일로 사용자의 홈 디렉터리에 생성된다. 아무런 설정을 하지 않았다면 해당 위치에 파일이 존재하지 않는다. --global 옵션을 적용한 설정 정보가 저장된다.
- .git/config: Git 저장소에 생성된 환경 설정 파일로 특정 Git 저장소를 대상으로 하는 환경 설정 정보가 저장된다.

최초로 Git을 설치한 다음 가장 먼저 설정할 것은 현재 운영체제의 사용자 정보를 Git에 반영하는 것이다. 가장 기본적으로 하는 3가지는 사용자 이름, 이메일 주소 그리고 주로 사용하는 텍스트 편집기 정보를 Git 환경 설정에 추가하는 것으로 다음과 같은 명령을 실행하면 된다.

```
git config --global user.name "Yoonki Chang"
git config --global user.email "yoonki.chang@gmail.com"
git config --global core.editor vi
```

이렇게 정보를 설정하고 나면 사용자 계정 홈 디렉터리에 .gitconfig 파일이 생성된 것을 확인할 수 있으며 그 내용은 다음과 같다.

소스 1-1 .gitconfig

```
[user]
        name = Yoonki Chang
        email = yoonki.chang@gmail.com
[core]
        editor = vi
```

위의 소스의 내용을 보면 git config 명령이 어떻게 저장됐는지 알 수 있다. 그리고 git config 명령을 통하지 않고 텍스트 에디터로 직접 해당 내용을 추가하거나 변경할 수 있다.

이렇게 설정 파일을 직접 확인하는 방법도 있고 환경 설정한 정보를 git config --list 명령을 이용해서 확인할 수도 있다(그림 1-6).

그림 1-6 git config --list 실행 결과

git config로 설정할 수 있는 환경 변수 및 파라미터는 굉장히 많아서 이 책에서 모든 것을 설명할 수는 없다. 자세한 내용은 git help config 명령을 통해서 상세히 확인할 수 있으며 최신 버전의 설정 정보는 *https://git-scm.com/docs/git-config*에서 확인할 수 있다.

1.4.3 Git 저장소 생성

Git을 설치하고 환경 설정을 완료했다면 본격적으로 사용하기 위해서 가장 먼저할 일은 저장소를 생성하는 것이다. 저장소는 관리하고자 하는 모든 소스 코드 및 디렉터리가 저장되는 곳으로 복수의 프로젝트를 하나의 저장소에서 관리할 수 있다. 저장소는 특별한 데이터베이스처럼 보이지만 사실은 디렉터리와 파일 기반으로 데이터를 관리하며 생성한 저장소 하위의 .git 디렉터리에 저장되어 있다.[3]

Git 저장소 기반으로 프로젝트를 관리하는 방법은 크게 2가지이다.

- Git 저장소에 신규 프로젝트 생성: Git 저장소에 신규 프로젝트를 생성해서 반영하는 방법으로 최초에 프로젝트와 저장소를 생성할 때 사용한다.
- Git 저장소에 있는 프로젝트 복제: Git 저장소에 누군가가 이미 만들어 놓은 프로젝트를 활용하고 싶다면 해당 프로젝트를 복제해서 사용할 수 있다.

먼저 저장소로 사용할 디렉터리를 생성한다. 필자의 기준으로는 우분투 서버에 /home/ykchang/git_repo 디렉터리를 생성하였고 여기를 Git 저장소를 위한 최

---

3 직접적으로 운영체제의 명령어를 이용해서 .git 디렉터리를 관리해서는 안된다. 이 디렉터리 영역이 잘못되거나 삭제되면 그동안 작업하면서 축적된 모든 데이터를 못쓰게 될 수도 있다.

상위 디렉터리로 사용할 것이다. 이제 생성한 디렉터리를 Git이 저장소로 인식할 수 있도록 다음 명령을 수행하여 초기화해야 한다.

```
git init
```

명령을 실행하면 다음과 같은 결과 화면이 나타나며, 그림 1-7의 로그에서 보이는 것과 같이 하위 디렉터리에 .git 디렉터리가 생성되었고 초기화가 완료되었다는 메시지가 나온다.

그림 1-7 git init 실행 결과

초기화에서 가장 중요한 것이 바로 .git 디렉터리를 생성하는 것이다. 앞에 '.'이 붙어 있어서 리눅스에서 숨김 디렉터리로 인식한다. 해당 디렉터리로 이동하면 추가적으로 디렉터리와 파일들이 생성된 것을 볼 수 있는데 여기서 Git과 관련된 설정 파일을 수정할 수 있다.

그림 1-8은 git init 명령 실행 결과로 생성된 .git 디렉토리의 목록이다.

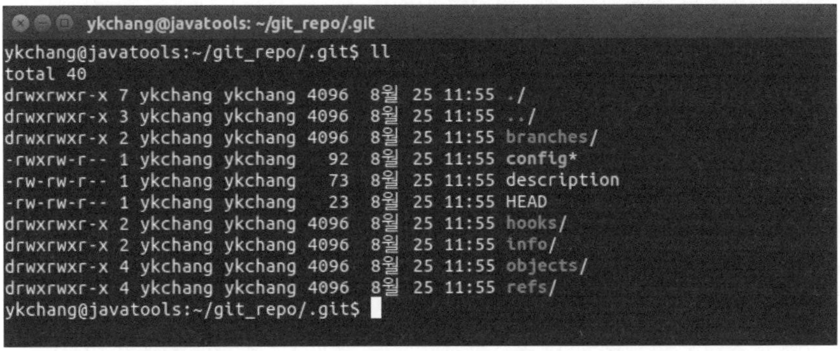

그림 1-8 .git 디렉터리 내용

지금까지 생성한 저장소를 작업 디렉터리(Working directory)라고도 부른다. 작업 디렉터리는 Git이 설치되어 있는 로컬 시스템에서 관리되기도 하지만 원격의 서버에서 별도로 관리할 수도 있다. 로컬에서는 저장소와 작업 디렉터리가 동일할 수 있으나 원격에서 관리할 때는 별도로 분리해서 관리된다.

이렇게 만들어진 디렉터리는 운영체제에서 관리하는 파일 시스템과 동일하기 때문에 해당 디렉터리를 다른 곳으로 이동하거나 백업하거나 타 서버로 이관해도 Git에서 관리하는 저장소는 그대로 유지된다.

1.5 Git으로 형상 관리하기

Git은 다른 형상 관리 도구와는 개념, 형상 관리 프로세스, 용어에서 약간 차이가 있다. 이러한 차이 때문에 처음 Git을 접하면 어떻게 형상 관리를 해야 하는지 많이 당황하게 된다. 여기서는 Git에서 사용하는 용어와 개념에 대해서 살펴보고 앞서 생성한 저장소를 기반으로 소스 코드를 관리하는 방법에 대해서 알아보자.

1.5.1 기본 용어 이해

Git 프로젝트는 저장소에 의해서 관리된다. 저장소에서는 프로젝트별로 특정 시점의 파일과 디렉터리의 형상을 식별할 수 있는 스냅샷을 관리하고 이러한 스냅샷은 사용자가 커밋을 하게 되면 생긴다. 커밋하는 단위에는 다음과 같은 내용이 포함되어 있다.

스냅샷 (Snapshot)

Git에서 커밋할 때마다 발생하며 커밋한 시점의 형상관리 상태를 의미한다. 버전이라는 의미도 포함하고 있다.

트리 (Tree)

파일과 디렉터리의 구조 정보를 저장하고 있다. 일반적으로 파일 시스템이 트리 구조를 가지고 있기 때문에 형상 관리 역시 트리 형태로 스냅샷을 저장한다.

저작자 (Author)

Git에서 관리하고 있는 파일 혹은 디렉터리를 최초로 생성한 사람의 정보이다. 일반적으로 사람을 식별할 수 있는 이름, 이메일 등의 정보를 저장한다.

커미터 (Committer)

최초 파일이 저장소에 반영되면 저작자와 커미터가 동일하지만 이후 해당 파일을 다른 사람이 수정하게 되면 커미터가 변경된다. 그래서 저작자는 파일을 생성한 사람, 커미터는 파일을 변경한 사람으로 볼 수 있다.

커밋 메시지 (Commit Message)

Git은 커밋할 때 반드시 커밋에 대한 메시지를 저장하도록 되어 있다. 명령어의 파라미터로 전달할 수도 있고 에디터를 통해서 많은 내용의 메시지를 저장해서 전달할 수도 있다. 메시지를 커밋할 때 되도록 상세히 작성해 두는 것이 좋다. 처음에는 잘 모르지만 계속 메시지들이 쌓이면 그 내용을 통해 소프트웨어 개발의 히스토리를 확인할 수 있다.

부모 커밋

부모 커밋(parent commit)이란 현재 커밋이 참조하고 있는 상위 커밋을 의미한다. 최초 커밋시에는 부모 커밋 객체가 없지만 이후 다시 커밋을 하게 되면 현재 커밋된 객체가 부모 커밋 객체가 되고 나중에 커밋한 객체가 커런트 객체가 된다. 일반적으로 소스 코드는 부모 커밋 객체가 없거나 하나만을 가지고 있지만 파일을 병합하는 경우 한 개 이상의 부모 객체를 가질 수 있다.

이 절에서 설명한 용어는 반드시 Git에서만 사용하는 것은 아니다. 약간의 용어와 정의에는 차이가 있지만 대부분의 형상 관리 소프트웨어에서 비슷한 의미로 활용하고 사용한다. 그리고 이 책에서 추가로 설명할 서브버전 역시 비슷한 의미의 내용들이 있다. 그러므로 형상 관리 도구에 익숙하기 위해서는 먼저 형상 관리 도구에서 공통적으로 사용하는 용어의 의미를 잘 이해해야 한다.

1.5.2 Git 저장소에 파일 추가 및 변경

그럼 여기서는 앞서 생성한 Git 저장소에 자바 소스 코드를 만들고 커밋하는 방법을 알아보자. 이 절에서 사용할 소스는 다음과 같이 "Hello World"를 화면에 출력하는 것이다. 여기서는 소스 코드가 중요한 것이 아니기 때문에 이 소스 코드에 대해서 깊게 생각할 필요는 없고 이 파일을 이용해서 Git과 연동하는 방법에 초점을 맞추자.

소스 1-2 FirstSource.java

```java
package com.javatools.git;

public class FirstSource {
    public static void main(String[] args) {
        System.out.println("Hello World");
    }
}
```

소스 1-2를 앞서 생성한 Git의 저장소에 저장한다. 여기서는 /home/ykchang/

git_repo를 Git 저장소로 사용했고 해당 디렉터리에 소스 코드를 저장했다.

저장소 디렉터리에 소스 코드를 저장하게 되더라도 Git에서는 아무런 작업이 이루어지지 않는다. 왜냐하면 해당 파일이 Git에서 관리할 파일로 등록되어 있지 않기 때문이다. 그러므로 파일을 생성한 후에 Git 저장소에 해당 파일을 관리할 것이라고 알려야 하는데, 다음과 같이 git add 명령 뒤에 추가할 파일명을 기술하면 된다. 만일 파일이 여러 개라면 '*' 패턴을 조합해서 사용할 수 있다.

```
git add FirstSource.java
```

위의 명령을 실행하면 그림 1-9와 같이 아무런 메시지도 나타나지 않은 상태에서 끝난다.

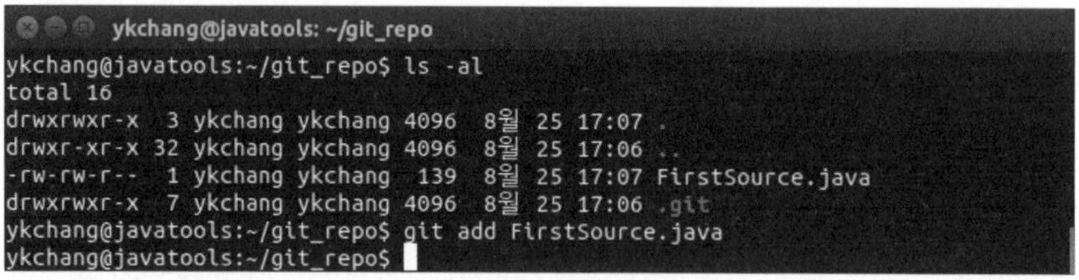

그림 1-9 git add 명령 수행 결과

이제 Git 저장소의 상태를 보고 앞서 수행한 git add 명령이 어떠한 영향을 미쳤는지 확인해 보자. 상태 확인 명령인 git status를 입력하면 그림 1-10과 같은 화면을 볼 수 있다.

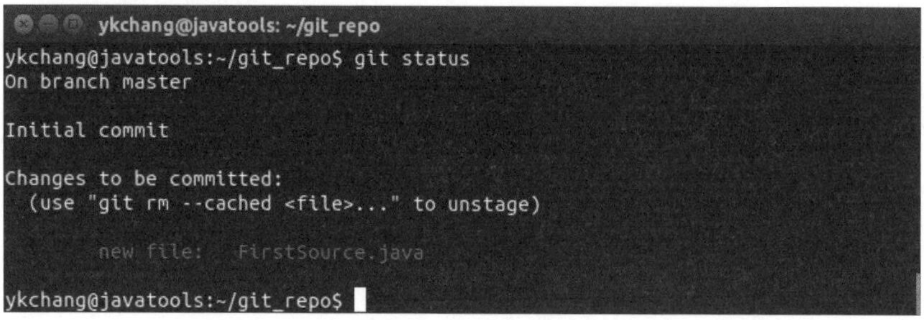

그림 1-10 git status 실행 결과

위의 그림을 보면 앞서 실행한 git add 명령을 통해 저장소에 FirstSource.java 파일이 추가된 것을 확인할 수 있다.

여기서 주의할 점은, git add 명령을 수행했다고 해서 실제 Git 저장소에 반영된 것은 아니라는 점이다. 최종적으로 저장소에 반영할 때는 '커밋'을 사용한다.

다음과 같은 명령어로 실행한다.

```
git commit --message "First commit"
```

위의 명령어는 **git add**로 추가한 파일을 최종적으로 저장소에 반영하는 작업을 수행하며 뒤에 **--message** 옵션을 이용해서 커밋되는 내용을 기술하도록 되어 있다. 명령을 실행한 결과는 그림 1-11과 같다.

```
ykchang@javatools: ~/git_repo
ykchang@javatools:~/git_repo$ git commit --message "First soruce"
[master (root-commit) f9b995d] First soruce
 Committer: Yoonki Chang <ykchang@javatools>
Your name and email address were configured automatically based
on your username and hostname. Please check that they are accurate.
You can suppress this message by setting them explicitly:

    git config --global user.name "Your Name"
    git config --global user.email you@example.com

After doing this, you may fix the identity used for this commit with:

    git commit --amend --reset-author

 1 file changed, 7 insertions(+)
 create mode 100644 FirstSource.java
ykchang@javatools:~/git_repo$
```

그림 1-11 git commit 실행 결과

눈여겨볼 것은 제일 마지막에 있는 문단으로, 1개의 파일에 변경이 있었다는 점과 FirstSource.java가 반영되었다는 내용이다. 이 상태에서 다시 **git status**로 상태를 확인해 보면 커밋할 파일이 존재하지 않는다는 메시지를 확인할 수 있다.

파일을 새로 만들어서 반영했으니 이제 할 일은 파일을 수정해서 수정된 파일을 저장소에 반영하는 것이다. 여기서도 앞에서 사용한 예제 파일인 FirstSource.java 파일을 이용하자. FirstSource.java에 주석을 추가하거나 소스 코드를 먼저 변경한 후 다음 명령을 실행시키면 된다.

```
git add .
git status
```

위의 명령은 앞서 실행한 명령과 마찬가지로 Git에 파일을 추가하겠다는 것이다. 한 가지 다른 것은 앞에서는 특정한 파일명을 파라미터로 전달했지만 여기서는 '.'을 이용했다. 이렇게 하면 현재 디렉터리에 있는 모든 파일에 대해서 추가 작업을 진행한다. 실행한 결과는 그림 1-12와 같다.

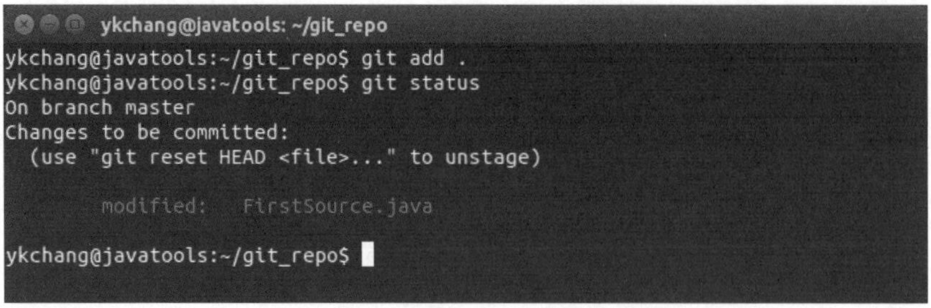

그림 1-12 git add 실행 결과

최초 반영할 때에는 FirstSource.java의 상태가 new file이었지만 여기서는 이미
해당 파일이 Git 저장소에 반영되어 있기 때문에 modified 상태로 변경된 것을
볼 수 있다. 이제 변경된 내용을 반영하기 위해 git commit 명령을 실행시키자.

git commit 명령을 --message 옵션 없이 실행하면 앞서 실행한 결과와는 다
소 다르게 텍스트 에디터가 실행되는 것을 볼 수 있다. 이는 테스트 에디터를 통
해 메시지를 입력하기 위한 것으로 리눅스/유닉스의 경우 기본적으로 VIM 혹은
nano가 다음 그림과 같이 실행된다(윈도우의 경우 메모장이 실행되며 기본 텍
스트 에디터는 설정으로 변경할 수 있다).

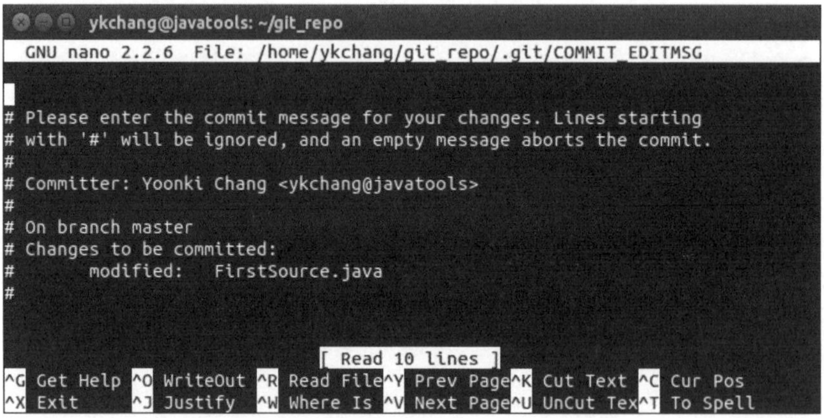

그림 1-13 git commit 실행 시 테스트 에디터 실행 화면

커밋 시 반영할 메시지를 입력하고 Ctrl+O를 눌러 저장한 후 Ctrl+X를 눌러 에디
터를 빠져나가면 커밋 작업이 진행된다(VI의 경우 VI 명령어로 입력 후 :wq로 저
장 및 종료해야 한다). 이 때 메시지를 입력하지 않고 진행하면 커밋이 취소되므
로 주의해야 한다.

파일을 추가하고 변경했으면 파일을 삭제할 수도 있다. 삭제의 경우 수정과 동

일한 Git 명령을 이용한다. 다만 차이점이라면 파일을 수정하는 것이 아니라 실제 디렉터리에 있는 파일을 삭제한다는 것이다. 파일을 삭제하면 Git이 해당 파일이 삭제된 것을 인식하게 되고 git commit 명령 시에 저장소에서 삭제시킨다.

　여기까지 Git 저장소에 파일을 추가하고 변경하는 방법에 대해서 알아봤다. 비록 하나의 파일로 진행했지만 파일이나 디렉터리도 동일한 절차로 실행한다.

1.5.3 Git의 스테이징 단계 이해

지금까지 Git을 이용해서 파일을 추가하고 반영하는 기본적인 방법을 배웠다. Git은 다른 형상 관리 시스템과는 다르게 소스 코드를 직접 추가하거나 변경하더라도 이를 인지하지 못하며 git add 명령을 통해서만 이를 인식할 수 있다. 이와 같은 현상은 Git의 형상 관리가 3가지 영역으로 진행되기 때문인데 그 내용을 정리하면 다음과 같다.

- 워킹 디렉터리: 소스 코드를 작업하는 영역으로 코드를 추가, 수정, 삭제하는 작업이 이루어지는 영역을 의미한다.
- 스테이징 영역: 워킹 디렉터리에서 git add 명령을 실행하면 파일들은 Git의 스테이징 영역으로 이동하며 이를 통해 소스 코드의 상태 정보를 확인할 수 있다.
- 저장소 영역: 스테이징 영역에 있는 소스 코드에 git commit 명령을 실행하면 최종적으로 Git의 저장소에 반영된다.

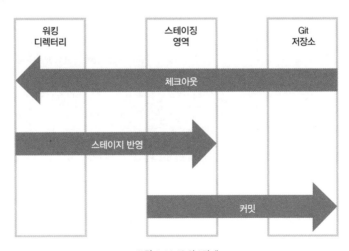

그림 1-14 Git의 3단계

파일 관점에서 Git은 다시 4가지 단계로 나눌 수 있으며 그 내용은 다음과 같다.

- Untracked: 워킹 디렉터리에 추가되었지만 Git에서 관리하지는 않는 상태
- Unmodified: 신규로 파일이 추가되었을 때의 상태로 new file 상태와 동일
- Modified: 파일이 추가된 이후 해당 파일이 수정되었을 때의 상태
- Staged: Git의 스테이징 영역에 반영된 상태

Git에는 Untracked, Unmodified(new file), Modified 상태 외에 Staged 상태가 있는데 Git을 이용해서 형상 관리를 하는 프로젝트에서 자주 사용하는 용어이므로 꼭 이해할 필요가 있다.

스테이징은 시스템에 반영하기 전 사전 검증을 위한 단계라는 의미로 사용한다. Git도 마찬가지로 저장소에 커밋을 하기 전에 스테이징 단계에서 사전 검증할 수 있으며 이를 통해 다른 형상 관리에 비해서 좀 더 빠르게 작업을 처리하고 안전하게 관리할 수 있다.

스테이징을 이해하기 위해서 텍스트 에디터를 이용해서 2개의 파일을 생성하자. 필자는 워킹 디렉터리에 StageTest1.txt와 StageTest2.txt를 만들었다.

파일을 만든 후에 git status 명령을 실행하면 그림 1-15와 같이 Git이 두 개의 파일을 Untracked 상태로 인식한 것을 알 수 있다.

```
total 24
drwxrwxr-x  3 ykchang ykchang 4096  8월 25 18:35 ./
drwxr-xr-x 32 ykchang ykchang 4096  8월 25 17:06 ../
-rw-rw-r--  1 ykchang ykchang  196  8월 25 17:42 FirstSource.java
drwxrwxr-x  8 ykchang ykchang 4096  8월 25 17:45 .git/
-rw-rw-r--  1 ykchang ykchang   15  8월 25 18:35 StageTest1.txt
-rw-rw-r--  1 ykchang ykchang   15  8월 25 18:35 StageTest2.txt
ykchang@javatools:~/git_repo$ git status
On branch master
Untracked files:
  (use "git add <file>..." to include in what will be committed)

        StageTest1.txt
        StageTest2.txt

nothing added to commit but untracked files present (use "git add" to track)
ykchang@javatools:~/git_repo$
```

그림 1-15 Untracked 상태

이제 git add 명령을 이용해서 2개의 파일을 Git의 스테이징 상태로 반영해 보자.

```
git add .
git status
```

이 명령을 실행하고 git status로 결과를 보면 앞서 연습한 대로 2개의 파일이 new file(unmodified) 상태임을 확인할 수 있다(그림 1-16).

```
ykchang@javatools: ~/git_repo
ykchang@javatools:~/git_repo$ git add .
ykchang@javatools:~/git_repo$ git status
On branch master
Changes to be committed:
  (use "git reset HEAD <file>..." to unstage)

        new file:   StageTest1.txt
        new file:   StageTest2.txt

ykchang@javatools:~/git_repo$
```

그림 1-16 Unmodified 상태

신규 생성한 파일이므로 new file이며 아직까지 Git 저장소에 반영이 안 된 상태이다. 또한 다른 사용자가 Git 저장소에서 소스 코드를 내려받을 때 스테이징 상태에 있는 파일은 반영이 되지 않는다.

커밋을 하기 전에 스테이징에 있는 파일을 삭제할 수도 있다. 이때는 git rm을 이용한다. 여기서는 다음 명령을 이용해서 2번째 파일을 스테이징 상태에서 제거할 것이다.

```
git rm --cached StageTest2.txt
git status
```

위의 명령을 실행하고 상태를 다시 확인해 보면 new file 상태에 StageTest1.txt 파일만이 존재하고 삭제한 StageTest2.txt 파일은 Untracked 상태로 변경된 것을 볼 수 있다(그림 1-17).

```
ykchang@javatools: ~/git_repo
ykchang@javatools:~/git_repo$ git rm --cached StageTest2.txt
rm 'StageTest2.txt'
ykchang@javatools:~/git_repo$ git status
On branch master
Changes to be committed:
  (use "git reset HEAD <file>..." to unstage)

        new file:   StageTest1.txt

Untracked files:
  (use "git add <file>..." to include in what will be committed)

        StageTest2.txt

ykchang@javatools:~/git_repo$
```

그림 1-17 스테이징에서 파일 삭제

최종적으로 git commit 명령을 실행하면 StageTest1.txt 파일만 저장소에 반영된다.

이렇게 스테이징 기능은 저장소에 반영하기 전에 검증할 수 있는 환경을 제공해 주어 개발자 혹은 관리자의 실수로 저장소의 파일에 영향을 주는 것을 한번 더 확인할 수 있는 기회를 준다.

여러 파일을 관리할 때, 특히 작업 디렉터리의 모든 파일에 대해 추가/수정된 정보를 반영할 때에는 git add --all 명령을 이용할 수도 있고 파일 패턴 정보인 '*' 문자를 이용할 수도 있다.

때로는 대량의 파일을 처리하다 임시 파일이나 테스트 파일, 개인적인 파일들이 들어갈 수도 있다. 또한 여러 가지 이유로 형상 관리 서버에 파일 반영을 제외해야 하는 경우가 있는데, 제외할 파일이 있는 디렉터리에 .gitignore 파일을 만들고 여기에 제외할 파일들을 기술하면 된다. 그리고 Git 저장소에 커밋할 때 .gitignore에 등록되어 있는 파일은 커밋되지 않는다.

1.5.4 Git 이력 조회 및 변경 내용 비교

형상 관리에서 중요하게 사용하는 기능 중 하나가 바로 이력 관리 기능으로 이 기능을 통해서 소스 코드가 언제 누구에 의해서 생성이 되었고 누가 변경을 하였으며 최종적으로 누가 삭제했는지 확인이 가능하다.

Git에서는 커밋이 이루어질 때마다 모든 형상 관리 파일들을 바이너리 형태로 묶어서 관리하는데 이를 스냅샷이라고 한다. 반대로 Git에서 하나의 스냅샷은 하나의 커밋을 의미하며 스냅샷 단위로 이력을 관리한다.

이러한 이력 정보는 git log 명령을 통해서 확인할 수 있으며 추가적으로 여러 가지 옵션을 제공하고 있다. 우선 해당 명령을 실행시키면 커밋한 작업자와 일시 그리고 커밋 시 사용한 메시지를 확인할 수 있다(그림 1-18).

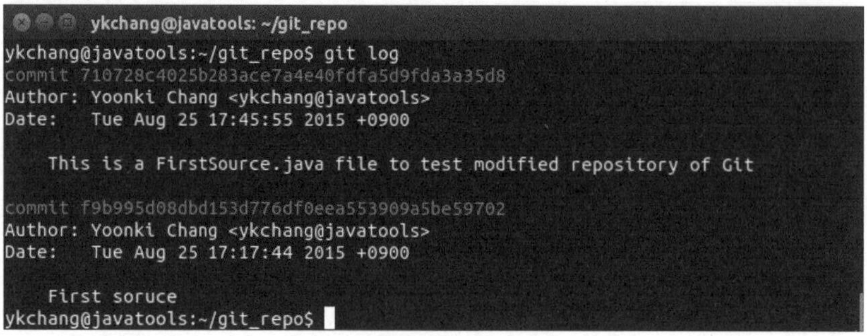

```
ykchang@javatools: ~/git_repo
ykchang@javatools:~/git_repo$ git log
commit 710728c4025b283ace7a4e40fdfa5d9fda3a35d8
Author: Yoonki Chang <ykchang@javatools>
Date:   Tue Aug 25 17:45:55 2015 +0900

    This is a FirstSource.java file to test modified repository of Git

commit f9b995d08dbd153d776df0eea553909a5be59702
Author: Yoonki Chang <ykchang@javatools>
Date:   Tue Aug 25 17:17:44 2015 +0900

    First soruce
ykchang@javatools:~/git_repo$
```

그림 1-18 git log 실행 결과

상당히 많은 옵션이 제공되기 때문에 모든 옵션을 이해할 수는 없고 설령 안다고 해도 텍스트로 출력된 정보를 분석하기가 어렵기 때문에, 대부분 이력 정보는 운영체제의 커맨드를 이용하기보다는 GUI 기반의 Git 클라이언트를 사용하는 것이 훨씬 효과적이다.

지금까지 **git status**를 통해 Git의 워킹 디렉터리, 스테이징 영역, 저장소 간의 파일의 변경 여부를 확인해 보았다. 사실 이 명령으로는 파일의 변경 여부만 알 수 있지 파일의 어떤 내용이 변경되었는지 상세히 알 수는 없다.

파일 내의 콘텐츠 변경 부분은 **git diff**로 확인할 수 있다. 이 기능을 테스트하기 위해서 저장소에 이미 반영되어 있는 파일 중 하나를 수정한 후 **git diff** 명령을 실행시켜보면 저장소의 파일과 워킹 디렉터리에 있는 파일을 비교해 준다(그림 1-19).

```
ykchang@javatools: ~/git_repo
ykchang@javatools:~/git_repo$ git diff
diff --git a/StageTest1.txt b/StageTest1.txt
index 7735f15..a867962 100644
--- a/StageTest1.txt
+++ b/StageTest1.txt
@@ -1,2 +1,4 @@
 StageTest1.txt
+oStageTest1.txt
 test
+
+Hello, this is a new line.
ykchang@javatools:~/git_repo$
```

그림 1-19 git diff 실행 결과

지금까지 Git을 이용한 기본적인 형상 관리 방법에 대해서 배웠다. 특히 **git add**, **git status**, **git commit**, **git log**, **git diff**, **git rm** 등의 명령어를 이용해서 관리하는 방법을 알아보았는데 git에서는 이외에도 다양한 명령어를 제공하고 있다.

해당 내용은 Git의 매뉴얼을 참조하도록 하자. Git 클라이언트를 이용할 경우 상세한 명령문을 모르더라도 GUI 화면에서 버튼 클릭으로 손쉽게 원하는 기능을 적용할 수 있다.

1.6 브랜치와 머지

대부분의 형상 관리 소프트웨어가 브랜치(Branch)와 머지(Merge) 기능을 제공하지만 활용하는 경우는 많지 않다. 브랜치 기능을 사용하기 위해서는 많은 노력이 필요하다. 특히 브랜치 이후 머지 작업이 정말 어렵기 때문이다. 그러한 이유로 서브버전과 같은 형상 관리 소프트웨어가 브랜치 기능을 제공하고 있으나 실제로 브랜치 기능을 사용해본 개발자는 극히 일부일 것이다.

Git의 브랜치 기능은 다른 형상 관리 소프트웨어에 비해서 뛰어나다고 평가받는 기능 중 하나이다. Git은 다른 형상 관리 소프트웨어와는 다르게 소스 코드를 커밋하게 되면 스냅샷이라는 개념으로 변경분을 관리한다. 그리고 이 스냅샷에는 커밋을 한 사용자 정보와 연락처, 그리고 메시지 등이 함께 저장되는데 스냅샷 하나 하나가 브랜치를 위한 기반이 되기 때문이다.

예를 들어 서브버전에서 브랜치를 사용하기 위해서는 트렁크 영역의 소스 코드를 브랜치 영역으로 복사한 다음 다시 체크아웃을 받거나 참조하는 저장소 URL을 스위치하는 등의 작업이 필요하며 특히 소스 코드가 많으면 브랜치 영역으로 복제할 때 시간도 오래 걸리고 어렵다. 이에 비해 Git은 매우 편리하게 관리할 수 있는 구조다.

처음에 브랜치를 만들지 않은 상태에서 소스 코드를 커밋하고 업데이트하면 기본값으로 master 브랜치에서 작업을 하게 된다. 이 브랜치는 Git에서 가장 중심에 있는 변경분을 관리하는 브랜치라고 이해하면 된다. 특별히 이를 '메인 스트림'이라고 부르기도 한다. 필요에 따라 브랜치를 추가할 수 있으며 최종적으로 추가한 브랜치를 다시 다른 브랜치와 합치는 기능도 제공하는데 이를 머지라고 한다.

그런데 Git에서의 브랜치는 다른 형상 관리와는 다르게 소스 코드 자원을 복제하는 것이 아니라 부모 커밋 객체를 바라보는 포인터를 하나 더 생성하는 것이다. 그래서 브랜치를 만들기 위해 전체 소스 코드를 복제하는 것이 아니라 브랜치 명만 생성해주면 현재 master 브랜치의 최종 포인트를 참조해서 새로운 포인터를 만들게 된다.

그럼 그림을 통해서 현재 형상 관리 시스템의 브랜치 포인터가 어떻게 변경되는지 알아보자. 아무런 브랜치를 하지 않았다면 그림 1-20과 같은 형태로 스냅샷이 생성된다. 그리고 기본 브랜치인 master만이 존재한다.

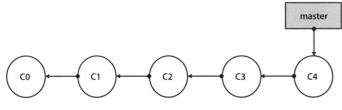

그림 1-20 브랜치 이전 상태

이제 여기서 다음 명령을 이용해서 testbranch라는 브랜치를 하나 만들어 보자.

```
git branch testbranch
```

이 명령을 실행하게 되면 master만 존재하던 곳에 testbranch라는 포인터가 하나 더 생긴다(그림 1-21).

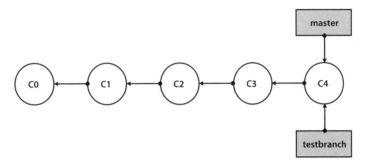

그림 1-21 브랜치 생성 상태

실제로 브랜치를 생성했다고 하더라도 소스 코드를 수정해서 커밋을 하게 되면 여전히 master 브랜치에 변경이 이루어진다. Testbranch를 기반으로 작업하려면 다음 명령어를 이용해서 포인터를 변경해야 한다.

```
git checkout testbranch
```

이 명령을 이용하면 포인터가 변경된다. 스위치가 정상적인 상태에서 파일을 수정하거나 추가한 후 커밋을 하게 되면 다음과 같이 변경이 이루어진다(그림 1-22).

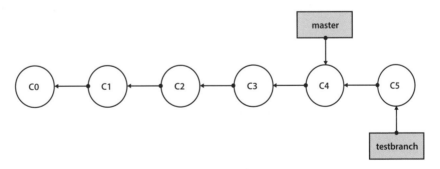

그림 1-22 브랜치에 커밋 추가

그리고 master 영역도 계속해서 소스 코드가 추가되고 변경될 수 있으며 testbranch 영역 역시 계속해서 변경되는데 궁극적으로는 그림 1-23과 같은 형태가 된다.

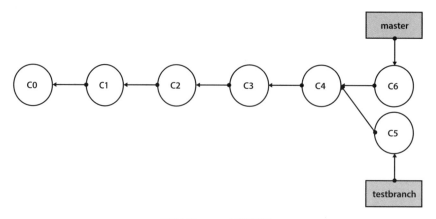

그림 1-23 master 브랜치 변경

그럼 이렇게 변경된 내용을 최종적으로는 합쳐야 하는데 이때는 git merge 명령어를 이용한다. 머지 방법도 굉장히 다양하게 존재하는데 어떤 브랜치로 합칠 것인지가 관건이다. master에서 분리해서 다시 master로 합치는 과정이 일반적이다. 이를 위해서는 master 브랜치로 포인터를 스위치한 후 testbranch를 머지하면 된다. 명령 예는 다음과 같다.

```
git checkout master
git merge testbranch
```

위의 두 명령을 실행하고 나면 최종적으로 그림 1-24와 같은 스냅샷 구조가 된다.

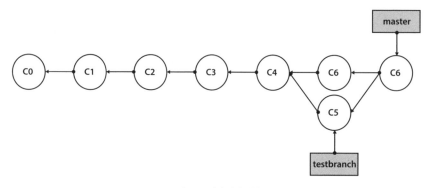

그림 1-24 머지 작업 결과

최종 스냅샷의 포인터는 master이고 master 브랜치는 testbranch에서 추가 및
수정한 소스 코드를 포함하고 있다. 그리고 더 이상 testbranch가 필요 없으면
다음과 같이 브랜치를 삭제할 수 있다.

```
git branch -d testbranch
```

예제로 볼 때는 머지가 간단해 보이지만 실제 프로젝트에서는 굉장히 다양한 돌
발 케이스가 발생해서 충돌이 생기는 경우가 많다. 대표적으로 원격으로 떨어
져 있는 개발자들이 동일한 소스 코드를 수정해서 로컬 저장소에서 계속 관리하
다가 공유 저장소에 동기화하는 경우이다. 다행히 동일한 소스 코드 파일이라
도 수정한 영역이 다르면 머지 기능으로 변경 사항을 확인해 가며 통합할 수 있
지만 같은 영역을 서로 고쳤다면 어쩔 수 없이 수작업으로 고친 후 반영할 수밖
에 없다. 그래서 머지 작업 역시 명령어 기반으로 작업하기보다는 통합 개발 환
경에서 GUI 기반의 Git 클라이언트를 이용해서 작업하는 편이 훨씬 직관적으로
통합 작업을 수행할 수 있다.

형상 관리 측면에서 별도로 생성한 브랜치를 master 브랜치와 오랜 기간 동안
분리해서 추가 및 변경 작업을 하면 향후 머지할 때 문제가 발생할 소지가 많다.
이러한 이슈를 해결하기 위해 지속적으로 머지 작업을 하고 필요 시 다시 브랜
치를 하는 전략을 수립하는 것이 좋다.

1.7 서버 환경에서 Git 활용

형상 관리 소프트웨어는 개발자 자신이 작성하는 소스 코드의 버전을 관리하기
위한 것이기도 하지만 이를 개발팀과 상호 공유하고 협업하는 데 그 궁극적인
목적이 있다. Git을 설명하면서 지금까지 알아본 것은 한 명의 개발자가 저장소
를 생성하고 프로젝트를 추가한 후 Git을 이용해서 소스 코드를 관리하는 방식
다. 그리고 이 환경은 엄밀히 말하면 로컬 저장소를 기반으로 작업한 것이다. 결
국 다른 개발자 혹은 다른 팀과 공유를 위해서는 서버 환경이 필요한데 이번 절
에서는 Git 기반의 서버 환경 구축에 대해서 알아보겠다.

지금까지 배운 방식으로 여러 개발자가 협업을 하기 위해서는 서버에 저장소
를 만들어 놓고 파일을 FTP 등을 이용해서 업로드한 후 SSH 혹은 텔넷으로 접
속해서 커밋을 하고 업데이트하는 등의 작업을 해야겠지만, 이 경우 다음과 같
은 문제가 발생한다.

- 모든 개발자 혹은 사용자에게 유닉스/리눅스 운영체제의 계정을 발급해야 하는 제약이 생기고 외부에서 접근해서 사용할 때 불편함을 감수해야 한다.
- FTP로 파일을 업로드해서 git 명령을 텔넷으로 처리하는 것은 과거 파일 시스템 기반의 버전 관리 개념과 매우 유사하다. 특히 워킹 디렉터리를 여러 사람이 공유해서 사용한다는 것은 형상 관리 개념과 맞지 않는다.

결국 동료들과 Git을 이용해서 정보를 공유하기 위해서는 원격 저장소가 필요하며 Git의 원격 저장소 개념을 이해해야 한다.

앞부분에서 Git은 다른 형상 관리 도구와는 다르게 분산된 저장소 개념을 가지고 있으며, 직접 형상 관리 명령을 이용해서 서버에 생성한 저장소를 관리하거나 원격으로 접속해서 활용하는 것이 아니라 해당 저장소를 로컬 저장소에 복제한 후 로컬 저장소에서 작업을 한다고 설명했다.

그 때문에 데몬 형태로 서비스를 제공하는 작업이 다른 형상 관리 소프트웨어보다 상대적으로 중요도가 낮으며 오직 저장소를 복제하고 복제된 저장소끼리 상호 동기화하는 작업만이 필요하다.

이러한 저장소 복제 환경에 대응하기 위해서 Git은 다양한 데몬 서버를 구성할 수 있는데 Git 자체에서 제공하는 데몬 기능을 이용하거나 아파치와 같은 웹 서버와 연계해서 서비스를 구성할 수 있다. Git에서 제공하는 프로토콜 목록을 보려면 git clone --help 명령을 사용하면 된다. 리눅스의 MAN 페이지를 실행하면 그림 1-25와 같은 메시지를 확인할 수 있다.

그림 1-25 git clone 설명

위의 설명을 보면 Git과 통신하기 위한 프로토콜은 4가지(SSH, GIT, HTTP, HTTPS)이며 추가적으로 FTP와 RSYNC 방식을 이용할 수 있다. 그리고 별도의 프로토콜 정보를 명시하지 않을 경우 기본 값으로 로컬 파일 시스템으로 접속을 시도한다. 이 책에서는 FTP와 RSYNC 방식을 제외한 나머지 FILE, HTTP(S), SSH, GIT 프로토콜을 이용하는 방법에 대해서 알아보겠다.

각 프로토콜별 내용 및 장단점을 정리해 보면 표 1-1과 같다.

프로토콜	내용	장점	단점
FILE	로컬 파일 시스템의 저장소를 복제해서 사용.	쉽게 사용 가능. 별도의 설정 필요 없음	같은 디스크상에서 복제만 가능
HTTP(S)	웹서버와 연동해서 Git 서비스를 제공 주로 읽기 전용으로 사용	가장 유명하고 일반적인 프로토콜	쓰기를 위해서는 복잡한 설정이 필요
SSH	가장 보편적으로 사용하는 Git 프로토콜	읽기/쓰기 모두 가능 설정이 쉽고 사용이 편리	사용자 계정 관리에 어려움이 있음
GIT	Git에서 자체로 제공하는 데몬 주로 읽기 전용으로 사용	데몬 실행만 하면 서비스가 가능하며 속도상으로 가장 빠른 편	보안 설정 기능이 없음

표 1-1 Git에서 사용하는 프로토콜

1.7.1 서버용 저장소 생성

Git 서버를 이용해서 저장소를 공유하려면 베어(Bare) 옵션을 이용해서 저장소를 생성해야 한다. 베어 저장소는 워킹 디렉터리가 없는 저장소를 의미하며 순수히 자원을 공유하는 목적으로 사용한다.

베어 옵션으로 저장소를 생성하는 방법은 다음 2가지가 있다.

- 베어 옵션을 이용해서 기존 저장소를 복제한다(필자가 선호하는 방식이다).
- 신규 저장소를 초기화할 때 베어 옵션을 이용해서 생성한다.

기존 저장소를 복제해서 서버로 공유하려면 다음 명령어를 이용해서 복제한다.

```
git clone --bare git_repo git_repo.git
```

위의 문장 중에 중요한 것은 --bare 옵션으로, 이 옵션을 사용하면 Git의 3가지 영역 중 워킹 디렉터리를 생성하지 않는다. 그리고 일반적으로 서버용 Git 저장소의 디렉터리 명칭은 끝에 확장자로 .git을 붙인다. 물론 이것은 명명 규칙이기 때문에 반드시 따를 필요는 없다.

이 명령을 수행한 결과로 생성된 디렉터리의 내용을 보면 그림 1-26과 같다.

```
ykchang@javatools: ~/git_repo.git
ykchang@javatools:~/git_repo.git$ ll
total 44
drwxrwxr-x   7 ykchang ykchang 4096 12월  6 00:37 ./
drwxr-xr-x  38 ykchang ykchang 4096 12월  6 00:37 ../
drwxrwxr-x   2 ykchang ykchang 4096 12월  6 00:37 branches/
-rwxrwxr-r--  1 ykchang ykchang  114 12월  6 00:37 config*
-rw-rw-r--   1 ykchang ykchang   73 12월  6 00:37 description
-rw-rw-r--   1 ykchang ykchang   23 12월  6 00:37 HEAD
drwxrwxr-x   2 ykchang ykchang 4096 12월  6 00:37 hooks/
drwxrwxr-x   2 ykchang ykchang 4096 12월  6 00:37 info/
drwxrwxr-x 255 ykchang ykchang 4096 12월  6 00:37 objects/
-rw-rw-r--   1 ykchang ykchang   98 12월  6 00:37 packed-refs
drwxrwxr-x   4 ykchang ykchang 4096 12월  6 00:37 refs/
ykchang@javatools:~/git_repo.git$
```

그림 1-26 서버용 저장소 생성 결과

위의 그림을 보면 이 단원의 초반부에 git init 명령으로 생성한 저장소와는 많은 차이가 있다. --bare 옵션을 이용하면 복제한 소스 저장소의 .git 디렉터리만 복사하고 워킹 디렉터리는 복제하지 않기 때문이다.

만일 복제할 저장소가 없고 서버용으로만 저장소를 사용할 것이라면 저장소 초기화 시 다음과 같이 하면 된다.

```
git --bare init
```

이 책에서는 공유를 목적으로 하는 git 저장소의 홈 디렉터리를 /opt/git으로 만들었다. 이 디렉터리를 Git 저장소의 루트 영역으로 해서 서버 기반의 Git 저장소 활용에 대해서 알아보겠다.

한 가지 기억할 것은 베어 옵션으로 저장소를 생성하게 되면 생성된 저장소에는 아무런 파일이 존재하지 않으며, 심지어 앞서 브랜치에서 알아본 master 브랜치도 없다. 그러므로 저장소를 생성한 후 간단한 README 파일을 추가하여 master 브랜치를 만든 상태에서 베어 옵션으로 저장소를 복제하는 게 좀 더 편리할 수도 있다.

1.7.2 FILE 프로토콜

FILE 프로토콜이란 파일 시스템에 존재하는 저장소에 Git 명령어를 이용해서 복제하는 것이다. 일반적으로 프로젝트 규모가 작고 프로젝트 멤버들의 수가 많지 않을 때 선택할 수 있는 방식이며 프로토콜이라고 표현하기에는 다소 애매하다. Git 저장소를 특정 서버의 파일 시스템에 생성한 후 삼바, 네트워크 드라이브,

NFS 등의 파일 공유 기능을 이용해서 로컬 PC의 로컬 저장소에 git clone 명령어로 복제하는 방식이다. 다음과 같은 절차로 진행된다(그림 1-27).

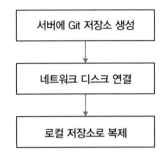

그림 1-27 FILE 프로토콜 작업 절차

1. 원격 서버에 Git 저장소를 생성한다.
2. 원격 서버(리눅스)에 삼바와 NFS 서비스로 Git 저장소가 공유 가능하도록 설정한다.
3. 로컬 윈도우 PC의 Z:/file_server/git_repo/Project에 네트워크 드라이브로 공유한다. 개발 PC가 리눅스라면 NFS로 파일 시스템을 마운트한다.
4. 로컬 PC에 로컬 저장소로 사용할 디렉터리를 생성한다.
5. 해당 디렉터리로 이동한 후 다음 명령을 통해서 로컬 PC의 저장소로 원격 저장소를 복제한다.

```
git clone Z:/file_server/git_repo/Project
```

이렇게 복제하고 개발자들의 개별 로컬 저장소에서 개발 작업을 진행한 다음 git push 혹은 git pull을 이용해서 원격 서버의 저장소와 동기화한다. 네트워크 공유로 파일 시스템을 공유했지만 엄밀히 말하면 로컬 PC에 원격 저장소와 로컬 저장소가 같이 존재하는 형태이다.

이 방식의 장점은 서버에 별도의 데몬 프로세스를 생성하지 않아도 되고, 간단히 파일 공유 기술을 이용해서 형상 관리 환경을 마련할 수 있다는 점, 그리고 NFS와 삼바로 사용자 관리 및 접근 권한을 통제할 수 있다는 점이다. 특히 임시적으로 다른 개발자와 저장소를 공유할 때 편리하게 사용할 수 있다.

하지만 원격 서버의 파일을 공유하는 방식은 운영체제나 버전에 따라 설정이 어려울 수 있으며 속도면에서도 다른 프로토콜에 비해 느리다. 또한 프로젝트 규모가 커지고 참여하는 개발자가 많아지면 통제가 어렵고 개발자가 실수로 서버 저장소를 삭제하는 등의 문제가 발생할 수 있다. 일반적으로 권장하는 방법은 아니며 저장소 공유를 위한 서버 설정이라고 보기도 어렵다.

1.7.3 Git 프로토콜

Git 내부에도 별도의 형상 관리 서비스를 위한 데몬이 내장되어 있으며 서비스 포트 번호는 9418번이다. 이 방식은 SSH 프로토콜 방식과 매우 유사하지만 아쉽게도 사용자 관리 기능과 접근 권한 관리 기능은 제공하지 않는다. 그러니까 Git 프로토콜은 내부 용도로만 사용하고 외부에 공용으로 서비스해서는 안 된다. 그럼 Git 프로토콜을 이용해서 서비스하는 방법에 대해서 알아보자.

Git 프로토콜을 이용해서 데몬 서비스를 하기 위해서는 반드시 git-export-daemon-ok 파일이 저장소에 생성되어 있어야 하며 이 파일이 없을 경우 데몬을 아무리 실행하더라도 저장소에 접근할 수 없다.

시작하기에 앞서 /opt/git 디렉터리에 javatools.git이라는 이름의 저장소를 생성한다. 디렉터리를 만든 후에 해당 디렉터리로 이동해서 git --bare init 명령을 실행하면 된다. 그리고 생성한 저장소에서 다음 명령을 이용해서 파일을 생성한다.

```
touch git-export-daemon-ok
```

윈도우의 경우 위의 명령 대신 파일을 하나 만들고 파일 내에는 아무런 내용을 기술하지 않아도 된다. 파일을 생성한 Git 데몬 실행을 위해 git daemon 명령을 이용해야 한다. 이 명령을 사용하기 위한 옵션 목록은 다음과 같다.

- export-all: 현재 디렉터리 하위에 있는 모든 Git 저장소를 공유한다. 특정 저장소만 공유하길 원하면 이 옵션을 사용해서는 안된다.
- base-path: 공유할 디렉터리 위치를 지정한다. 특정 Git 저장소 디렉터리를 지정해도 되고 그 상위 디렉터리를 지정해도 된다.
- reuseaddr: 데몬 서버 재시작 시 빠르게 시작할 수 있도록 옵션을 적용한다.
- informative-errors: 에러 메시지를 Git 클라이언트에 제공한다.
- verbose: 저장소와 관련된 작업 내용을 상세하게 출력한다.

이 외에도 많은 옵션이 제공되는데 옵션에 대한 상세 설명은 git daemon --help 명령을 실행하면 확인할 수 있다. 이 책에서는 위에서 정리한 5가지 옵션만을 이용할 것이다.

다음 명령은 /opt/git 하위에 있는 모든 Git 저장소를 Git 데몬을 이용해서 공유하겠다는 의미이다.

```
git daemon --base-path=/opt/git --export-all --reuseaddr --informative-errors
--verbose &
```

git daemon 명령은 기본적으로 포그라운드에서 실행이 되기 때문에 백그라운드의 데몬 형태로 실행시키기 위해서는 nohup 명령과 & 파라미터를 조합해서 실행시킬 필요가 있다. 실행하면 특별한 메시지가 나타나지 않기 때문에 다음 명령을 통해 포트가 정상적으로 리슨 상태[4]인지 확인한다.

```
netstat -an | grep 9418
```

위의 포트 번호에 대한 리슨 여부를 확인하면 그림 1-28과 같은 결과가 나온다.

그림 1-28 git daemon 실행 결과 화면

정상적으로 서비스가 기동되었으니 Git 클라이언트를 이용해서 접속을 해보거나 git clone 명령을 이용해서 저장소를 복사해 보자.

```
git clone git://192.168.0.15:9418/javatools.git
```

저장소를 복제한 후 작업 디렉터리에서 파일을 추가 변경하고 커밋하면 이전과 같이 작업이 가능한 것을 확인할 수 있다. 최종적으로 로컬 저장소의 내용을 원격 저장소에 반영하기 위해 git push 명령을 실행하면 에러가 나는데, 그 이유는 Git 데몬은 기본적으로 읽기 전용으로 실행되기 때문이다. push 명령까지 실행하기 위해서는 데몬을 실행할 때 다음과 같이 --enable=receive-pack을 추가해야 한다.

```
git daemon --base-path=/opt/git --export-all --enable=receive-pack \
--reuseaddr --informative-errors --verbose &
```

---

4 리슨 상태란 네트워크 서비스를 하는 소프트웨어가 요청이 들어오기를 기다리고 있는 상태를 말한다.

기본 내장되어 있는 데몬 서비스이기 때문에 쉽게 사용할 수 있다고 생각하지만 사용자 관리 및 접근 제어를 할 수 없기 때문에 보안상 매우 취약한 편에 속한다. 그러므로 이 프로토콜은 가급적 읽기 전용으로만 서비스하는 것이 좋고 꼭 필요하다면 SSH나 HTTP 프로토콜과 병행해서 서비스하는 것이 좋다. 그리고 무엇보다 SSH나 HTTP와는 다르게 자체 포트 번호를 사용하기 때문에 대부분의 기업에서 사용하는 방화벽에서 서비스가 막힐 수 있음을 고려해야 한다.

1.7.4 SSH 프로토콜

Git 프로토콜을 이용한 원격 저장소 공유는 보안이나 관리 측면에서 단점이 많아 특별한 경우 외에는 잘 사용하지 않는다. 임시로 공유하는 경우 외에는 사용하지 않는 것이 좋다.

그에 비해 SSH 프로토콜은 Git 프로토콜에 비해 설정하는 방법도 어렵지 않고 쉽게 사용할 수 있어서 HTTP 프로토콜보다 SSH 프로토콜을 선호하는 관리자들이 상대적으로 많은 편이다. 특히 사용자 계정 관리나 보안 부분을 운영체제 레벨에서 관리할 수 있어 매우 유리하다. 반대로 SSH를 이용할 경우 다음과 같은 단점도 있다.

- SHH를 이용하기 위해서는 반드시 유닉스/리눅스 등의 운영체제에 로그인을 해야 하기 때문에 반드시 운영체제의 계정을 알고 있거나 개발자 개개인에게 운영체제 계정을 제공해야 한다.
- 일반 대중에게 저장소를 오픈하기 어렵다.
- SSH를 방화벽 외부에 오픈하지 않는 것이 일반적이기 때문에 회사 내부 프로젝트의 허가된 사용자에게만 공유하는 용도로 사용할 수 있다.

앞선 절에서 원격 공유용으로 /opt/git 디렉터리를 이용했고 하위에 Git 베어 프로젝트를 생성해서 사용했는데 이번 절에서도 동일한 디렉터리의 저장소를 사용할 것이다.

SSH 프로토콜은 사실 별도의 설정이 필요 없이 바로 사용할 수 있는데 다음 명령을 이용해 보면 그 결과를 알 수 있다. 이 책을 읽는 독자들의 환경에 따라 다음 명령을 수정해서 사용해야 한다.

```
git clone ssh://ykchang@192.168.0.15/opt/git/git_repo.git
```

이 명령을 해석해 보면 ssh는 사용할 프로토콜이 SSH라는 것을 의미하며

ykchang은 로그인한 계정으로, 독자들이 리눅스 PC에서 생성한 계정을 지정하면 되고, 이후 접속한 서버의 IP 주소와 Git 서장소가 서장되어 있는 디렉터리 위치를 지정하면 된다.

이 명령을 실행하면 SSH 인증서 저장 여부와 비밀번호 입력 항목이 나오고 이후 복제 작업이 진행된다(그림 1-29).

SSH는 현재 제공되는 대부분의 리눅스 환경에서 기본 제공하는 데몬 서비스이기 때문에 SSH 프로토콜로 접속이 가능한 환경이면 별도의 설치나 설정 없이 바로 사용할 수 있다.

```
ykchang@javatools: ~/workspace
ykchang@javatools:~/workspace$ git clone ssh://ykchang@192.168.0.15/opt/git/git_
repo.git
Cloning into 'git_repo'...
The authenticity of host '192.168.0.15 (192.168.0.15)' can't be established.
ECDSA key fingerprint is SHA256:hrWELJGvCf02RqiCW6n7sidWxOBgvHMNQ5TmCBuxsU0.
Are you sure you want to continue connecting (yes/no)? yes
Warning: Permanently added '192.168.0.15' (ECDSA) to the list of known hosts.
ykchang@192.168.0.15's password:
remote: Counting objects: 1008, done.
remote: Compressing objects: 100% (884/884), done.
remote: Total 1008 (delta 286), reused 0 (delta 0)
Receiving objects: 100% (1008/1008), 3.59 MiB | 6.92 MiB/s, done.
Resolving deltas: 100% (286/286), done.
Checking connectivity... done.
ykchang@javatools:~/workspace$
```

그림 1-29 SSH를 이용한 Git 저장소 복제

1.7.5 HTTP 프로토콜

이번 절에서는 Git 저장소를 아파치 웹서버와 연동해서 공유하는 방법에 대해서 알아보겠다. Git 저장소를 웹서버와 연동시키는 기술은 1.6.6. 버전 이전에서는 Git에서 제공하는 저장소를 읽기 전용으로만 서비스가 가능했고 1.6.6 버전부터는 읽기뿐만 아니라 쓰기 기능도 같이 제공하고 있으며 이를 'Smart HTTP'라고 부른다.

HTTP 프로토콜은 SSH와 Git 프로토콜과 동작 방법이 거의 동일하지만 한가지 차이라면 표준 HTTP 포트를 통해서 서비스된다는 점과 HTTP 인증 기능을 활용할 수 있다는 점이다. 그리고 내부분 아파치 웹서버와 연동해서 사용하기 때문에 안정적인 서비스가 가능하고 설정 방법도 비교적 쉬운 편이다. 현재 Git으로 형상 관리하는 프로젝트 혹은 회사에서 가장 많이 사용하는 원격 저장소 공유 방법이다.

동작 방식은 아파치 웹서버에 CGI 프로그램인 git-http-backend을 적용하여

Git 저장소에 http 및 https 프로토콜로 접근이 가능하도록 한다. 이 절에서는 아파치 웹서버를 기준으로 git-http-backend CGI를 적용하는 방법에 대해서 알아보도록 하자.

아파치 웹서버에서 CGI를 실행시키기 위해서는 mod_cgi, mod_alias, mod_env 그리고 mode_rewrite 기능을 사용할 수 있어야 한다. 다음 명령을 이용해서 아파치 웹서버에 적용할 수 있다.

```
sudo a2enmod cgi alias env rewrite
```

윈도우 운영체제에서는 발생하지 않지만 유닉스/리눅스 계열에서 Git을 운영한다면, 웹서버와 연동할 때 가장 크게 고려해야 할 것은 웹서버가 Git의 저장소를 읽고 쓸 수 있는 권한 문제이다. 이 부분은 다음을 고려해서 해결할 수 있다.

- 동일한 리눅스 계정으로 Git과 아파치 웹서버를 실행해서 저장소의 권한 문제를 해결한다.
- 저장소의 디렉터리 권한을 변경해서 아파치 웹서버가 저장소에 접근할 수 있도록 허용한다.

일반적으로 리눅스 배포판의 yum이나 apt-get으로 아파치 웹서버를 설치하면 아파치 웹서버에 대한 실행 계정은 www-data, 사용자는 www-data 그룹으로 되어 있다. 웹서버가 Git 계정으로 실행되도록 변경하기 위해서는 /etc/apache2/envvars 파일을 소스 1-3과 같이 수정하면 된다.

소스 1-3 envvars

```
# Since there is no sane way to get the parsed apache2 config in scripts, some
# settings are defined via environment variables and then used in apache2ctl,
# /etc/init.d/apache2, /etc/logrotate.d/apache2, etc.
# export APACHE_RUN_USER=www-data
# export APACHE_RUN_GROUP=www-data
export APACHE_RUN_USER=ykchang
export APACHE_RUN_GROUP=staff
```

필자의 경우 Git 저장소의 사용자는 ykchang, 그룹은 staff이기 때문에 위의 소스 코드와 같이 APACHE_RUN_USER와 APACHE_RUN_GROUP을 수정하였다. 각자 자신의 환경에 맞게 수정하면 된다.

이와 반대로 아파치 웹서버의 기본 사용자인 www-data가 Git 저장소에 접근할 수 있도록 변경하는 방법도 있다. 필자의 Git 저장소인 /opt/git에 대해서 다음과 같이 권한을 변경하면 이후에는 아파치 웹서버가 Git 저장소를 읽고 쓸 수 있게 된다.

```
sudo chown -R www-data:www-data /opt/git
```

여기서는 아파치 웹서버의 사용자를 변경하는 방법을 사용했다. 다음으로 Git 저장소에 접근할 수 있도록 아파치 웹서버의 설정 정보를 추가해야 한다. 아파치 웹서버의 설정 파일은 /etc/apache2/apache2.conf 파일[5]에 다음 내용들을 추가해야 한다.

소스 1-4 apache2.conf

```
# Git 저장소 위치 지정
SetEnv GIT_PROJECT_ROOT /opt/git
SetEnv GIT_HTTP_EXPORT_ALL
ScriptAlias /git/ /usr/lib/git-core/git-http-backend/

<Directory "/usr/lib/git-core*">
    Options ExecCGI Indexes
    Order allow,deny
    Allow from all
    Require all granted
</Directory>

<LocationMatch "^/git/.*/git-receive-pack$">
    AuthType Basic
    AuthName "Git Access"
    AuthUserFile /opt/git/.htpasswd
    Require valid-user
</LocationMatch>
```

소스 1-4의 설정은 크게 세 부분으로 구분할 수 있으며 다음 3개 항목은 Git과 아파치 웹서버를 연계하기 위한 가장 첫 번째 설정이다.

```
SetEnv GIT_PROJECT_ROOT /opt/git
SetEnv GIT_HTTP_EXPORT_ALL
ScriptAlias /git/ /usr/lib/git-core/git-http-backend/
```

GIT_PROJECT_ROOT는 Git 저장소 위치를 의미하고, ScriptAlias의 경우 아파치 웹서버가 git 스크립트를 만나게 되면 /usr/lib/git-core/git-http-backend/ 명령어를 실행하도록 설정한 것이다. 그러므로 해당 PC에 git-http-backend가 설치된 위치를 확인한 다음 지정하면 된다. GIT_HTTP_EXPORT_ALL 설정은 별도의 인증

---

5 아파치 웹서버 설정 파일은 리눅스 배포판과 아파치 웹서버 버전에 따라서 다르므로 자신의 환경에 맞게 설정하도록 한다.

과정을 거치지 않고 Git 저장소에 있는 모든 Git 프로젝트를 제공한다는 것을 의미한다.

그리고 그 이후에 있는 <Directory> 태그들은 Git 저장소 디렉터리에 아파치 웹서버가 어떠한 형태로 접근할 것인지를 정의한 부분이다. 이 중에서 제일 중요한 부분은 AuthUserFile/opt/git/.htpasswd 부분으로 Git 저장소에 접근하기 위한 사용자 정보를 관리하는 파일이다.

설정을 완료한 다음 다음 명령어를 이용해서 아파치 웹서버에 접근할 사용자를 추가한다.

```
htdigest -c /opt/git/.htpasswd "Git Access" ykchang
```

위의 명령어는 ykchang이라는 사용자를 /opt/git/.htpasswd 파일에 추가하라는 의미이다. 그리고 Git 저장소에 접근할 때 사용자 관리 용도로 이 파일이 사용된다. htdigest 명령을 실행해서 사용자를 생성한 후 비밀번호를 입력하면 된다(그림 1-30).

```
ykchang@javatools: ~
ykchang@javatools:~$ htdigest -c /opt/git/.htpasswd "Git Access" ykchang
Adding password for ykchang in realm Git Access.
New password:
Re-type new password:
ykchang@javatools:~$
```

그림 1-30 htdigest 생성 화면

위의 설정을 완료한 후 아파치 웹서버를 재시작하면 HTTP 프로토콜을 통해서 Git 저장소에 접근이 가능해진다. 다음 명령을 이용해서 HTTP 프로토콜을 이용한 저장소 복제가 가능하다.

```
git clone http://127.0.0.1/git/javatools.git
```

저장소를 로컬에 복사한 이후의 모든 작업은 이 책에서 배운 모든 형상 관리 방법과 동일하다. 복제할 때 HTTP 프로토콜을 사용한다는 점만이 다르다.

1.8 Git 원격 작업 및 GitHub

형상 관리는 대부분 특정한 서버의 파일 시스템에 저장소를 만들고 이를 기반으로 이루어지지만 Git 사용자들은 Github를 활용하면 별도 서버 장비 없이 형상 관리 서비스를 받을 수 있다. Git의 태생 자체가 분산 버전 관리를 위한 것이고, 특히 리눅스의 창시자인 리누스 도발즈가 전세계에 흩어져 있는 커널 개발자들이 효율적으로 프로젝트를 진행하고 파일을 공유, 관리할 수 있도록 Git을 만들었기 때문에, 원격 저장소의 활용은 필수적으로 이해해야 하는 부분이다.

Git이 유명해진 이유도 Git의 분산 관리 기능으로 중앙 집중식에 비해 빠르게 작업할 수 있는 점과 GitHub에서 제공하는 서비스 때문이다. 이 절에서는 Git을 분산 환경에서 사용하는 방법과 GitHub를 이용해서 형상 관리하는 방법을 알아보자.

1.8.1 원격 관리(분산 관리) 이해

Git에서의 원격 작업은 하나의 Git 저장소를 여러 서버에 동일하게 복제해서 활용하는 분산 관리를 의미한다. Git 이전의 형상 관리 소프트웨어에서는 원격의 개발자들 간에 소스 코드를 공유하고 활용할 때 중앙 집중식을 이용했다(그림 1-31).

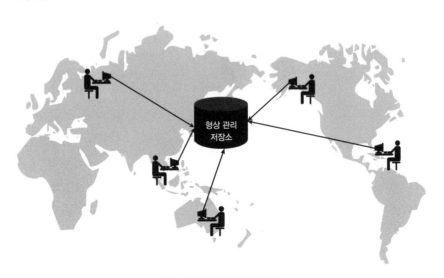

그림 1-31 중앙 집중식 형상 관리

중앙 집중식 형상 관리는 하나의 저장소에 전세계 개발자들이 접속해서 사용하는 방식으로 다음과 같은 문제점이 있다.

- 네트워크 환경이 멀리 있어서 저장소의 정보를 가져오거나 로컬 소스를 커밋할 때 시간이 오래 걸린다.

- 중앙 저장소에 장애가 발생하면 전세계 모든 개발 작업이 중단된다.
- 중앙 저장소의 서버는 전세계 개발자들에게 서비스를 제공하기 위하여 충분히 고사양이어야 한다.

소프트웨어 개발이 글로벌화하면서 전세계에 흩어져 있는 연구소 혹은 지사 간에 소스 공유가 필요해졌는데 네트워크 속도가 느려지거나 장애가 생겼을 때 중앙 집중식은 문제가 발생할 수밖에 없다. 이러한 문제를 해결하기 위해 Git은 저장소를 분산시키고 이를 다시 중앙에 취합하는 형태를 취하고 있다(그림 1-32).

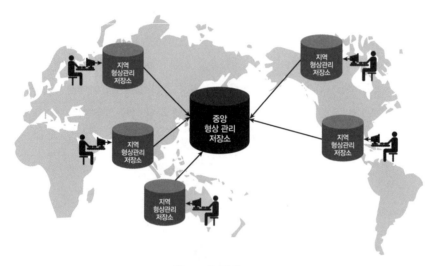

그림 1-32 분산형 형상 관리

분산형 형상 관리 소프트웨어를 사용하게 되면 다음과 같은 장점이 있다.

- 개발자가 로컬 형상 관리 저장소에서 작업하기 때문에 네트워크로 인한 속도 저하 문제가 발생하지 않는다.
- 중앙 저장소에 장애가 발생해도 지역 저장소에는 영향이 없기 때문에 개발 작업에는 영향이 거의 없다.
- 잦은 변경은 지역 저장소를 대상으로 하고 최종 변경분은 중앙과 동기화해서 관리한다.

이렇게 분산화시키면 개발 효율을 높일 수 있고 특정 저장소의 장애로 인해 전체 개발 업무에 미치는 영향을 최소화할 수 있다. 형상 관리 서버 사양 역시 지역을 서비스할 수 있는 정도의 용량만 확보하면 되기 때문에 상대적으로 저사양 서버로도 충분히 서비스가 가능하다.

1.8.2 GitHub 기반 원격 복제

먼지 GitHub를 활용하기 위해서는 *http://github.com*에 접속해서 계정을 생성해야 한다. 계정 생성에는 사용 가능한 이메일 주소, 이름, 비밀번호만 있으면 되고 추가적인 정보를 요구하지 않는다. 그리고 공개 저장소를 사용할 경우 생성한 계정을 통해서 별도의 용량 제약 없이 사용할 수 있다.

이러한 GitHub를 사용하기 위한 절차는 다음과 같다.

1. GitHub에 계정 생성: 이메일을 이용해서 계정을 생성한다.
2. Git 환경 설정: Git에 접속할 사용자 정보를 설정하고 보안 관련 설정을 한다.
3. Git 저장소 생성: GitHub에 저장소를 생성한다.
4. Git 저장소 복사: GitHub의 저장소를 로컬 Git 저장소에 복제한다.
5. Git 기반의 개발 프로젝트 수행: 로컬 Git 저장소 기반으로 작업을 수행한다.

위의 5가지 절차 중 4번부터는 로컬의 Git 명령을 이용해서 수행해야 한다. 즉, 로컬에 Git이 설치되어 있어야 하며, 이 책에서 지금까지 알아본 Git 명령어를 그대로 사용할 수 있다.

GitHub에 계정을 생성하면 처음에는 아무런 저장소도 생성되어 있지 않다(그림 1-33). 그러므로 계정 생성 다음에 해야 할 일은 내가 사용할 저장소를 생성하는 것이다. 일반적으로 하나의 저장소가 하나의 프로젝트를 관리하는 형태이다. 여기서는 java_tools라는 이름으로 저장소를 생성해보자.

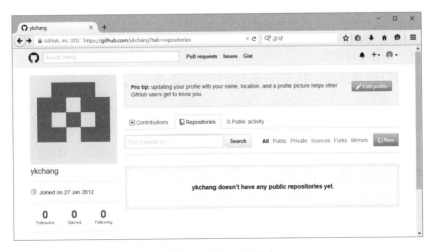

그림 1-33 GitHub 초기 화면

저장소를 생성하기 위해서는 [Repositories] 탭에서 [New] 버튼을 클릭하고 관련된 정보를 입력해야 한다. 입력해야 하는 정보는 저장소 이름과 이에 대한 설명, 그리고 Private/Public 중 하나를 선택하는 것이다. 'Private'은 유료 옵션이므로 여기서는 'Public'을 선택한다. 그리고 'Initialize this repository with a README' 옵션에 체크하도록 한다. 이 옵션은 앞서 배운 저장소를 초기화하는 git init 명령과 동일하다.

최종적으로 [Create repository] 버튼을 클릭하면 저장소가 생성된다(그림 1-34).

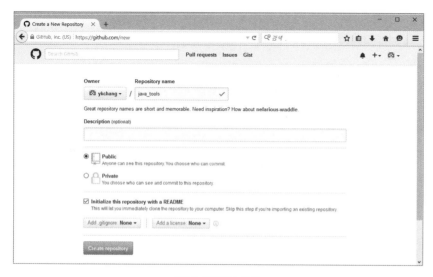

그림 1-34 저장소 생성

앞서 초기화 옵션을 선택했기 때문에 README.md 파일이 커밋되어 있다. 만일 해당 옵션을 선택하지 않았다면 저장소를 초기화하고 파일을 커밋하는 방법에 대한 설명이 나온다.

저장소가 초기화되었으면 이제 본격적으로 Git 저장소를 이용해서 소스 코드를 관리할 수 있다. GitHub에도 파일을 편집해서 저장하는 기능이 있긴 하지만 특별한 경우가 아니면 잘 사용하지 않는다. 그리고 아쉽게도 파일을 업로드하는 기능 역시 제공되지 않는다. 반대로 다운로드 기능은 제공하고 있다. 그러므로 가장 쉬운 GitHub의 저장소 관리 방법은 원격 저장소를 로컬 저장소에 복제하고 이를 상호 동기화하는 것이다. 이것이 바로 앞서 설명한 Git의 장점인 분산 버전 관리 기능이다.

그럼 GitHub의 저장소를 리눅스 서버에 복제해보자. 필자의 우분투 서버에 /home/ykchang/github_repo 디렉터리를 GitHub 저장소와 동기화하는 용도로 사용할 것이다.

생성된 저장소의 화면 우측 하단에 화면에 GitHub를 외부에서 복제하기 위한 HTTPS URL이 나온다(그림 1-35). 이 화면에서 오른쪽의 클립보드 아이콘을 클릭하면 클립보드에 복사된다.

HTTPS clone URL
https://github.com/)

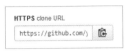

그림 1-35 GitHub 복제 URL

원격 저장소를 복제할 디렉터리 위치로 이동한 다음 복사한 URL 정보를 이용해서 다음과 같이 복제를 수행한다.

```
git clone https://github.com/ykchang/java_tools.git
```

이 명령을 실행하면 그림 1-36과 같은 결과가 나온다. 현재 디렉터리 하위에 GitHub에서 복제할 저장소 디렉터리를 생성하고 하위 관련 파일들을 다운로드하게 된다.

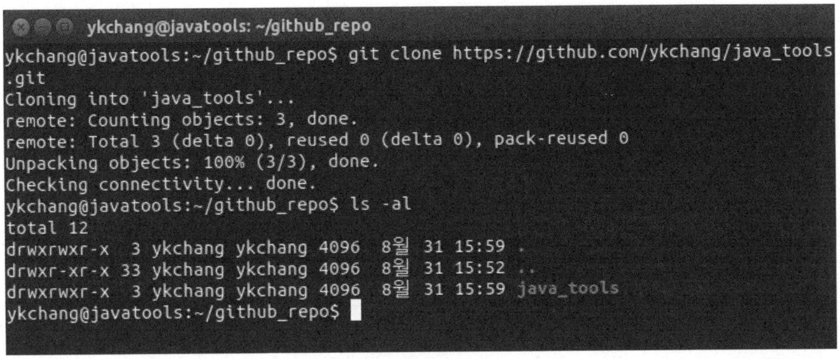

ykchang@javatools: ~/github_repo
ykchang@javatools:~/github_repo$ git clone https://github.com/ykchang/java_tools
.git
Cloning into 'java_tools'...
remote: Counting objects: 3, done.
remote: Total 3 (delta 0), reused 0 (delta 0), pack-reused 0
Unpacking objects: 100% (3/3), done.
Checking connectivity... done.
ykchang@javatools:~/github_repo$ ls -al
total 12
drwxrwxr-x 3 ykchang ykchang 4096 8월 31 15:59 .
drwxr-xr-x 33 ykchang ykchang 4096 8월 31 15:52 ..
drwxrwxr-x 3 ykchang ykchang 4096 8월 31 15:59 java_tools
ykchang@javatools:~/github_repo$

그림 1-36 GitHub 복제 결과

복제가 끝나면 이제 로컬 저장소를 이용해서 형상 관리 작업을 진행하면 된다. 이 작업은 앞서 사용한 `git add`, `git commit` 명령 등을 그대로 사용할 수 있다. 몇 가지 실습을 위해 파일을 추가한 후 `git add`, `git commit` 순으로 저장소에 반영하자. 그리고 현재 Git 저장소의 상태를 확인하기 위해 `git status` 명령을 실행해 보면 그림 1-37과 같은 결과가 나타난다.

그림 1-37 분산 저장소 상태 정보

위의 그림에서 보면 앞서 GitHub에서 복제하지 않고 사용했던 것과 한가지 다른 메시지가 나타나는데, 바로 git push 명령을 사용해서 로컬 저장소를 배포하라는 메시지다.

이것은 Git 로컬 저장소에 커밋이 이루어졌고 원격 저장소의 정보와 차이가 생겼다는 의미이다. 그럼 다음 명령을 통해 원격 저장소와 동기화 작업을 실행해 보자.

```
git push
```

위의 명령을 실행하면 git config 명령을 이용해서 환경 설정을 하라는 경고 문구가 나오고 GitHub에 로그인하기 위한 정보를 묻는다. GitHub에 생성한 계정 정보를 저장한 후에 엔터를 누르면 변경된 저장소 정보를 원격 저장소에 반영하고 그 결과를 화면에 출력해준다(그림 1-38).

git push 명령을 통해 로컬 저장소의 정보를 원격 저장소와 동기화하는 방법에 대해서 알아보았다. 반대로 원격 저장소도 다른 개발자 혹은 다른 지역의 로컬 저장소와 동기화되면 변경이 일어나고 이렇게 변경된 정보를 로컬 저장소에 가져와야 할 필요가 있다. 이때 사용하는 명령이 바로 git pull 명령이다.

git pull 명령을 이용하면 원격의 변경된 파일을 다운로드한다. 하지만 이것을 실행하기 전에 원격 저장소와 로컬 저장소의 정보에 차이가 발생했는지 확인하는 것이 좋다. 이 작업을 위해서 다음 2개의 명령을 실행시켜 보자.

```
git fetch
git status
```

위의 명령 중 git fetch는 원격 저장소의 변경 정보를 내려받아서 로컬 저장소의 것과 비교한다. 이때 비교만 하고 파일을 로컬 저장소에 저장하지는 않으며, 변경된 정보가 있다는 것만 기록하게 된다. 그리고 git status로 확인해보면 git pull을 이용해서 원격 저장소와 동기화를 하라는 메시지가 나타난다(그림 1-39).

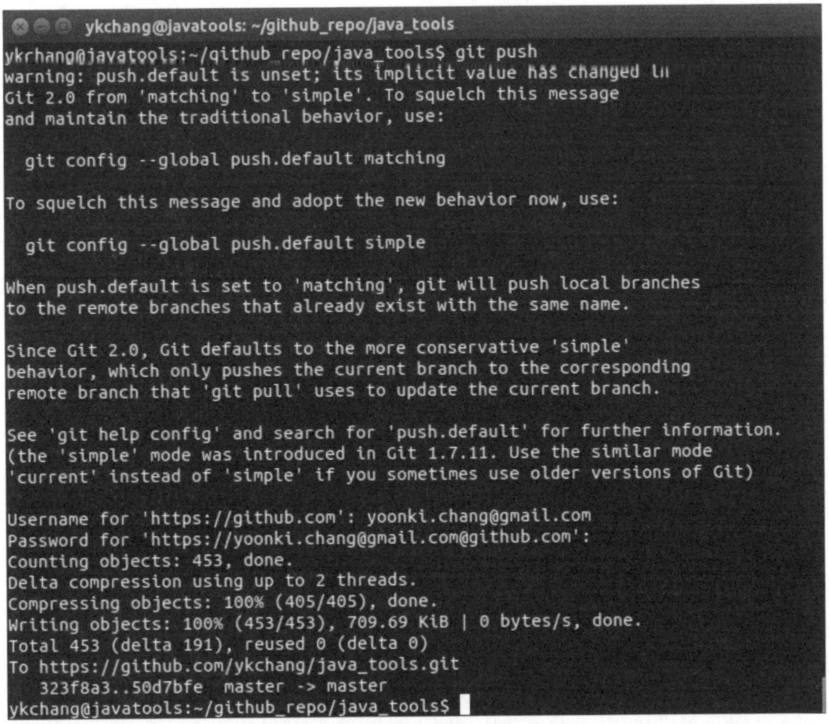

```
ykchang@javatools: ~/github_repo/java_tools
ykchang@javatools:~/github_repo/java_tools$ git push
warning: push.default is unset; its implicit value has changed in
Git 2.0 from 'matching' to 'simple'. To squelch this message
and maintain the traditional behavior, use:

  git config --global push.default matching

To squelch this message and adopt the new behavior now, use:

  git config --global push.default simple

When push.default is set to 'matching', git will push local branches
to the remote branches that already exist with the same name.

Since Git 2.0, Git defaults to the more conservative 'simple'
behavior, which only pushes the current branch to the corresponding
remote branch that 'git pull' uses to update the current branch.

See 'git help config' and search for 'push.default' for further information.
(the 'simple' mode was introduced in Git 1.7.11. Use the similar mode
'current' instead of 'simple' if you sometimes use older versions of Git)

Username for 'https://github.com': yoonki.chang@gmail.com
Password for 'https://yoonki.chang@gmail.com@github.com':
Counting objects: 453, done.
Delta compression using up to 2 threads.
Compressing objects: 100% (405/405), done.
Writing objects: 100% (453/453), 709.69 KiB | 0 bytes/s, done.
Total 453 (delta 191), reused 0 (delta 0)
To https://github.com/ykchang/java_tools.git
   323f8a3..50d7bfe  master -> master
ykchang@javatools:~/github_repo/java_tools$
```

그림 1-38 git push를 이용한 동기화

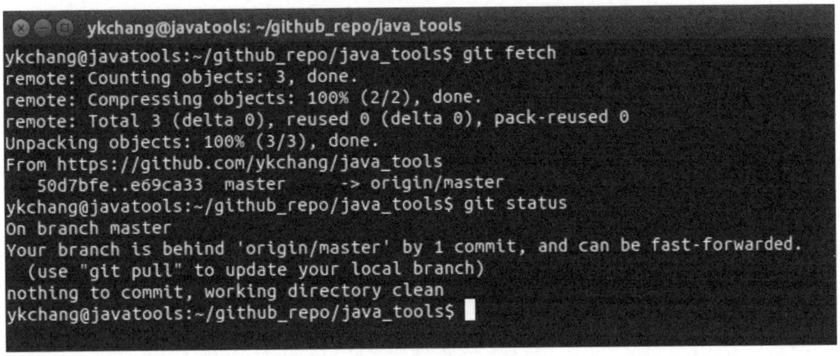

```
ykchang@javatools: ~/github_repo/java_tools
ykchang@javatools:~/github_repo/java_tools$ git fetch
remote: Counting objects: 3, done.
remote: Compressing objects: 100% (2/2), done.
remote: Total 3 (delta 0), reused 0 (delta 0), pack-reused 0
Unpacking objects: 100% (3/3), done.
From https://github.com/ykchang/java_tools
   50d7bfe..e69ca33  master     -> origin/master
ykchang@javatools:~/github_repo/java_tools$ git status
On branch master
Your branch is behind 'origin/master' by 1 commit, and can be fast-forwarded.
  (use "git pull" to update your local branch)
nothing to commit, working directory clean
ykchang@javatools:~/github_repo/java_tools$
```

그림 1-39 git fetch 실행 결과

`git status` 명령으로 원격 저장소로부터 동기화가 필요함을 확인한 후 `git pull` 명령을 실행하면 그림 1-40과 같이 로컬에 변경된 파일이 저장되는 것을 확인할 수 있다.

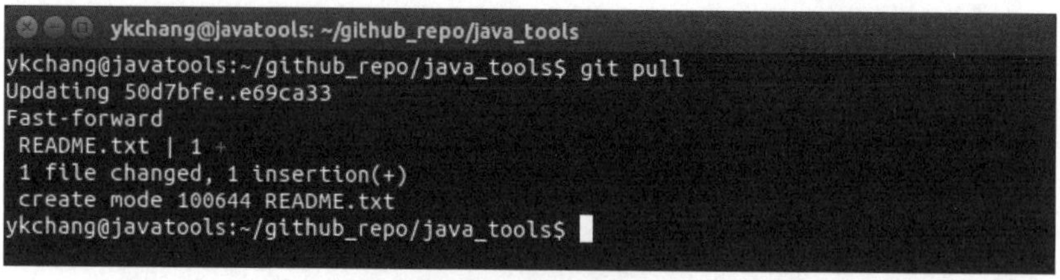

그림 1-40 git pull 실행 결과

1.8.3 로컬 저장소를 GitHub에 배포

앞의 예에서는 GitHub에 생성된 저장소를 로컬에 복제했는데 이와는 반대로 로컬 저장소를 원격 저장소에 반영해야 할 필요도 있다. 예를 들어 A 지역에서 프로젝트로 로컬에 Git 저장소를 만들어서 사용하다가 이것이 B 지역과 같이 하는 프로젝트로 확대되었다고 하자. 원격에 있는 중앙 Git 저장소에 A 지역의 저장소를 복제하고 B 지역은 중앙 저장소로부터 이를 내려받아서 공동 작업을 하는 형태이다.

이를 위해 GitHub의 [Repositories] 탭에서 저장소를 하나 신규로 생성하는데 이때는 반드시 'Initialize this repository with a README' 옵션을 체크하지 않은 상태에서 생성한다.

그리고 로컬 Git 저장소에서 `git remote add origin` 명령을 이용하여 생성한 GitHub 저장소에 저장하면 된다. 이때 접속할 GitHub의 HTTPS URL을 파라미터로 사용하면 된다.

```
git remote add origin https://github.com/ykchang/JavaWorldPrj.git
```

로컬 저장소를 원격 저장소에 반영한 이후부터의 모든 작업 과정은 기존과 동일하게 로컬에서 파일을 추가한 다음 원격에 반영하고, 변경된 파일을 원격에서 다운로드 받아서 로컬에서 작업하는 형태를 그대로 수행하면 된다.

1.8.4 GitHub 데스크톱

GitHub를 웹버전으로 사용하다 보면 다소 불편한 점이 있다. 좀 더 편리하고 생산적으로 사용하기 위해서 GitHub 데스크톱을 이용하는 것도 좋은 선택이다. GitHub 데스크톱을 설치하기 위해서는 *https://desktop.github.com*에 접속해서 원하는 운영체제 버전의 설치 파일을 다운로드해야 한다. 다운로드한 후 설치를 완료하면 앞에서 생성한 GitHub 계정을 입력해서 로그인한 후 설정 작업과 저장소 생성 작업을 할 수 있다(그림 1-41).

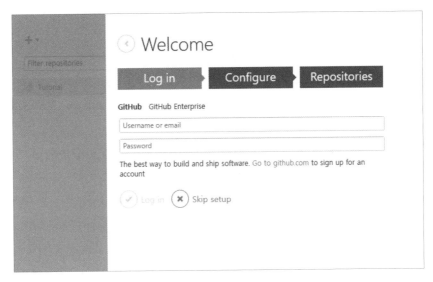

그림 1-41 GitHub 데스크톱 로그인 화면

GUI 기반의 GitHub 데스크톱을 이용하면 커맨드를 일일이 사용하지 않아도 손쉽게 GitHub를 관리할 수 있으며 로컬 저장소와 동기화하는 등의 작업 역시 손쉽게 할 수 있다.

GitHub는 몇 가지 조건만 충족한다면(예: 공용 저장소 사용) 무료로 사용할 수도 있고 별도의 서버 관리도 필요 없다는 장점이 있다. 공용 저장소 사용이 문제가 된다면 사설 저장소를 사용할 수도 있는데 그 비용 역시 높은 편은 아니다. 그리고 대부분의 기능이 Git을 기반으로 하고 있기 때문에 Git에 익숙한 개발자라면 GitHub를 사용하는 데 큰 문제가 없다.[6]

분산 버전 관리에 대해서도 알아봤는데 GitHub는 분산 버전 관리에서 사용하는 원격 저장소 중 하나이다. 내부적으로 Git 저장소를 만들고 이를 다른 서버에서 복제해서 GitHub와 동일한 구조로 운영할 수도 있다.

1.9 Git GUI 클라이언트

형상 관리 도구는 이력 관리와 파일 비교 등의 작업이 많기 때문에, 텔넷 환경이나 터미널 환경에서 명령어를 이용해서 비교하고 작업하는 것은 거의 불가능에

---

6   GitHub의 자세한 사용법 및 정보는 *https://github.com*을 참조하자.

가깝다. 파일도 많고 변경 내용도 많고 동시 작업자 수도 많다면 더더욱 그렇다. 그래서 Git 역시 GUI 기반의 클라이언트를 설치해서 사용하는 것이 일반적이다. 또한 거의 대부분의 자바 통합 개발 도구에서 기본적으로 Git을 지원하기 때문에 별도의 클라이언트 설치 없이도 Git과 연계해서 사용할 수 있다.

통합 개발 환경 외에도 Git 작업을 위한 GUI 클라이언트를 여러 소프트웨어 회사에서 추가적으로 제공하는데 그 목록과 다운로드 위치는 *http://git-scm.com/downloads/guis*에서 확인할 수 있다.

개인마다 다소 차이가 있겠지만 필자가 사용해본 것 중에 가장 훌륭한 Git 클라이언트는 CollabNet 사의 GitEye이다.[7] CollabNet은 서브버전으로도 유명하며 TeamForge와 같은 프로젝트 관리를 위한 많은 도구를 제공하는 회사이기도 하다. GitEye의 가장 큰 특징은 이클립스 기반의 RCP(Rich Client Platform)로 만들어진 애플리케이션이다. GitEye는 윈도우, 맥, 리눅스에서 모두 설치해서 사용할 수 있는 장점이 있지만 이클립스 기반이어서 다른 클라이언트에 비해 다소 무거운 편이다(그림 1-42).

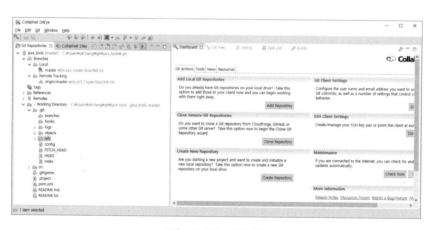

그림 1-42 GitEye 실행 화면

GitEye 다음으로 선호하는 클라이언트 도구는 통합 자바 개발 도구에 포함되어 있는 Git 플러그인이다. 아무래도 개발 툴에 포함되어 있기 때문에 전문 클라이언트에 비해서 기능은 떨어지지만 개발과 형상 관리 연계 작업을 동시에 할 수 있어서 좀 더 효율적인 장점이 있다.

---

7   *http://www.collab.net/products/giteye*

Tortoise Git[8]을 사용해 보는 것도 괜찮다. EasyGit에 비해 비교적 쉽고 빠르며 윈도우 탐색기와 연계해서 사용할 수 있어 매우 편리하다. Git이 나오기 전인 서브버전 때부터 매우 유용하게 사용하던 앱으로 Git 버전도 제공한다.

탐색기와 연동되기 때문에 UI가 친숙하고 사용이 편리한 것이 큰 장점이다. 하지만 Git 뿐만 아니라 서브버전도 같이 사용한다면 윈도우 탐색기의 팝업 메뉴가 매우 지저분해지는 단점이 있다.

1.10 요약

이번 장에서는 형상 관리의 개념을 이해하고 최근에 가장 주목받고 있는 형상 관리 소프트웨어인 Git을 기반으로 소스 코드의 버전 관리 방법을 알아보았다.

Git은 분산된 환경에서 형상 관리를 하기 때문에 속도가 매우 빠르고 중앙 저장소의 장애나 성능에 영향을 적게 받아 개발 생산성을 좋게 하는 장점이 있다. 특히 개발 조직 혹은 프로젝트 조직이 지리적으로 멀리 떨어진 분산된 환경에서 작업하고 있다면 Git은 형상 관리 도구로 가장 적합한 선택이다. Git은 당분간 형상 관리 소프트웨어 분야에서 대세의 자리를 계속 유지할 것으로 보이며 빠르게 서브버전을 대체해 나가고 있다.

하지만 Git을 선택하고 사용하려면 기존 형상 관리 소프트웨어와는 개념과 프로세스가 달라서 처음에 적응하고 익숙해지는 데 다소 시간이 걸릴 수 있음을 고려해야 한다.

그 때문에 아직 Git을 설치해서 사용하는 것이 부담스럽다면 GitHub를 이용하는 것도 좋은 방법이다. 웹 환경에서 Git의 기능을 그대로 사용할 수 있고 대부분의 개발 도구 혹은 Git 클라이언트와 연계가 가능하며 심지어 무료로 사용할 수 있다. 이러한 큰 장점으로 인해 최근 글로벌하게 진행되고 있는 오픈 소스 프로젝트들이 GitHub를 기반으로 작업하고 있다.

8 *https://tortoisegit.org*

2장

서브버전을 이용한 형상 관리

2.1 들어가며

서브버전은 현재 많은 기업과 프로젝트에서 형상 관리 도구로 사용하고 있다. 뛰어난 팀 작업 기능과 리비전 개념, 파일에 대한 잠금 없이 작업이 가능한 Copy-Modify-Merge 개념의 도입 등 많은 부분에서 혁신적인 기능을 제공하여 생산성이 높다.

Git에게 점점 자리를 내주고는 있지만 여전히 서브버전을 선호하는 개발자가 많으며 도구가 다양하고 연계성이 좋아 매력적인 도구다. 그리고 무엇보다 Git에 비해 개념적으로 단순하고 사용법 역시 쉬운 편이어서 여전히 장점이 큰 형상 관리 도구이다.

특히 Git은 분산된 팀과 분산된 부서가 활용할 때 효과가 크지만 만일 프로젝트 구조가 중앙집중적이고 한곳에 모두 모여서 작업을 한다면 Git을 이용하는 효과가 크지 않다. 이러한 점들을 고려했을 때 여전히 서브버전만의 매력이 있는 것이다.

이번 장에서는 서브버전을 설치하고 환경 설정을 한 후 소스 코드를 관리하고 활용하는 방법에 대해서 알아보자.

- 서브버전 설치 및 환경 설정
- 서브버전으로 형상 관리
- 서브버전 클라이언트

2.2 서브버전 설치 및 환경 설정

서브버전은 CVS가 형상관리 소프트웨어로서는 기능이 부족하다고 보고 이를 극복하기 위해 2000년에 CollabNet[1]이 개발을 시작한 프로그램으로, 현재는 아파치 재단의 관리하에 오픈 소스 프로젝트로 개방되어 누구나 무료로 사용할 수 있다.

서브버전 홈페이지[2]에서 자세한 관련 정보를 확인할 수 있으며 인터넷상에서도 많은 문서와 활용 사례 등을 확인할 수 있다. 또한 많은 프로젝트에 활용된 덕분에 개발자들의 사용 경험도 풍부해서 사용하는 데 큰 문제가 없을 정도로 보편화되어 있는 형상 관리 소프트웨어이다.

서브버전의 가장 큰 특장점 2가지를 정리하면 다음과 같다.

- 리비전(Revision) 개념: 전체 프로젝트 레벨, 달리 말하면 서브버전의 저장소 레벨의 리비전(저장소의 특정 시점을 기준으로 함) 개념으로 버전 정보를 관리한다.
- Copy-Modify-Merge: 파일 Lock 기능을 최소화하고 파일을 각자 수정한 후 통합하는 형태의 프로세스를 제공한다.

서브버전이 나오기 전에 형상 관리 소프트웨어로 유명한 CVS는 각 파일 및 디렉터리에 개별적인 버전을 부여해서 관리했는데, 이것은 특정한 시점의 버전으로 전체 소스 코드를 되돌리는 데에 한계가 있고, 전체 프로젝트에 대한 브랜치 처리나 태깅 처리 등에 제약이 많았다. 서브버전은 기존 형상 관리 문제를 해결하기 위해 리비전 개념을 적용하여 특정 시점 소스 코드의 형상 및 상태를 관리할 수 있게 되었다. 이렇듯 기존 형상 관리의 단점을 극복하기 위한 많은 기능을 제공해서 오픈 소스 진영에서 많이 사용되는 형상 관리 도구로 자리매김하였으며, 대규모 상업용 프로젝트에서도 표준 형상 관리 소프트웨어로 사용되고 있다.

최근 Git이 분산 관리 기능과 복제라는 개념을 통해 개발자들이 빠르게 작업할 수 있는 환경을 제공하면서 점차 점유를 넓히고 있지만 워낙 많은 프로젝트와 기업에서 서브버전을 사용하고 있어서, 현재까지도 대표적인 형상 관리 도구로 인지되고 있다.

특히 서브버전은 인터페이스를 위한 프로토콜이 오픈되어 있고 별도의 클라

---

1 *http://www.collab.net*에서 상세한 정보를 확인할 수 있다. 협업 기능을 강조하고 있으며 애자일 기반의 프로젝트 개발 및 관리를 위한 소프트웨어를 제공한다. 서브버전과 관련해서 유명하다.

2 *http://subversion.apache.org*

이언트 프로그램을 설치하지 않아도 자바에서 사용하는 유틸리티와 각종 도구에 자바 라이브러리(Java IL)만 추가하면 바로 활용할 수 있다.

2.2.1 서브버전 설치

서브버전을 설치하기 위해서는 서브버전을 다운받아야 하는데 인터넷을 통해 검색해 보면 상당히 많은 서브버전 애플리케이션을 확인할 수 있다. 이렇게 다양한 애플리케이션이 존재하는 이유는, 서브버전의 핵심 엔진 기능은 아파치 재단에서 관리하고 있지만 이 엔진을 기반으로 각 회사에서 응용 소프트웨어를 개발해서 배포하고 있기 때문이다.

아파치 재단의 공식 다운로드를 통해 받은 서브버전은 모든 명령 및 관리가 커맨드 기반으로 되어 있어서 사용자나 관리자가 활용하기에 다소 불편한 면이 있기 때문에 이를 GUI 기반이나 여러 운영체제 즉 플랫폼 기반으로 이식해서 사용할 수 있도록 제공하는 것이다. 서브버전 사이트에 접속해 보면 각 운영체제별 다운로드 파일과 설치 방법에 대해서 설명해 놓았다.[3]

서브버전을 설치하기 전에 먼저 다음 내용을 고려할 필요가 있다.

- 어떤 운영체제에서 서브버전을 관리할 것인가? 대부분 유닉스/리눅스 기반과 윈도우 기반으로 결정할 수 있으며 운영체제에 따라 차이가 존재한다. 특히 AIX나 HP-UX를 사용하기 위해서는 소스 코드를 내려받아서 컴파일 작업을 해야 한다.
- 명령어 기반의 소프트웨어를 사용하는 게 익숙한가? 명령어 기반의 소프트웨어는 장점도 많은 반면 직관적이지 않아 어려움을 느끼는 경우가 많다. 만일 GUI 기반을 원한다면 윈도우 환경을 선택하는 것이 좋다.[4]
- 윈도우로 운영한다면 어떤 회사의 제품을 선택하는 것이 좋은가? 일반적으로 많이 사용하는 VisualSVN은 무료로 사용할 수 있지만 일부 추가 기능을 위해서는 제품을 구입해야 한다.

이러한 내용을 고려해서 사용할 서브버전을 선택하는 것이 좋다. 그리고 서브버전을 사용할 때 다음 2가지를 추가적으로 알아두는 것이 좋다.

- 각 회사에서 제공하는 서브버전 제품의 버전은 아파치에서 관리하고 있는 서

---

3 *http://subversion.apache.org/packages.html*
4 리눅스, 맥 OS 등을 위한 GUI 소프트웨어도 있다.

브버전의 버전을 의미하는 것이 아니다. 각 회사는 서브버전을 기반으로 자사의 소프트웨어를 만들고 자사의 버전 체계를 가지고 가기 때문이다. 그러므로 해당 소프트웨어의 기반이 되는 서브버전 버전도 확인할 필요가 있다.

- 아파치에서 다운받은 서브버전이 아닌 각 회사에서 제공하는 서브버전 소프트웨어는 라이선스를 잘 확인하고 사용해야 한다. 일부 상용으로 구입해서 사용해야 하는 경우가 있다.

이 책에서는 리눅스 기준, 특히 우분투 배포판 기준으로 설명할 것이다. 만일 레드햇 계열이라면 yum 명령을 이용할 수 있으며 우분투와 같은 데비안 계열은 apt-get 명령을 이용하면 손쉽게 다운로드 및 설치가 가능하다.

필자의 경우 다음 명령을 이용해서 우분투 서버에 서브버전을 설치하였다.

```
apt-get install subversion
apt-get install libapache2-svn (옵션으로 아파치 웹서버와 연결 시 필요)
```

위의 설치 명령 중 첫 번째는 서브버전 엔진을 설치하는 것이고, 두 번째는 아파치 웹서버와 연계할 수 있는 라이브러리를 설치하는 것이다. 서브버전은 웹서버 기반으로 운영되기 때문에 웹서버에 연결하기 위한 라이브러리가 필수적으로 필요하다. 설치하면 표 2-1과 같은 명령어가 /usr/bin 디렉터리에 생성된 것을 확인할 수 있다.

항목	내용
svn	명령어 기반의 서브버전 클라이언트 프로그램
svnversion	현재 디렉터리(저장소)의 형상 관리 상태를 표시해 주는 프로그램
svnlook	명령어 기반의 서브버전 관리 프로그램으로 주로 서브버전 저장소의 상태를 확인하는 용도로 사용
svnadmin	서브버전 관리 프로그램으로 서브버전 저장소를 생성, 관리, 복구해주는 프로그램
mod_dav_svn	아파치 웹서버 기반으로 서브버전에 접속할 수 있도록 해주는 아파치 웹서버 플러그인
svnserve	서브버전 데몬 프로그램으로 아파치 웹서버 기반의 HTTP 프로토콜이 아닌 서브버전 자체 프로토콜로 서비스를 제공하게 해주는 프로그램
svndumpfilter	서브버전 덤프 파일에서 히스토리 정보를 필터링할 경우 사용
svnsync	하나의 서브버전 저장소에서 다른 서브버전 저장소로 증가분을 동기화해주는 프로그램. 서브버전 저장소를 미러링하거나 다른 지역에 백업하는 용도 등으로 활용
svnrdump	서브버전 저장소의 히스토리 정보를 조회하는 프로그램으로 네트워크 기반에서 사용 가능

표 2-1 서브버전 명령어 및 컴포넌트

간단히 apt-get 명령 두 번으로 서브버전의 설치가 완료되었다. 완료 후에 svn --version 명령을 실행하면 다음과 같이 서브버전의 설치 결과를 확인할 수 있다. 이 명령을 통해 설치한 서브버전의 버전 정보와 저장소에 접근하기 위하여 설치된 프로토콜을 확인할 수 있다.

```
ykchang@javatools: ~
ykchang@javatools:~$ svn --version
svn, version 1.8.10 (r1615264)
   compiled Aug 19 2015, 19:59:01 on x86_64-pc-linux-gnu

Copyright (C) 2014 The Apache Software Foundation.
This software consists of contributions made by many people;
see the NOTICE file for more information.
Subversion is open source software, see http://subversion.apache.org/

The following repository access (RA) modules are available:

* ra_svn : Module for accessing a repository using the svn network protocol.
  - with Cyrus SASL authentication
  - handles 'svn' scheme
* ra_local : Module for accessing a repository on local disk.
  - handles 'file' scheme
* ra_serf : Module for accessing a repository via WebDAV protocol using serf.
  - using serf 1.3.8
  - handles 'http' scheme
  - handles 'https' scheme

ykchang@javatools:~$ 
```

그림 2-1 서브버전 설치 결과

설치를 완료한 후 서브버전으로 형상 관리를 하기 위해서는, 가장 먼저 서브버전 저장소를 생성하고 이 저장소에 접근할 사용자 정보를 설정한 다음 최종적으로 형상 항목들을 관리하면 된다. 각각의 과정에 대해서 알아보도록 하자.

2.2.2 서브버전 저장소 생성

서브버전의 저장소는 버클리 DB 기반과 파일 시스템 기반(FSFS) 중에서 선택할 수 있는데 최근에는 대부분 파일 시스템 기반으로 저장소를 사용하며 서브버전 기본값 역시 파일 시스템을 기반으로 하는 FSFS 방식을 채택하고 있다. 이 책에서는 파일 시스템 기반으로 저장소를 관리할 것이다.

파일 기반 관리의 장점

파일 기반의 관리는 운영체제의 파일 관리 명령어와 기능을 이용해서 서브 버전 저장소를 백업, 복제, 복구할 수 있기 때문에 관리가 편하다.

서브버전에서 관리자용 명령어는 svnadmin이며 저장소에 대한 관리 역시 이 명령을 이용한다. 여러 가지 옵션이 있지만 대부분 다음과 같이 명령어를 실행하면 저장소가 생성되고 해당 저장소를 기반으로 서브버전을 사용할 수 있다.

```
svnadmin create <directory_path>
```

이 명령을 이용해서 저장소를 생성할 때 원하는 디렉터리가 존재하지 않더라도 명령어가 자동으로 디렉터리를 생성해 준다. 명령어를 실행하고 나면 저장소에 그림 2-2와 같이 하위 디렉터리가 생성된 것을 볼 수 있다. 필자의 우분투 머신에서는 /opt/svn을 서브버전 저장소의 홈 디렉터리로 사용할 것이며 이를 위해 svnadmin create /opt/svn 명령을 실행하였다.[5]

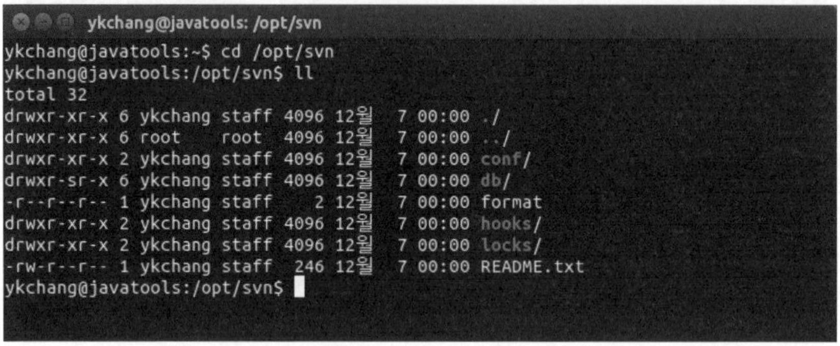

그림 2-2 저장소 하위 디렉터리 구조

저장소를 생성한 다음 해당 디렉터리로 이동해 보면 파일 및 디렉터리들이 생성된 것을 확인할 수 있는데, 이 중 README.txt 파일은 꼭 읽어볼 필요가 있다. 주된 내용은 서브버전 저장소에 있는 파일은 반드시 서브버전 명령어를 이용해서 관리해야 하며 직접 운영체제 명령어를 이용해서 파일을 추가, 삭제, 수정하지 말라는 것이다. 만일 그렇게 할 경우 서브버전 저장소가 깨지거나 문제가 발생할 수 있다는 내용이다.

README 파일을 포함해서 총 4개의 디렉터리와 2개의 파일이 있는데 그 내용은 다음과 같다.

- conf: 이름에서 알수 있듯이 서브버전의 설정 파일이 존재하는 디렉터리다.
- db: 형상 관리 항목인 파일들이 저장되는 디렉터리다.
- format: 현재 저장소의 리비전 번호가 기록되는 파일이다.

---

5 당연하겠지만 리눅스/유닉스 서버에서 서브버전을 관리할 경우 디렉터리에 대한 권한과 관련해서 많은 고민과 사전 설계가 필요하다. 그렇지 않을 경우 디렉터리 권한 체계가 무척 복잡해지고 지저분해진다.

- hooks: 저장소에 파일 커밋 등을 실행할 때 이에 대한 전처리/후처리 스크립트를 지정하는 디렉터리다. 형상 관리 프로세스를 설계하고 이를 반영할 때 유용하다.
- README.txt: 주의점을 적어놓았다.

저장소를 생성하는 것은 한번의 명령어로 끝나지만, 이제부터 저장소를 어떻게 실제 프로젝트와 연계해서 관리할 것인지 고민해야 한다. 크게 2가지 방법이 있다.

첫 번째는 하나의 저장소에 하나의 프로젝트를 관리하는 방식으로, 프로젝트별로 별도의 서브버전 프로세스를 적용하는 방식이다. 해당 프로젝트에서 요구하는 특정한 절차 및 설정을 적용할 수 있는 장점이 있다. 프로젝트가 매우 크고 소스 코드의 변화가 많다면 이러한 구조를 고려할 수 있다. 만일 프로젝트가 추가되면 서브버전 저장소 역시 추가로 생성해서 관리한다.

두 번째로 하나의 저장소에 여러 개의 프로젝트를 관리하는 방식인데, 서브버전은 안정적이고 다른 형상 관리 소프트웨어에 비해서 매우 가볍고 빠르기 때문에 대부분의 경우 하나의 저장소에서 여러 프로젝트를 관리한다. 이때 하나의 저장소에 너무 많은 프로젝트를 담게 되면 저장소의 크기가 매우 커지게 되고 저장소의 백업이나 복구에 오랜 시간이 걸릴 수 있다.

저장소와 프로젝트를 일 대 일로 관리하는 방식이나 일 대 다로 관리하는 방식이나 모두 장단점이 있지만 프로젝트가 크지 않은 경우에는 저장소 하나에 여러 개의 프로젝트를 관리하는 것이 유리하고 프로젝트의 규모가 크다면 별도의 저장소로 분리하는 것이 좋다. 굉장히 큰 프로젝트의 경우 하나의 프로젝트를 여러 저장소로 분리해서 관리하는 경우도 있다.

2.2.3 프로젝트 정의

저장소를 정의했으니 이제 저장소에 프로젝트를 생성하고 관리해야 한다. 저장소는 일반적으로 여러 개의 프로젝트를 포함해서 관리하는데 서브버전은 다른 형상 관리 소프트웨어에 비해서 프로젝트를 정의하고 관리하는 구조가 굉장히 유연해서 다양하게 정의할 수 있다. 좀 더 정확히 얘기하면 어떤 제약도 없이 원하는 대로 만들어서 사용할 수 있다.

필자의 경우 저장소 밑에 프로젝트를 구분하는 디렉터리를 정의하고, 그 하위에 서브버전의 기본 구조인 3개의 디렉터리를 정의하는 방식을 선호한다. 저장소에 포함되어 있는 프로젝트 목록을 쉽게 확인할 수 있으며 프로젝트별로 브랜치와 태그를 관리할 수 있기 때문이다. 서브버전에서 필수적으로 생성하는 3개의 디렉터리는 다음과 같다.

- trunk: 형상 관리할 파일이 저장되는 위치이다. 여기에 프로젝트의 메인 소스 코드들이 위치한다.
- branches: trunk에 정의된 특정 리비전을 기준으로 브랜치를 만드는 곳이다. 주로 메인 프로그램을 기반으로 특정한 요건이나 환경을 위한 프로그램을 만들 때 사용한다.
- tags: 특정 리비전에 사람들이 쉽게 이해할 수 있는 문자로 태그를 붙이는 작업이다. 소프트웨어 개발에 있어 특정한 마일스톤 혹은 형상 관리의 리비전이 아닌 소프트웨어의 버전을 정의하는 등의 내용을 기록한다.

이러한 디렉터리 구조를 고려하면 서브버전은 다음과 같은 체계를 가지게 된다 (그림 2-3).

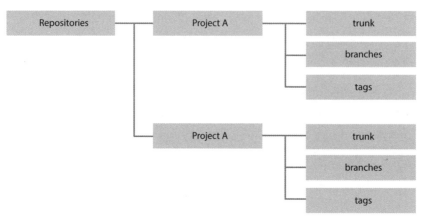

그림 2-3 서브버전 구조

위의 그림은 하나의 예일 뿐이고 더욱 다양한 조합으로 정의할 수 있다. 이렇게 다양하게 정의할 수 있는 이유는 서브버전에는 디렉터리 명명에 대한 제약 조건이 없기 때문이다. 또한 trunk, branches, tags 디렉터리가 반드시 필수는 아니다. 이것은 상호 간에 약속을 위한 명명 규칙일 뿐이며 다른 이름을 사용해도 무방하고 경우에 따라서는 만들지 않기도 한다. 또한 trunk 밑에 프로젝트 디렉터리를 다시 만들어서 서브 프로젝트로 구분하는 경우도 있다.

이제 개발자의 로컬 PC에 프로젝트를 생성해야 한다. 이미 서브버전에 프로

젝트가 생성되어 있고 소스 코드가 있다면 로컬로 내려받으면 되지만 처음에는
아무것도 없기 때문에 로컬에 먼저 만들고 이를 서브버전에 반영한 후 다른 개
발자들이 서로 공유할 수 있도록 해줘야 한다.

먼저 로컬 PC에 프로젝트 디렉터리를 만들고 그 하위에 trunk, branches, tags
디렉터리를 만든다. 필자 기준으로 우분투의 사용자 홈 디렉터리에 mywork 디
렉터리를 만들고 여기에 FirstProject라는 서브버전 구조의 디렉터리를 만들었다
(그림 2-4).

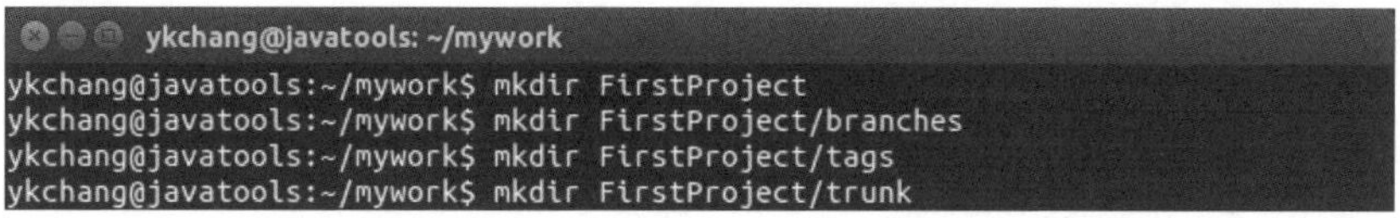

그림 2-4 서브버전 프로젝트 생성

그리고 svn 명령을 통해서 생성된 디렉터리를 저장소에 반영하면 프로젝트가 생
성된다.

```
svn import FirstProject file:///opt/svn -m "First subversion project"
```

이 명령을 실행시키면 디렉터리가 서브버전 저장소에 추가되고 그에 따른 리비
전 버전을 알려준다(그림 2-5).

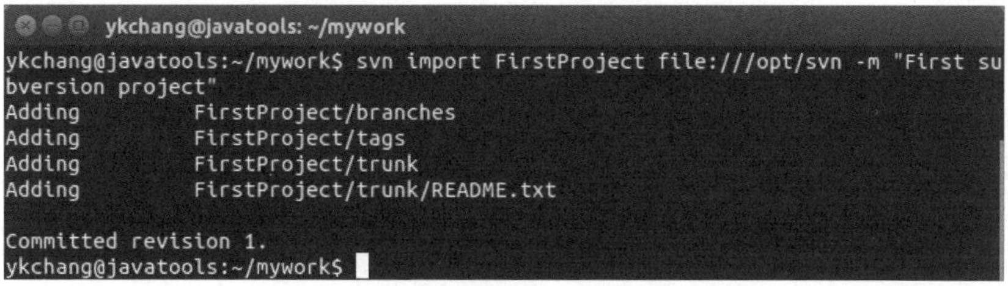

그림 2-5 서브버전 프로젝트 import

2.2.4 서비스 실행 및 환경 설정

지금까지 저장소에 관해서 설명한 내용은 서브버전의 파일 프로토콜을 이용한
것으로, 저장소가 로컬 시스템에 있을 경우에만 가능하다. 일반적으로 개발 작
업을 하는 서버 혹은 PC에서 서브버전의 저장소에 직접 접근이 불가능하기 때
문에 외부에서 접근이 가능하도록 해야 한다. 외부와 연계하기 위한 방법은 표
2-2와 같다

항목	내용
WebDAV 이용	• 아파치 웹서버를 통해서 서브버전과 연계하는 방식으로 http 혹은 https 프로토콜을 통해 통신하게 된다. • 아파치 웹서버와 연계하기 위한 웹서버 플러그인 설정이 필요하다.
서브버전 데몬 이용	• 서브버전에서 기본 제공하는 서버 데몬 프로그램을 통해 통신하게 된다. • 별도의 설정이 필요 없지만 일부 회사 네트워크에서는 방화벽 작업이 필요할 수 있으며, 서비스 측면으로만 보면 WebDAV보다 가용성은 다소 떨어질 수 있다. • 통신에 보안 기술이 적용되어 있지 않아 인터넷을 통한 서비스를 제공할 때 문제가 있다. 심지어 비밀번호 정보 역시 암호화하지 않고 통신한다. 그러므로 사내 LAN 환경 외의 사용을 권장하지 않는다. • svn 프로토콜을 이용한다.

표 2-2 서브버전 연계 방법

표 2-2에서 언급한 WebDAV를 이용하기 위해서는 당연히 아파치 웹서버를 설치하고 플러그인을 적용해야 한다. 일반적으로 HTTP 프로토콜에 대해서는 방화벽이 열려있고 SVN 클라이언트가 아닌 웹 브라우저로도 서브버전에서 관리하고 있는 저장소의 내용을 확인할 수 있기 때문에 WebDAV 방식을 많이 사용한다. 웹서버를 연동하는 방법에 대해서는 뒤에서 상세히 설명하도록 하겠다.

서브버전에서 기본 제공하는 서브버전 서버는 아파치 웹서버 없이 svnserve 명령을 이용해서 간단히 실행시킬 수 있으며 실행 시 여러 가지 옵션을 적용할 수 있는데 다음 방법을 사용하는 것이 일반적이다.

```
svnserve -d -r <저장소 위치> --listen-port 3690
```

필자의 서브버전 저장소는 /opt/svn에 있기 때문에 `svnserve -d -r /opt/svn --listen-port 3690` 명령으로 서브버전 데몬을 실행시키면 앞서 생성한 저장소를 이용해서 서비스가 시작된다.

위의 명령은 서브버전 서버를 데몬 형태로 실행시키는 것을 의미한다. 서브버전 서버가 사용할 저장소 위치, 그리고 서비스할 포트번호를 지정하며 기본값은 3690이다. 하나의 서버에서 여러 개의 저장소를 동시에 서비스할 경우 저장소 위치별로 포트번호를 변경해서 서브버전 서버를 실행시킬 수 있다. 이 외에도 SSH 터널링 방식을 이용해서 보안을 좀 더 강화시키는 방법도 있다. 실행시키는 명령은 있지만 종료시키거나 재시작하는 명령은 없다. 서브버전 서버를 실행시키면 서브버전 클라이언트로 외부에서 접속이 가능하다.

간편하게 이클립스의 SVN Repository 플러그인을 통해 확인해 보도록 하자.

위의 조건에서 접속하기 위한 서브버전 URL은 "svn://⟨ip address⟩:3690"이고 설정 방법은 그림 2-6과 같다.

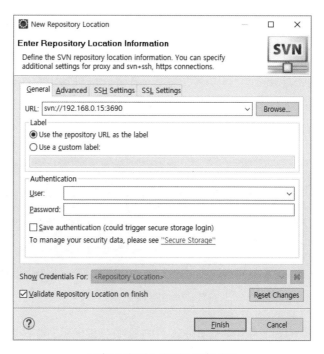

그림 2-6 이클립스 서브버전 저장소 연결

접속 정보를 설정한 다음 이클립스의 [SVN Repositories] 탭을 보면 앞서 저장소에 추가한 프로젝트 정보를 확인할 수 있다(그림 2-7).

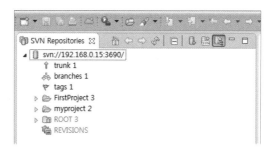

그림 2-7 서브버전 접속 화면

앞서 생성한 FirstProject가 서브버전 저장소에 생성되어 있는 것을 확인할 수 있다.

그런데 여기서 한 가지 이상한 점이 있다. 바로 사용자 ID와 비밀번호를 입력하지 않았는데도 모든 내용이 보인다는 점이다. 서브버전 서버는 기본적으로 사용자 로그인 없이 서브버전 저장소에 접근하는 것을 허용하고 있기 때문이다. 때문에 중대한 보안상의 문제가 발생할 소지가 있는데 서브버전의 환경 설정에서 이 문제를 해결해 보자.

서브버전 서비스를 svnserve 명령을 이용해서 한다면 해당 데몬의 환경 설정 파일은 저장소의 conf 디렉터리에 있는 svnserve.conf 파일이다. conf 디렉터리에는 svnserve.conf 외에도 여러 파일들이 존재하는데 authz와 passwd 파일 역시 매우 중요하다(그림 2-8).

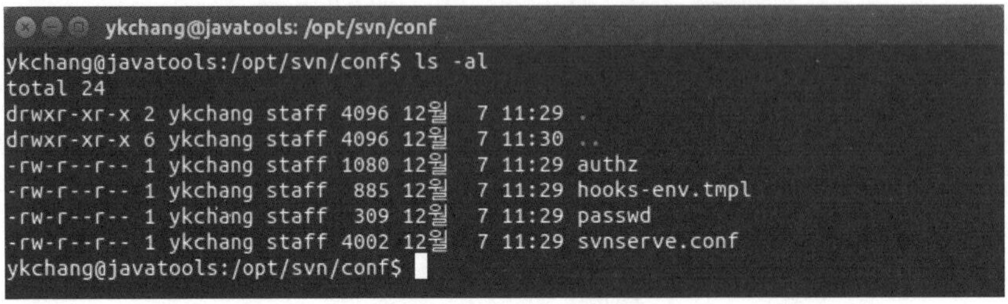

그림 2-8 conf 디렉터리 내용

먼저 svnserve.conf 파일을 백업하고 이 파일에 사용자 인증과 관련된 작업을 추가하자. 기본적으로 해당 파일에는 아무런 설정도 되어 있지 않고, 모든 정보가 주석 처리되어 있는데 설정 파일을 다음과 같이 변경하자.

소스 2-1 svnserve.conf

```
[general]
anon-access=none
auth-access=write
password-db=passwd
authz-db=authz
```

주석을 다 정리하고 위의 4개 속성을 지정했다. 각 속성이 의미하는 내용은 다음과 같다.

- anon-access: 인증 없이 접속한 요청에 대해 부여할 권한을 의미한다. none은 접속해서 아무것도 할 수 없다. 필요에 따라 read, write 속성을 부여할 수 있다.
- auth-access: 인증한 접속에 대해 부여할 권한을 의미한다. write 권한은 read 권한을 포함한다.

- password-db: 사용자 ID와 비밀번호를 관리하는 파일의 위치, 파일명을 지정한다. 이 설정은 동일한 디렉터리에 있는 passwd 파일에서 관리하겠냐는 의미이다.
- authz-db: 사용자별 권한을 관리하는 파일의 위치 및 파일명을 지정한다. 이 설정은 동일한 디렉터리에 있는 authz 파일에서 관리하겠다는 의미이다.

만일 여러 저장소를 동일한 서버에서 운영하고 사용자 정보나 권한 정보를 공유하고 싶다면 위의 설정 중 password-db와 authz-db에서 동일한 디렉터리의 설정 파일을 지정하면 된다. 이 외에도 여러 가지 설정 항목이 제공되는데 자세한 내용은 svnserve.conf 파일 내에 있는 주석을 참고하도록 하자.

이제 다시 svnserve를 종료하고 재시작한 후 앞서 이클립스 SVN Repository에 접속을 시도해보면 사용자 인증을 요청하는 화면이 나타난다(그림 2-9).

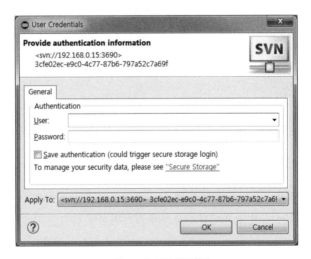

그림 2-9 서브버전 인증 화면

현재는 아무런 사용자 정보도 추가하지 않았기 때문에 입력할 사용자 정보와 비밀번호가 존재하지 않는다. 다음 절에서는 서브버전에 사용자 정보와 그룹 정보 그리고 권한 정보를 어떻게 설정하는지 알아보도록 하자.

2.2.5 사용자 관리
서브버전 같은 형상 관리 소프트웨어는 기업에서 관리하는 모든 소스 코드가 다 모여 있기 때문에 항상 소스 코드 유출의 첫 번째 대상이 된다. 이를 방지하기 위해서 다양한 보안책을 강구해야 하는데 그중에서 가장 기본이 되는 것이 사용자 관리 기능을 적용하는 것이다. 사용자 관리를 통해 얻을 수 있는 이점은 단순히 보안 측면뿐만 아니라 다음과 같은 것을 포함한다.

- 사용자 인증을 통해 소스 코드 및 프로젝트에 접근할 수 있는 권한을 제어할 수 있다.
- 사용자별로 저장소 및 프로젝트에 대한 접근 권한을 제어할 수 있어서 특정한 사용자만 소스 코드를 읽고 변경할 수 있도록 할 수 있다.
- 사용자별 아이디를 부여해서 서브버전에 커밋한 이력을 남긴다. 해당 이력을 통해 누가 언제 무엇을 변경했는지 확인이 가능하다.

앞서 svnserve.conf 파일에서 사용자 목록 정보는 passwd 파일에서, 권한 정보는 authz 파일에서 관리하겠다고 설정했고 이는 서브버전의 기본값이다. 디렉터리 위치 혹은 파일명을 변경하려면 원하는 위치의 파일을 지정하면 된다.

소스 2-2를 참조해서 서브버전에 접근할 수 있는 사용자 목록을 passwd 파일에 설정하도록 하자.

소스 2-2 passwd

```
[users]
admin = adminssecret
user1 = user1ssecret
user2 = user2ssecret
user3 = user3ssecret
```

소스 2-2를 보면 서브버전의 사용자 정보는 [users] 분류 하위에 아이디와 패스워드를 나열하는 것이 전부이며 사용자가 서브버전에 접속할 때 이 파일을 참고해서 인증이 이루어진다. 원하는 아이디와 비밀번호를 설정하고 서브버전을 재시작한 다음 서브버전 클라이언트 혹은 이클립스를 통해 접속해 보면 로그인은 정상적으로 되지만 에러가 나는 것을 확인할 수 있다(그림 2-10).

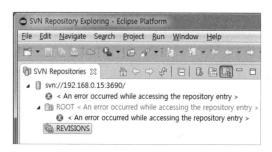

그림 2-10 접속 후 에러 화면

이러한 에러가 발생하는 이유는 passwd 파일을 통해 사용자 인증은 되었지만 사용자 인증 후에 자원에 접근할 권한이 없기 때문이다.

이제부터 사용자에 따른 권한 정보를 관리해야 한다. authz 파일에 정의하게 된다.

소스 2-3 authz

```
[groups]
admingroup=admin,user1
devgroup=user1,user2,user3
testgroup=user3

[/]
* = r
@admingroup=rw
admin=rw

[/FirstProject]
@devgroup=rw
@testgroup=r
```

authz 파일을 이용해서 사용자의 그룹 정보와 그룹별 권한 정보를 정의한다.

우선 정의해야 할 것은 그룹이다. 서브버전을 사용하는 사용자가 얼마 없다면 사용자 개개인에게 권한을 부여하면 되지만, 그렇지 않을 경우 사용자를 그룹에 매핑하고 그룹이 가지고 있는 권한을 해당 그룹에 속한 사용자가 가질 수 있도록 한다.

[groups] 태그에는 그룹명과 그룹에 포함될 사용자 목록을 ','로 구분해서 나열한다. 그룹명은 중복될 수 없지만 그룹에 소속되는 사용자는 여러 그룹에 중복해서 포함될 수 있다. 서브버전뿐만 아니라 대부분의 권한을 관리하는 소프트웨어들이 그룹 혹은 롤을 통한 권한 부여를 하게 되는데 이때 그룹 목록 및 명칭을 세부적으로 고려해서 설계해야 향후 서브버전 운영 시에 문제가 발생하지 않는다.

다음 [/] 태그는 서브버전 저장소의 루트 영역을 의미하며 최초 로그인 시에 접하게 되는 부분이기도 하다. 내용을 살펴보면 * = r은 모든 로그인 사용자는 읽기 권한을 가지고 그중 admingroup은 읽기/쓰기, admin 사용자 역시 읽기/쓰기 권한을 가진다는 표현이다.

권한에서 그룹을 표현할 때는 '@' 기호를 사용하고 해당 기호를 사용하지 않으면 사용자를 의미한다. 그러므로 권한에 그룹별로 매핑할 수도 있고 사용자별로 매핑할 수도 있다.

[/FirstProject]는 저장소의 루트 디렉터리 하위의 FirstProject 디렉터리에 대한 접근 권한을 의미하며 devgroup에는 읽기/쓰기 권한을, testgroup에는 읽기 권한을 부여했다.

지금까지 알아본 것과 같이 서브버전의 사용자 및 권한 관리는 passwd 파일과 authz 파일을 조합해서 설정하며 표현하는 문법을 이해하면 어렵지 않게 사용이 가능하다. 여기서 주의할 점은 사용자의 ID와 비밀번호가 암호화되지 않고 passwd 파일에 그대로 노출된다는 점이다. passwd 파일이 노출되면 모든 형상 관리 사용자의 비밀번호가 노출됨을 의미하므로 passwd 파일 관리에 많은 신경을 써야 한다.[6] 이에 대한 대안으로 파일 기반의 사용자 관리가 아닌 유닉스/리눅스 사용자 정보를 기반으로 관리하는 방법도 제공되지만, 이를 적용하기 위해서는 서브버전이 서비스되고 있는 운영체제에 모든 사용자의 계정을 생성해야 하기 때문에 그리 편리한 방법은 아니다.

2.2.6 아파치 웹서버 연동

서브버전으로 형상 관리를 하는 프로젝트들이 초기에는 대부분 서브버전에서 제공하는 데몬 서비스를 이용했지만 데몬의 안정성 문제, 사용자의 비밀번호가 노출되는 등의 문제로 인해 다른 대안을 찾기 시작했다. 그중 가장 일반적으로 적용하고 있는 대안이 바로 웹서버를 통한 서브버전 서비스이다.

웹서버를 이용할 경우 HTTP/HTTPS 프로토콜로 서비스가 가능해지고 무엇보다도 웹 브라우저를 통해서 서브버전 저장소의 내용을 확인할 수 있다. 특히 아파치 웹서버는 오랜 기간 동안 안정적인 서비스를 제공하고 있는 서버이기 때문에 서브버전 서비스의 안정성이 좀 더 좋아질 수 있으며, 무료로 사용할 수 있기 때문에 추가적인 비용 부담도 없다. 그리고 무엇보다도 웹서버의 보안 기능을 이용해서 사용자 관리를 할 수 있다.

서브버전에서 공식적으로 제공하고 있는 접속 프로토콜은 다음과 같다.

- file://: 디렉터리 저장소에 직접 파일 형태로 접근하는 방식으로 저장소가 로컬에 존재해야 한다.
- svn://: 서브버전에서 제공하는 기본 데몬을 통해 접속할 때 사용하는 서브버전 프로토콜이다.

---

6 VisualSVN 같은 서브버전에 기반한 형상 관리 소프트웨어의 경우 내부에 웹서버를 내장하고 있으며 사용자 및 비밀번호 관리 기능을 제공하는 경우가 있다.

- http://: 아파치 웹서버의 WebDAV 기능을 통해 접속할 때 사용하는 프로토 콜이다.
- https://: 아파치 웹서버 접속과 동일하지만 SSL을 이용해서 암호화를 하는 프로토콜이다.
- svn+ssh://: svn://과 동일하지만 SSL 터널링을 이용하는 프로토콜이다.

이 중에서 많이 사용하는 것이 svn과 http, https이다. svn은 앞서 설명했고 여기서는 아파치 웹서버와 연계해서 http, https 프로토콜을 이용하는 방법에 대해서 설명할 것이다. 이 책에서는 우분투 리눅스 배포판을 기준으로 아파치 웹서버와 서브버전의 연동을 설명한다. 약간의 차이는 있지만 대부분의 배포판에서 큰 차이 없이 설정 작업을 진행할 수 있다.

Git과 마찬가지로 서브버전 역시 서브버전 저장소와 아파치 웹서버 사이의 실행 권한 차이로 인해 서브버전 저장소에 읽기/쓰기 권한 문제가 발생한다. 이것을 해결하기 위한 방법은 크게 2가지다.

- 동일한 리눅스 계정으로 서브버전과 아파치 웹서버를 실행해서 저장소의 권한 문제를 해결한다.
- 저장소의 디렉터리 권한을 변경해서 아파치 웹서버가 저장소에 접근할 수 있도록 허용한다.

앞서 Git을 살펴보면서 아파치 웹서버의 실행 계정을 변경해 보았다. 서브버전 역시 Git에서 설정한 아파치 웹서버 설정을 그대로 이용할 것이다. 설정 정보는 /etc/apache2/envvars 파일이며 다음과 같이 수정하였다.

소스 2-4 envvars

```
# Since there is no sane way to get the parsed apache2 config in scripts, some
# settings are defined via environment variables and then used in apache2ctl,
# /etc/init.d/apache2, /etc/logrotate.d/apache2, etc.
# export APACHE_RUN_USER=www-data
# export APACHE_RUN_GROUP=www-data
export APACHE_RUN_USER=ykchang
export APACHE_RUN_GROUP=staff
```

이제 다음 명령을 이용해서 아파치 웹서버와 서브버전 연결을 위한 dav_svn 모듈을 사용 가능하도록 해야 한다.

```
sudo a2enmod dav_svn
```

위의 명령을 실행시키면 /etc/apache2/mods-available에 있는 dav.load, dav_svn.conf, dav_svn.load 파일들이 /etc/apache2/mods-enabled에 심볼릭 링크 형태로 생성된다. 이 의미를 잠시 해석하면 mods-available에 있는 모듈들은 아파치 웹서버에서 사용할 수 있는 모듈 목록을 의미하며 필요할 경우 다운로드 받아서 해당 디렉터리에 추가하면 된다. 그리고 a2enmod 명령을 이용하면 사용 가능한 모듈을 실제로 사용하도록 설정해 주는데, 간단히 mods-enabled 디렉터리에 링크를 생성해 준다. 아파치 웹서버를 이용해서 서브버전을 사용하는 방법은 아파치 웹서버 모듈인 WebDAV를 이용하며 서브버전과 WebDAV를 연결시켜 주는 모듈인 dav_svn을 사용 가능하도록 변경한 것이다. 또한 dav_svn은 이 단원의 초반부 서브버전 설치 시에 아파치 웹서버용 플러그인을 설치하였기 때문에 해당 디렉터리에 표시되어 있는 것이다.

이제 /etc/apache2/mods-eenabled/dav_svn.conf 파일을 소스 2-5와 같이 수정하도록 하자.

소스 2-5 dav_svn.conf

```
<Location /svn>

    DAV svn
    SVNPath /opt/svn

    AuthType Basic
    AuthName "Subversion Repository"
    AuthUserFile /etc/apache2/dav_svn.passwd

    <LimitExcept GET PROPFIND OPTIONS REPORT>
      Require valid-user
    </LimitExcept>
</Location>
```
❶

여기서 주의할 것은 SVNPath 부분으로, 앞서 생성하고 아파치 웹서버가 접근 가능하도록 권한을 부여한 저장소 디렉터리 위치를 지정한다.

소스 2-5에서 ❶의 설정은 정상적으로 로그인한 사용자만 서브버전 저장소에 소스 코드를 커밋할 수 있도록 제한하는 것으로, 로그인하지 않으면 읽기만 가능하다.

최종적으로 해야 할 일은 아파치 웹서버를 통해서 서브버전 저장소에 접근할 사용자를 정의하는 것이다. 앞서 서브버전의 기본 passwd 파일을 이용해서 설정한 사용자 정보는 아파치 웹서버 환경에서는 사용할 수 없기 때문에 추가 작업이 필요하다. 사용자 관리는 아파치 웹서버 명령어인 htpasswd로 접근 가능한 사용자를 정의한다. 최초에 생성할 때는 -c 옵션을, 이후 추가할 때는 -m 옵션을 사용해야 한다. 아래 명령을 실행한 다음 admin 사용자를 추가하고 이와 관련된 비밀번호를 입력하면 된다.

```
htpasswd /etc/apache2/dav_svn.passwd -c admin
```

여기까지 설정하면 로그인 없이 저장소를 모두 읽어들일 수 있다. 특별히 저장소에 대한 쓰기 권한을 부여하려면 htpasswd로 추가하면 되는데, 현재는 admin 계정만 추가했다.

이제 아파치 웹서버를 `service apache2 restart` 명령으로 재시작하면 아파치 웹서버가 에러 없이 재시작된다. 80 포트로 서비스하고 있다면 http://localhost/svn으로 접속해서 앞서 살펴본 서브버전 저장소 정보를 볼 수 있다(그림 2-11).

그림 2-11 웹브라우저에서 서브버전 저장소 확인

웹 브라우저뿐만 아니라 이클립스 서브버전 플러그인이나 서브버전 클라이언트에서 svn 프로토콜 대신 http 프로토콜을 이용해서 SVN 저장소를 생성해도 정상적으로 내용을 확인할 수 있다(그림 2-12).

아파치 웹서버와 서브버전을 연결하게 되면, 별도의 서브버전 데몬의 실행 없이 아파치 웹서버만 실행시켜도 서브버전을 통한 형상 관리 서비스가 가능해진다. 아파치 웹서버와 연결할 때 주의할 것은 앞서 서브버선의 세성 및 권한 실정인 authz, passwd 파일의 내용은 적용되지 않는다는 점이다.

또한 아파치 웹서버와 서브버전 데몬은 동시에 서비스가 가능한데 아파치 웹서버는 외부에 오픈하기 위한 서비스로, 서브버전 데몬은 내부 사용자들을 위한 목적으로 관리할 수도 있다.

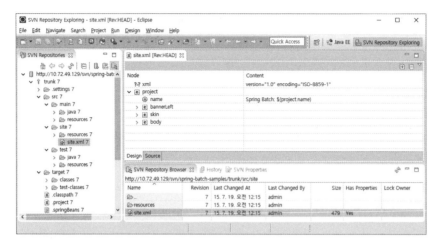

그림 2-12 이클립스에서 서브버전 접속

2.3 서브버전으로 형상 관리

지금까지 서브버전 설치와 저장소 생성, 사용자 및 권한 관련 환경 설정에 대해서 알아봤다. 이제부터는 본격적으로 서브버전을 이용해서 소스 코드를 관리하는 방법에 대해서 알아보도록 하자.

앞서 Git에서도 설명했듯이 소스 코드에 대한 형상 관리는 그 기능이나 절차가 대부분 유사하고 사용하는 용어 역시 유사하다. Git과 서브버전의 차이는 Git은 저장소를 복제해서 사용하지만 서브버전은 그러한 과정 없이 원하는 프로젝트를 로컬로 내려받아서 작업한 후 이를 다시 서브버전에 직접 반영하는 형태를 취한다는 점이다.[7]

서브버전으로 형상 관리를 연계하는 단위는 다음과 같다.

- import: 최초 서브버전 저장소에 소스 코드를 업로드한다.
- checkout: 서브버전의 소스 코드를 내려받는다.
- commit: 체크아웃한 소스 코드나 신규 생성한 소스 코드를 서브버전에 반영하는 작업으로 체크인과 동일하게 사용한다.
- update: 다른 사용자가 서브버전에 반영한 내용을 로컬에 업데이트 받는다.

이 중 import는 프로젝트를 생성할 때 처음 발생하고 나머지 checkout - commit - update는 여러 개발자들이 반복적으로 수행하는 작업이다.

---

7 Git과 유사하다고 생각할 수 있지만 Git은 저장소 자체를 복제하는 것이고 서브버전은 특정 디렉터리 일부를 로컬로 다운로드해서 작업 후 서버에 반영하는 형태이다.

2.3.1 프로젝트 생성(Import)

앞서 저장소 생성 방법을 알아보면서 로컬 시스템의 특정 디렉터리 영역을 형상 관리에 반영하는 것도 알아보았다. 이 절차는 단순히 디렉터리를 동기화하는 것뿐만 아니라 하나의 프로젝트를 서브버전 저장소에 생성하는 것으로 이해해야 한다. 명령창을 통해서 최초 프로젝트를 서브버전 저장소에 반영하는 것은 다음 명령어를 이용하면 된다.

```
svn import <디렉터리명> <서브버전 접속 정보> -m "주석"
```

명령행이 더 익숙할지라도 GUI 도구를 이용해서 이러한 작업을 수행하면 훨씬 더 편리하고 직관적이며 다양한 정보들을 확인할 수 있다. 여기서는 이클립스 개발 도구를 이용해서 프로젝트를 생성하는 방법을 자세히 알아보자.

대부분의 개발자들은 아키텍트, 선임 개발자 혹은 공통팀에서 사전에 만들어 놓은 서브버전 프로젝트를 로컬에 내려받아서 작업하지만 본인이 프로젝트를 처음 만들어야 한다면 서브버전에 프로젝트를 만들고 구조를 정의하는 방법을 반드시 알아야 한다. 특히 공통으로 사용하는 개발자가 많아질수록 초기 구조를 잘 잡아야 향후 개발 일정이 순조롭게 진행되기 때문에 중요하다.

서브버전에 프로젝트를 만드는 가장 쉬운 방법은 이클립스 등과 같은 개발도 구를 이용해서 프로젝트 구조를 만든 후 이를 서브버전에 반영하는 것이다. 이 클립스를 기준으로 한다면 다음과 같은 절차를 따르면 된다.

- 서브버전 플러그인을 설치한다. 이클립스에는 Git과 CVS가 기본으로 설치되어 있지만 서브버전은 추가로 설치해야 한다.
- [SVN Repository] 탭에서 연결할 서브버전 정보를 입력한다. 이 작업을 통해 이클립스 로컬에 있는 프로젝트를 서브버전에 공유시킬 수 있다.
- 이클립스에서 새로운 프로젝트를 생성한다. 필요한 디렉터리 구조, 관련 라이브러리 혹은 pom.xml이나 build.xml과 같은 공통 기능에 대한 설정을 모두 완료한 후 개발자들이 내려받아서 바로 사용할 수 있는 수준으로 최초 프로젝트를 저장소에 반영하는 것이 좋다.
- 이클립스 프로젝트의 'Team Share' 기능으로 형상 관리 저장소를 지정한다.

이렇게 팀 공유 기능을 실행시키면 서브버전에 반영하기 전에 선택 화면이 나온다(그림 2-13).

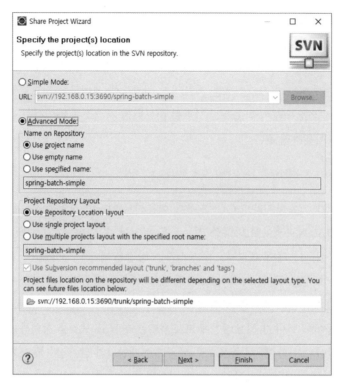

그림 2-13 서브버전 프로젝트 구조 선택

간단히 'Simple Mode'를 사용할 수도 있지만 전체 통합 개발 환경을 설계해야 하는 입장이라면 좀 더 선택의 폭이 있는 'Advanced Mode'를 사용할 줄 알고 이를 이해할 수 있어야 한다.

'Simple Mode'로 생성하는 것은 말그대로 이클립스의 프로젝트 명을 서브버전 저장소의 루트 디렉터리에 생성하고 관련된 모든 소스 코드를 여기에 반영한다는 의미이다. 간단하게 사용할 수 있으나 서브버전의 가장 큰 장점 중 하나인 trunk, branches, tags의 분류를 사용할 수 없다.

'Advanced Mode'는 결국 하나의 저장소에 여러 개의 이클립스 프로젝트를 관리하고 이를 다시 trunk, branches, tags로 관리하겠다는 의미이다. 필자의 경우 'Advanced Mode'에서 'Use project name'과 'Use single project layout'을 사용한다.

몇 번 클릭해보면 화면 밑에 소스 코드에 접근해야 하는 SVN URL을 볼 수 있는데 이것이 바로 저장소의 디렉터리 구조를 의미하기도 한다. 정답은 없고 자신이 편한 걸 선택하면 된다. 개인적으로 여러 프로젝트를 하나의 저장소에서 관리해야 할 경우 앞서 선택한 옵션이 가장 효율적이었다.

2.3.2 소스 코드 체크아웃

서브버전에서 소스 코드를 체크아웃(Checkout)한다는 의미는 서브버전과 로컬을 비교해서 최신의 서브버전 파일을 로컬에 반영하는 것을 의미한다. 서브버전에서는 체크아웃이라는 용어와 업데이트라는 용어가 거의 유사하게 사용되고 있으며, 반대로 로컬에 있는 정보를 서브버전에 반영하는 것을 체크인이라고 한다.

체크아웃은 svn checkout 명령을 이용하며 문법은 다음과 같다.

```
svn checkout <svn url> <local directory name>
```

필자의 경우 다음 명령을 이용해서 관리하고 있는 서브버전의 소스 코드를 체크아웃했다.

```
svn checkout http://192.168.0.15/svn/spring-batch-samples/trunk spring-batch-simple
```

위의 명령은 앞서 설정한 http 프로토콜을 이용하여 서브버전에 접속할 수 있는 URL을 의미하며 그 소스 코드 내용을 로컬의 spring-batch-simple 디렉터리에 저장하라는 의미이다. 이 명령을 실행하면 spring-batch-simple 디렉터리가 생성되고 해당 URL에 관리되며 항목은 로컬 저장소에 추가된다(그림 2-14). 이때 서브버전 URL로 프로젝트 명인 spring-batch-samples 밑에 trunk 디렉터리에서 체크아웃했는데, 이는 앞서 이클립스 플러그인으로 서브버전에 반영할 때 프로젝트 명 하위에 trunk, branches, tags 디렉터리를 만들었기 때문이다.

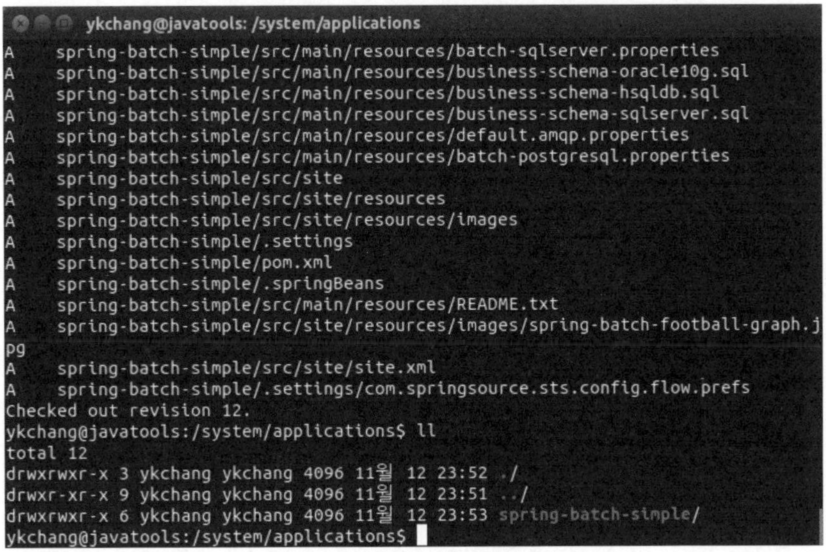

그림 2-14 서브버전 체크아웃

체크아웃은 계속해서 변경한 내용을 동기화하고 최신 소스 코드 기반으로 일을 할 수 있는 시작점이며 체크아웃을 해야 이후 변경한 파일을 서브버전에 반영할 수 있고 변경분 역시 다시 업데이트할 수 있다.

2.3.3 소스 코드 체크인

서브버전에서 소스 코드 체크인(Checkin)이란 서브버전과 동기화 작업을 하고 있는 디렉터리의 로컬 변경분을 서브버전에 반영하는 작업을 표현하는 용어이다. 즉, 로컬에서 작업한 내용을 서브버전을 통해 다른 사람들과 공유할 수 있도록 반영하는 것으로 사전에 서브버전 저장소로부터 체크아웃을 한 상태여야만 변경분을 체크인할 수 있다.

여기까지 설명하면 소스 코드를 커밋하는 것과 동일하게 생각할 수 있고 실제로 서브버전은 커밋과 체크인을 거의 동의어로 사용한다. 하지만 일부 형상 관리의 경우 2개의 용어를 다르게 해석하기도 한다. 또한 앞서 서브버전 저장소를 생성한 후 이클립스 프로젝트를 임포트했는데 이것은 체크인과 다소 다르다. 체크인은 기존에 생성된 프로젝트의 변경분을 반영하는 작업이고 임포트는 최초 적재하는 작업이다. 하지만 일반적으로 임포트 작업을 체크인 작업이라고 표현해도 크게 잘못된 표현은 아니다.

앞서 체크아웃한 소스 코드를 수정한 다음 체크인을 하기 전에 어떤 파일에 수정 사항이 있는지 확인해 보는 것이 좋다. 형상 관리와 로컬 파일의 변경을 확인하는 명령어는 svn diff이다. 이 명령을 실행하면 실행한 디렉터리 및 하위 디렉터리의 파일들과 형상 관리 상태를 비교해서 변경분을 표시해준다(그림 2-15).[8]

이제 svn diff로 비교해서 로컬에 변경사항이 있고, 이 내용을 형상 관리에 반영해야 한다면 svn commit 명령을 이용하면 된다. 다음과 같이 명령을 수행한다.

```
svn commit -m "변경 내용 주석 기술"
```

이 중 -m 옵션은 커밋 시에 필요한 설명을 기술하는 것으로, 현재 커밋하는 것에 대한 내용을 최대한 자세히 기술하는 것이 팀 작업 측면에서 유용하다. 앞서 svn diff를 수행한 곳에서 커밋 작업을 하면 그림 2-16과 같다.

---

8 svn diff는 파일의 차이점을 표시하는데 명령행에서 확인하는 것은 거의 불가능하다. 가급적 GUI 도구의 도움을 받는 것이 좋다.

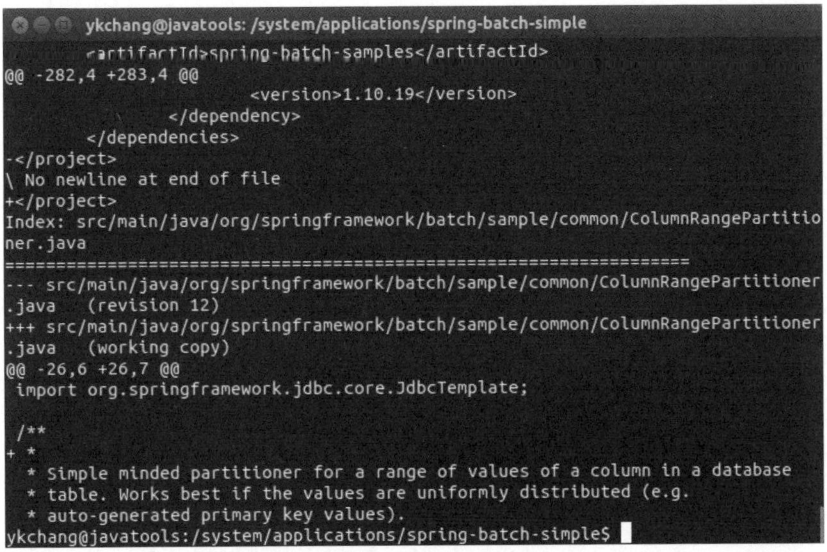

그림 2-15 svn diff 수행 결과

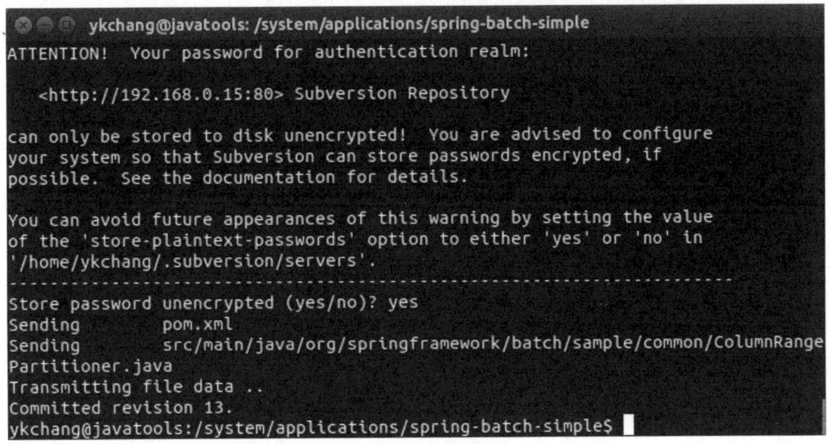

그림 2-16 svn commit 결과

처음 커밋 작업을 하는 것이라면 SVN 접속을 위한 아이디와 비밀번호를 묻기도 하는데 한번 정확히 입력하면 그 이후부터는 묻지 않는다.

2.3.4 브랜치와 머지

과거 많이 사용한 CVS를 서브버전이 빠르게 대체하게 된 이유 중 하나가 바로 다른 제품에 비해서 뛰어난 브랜치(branch) 기능 때문이다. 사실 형상 관리를 사용하면서 브랜치 기능을 사용하는 경우는 많지 않다. 하지만 특별히 다음과 같은 요구 사항이 있을 때 사용하면 형상 관리의 또 다른 매력을 느낄 수 있다.

- 하나의 프로젝트에서 파생되어 관리해야 하는 프로젝트들이 존재할 경우
- 이미 만들어서 운영 중인 소프트웨어를 특정 국가, 특정 요구 사항에 맞게 변경해야 할 경우

위 2가지 요건이 가장 대표적인데 하나의 메인 프로젝트에서 파생된 프로젝트를 관리할 경우 별도의 서브버전 저장소를 분리해서 관리하는 것이 아니라, 메인 프로젝트를 기반으로 브랜치를 만들어서 수정하고 메인 프로젝트가 변경되면 이를 다시 브랜치 프로젝트에 반영해서 개발하는 방식으로 진행한다.

이렇게 필요에 따라서 생성한 브랜치를 다시 메인 프로젝트와 통합하거나 메인 프로젝트의 변경 내용을 다시 브랜치에 반영하는 작업을 머지(merge)라고 한다.

브랜치와 머지를 그림으로 표현하면 그림 2-17과 같다.

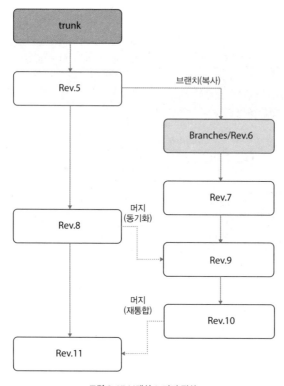

그림 2-17 브랜치 & 머지 절차

위의 그림에서 왼쪽 라인은 메인 프로젝트의 진행을, 오른쪽은 이를 브랜치해서 작업하는 것을 나타낸다. 브랜치해서 소스 코드를 계속 수정하고 변경해 나가다가 메인 프로젝트의 기능을 머지하여 최신의 기능을 유지시키고 최종적으로 다

시 브랜치 기능을 메인에 머지해서 브랜치에서 적용한 기능을 다시 메인에 반영하는 방법을 사용하는 것이다.

그럼 이를 서브버전의 기능을 이용해서 어떻게 수행하는지 실제로 테스트해 보자.

브랜치를 만드는 것은 svn 저장소의 trunk 디렉터리의 형상을 branch 영역으로 복사해서 사용하는 것으로, svn copy 명령을 사용한다. 예를 들어 다음과 같이 브랜치하길 원하는 로컬 프로젝트 위치에서 실행하면 된다.

```
svn copy . http://192.168.0.15/svn/spring-batch-samples/branches/addNewFreatures \
-m "신규 기능 추가를 위한 브랜치 생성"
```

위의 명령을 실행하면 복사본이 실행되었다는 설명과 함께 서브버전 리비전 버전이 올라간 것을 확인할 수 있다(그림 2-18).

그림 2-18 svn copy 실행 결과

또한 서브버전 클라이언트를 통해서 보면 spring-batch-simple 프로젝트의 branches 디렉터리에서 복사본을 확인할 수 있다(그림 2-19).

그림 2-19 svn copy 후 형상 관리 모습

복사가 완료되었으면 복사된 branches에서 새로이 체크아웃을 받거나 svn switch 명령으로 로컬 디렉터리의 형상 관리 위치를 변경하여 작업을 해야 한다. 먼저 svn switch를 하기 전에 svn info로 현재 디렉터리의 서브버전 정보를 확인해 보면 그림 2-20과 같다.

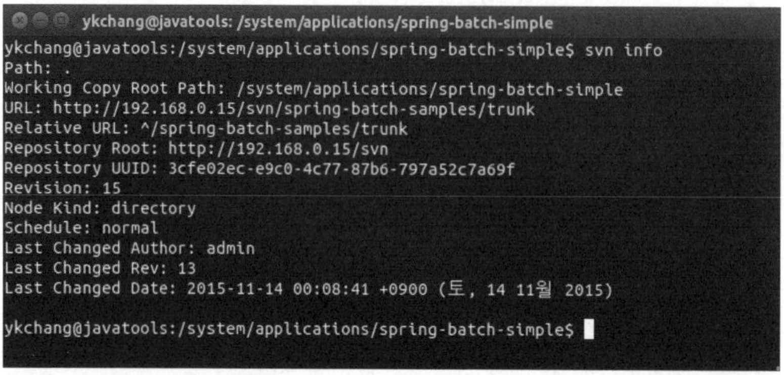

그림 2-20 svn switch 전 정보

위의 결과를 통해 확인할 수 있는 것은 svn copy로 복사를 했지만 여전히 프로젝트는 서브버전의 메인 프로젝트를 참조하고 있다. 이를 브랜치 영역으로 변경하기 위해서 svn switch를 실행한다.

```
svn switch http://192.168.0.15/svn/spring-batch-samples/branches/
addNewFreatures/
```

svn switch는 현재 로컬에 있는 프로젝트가 참조하고 있는 SVN 위치 정보를 신규 URL로 변경하는 것을 의미하며 그 변경한 결과는 svn info를 통해 확인할 수 있다. svn switch 후 확인한 변경 정보는 그림 2-21과 같다.

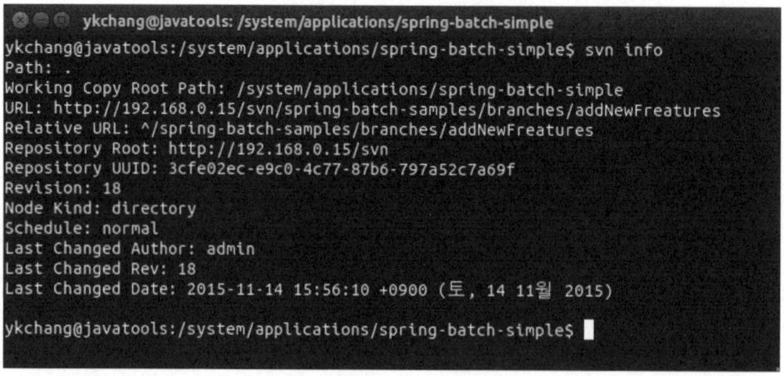

그림 2-21 svn switch 후 정보

브랜치 작업과 스위치 작업을 완료했다면 이제 평상시와 동일하게 개발 작업을 진행하면 된다. 브랜치 기반으로 수정을 하다보면 머지를 해야 하는 2가지 경우가 발생한다.

- 메인 영역의 수정이 발생하여 이를 브랜치 영역에 다시 반영해야 하는 경우
- 브랜치 영역의 내용을 메인 트렁크 영역에 반영해야 하는 경우

이처럼 트렁크 영역과 브랜치 영역을 합치는 작업은 svn merge 명령을 이용하며 개념은 현재 디렉터리의 작업 공간을 지정한 형상 관리 URL에 반영하는 것이다. 그리고 이러한 통합 작업을 서브버전에서는 다음과 같이 2가지 용어를 사용한다.

- sync(혹은 catch-up) 머지: 메인 트렁크의 변경분을 브랜치에 반영하는 동기화
- reintegrate: 브랜치의 변경분을 메인 트렁크에 반영하는 동기화

우선 트렁크의 변경분을 다시 브랜치에 반영하는 sync는 다음과 같이 트렁크 저장소의 위치를 지정하면 되고 로컬 디렉터리를 특별히 지정하지 않으면 현재 디렉터리를 기본으로 해서 리비전을 업데이트한다.

```
svn merge http://192.168.0.15/svn/spring-batch-samples/trunk/
```

브랜치 작업을 완료한 다음 메인 트렁크에 반영하는 reintegrate는 다음과 같이 브랜치 URL과 트렁크 URL을 소스와 타깃으로 지정해 주면 된다.

```
svn merge http://192.168.0.15/svn/spring-batch-samples/branches/addNewFreatures/
http://192.168.0.15/svn/spring-batch-samples/trunk/
```

여기서는 머지 작업에 대해서 간단히 알아봤지만 사실 머지 작업은 쉽지 않은 일이다. 왜냐하면 다양한 형태의 충돌 문제가 발생하고 머지 작업을 할 때마다 이러한 문제를 해결해야 하기 때문이다. 그래서 가급적 브랜치 작업을 할 때에도 충돌 문제를 피하기 위해 자주 머지를 하는 것이 중요하다. 이러한 충돌 문제를 심하게 겪어본 개발자 혹은 프로젝트에서는 정책적으로 브랜치와 머지를 사용하지 않는 경우도 많으며, 반대로 브랜치 기능의 편리함 때문에 소스 코드의 수정은 반드시 브랜치를 통해서만 하도록 하는 경우도 있다.

서브버전의 브랜치와 머지 기능은 엄밀히 말하면 복사 기능이다. 다만 브랜치

작업이라는 용어를 통해 의미를 부여했을 뿐이고 그렇게 의미를 부여한 브랜치를 다시 머지 작업으로 통합하면서 원래의 목표를 달성한다. 태깅 기능도 마찬가지다.

결국 서브버전을 잘 관리하는 것은 서브버전의 형상을 얼마나 잘 복사하고 합치고 백업하고 태깅하느냐에 달려 있다. 여기에는 특별한 규칙이나 제약이 있는 것이 아니고 관리하는 운영자의 경험과 아이디어, 실력에 따라 달라진다.

2.4 서브버전 클라이언트

지금까지 이클립스 화면에서 서브버전 명령어를 사용하는 방법을 살펴보았다. 많은 파일과 프로젝트를 관리해야 한다면 모든 것을 명령어 기반으로 하기에는 어려움이 있다. 그래서 많은 개발 환경에서 전용 GUI 클라이언트를 사용하기도 하고 이클립스와 같은 통합 개발 도구의 서브버전 클라이언트를 이용하기도 한다. 이번에는 GUI 클라이언트에 대해서 알아보겠다.

2.4.1 이클립스 플러그인

이클립스에서는 공식적으로 서브버전을 지원하고 있지만 별도의 추가 설치 작업을 해야 한다. 설치 방법은 이클립스 마켓플레이스에서 설치하는 방법이 있고 이클립스 메뉴인 [Help]-[Install New Software]에서 현재 사용하고 있는 이클립스 업데이트 사이트를 선택하고 'Subversive'로 검색한 다음 서브버전과 관련된 플러그인을 선택해서 설치하는 방법이 있다(그림 2-22).

서브버전과 관련해서는 이클립스 Mars 기준으로 7개의 플러그인이 있는데 그 내용은 다음과 같다.

- Subversive Revision Graph: 서브버전의 리비전 정보를 그래픽하게 보여준다. 이클립스 팀 메뉴에서 생성할 수 있으며 변경이 많은 서브버전에서 사용할 때 유용하다.
- Subversive SVN Integration for the M2E Project: 이클립스의 메이븐 플러그인과 서브버전을 연계하는 기능이다. M2E에서 메이븐 프로젝트 생성 시 서브버전을 참조하도록 할 수 있다.
- Subversion SVN Integration for the Mylyn: 서브버전과 협업 플러그인인 Mylyn과 연동하는 기능을 제공한다. Mylyn 기반의 협업 시 형상 관리와 연동해서 효과를 높일 수 있다.

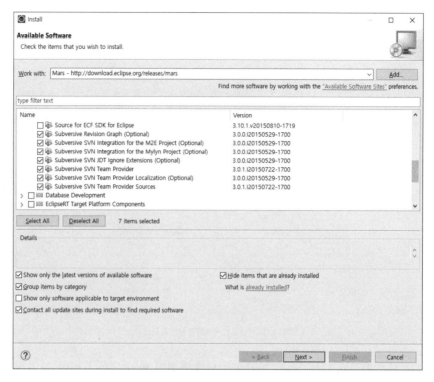

그림 2-22 서브버전 플러그인 설치

- Subversive SVN JDT Ignore Extensions: 옵션으로 선택할 수 있다. 자바 개발에서 제외된 출력 폴더를 자동으로 해석할 수 있는 기능을 제공한다.
- Subversive SVN Team Provider: 서브버전과 연결해 주는 플러그인으로 반드시 설치해야 한다. 이 플러그인 외에 다른 플러그인들은 선택하지 않아도 서브버전과의 협업 기능은 모두 사용할 수 있다.
- Subversive SVN Team Provider Localization: 서브버전 플러그인의 현지화를 제공하는 플러그인이다.
- Subversive SVN Team Provider Source: Subversive SVN Team Provider 플러그인의 소스 코드를 설치할 수 있다.

이 중에 핵심이 되는 것은 'Subversive SVN Team Provider' 플러그인이며 나머지는 다 선택 항목이라 설치하지 않아도 이클립스와 서브버전 간의 연계가 가능하다. 나머지 플러그인은 추가적인 정보를 제공하거나 이클립스 내에서 팀 작업을 도와준다.

또한 이클립스의 서브버전 플러그인은 서브버전 클라이언트로도 매우 훌륭한 기능을 제공하며 이클립스가 실행되는 모든 운영체제에서 동일하게 사용할 수 있다.

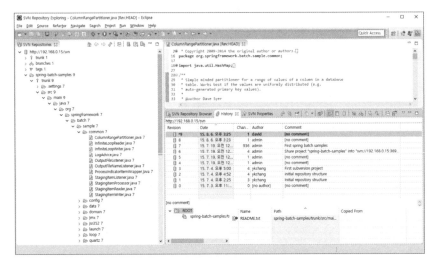

그림 2-23 이클립스 서브버전 저장소 화면

서브버전과 로컬 디렉터리를 연결하게 되면 로컬의 버전 정보나 이력 정보 등을 .svn 디렉터리에서 관리하는데 자바와 같이 패키지를 디렉터리 구조로 관리하는 언어의 경우 모든 디렉터리에 .svn이 생기기 때문에 매우 혼란스러워진다. 또한 배포, 복사, 백업 시에 패키징 파일에 포함되면 불필요하게 디스크 공간을 많이 차지할 수 있다. 전반적으로 이클립스 프로젝트인 workspace 공간이 비약적으로 증가할 수 있음을 미리 알아두자.

2.4.2 전용 클라이언트

이클립스의 서브버전 플러그인만으로도 매우 훌륭한 형상 관리 작업을 수행할 수 있지만 이클립스 기반으로 개발 작업을 진행한다는 전제 하에 만들어서 기능적인 제약도 존재하고 사용하기에 다소 무겁다. 또한 서브버전이 반드시 자바 기반의 프로젝트 관리를 위한 것이 아니기 때문에 다양한 언어와 다양한 형상들을 관리하기 위해서는 서브버전 전용 클라이언트를 사용하는 것이 좋다. 그러한 이유로 순수하게 서브버전의 클라이언트 역할을 하는 도구도 많이 사용되는데 Tortoise SVN이 가장 유명하지만 아쉽게도 윈도우 버전만 제공한다.[9]

---

9 서브 버전 클라이언트에 대한 비교는 *https://en.wikipedia.org/wiki/Comparison_of_Subversion_clients*에 잘 정리되어 있다.

　Totoise의 장점은 윈도우 탐색기와 연동되어 있어서 매우 빠르고 쉽게 서브버전과 연계할 수 있고 어떤 개발도구나 개발 언어를 사용하든지 간에 윈도우 탐색기로 모든 서브버전 작업을 사용할 수 있다.

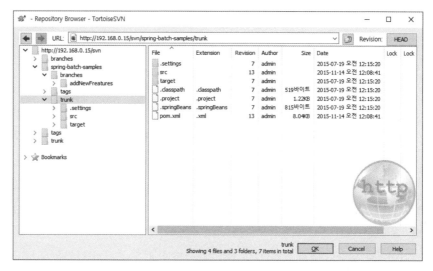

그림 2-24 SVN 체크아웃

탐색기의 임의의 디렉터리에서 마우스 오른쪽 버튼을 클릭하고 [SVN Checkout]을 선택하면 그림 2-24와 같이 서브버전 저장소에서 체크아웃을 할 수 있다.
　체크아웃을 하고 나면 서브버전과 연결되어 있는 상태임을 탐색기 내의 아이콘을 통해서 확인할 수 있으며 탐색기에서 바로 커밋과 업데이트 등의 작업을 할 수 있다(그림 2-25).

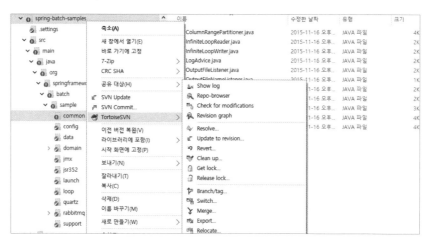

그림 2-25 탐색기 SVN 메뉴

2.5 요약

소프트웨어 개발 방법론과 절차 등이 매우 빠르게 발전하고 변화하면서 이와 관련된 형상 관리 소프트웨어 역시 빠르게 변하고 있다. 서브버전이 CVS를 대체한 지 얼마 되지 않았는데 다시 Git으로 빠르게 넘어가고 있는 것을 보면 알 수 있다. 하지만 이러한 변화의 시기에도 여전히 많은 회사와 프로젝트에서 서브버전을 애용하고 있으며 만족도도 높다.

이번 장에서는 특히 서브버전 클라이언트나 통합 개발 도구가 아니라 서브버전 명령어를 이용해서 연계하는 방법을 주로 배웠다. 용어와 절차를 이해했다면 그 어떤 서브버전 관련 소프트웨어를 이용하더라도 당황하거나 어려워하지 않을 것이다.

서브버전에서 관리하는 소스 코드는 최종적으로 통합 개발 환경을 통해 서로 공유되고 빌드 프로세스를 이용해서 컴파일과 테스트, 그리고 배포가 이루어진다. 그 모든 원천 정보 역할을 서브버전이 수행하는 점을 기억해야 한다. 비록 클라이언트 도구로 쉽게 작업할 수 있더라도, 향후 배포나 서버 작업을 위해서는 어쩔 수 없이 리눅스나 유닉스 환경에서 서브버전 명령어를 직접 수행할 일이 생기므로 익숙해지는 것이 좋다.

서브버전이 CVS를 대체했을 때는 기능이나 효율면에서 많은 향상을 느낄 수 있었고 만족도가 높았지만 서브버전에서 Git으로의 변경은 경우에 따라서 만족도가 높지 않은 경우도 많다. 분산환경에 대한 이해와 활용이 부족하면 서브버전보다 못하다고 느끼는 경우가 많기 때문이다. 이러한 결과로 서브버전이 여전히 사랑받고 있으며, 앞으로도 점유율 측면에서나 활용도 측면에서 주요한 형상 관리 도구로서의 위치를 지킬 것으로 예상된다.

## 3장

P r a c t i c a l *J a v a* *U t i l i t y*

빌드에 대한 이해와 ANT

3.1 들어가며

소프트웨어를 개발할 때 가장 기본적으로 생각할 수 있는 단계는 '코딩 → 컴파일 → 실행'이다. 사실 이클립스나 인텔리제이 IDEA와 같은 자바 통합 개발 환경이 나오기 전까지 소프트웨어 엔지니어들이 제일 먼저 한 일은 소스 코드를 컴파일하기 위한 컴파일 스크립트와 환경을 만드는 것이었다. 특히 C/C++ 기반의 개발자들은 컴파일을 위한 유닉스 셸 스크립트를 얼마나 잘 작성하느냐에 따라 등급이 매겨질 정도였다.

자바도 다른 언어만큼이나 컴파일 환경을 만드는 것이 쉽지 않다. 그래서 이를 보완하고 체계적으로 관리할 수 있는 다양한 유틸리티들을 제공하는데 그중 가장 널리 사용하고 잘 알려진 것이 ANT와 메이븐이다.

이번 장에서는 다음 순서에 맞춰 빌드의 개념을 이해하고 가장 고전적인 빌드 도구인 ANT를 이용해서 빌드 프로세스를 만드는 방법을 알아볼 것이다.

- 자바 빌드 프로세스의 이해
- ANT 스크립트 기본 구조의 이해 및 기본 스크립트 작성
- 형상 관리 소프트웨어와의 연계
- 컴파일, 패키징, 배포 등 ANT의 기능 이해

특히 이번 장은 이 책의 다른 장과 달리 바로 기술적인 내용으로 들어가는 것이 아니라 자바 빌드 프로세스를 이해하기 위한 내용을 다루고 있다. ANT를 급히 사용하기 위한 목적이 아니라면 꼭 읽어보길 바란다. 빌드 프로세스를 이해하면

ANT뿐만 아니라 이후에 살펴볼 메이븐과 그레이들도 같이 이해할 수 있을 것이다.

3.2 소프트웨어 빌드 프로세스의 이해

ANT, 메이븐, 그레이들의 기능을 이해하기 전에 반드시 이해해야 할 것이 빌드 프로세스이다. 사실 이 3가지 빌드 도구의 기능이 그리 복잡하거나 어렵지 않기 때문에 빌드 프로세스의 개념을 충분히 이해하고 있다면 어렵지 않게 구현해 나갈 수 있다.

3.2.1 빌드 프로세스의 중요성

소프트웨어 개발에서 빌드란 소프트웨어를 컴파일하는 작업일 뿐만 아니라 개발자가 형상 관리에 커밋한 소스 코드를 가장 먼저 테스트하는 품질 검사 활동이다. 컴파일에 실패했다는 것은 소스 코드에 문제가 있다는 의미이고, 또한 현존하는 대부분의 컴파일러는 어떤 소스 코드의 어느 부분 때문에 컴파일이 실패했는지를 친절하게 알려주기 때문에 컴파일은 가장 기본적이고 중요한 품질 검사 활동이라 할 수 있다. 그러므로 형상 관리에 새로운 소스 코드가 커밋되거나 기존 소스 코드가 변경되었을 때 즉시 빌드 과정을 거쳐서 소스 코드가 정상적으로 컴파일이 되는지 확인해볼 필요가 있다. 그리고 문제가 발생했을 경우에는 즉시 해당 개발자에게 컴파일 실패를 피드백하여 컴파일 문제가 빠르게 해결될 수 있도록 해야 한다.

필자가 프로젝트에서 운영 시스템에 대한 빌드 절차 및 빌드 스크립트를 개발할 때 가장 빈번하게 접한 질문은 자신의 개발 PC에서는 컴파일 에러가 나지 않았는데 서버에서는 컴파일 에러가 난다는 것이었다. 이러한 문제가 발생하는 이유는 다음과 같다.

- 통합 개발 도구의 자동 빌드 기능을 OFF해 놓고 사용하는 경우가 많다. 자동 빌드 기능을 이용하면 개발 도구가 소스 코드를 계속 컴파일하기 때문에 개발 툴의 속도가 느려진다. 그 때문에 자동 빌드를 꺼두면 개발 PC에서는 빌드에 계속 성공하고 있다고 착각하게 된다.
- 프로젝트 표준으로 만든 빌드 스크립트와 통합 개발 환경의 설정을 자기만의 방식으로 변경해서 사용하는 경우가 많이 있다. 예를 들어 자신만이 사용하는 라이브러리를 추가해 놓고 형상 관리에는 라이브러리를 커밋하지 않거나

프로젝트 표준이 아닌 다른 라이브러리를 사용하는 경우이다.

- 정상적인 모든 소스 코드를 커밋하지 않는 경우이다. 로컬 개발 PC에서 동작하는 모든 소스 코드를 형상 관리에 커밋하지 않고 일부 소스 코드만 커밋하게 되면 서버에서는 당연히 컴파일 에러가 날 수밖에 없다.
- 하나의 소스 코드를 여러 명이 동시에 개발한다면 오류에 대한 책임을 서로 미루게 되며 결국 영원히 해결되지 않는 컴파일 에러 상황에 도달할 수 있다.

위의 4가지 경우는 아주 상식적인 내용이지만 실제 프로젝트에서는 이로 인해 빌드 에러가 자주 발생한다. 문제는 로컬 개발 PC에서 컴파일 에러가 나는 것은 개인의 문제일 수 있지만, 서버에서 컴파일 에러가 나면 해당 프로젝트에 연관된 모든 사람이 더 이상 작업을 진행하지 못하게 된다. 그러므로 소프트웨어 개발 업무에서 빌드 프로세스를 자동화, 표준화해서 컴파일 오류 발생을 최소화하는 것이 중요하다.

대부분의 통합 개발 도구는 자체적으로 빌드 기능을 가지고 있다. 하지만 모든 소스 코드의 컴파일이 개발자의 PC에서 이루어지지는 않는다. 규모가 커질수록 별도의 빌드 전용 서버를 적용하는 경우도 많고 향후 설명할 지속적 통합 서버에서 형상 관리를 통해 빌드를 자동화하는 경우도 이제는 흔히 볼 수 있다. 그러므로 빌드는 반드시 개발자의 로컬 PC뿐만 아니라 서버 환경 혹은 별도의 빌드 환경을 고려해서 개별적으로 동작할 수 있도록 사전에 만들어 놓는 것이 매우 중요하다.

3.2.2 빌드 및 배포 프로세스

자신의 PC에서만 개발해본 개발자들 혹은 개발자가 되기 원하는 학생들에게 빌드와 배포에 대한 프로세스를 이야기하면 무척이나 생소해 한다. 요즘 나오는 대부분의 통합 개발 환경이 이 모든 것을 자동화해주기 때문에 특별히 프로세스라는 측면에서 고려할 부분이 적기 때문이다.

그런데 프로젝트의 규모가 조금만 커지면 이 빌드/배포 프로세스 때문에 굉장히 많은 고생을 하게 되고 심지어 이 프로세스의 부재로 인해 프로젝트가 지연되는 현상도 발생한다. 그러므로 빌드/배포 프로세스는 프로젝트 초창기에 개발환경과 프로젝트 구조를 설계할 때 같이 고려해서 만들어 두는 것이 좋다.

그렇지 않으면 빌드/배포 프로세스를 만들기 위해서 기존 개발 환경의 프로젝트 구조를 전부 변경해야 할 수도 있으며 팀 간에 정의한 컴포넌트 구조나 단위까지 변경해야 하는 일도 생길 수 있다.

오늘날 소프트웨어 개발 프로젝트는 다양한 환경에서 많은 인력이 작업하는 대규모의 작업이다. 표 3-1은 개발 프로젝트에서 접하게 되는 환경을 크게 4가지로 분류한 것이다.

항목	내용
개발자 로컬 PC	· 개발자가 개발 작업을 수행하는 워크스테이션 혹은 개발 PC를 의미한다. · 수시로 소스 코드 및 컴파일된 바이너리가 변경된다. · 타 개발자의 소스 코드 혹은 라이브러리와 병행해서 테스트할 경우 오류 발생의 가능성이 매우 높다.
개발 서버	· 개발자가 개발한 결과물을 1차로 배포해서 테스트하는 환경으로, 개발자의 로컬 PC에서 테스트가 완료된 결과물을 팀 작업한 결과물과 함께 배포해서 테스트할 수 있는 환경을 의미한다. · 경우에 따라서 로컬 PC에서 테스트할 수 없는 결과물을 테스트하는 용도로 사용한다(예: 타 시스템 인터페이스, PC에서는 테스트할 수 없는 대용량 처리 기능 등).
검증 서버	· 개발 서버에서 검증을 완료한 결과물을 운영 서버에 반영하기 전에 테스트하는 환경이다. · 검증 서버는 반드시 그 형상 및 환경이 운영 환경과 동일해야 한다. 데이터 역시 운영 환경과 최대한 동일하게 맞춰서 운영에 반영했을 때 발생할 수 있는 다양한 에러 케이스를 사전에 검증할 수 있어야 한다. · 검증 서버에서 테스트하다가 실패하면 테스트 이전 상태로 원상 복구하여 다시 테스트를 할 필요가 있다. 이를 위해 배포 프로세스에 원상복구 기능을 구현할 필요가 있다.
운영 서버	· 실제 서비스가 이루어지는 환경을 의미한다. · 검증 서버에서 검증을 완료한 결과물을 배포해서 실제 사용자의 서비스에 반영될 수 있는 프로세스를 마련해야 한다. · 만일 운영 서버에 배포한 후 오류가 발생하면 이를 다시 원상복구할 수 있는 프로세스가 마련되어 있어야 한다.

표 3-1 빌드 및 배포 관련 환경

모든 기업과 서비스가 위의 4가지 환경을 모두 마련해 놓고 사용하지 않을 수도 있다. 대표적으로 검증 서버의 경우 서비스 규모가 작거나 예산 문제가 있을 경우 운영하지 않기도 한다. 반대로 금융, 통신, 국방 등 24시간 365일 무중단 서비스가 요구되는 서비스의 경우 위의 환경 외에 재해 복구를 위한 DR(Disaster Recovery) 환경이 존재하기도 하며, 검증 환경 역시 2단계로 나누어서 좀 더 신중을 기하는 편이다. 프로젝트와 서비스가 처한 환경에 따라 서로 다른 단계 및 서로 다른 용어를 사용하고 있지만 여기서 중요한 것은 빌드/배포 프로세스의 측면에서 다양한 환경을 고려해서 프로세스와 기능이 마련되어야 한다는 점이다.

각 환경에 맞게 자동화된 빌드/배포 프로세스를 만드는 것이 중요하다. 그 절차에 대한 순서도를 정의해 보면 그림 3-1과 같다.

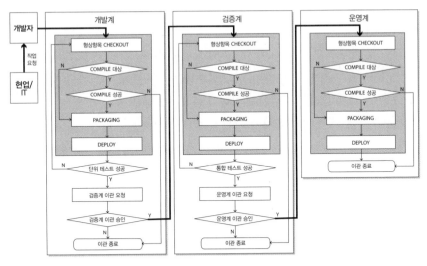

그림 3-1 빌드 및 배포 절차 예시

여기서 꼭 기억해야 할 것은 개발자의 로컬 PC에서는 통합 개발 도구가 자동으로 컴파일해주지만, 서버에서의 컴파일과 배포는 통합개발 도구에서 컴파일해 주지 못하므로 컴파일과 배포에 대한 스크립트를 정교하게 작성해둘 필요가 있다는 점이다.[1] 그림 3-1의 각 순서가 바로 빌드/배포 프로세스에 해당하며 빌드 솔루션을 이용하거나 빌드 스크립트를 이용해서 동작할 수 있도록 만드는 작업이 필요하다.

3.3 ANT 기본 구조 이해하기

초창기 초보 자바 개발자들의 중요한, 그리고 반복되는 질문은 바로 "자바 소스 코드를 작성한 후 컴파일을 어떻게 하나요?"였다. 그만큼 자바 언어의 컴파일 스크립트를 구현하는 것은 쉽지 않다. GUI 없이 명령행으로만 실행할 수 있는 javac라는 컴파일러만 제공되었고 컴파일 시 참조하기 위한 라이브러리 및 클래스를 클래스 패스에 지정해야 하는 작업이 필요했기 때문이다. 이런 불편하고 복잡한 환경 속에서 개발자들에게 매우 편리한 빌드 환경을 제공한 것이 바로 ANT다.

---

1 일부 빌드 및 배포 스크립트에서는 로컬 PC의 통합 개발 환경에서 컴파일한 클래스 혹은 라이브러리를 직접 서버에 업로드해서 배포하는 경우도 있는데, 이럴 경우 정합성을 맞추거나 문제 발생 시 원상 복구 작업이 오히려 더 어려워질 수 있음을 고려해야 한다.

ANT는 자바의 초창기 때부터 존재한 빌드 문제를 해결해준 매우 유용한 도구로, 오랜 기간 개발자들에게 사랑받아 왔다. 특히 다른 개발 언어보다 클래스 패스나 라이브러리 관리가 훨씬 엄격하고 설정이 복잡한 자바 언어의 특징을 간단한 XML 설정으로 해결할 수 있도록 해주었으며, 컴파일, 패키징 뿐만 아니라 소스 코드 및 클래스 파일, 라이브러리 파일 등을 관리하고 처리하기 위한 매우 다양한 기능들을 제공한다. 뿐만 아니라 현존하는 대부분의 자바 관련 개발 도구와 미들웨어에서 ANT를 지원하고 있어서 이식성도 매우 좋다.

ANT의 가장 큰 특징은 확장성이다. ANT는 여전히 1.X 버전대로 버전 업그레이드와 기능의 추가가 매우 더딘 편이다. 그럼에도 업계에서 보편적으로 널리 사용될 수 있는 이유는 수많은 연관 라이브러리 및 확장 기능 때문이다.[2]

ANT의 확장 라이브러리 목록인 *http://ant.apache.org/external.html*에는 나와있지 않지만 *http://ant-contrib.sourceforge.net*에서는 ANT 확장 기능 중 가장 유명한 AntContrib 프로젝트를 확인할 수 있다. 이 프로젝트는 ANT에서 기본 제공하는 태스크 외에 연산 규칙, 조건문, 반복문 등의 기능을 제공하고 있어 ANT 스크립트를 확장해서 사용할 때 유용하다.

여기서는 ANT의 구조와 특징을 이해하고 어떻게 ANT 스크립트를 구성하는 것이 개발자 입장에서 그리고 관리자 입장에서 좋은지를 설명하도록 하겠다.

3.3.1 ANT 설치 및 환경 설정

ANT는 특별히 설치가 필요한 것이 아니고 다운받아서 압축을 해제하기만 하면 된다. 리눅스 배포판의 경우 해당 배포판에 맞게 yum이나 apt-get을 이용해서 설치할 수도 있다.

ANT는 순수 자바 언어로 개발된 애플리케이션이기 때문에 설치 전에 반드시 자바 개발 도구가 설치되어 있어야 한다. 각 ANT 버전별로 요구하는 최소 JDK 버전이 있는데 이 책에서 사용할 ANT 1.9.4는 JDK 1.5 버전 이상이어야 한다.

압축을 해제한 후 어느 환경에서든 ANT 명령어를 실행할 수 있도록 환경 변수인 PATH 속성에 ANT의 bin 디렉터리를 추가해야 한다. 필자의 경우 리눅스 PC의 /system/tools/apache-ant-1.9.4에 압축을 해제해서 설치했으며 PATH 설정을 위해 다음 내용을 profile에 추가하였다.

---

2 다음 URL에서 자세한 내용을 확인할 수 있다. *http://ant.apache.org/external.html*

```
export ANT_HOME=/system/tools/apache-ant-1.9.4
export PATH=$ANT_HOME/bin:$PATH
```

설정을 추가하고 ant –v 명령어를 실행하여 다음 화면과 같은 결과가 나오면 정
상적으로 설치가 완료된 것이다.

그림 3-2 ANT 명령 실행

3.3.2 ANT 스크립트 기본 구조 이해

ANT의 모든 빌드 프로세스 정의는 XML 파일을 이용하도록 되어 있다.[3] 그리
고 기본적으로 지켜야 하는 구조가 있으며 오랜 기간 ANT를 사용하면서 사용
자들끼리 서로 암묵적으로 지키는 규칙들도 있다. 이러한 규칙을 기반으로 만든
ANT 빌드 파일의 대표적인 예는 소스 3-1과 같다.

소스 3-1 build.xml

```xml
<project name="FirstProject" default="dist" basedir=".">
    <description>
        First ant build file for Java Tools Book.
    </description>

    <!-- 빌드 스크립트의 속성 설정 -->
    <property name="src" location="src"/>
    <property name="build" location="build"/>
    <property name="dist"  location="dist"/>

    <target name="init">
        <!-- 타임스탬프 생성 -->
        <tstamp/>
        <!-- 컴파일 결과를 저장할 빌드 디렉터리 생성 -->
        <mkdir dir="${build}"/>
    </target>


    <target name="compile" depends="init"
        description="소스 코드 컴파일" >
        <!-- ${src}에 있는 소스 코드들을 컴파일해서 ${build}에 저장한다. -->
        <javac srcdir="${src}" destdir="${build}"/>
```

---

3   간단한 정의는 속성 기반의 텍스트 파일로도 정의할 수 있지만 매우 제한적이다.

```
        </target>

    <target name="dist" depends="compile"
        description="배포를 위한 패키지 생성" >
        <!-- 패키징한 파일을 저장할 라이브러리 디렉터리 생성 -->
        <mkdir dir="${dist}/lib"/>

        <!-- ${build} 디렉터리에 있는 모든 파일을 ${dist}/lib에 저장한다. -->
        <jar jarfile="${dist}/lib/MyProject-${DSTAMP}.jar" basedir="${build}"/>
    </target>

    <target name="clean" description="clean up" >
        <!-- 컴파일 및 배포로 생성한 모든 파일을 지우고 초기화한다. -->
        <delete dir="${build}"/>
        <delete dir="${dist}"/>
    </target>
</project>
```

위의 예제 파일은 ANT 스크립트를 정의할 때 가장 많이 사용하는 템플릿이며 이를 프로젝트 소스 코드 구조와 빌드 요건에 따라 계속 확장하는 작업을 진행하게 된다. 그럼 이 파일의 구조 및 내용에 대해 알아보자.

우선 위의 빌드 파일에 포함되어 있는 ANT 구성 요소는 표 3-2와 같다.

항목	내용
파일명	• ANT 스크립트의 기본 파일명은 build.xml이다. • 만일 여러 개의 빌드 스크립트가 필요할 경우는 파일명을 다르게 붙이되 ANT 스크립트임을 알 수 있도록 build라는 이름을 사용하는 게 일반적이다. • ANT 스크립트가 빌드가 아니라 다른 용도로 사용할 경우는 build 이름을 사용하지 않는 경우도 있다.
project	• 프로젝트는 ANT 빌드 스크립트의 최상위 요소이며 반드시 하나가 정의되어야 한다. • 빌드 파일에 대한 설명을 포함하고 있으며 빌드 실행에 영향을 미치는 부분은 없다.

property	• 속성은 하나의 이름에 하나의 값을 가지며 한번 설정된 값은 다시 변경할 수 없다(변수처럼 동적으로 값을 변경시킬 수 없다).
	• 빌드 스크립트가 길어질수록 공통으로 사용할 속성값들이 많이 생성되는데 대표적으로 빌드와 관련된 디렉터리 정보를 속성으로 분리해서 관리하는 것이 일반적이며 그 내용은 다음과 같다.
	  ✔ src: 자바 소스 코드의 위치
	  ✔ classes: 참조할 클래스 파일들의 위치
	  ✔ lib: 참조할 라이브러리 파일들의 위치
	  ✔ build: 빌드 후 생성되는 파일을 저장할 위치
	  ✔ dist: 배포할 파일의 위치. 일반적으로 WAR, EAR, JAR 등의 파일 저장 위치를 의미

target	• ANT 스크립트는 반드시 하나 이상의 타깃이 정의되어 있어야 한다.
	• 타깃은 ANT 스크립트를 실행할 때 외부에 노출되는 최상위 단위이며 스크립트 실행 시 여러 타깃을 순차적으로 실행시키거나 타깃 사이의 연관 관계를 정의할 수 있다.
	• 타깃의 명명 규칙이 규정되어 있지는 않지만 관습적으로 따르는 규칙은 다음과 같다.
	  ✔ clean: 기존 빌드 시 생성된 파일을 삭제하고 초기화시킨다. Clean을 하는 이유는 신규 생성되는 파일과 기존 파일이 혼재되는 문제를 해결하기 위함이다.
	  ✔ compile: 소스 코드를 컴파일한다. 만일 형상 관리와 연계한다면 compile 단계 이전에 체크아웃을 통해 소스 코드를 내려받는 작업을 해야 한다.
	  ✔ package: 컴파일한 클래스 파일 및 관련 자원들을 JAR, WAR, EAR 등으로 패키징한다.
	  ✔ deploy: 패키징한 파일을 배포한다. 혹은 배포하기 위한 디렉터리로 복사한다.
	  ✔ all: 앞서 기술한 모든 단계를 실행시킨다.

task	• 하나의 타깃 안에는 여러 개의 절차와 기능들이 존재하는데 이것을 태스크라고 한다. • 태스크는 하나의 XML 태그로 표현되며 그 기능에 따라 태그명이 다르다. ANT에서 기본 제공되는 태스크와 별도의 라이브러리를 적용해서 추가 태스크를 활용할 수도 있다. • 이 외에도 개발자가 필요 시 직접 태스크를 정의해서 사용할 수도 있다.

표 3 -2 ANT 스크립트의 구성 요소

위의 표를 통해 설명한 ANT 스크립트의 구성 요소는 ANT의 가장 기본이 되는 것이므로 반드시 숙지해 두는 것이 좋다. 또한 ANT 스크립트를 작성할 때 반드시 기억해둘 것은 스크립트 작성 전에 빌드 스크립트에서 요구하는 것을 분석해서 세밀하게 설계해야 한다는 점이다. 그래야만 스크립트가 복잡해지고 길어지는 것을 예방할 수 있다. 필요할 때 ANT는 스크립트 파일을 여러 개로 분리해서 임포트할 수 있는데 이를 통해 스크립트의 공통화와 재활용성을 높일 수도 있다.

ANT는 윈도우나 리눅스/유닉스 등의 명령행에서 실행되며 실행하기 위한 다양한 옵션을 알고 있어야 한다. 이러한 옵션을 매번 입력하는 것이 불편하므로 일반적으로는 ANT 스크립트를 실행하기 위한 별도의 셸 스크립트를 사전에 작성하고 셸 스크립트에서 ANT 스크립트를 실행하기 위한 옵션을 적용하게 된다.

표 3-3은 ANT를 실행할 때 사용 가능한 옵션 중 대표적인 것을 정리한 내용이다.

항목	내용
-help, -h	• ANT 실행을 위한 실행 옵션 목록과 이에 대한 간략한 설명을 출력한다.
-projecthelp, -p	• ANT 빌드 프로젝트에 대한 정보를 출력한다. ANT 빌드 스크립트에서 project 태그의 desc 속성에서 정의한 내용을 출력한다.
-version	• ANT의 버전 정보를 출력한다..

-diagnostics	• ANT 내부적인 실행 정보를 출력한다. ANT의 기본 설정 정보와 각종 환경 설정 정보 등을 확인할 수 있다. • ANT를 실행하다가 에러가 발생했을 때 원인을 파악하는 데 중요한 단서가 되는 정보들을 많이 확인할 수 있다.
-quiet, -q	• ANT 스크립트 실행 시 타깃 정보를 콘솔에 출력하지 않는다. • 기본값을 이용해서 실행시키면 많은 정보들이 로그 파일에 출력되어 오히려 내용을 보는 데 방해가 될 수 있다. 이러한 경우에 사용하면 유용하다.
-verbose, -v	• ANT 스크립트 실행 시 상세 실행 내용을 콘솔에 출력한다. • 스크립트를 개발하는 단계나 디버그하는 경우에는 유용하지만 평소에는 오히려 혼란만 줄 수 있으므로 사용을 자제하는 것이 좋다.
-debug, -d	• ANT 스크립트 실행 시 로그 레벨을 디버그로 설정한다.
-emcas, -e	• ANT 실행 시 태스크 정보 등 XML 태그 형태로 출력되는 로그를 출력하지 않는다. • 기본값은 XML 태그 형태로 되어 있는 태스크 정보를 출력하는데 태스크가 많이 호출되는 스크립트일 경우 굉장히 복잡하고 혼란스러운 경우가 많다. 이때 이 옵션을 적용하면 태스크 정보들이 출력되지 않는다. • 하지만 태스크가 출력되지 않으면 오류가 발생했을 때 찾아내기가 무척 어려울 수 있다.
-lib <path>	• ANT 실행 시 필요한 라이브러리와 클래스의 위치 정보를 지정한다. • 한 번에 하나의 디렉터리만을 지정할 수 있다. • 만일 lib와 classes 2개의 디렉터리를 클래스 패스로 지정하고 싶을 경우에는 -lib ./lib -lib ./classe와 같이 -lib 옵션을 2번 사용해야 한다. • 일반적으로 개발자가 정의한 ANT 태그를 사용하거나 외부에서 제공하는 라이브러리를 사용한다면, 이 옵션을 이용해서 ANT 실행 시 클래스 패스로 잡아줘야 한다.
-logfile <file> -l <file>	• ANT에서 출력하는 로그 파일을 특정한 위치에 저장한다. • 이 옵션을 지정하지 않으면 출력되는 정보를 화면에 뿌리기만 하고 파일에 저장하지는 않는다.
-logger <classname>	• ANT 프로젝트의 리스너에서 사용할 로거 정보를 지정한다. • 로거를 이용하게 되면 ANT에서 출력되는 로그 정보를 제어할 수 있다. • LOG4J 등에서 제공하는 기본 로거를 이용할 경우 별도로 지정할 필요는 없다.
-listener <classname>	• ANT 프로젝트의 리스너 정보를 추가한다. • ANT에서 제공하는 리스너 인터페이스를 구현해서 적용하게 되면 빌드의 시작과 종료, 타깃의 시작과 종료, 태스크의 시작과 종료, 출력되는 메시지 정보에 대한 이벤트를 제어할 수 있다. • ANT의 실행 흐름에 따라 전처리와 후처리를 적용해야 할 때 사용할 수 있다.
-noinput	• ANT를 배치 모드로 실행시킨다. • 일부 ANT 스크립트의 경우 외부에서 사용자의 입력을 받으면서 실행되도록 작성되는데 이러한 입력을 요청하는 작업을 무시하도록 한다.

-buildfile \<file\> -file \<file\> -f \<file\>	• ANT의 빌드 파일을 지정한다. • ANT 빌드 스크립트를 지정하지 않으면 build.xml 파일을 찾게 되는데 build.xml이 아닌 다른 파일명으로 스크립트를 작성한 경우 이 옵션을 이용해서 특정한 파일명을 지정해야 한다.
-D\<property\>=\<value\>	• ANT에 전달할 속성명과 속성값을 지정한다.
-keep-going, -k	• ANT의 타깃 정보가 다른 타깃 정보와 연관(DEPEND)되어 있을 때 타깃에 오류가 발생해도 다른 타깃을 계속 실행시키는 옵션이다.
-propertyfile \<name\>	• 자바에서 사용하는 속성 파일을 이용해서 ANT에 속성명과 속성값을 지정한다. 속성 파일의 내용은 NAME=VALUE 형태로 나열한 파일을 의미한다.
-inputhandler \<class\>	• ANT에서 제공하는 입력 핸들러는 ANT 스크립트를 실행시킨 사용자로부터 입력값을 받아서 제어할 때 사용한다. • 지정하지 않으면 커맨드상에서 텍스트를 입력받을 수 있는 기본 핸들러가 적용된다.
-find \<file\> -s \<file\>	• ANT 빌드 정의 파일을 시스템의 루트 디렉터리에서 주어진 파일명으로 조회해서 실행시킨다. • 이 옵션은 디스크 전체를 검색하게 되어 성능상 문제가 발생하며, 경우에 따라서는 잘못된 빌드 스크립트를 처리할 수 있는 위험이 있어서 사용하지 말아야 한다.
-nice number	• ANT에서 실행되는 스레드의 우선순위를 지정한다. 1부터 10까지 설정할 수 있으며 기본값은 5이다.
-nouserlib	• 사용자 홈디렉터리에 있는 /.ant/lib 디렉터리의 라이브러리를 사용하지 않고 ANT 빌드 스크립트를 실행시킨다.
-noclasspath	• 운영체제에 정의되어 있는 클래스 패스 정보를 이용하지 않고 ANT 빌드 스크립트를 실행시킨다.
-autoproxy	• 경우에 따라서 ANT가 라이브러리를 참고하거나 필요한 도구를 설치하기 위해서 외부 네트워크에 접속할 필요가 있다. 이때 네트워크 접속을 위해서 프록시 서버를 사용해야 할 때 지정하는 옵션이다.
-main \<class\>	• ANT를 실행시킬 메인 클래스를 지정한다. ANT의 기본 메인 클래스는 org.apache.tools.ant.Main이며 별도로 지정할 일은 거의 없다.

표 3-3 ANT 스크립트 실행 시 옵션

표 3-3에서 언급한 것 외에도 더 많은 옵션이 있지만 복잡한 ANT 스크립트를 셸 스크립트로 호출하는 경우 우선 고려할 수 있는 파라미터를 정리한 것이다.

3.3.3 기본 스크립트 작성

ANT 스크립트는 개발자에게 매우 자유로운 개발 방법을 제공하지만 반대로 사전에 충분히 설계하지 않고 작성하기 시작하면 매우 복잡하고 난해해진다. 그러므로 스크립트를 작성하기 전에 다음을 고려하자.

- 디렉터리 구조(property로 정의): 디렉터리 구조는 빌드 스크립트뿐만 아니라 통합 개발 환경의 디렉터리 구조, 형상 관리의 소스 코드 관리 구조 그리고 최종적으로 배포 구조와 연관되어 있다. 디렉터리 구조를 설계할 때 빌드 스크립트의 특징도 함께 고려해야 한다. 소스 코드, 라이브러리, 컴파일된 클래스 파일, 패키징된 파일, 이력 관리, 로그 관리 등을 고려해서 각각 디렉터리를 분리한다.

- 빌드 단위(target에 정의): 어떤 빌드 단위를 적용할지 고민한다. 컴파일하기 전에 기존 컴파일된 결과를 삭제하는 과정, 정의한 디렉터리를 생성하는 과정, 그리고 형상 관리와 연계하는 과정 등 예측할 수 있는 과정을 정의하고 이를 target 태그로 정의한다.

- 서브 빌드 단위의 존재 가능성: 프로젝트가 매우 클 경우 빌드 단위가 아주 세분화되어 있을 가능성이 높다. 빌드 작업을 공통화시키고 이를 각각의 target에서 호출할 수도 있다. 작성해 나가면서 공통 부분이 생길 경우 별도의 파일로 분리하여 관리하는 것이 좋다.

이런 점을 고려하여 이 책에서 알아볼 ANT 스크립트의 target 유형은 다음 소스 코드와 같이 초기화(init), 형상 관리에서 소스 가져오기(checkout), 컴파일(compile), 클래스 패키징(package), 배포(deploy), 삭제(clean) 단계로 정의해 놓았다(소스 3-2).

소스 3-2 ANT 파일 구조 정의

```xml
<?xml version="1.0" ?>
<project name="first_build" default="package">

  <target name="init">
</target>

  <target name="checkout">
  </target>

  <target name="compile" description="Compile Java code">
</target>

  <target name="package" depends="compile" description="Generate JAR file">
</target>

<target name="deploy" depends="compile">
  </target>

  <target name="clean" description="Deletes generated directories">
</target>

</project>
```

이제부터 아주 간단한 자바 소스 코드 하나를 작성하고 위의 빌드 스크립트를 하나하나 채워나가 보자. 소스 코드는 너무나도 유명한 "Hello World"를 출력하는 자바 프로그램이다. 여기서는 소스 코드가 중요한 것이 아니라 이를 활용할 빌드 파일이 중요하다(소스 3-3).

소스 3-3 HelloWorld.java

```java
package com.javatools;

public class HelloWorld {

    public static void main(String[] args) {
        System.out.println("Hello World");
    }
}
```

이 소스 코드를 컴파일할 때 구성해야 할 디렉터리 항목은 소스 코드 영역, 클래스 파일 영역, 그리고 패키징한 디렉터리 영역인데 이 스크립트에서는 표 3-4와 같이 정의하였다. 이 디렉터리들은 ANT 빌드 파일이 위치할 디렉터리의 하위에 생성된다.

속성	내용
src	소스 코드가 저장될 디렉터리다.
test	Junit 등의 단위 테스트를 위한 소스 코드를 지정한다. 이 소스 코드는 실제 애플리케이션 배포 단위에는 포함시키지 않는다.
lib	컴파일 시 참조할 라이브러리를 저장하는 디렉터리다.
build	컴파일의 결과물인 클래스 파일을 저장할 디렉터리다.
build/classes	클래스 파일 중 실제 배포할 클래스 파일의 위치이다.
build/test-classes	단위 테스트용 클래스 파일의 위치로, 실제 배포 시에는 여기에 있는 클래스 파일은 포함시키지 않는다.
dist	최종적으로 배포할 파일을 저장할 디렉터리로 주로 JAR, WAR, EAR 등의 형태이다.

표 3-4 ANT 컴파일 태스크 속성

앞서 언급한 ANT의 가장 기본이 되는 스크립트 구조와 위의 디렉터리 구조를 고려해서 스크립트를 작성하였다. 이 스크립트는 가장 기초적이면서도 ANT에 대해서 가장 이해하기 좋은 예제이므로 이번 기회에 꼭 이해하고 넘어가도록 하자(소스 3-4).

소스 3-4 ANT 빌드 구조

```xml
<?xml version="1.0" ?>
<project name="HelloWorld" default="package">

    <target name="init">
        <mkdir dir="build" />
        <mkdir dir="build/classes" />
        <mkdir dir="build/test-classes" />
        <mkdir dir="dist" />
    </target>

    <target name="compile" depends="init" description="Compile Java code">
        <javac srcdir="src" destdir="build/classes" />
    </target>

    <target name="package" depends="compile" description="Generate JAR file">
        <jar destfile="dist/HelloWorld.jar" basedir="build/classes" />
    </target>

    <target name="clean" description="Deletes generated directories">
        <delete dir="build" />
        <delete dir="dist" />
    </target>

</project>
```

먼저 init 단계에서 앞서 정의한 디렉터리 중 일부를 생성한다. 여기서는 형상 관리와 연계하지 않기 때문에, 소스 코드 디렉터리와 라이브러리 디렉터리는 사전에 정의되어 있고 그 안에 해당 파일이 저장되어 있다고 전제하고 컴파일과 패키징 결과물이 저장되는 디렉터리만 생성했다.

compile 단계에서는 javac 태그를 이용해서 소스 코드의 위치와 클래스 파일이 저장될 위치를 지정하는 것으로 끝났다. 여기서 중점적으로 볼 것은 <target> 태그 안에 있는 depends 속성이다. depends 속성은 현재 target이 실행되기 전에 반드시 실행되어야 하는 target을 명시하는 것으로, 여기서는 compile 타깃을 실행시키면 자동으로 init 타깃이 먼저 실행되도록 하는 것이다. 여러 타깃을 실행하기 전에 먼저 실행시키고 싶다면 ','로 구분해서 원하는 타깃을 나열하면 된다.

package 단계는 compile 단계에서 컴파일한 결과 클래스들을 jar 명령을 이용해서 JAR 파일로 패키징하는 역할을 한다. ANT에서는 JAR 외에 EAR, WAR 등 다양한 포맷으로 패키징할 수 있고, 패키징할 때도 다양한 속성 정보와 필터 기능들을 사용할 수 있다. 여기서는 단순히 클래스 파일의 위치와 패키지 파일을 저장할 위치를 지정하였다.

마지막으로 clean 단계는 클래스 파일과 JAR 파일 등이 저장된 디렉터리를 지우는 역할을 한다. 빌드 스크립트를 만들다 보면 clean 단계도 매우 중요하다는 것을 알 수 있다. clean을 하지 않게 되면 소스 코드상에서 삭제한 클래스들과 서브 클래스로 정의한 파일 등이 계속 저장되어 남아있을 수 있다. 때문에 일부 스크립트를 작성할 때 디렉터리 생성 전에 먼저 디렉터리를 삭제하고 생성하는 경우도 있다. 이런 때는 init 타깃 앞에 depends로 clear 타깃을 지정하는 것도 방법 중 하나다.

그럼 이제 ANT 스크립트를 실행시켜 보자. 특정 디렉터리에 build.xml 파일을 저장하고, 그 밑에 src 디렉터리를 생성한 다음 패키지 구조에 맞게 자바 소스 코드를 저장하자. 그리고 다음과 같이 ant 명령을 실행시켜 보자.

```
ant -f build.xml
```

이 명령을 실행시키면 그림 3-3과 같은 결과를 확인할 수 있다.

```
ykchang@javatools: /system/source/ch04/antsample

ykchang@javatools:/system/source/ch04/antsample$ ant -f build.xml
Picked up JAVA_TOOL_OPTIONS: -javaagent:/usr/share/java/jayatanaag.jar
Buildfile: /system/source/ch04/antsample/build.xml

init:

compile:
    [javac] /system/source/ch04/antsample/build.xml:11: warning: 'includeantruntime' was not set, defaulti
ng to build.sysclasspath=last; set to false for repeatable builds

package:
    [jar] Building jar: /system/source/ch04/antsample/dist/helloworld.jar

BUILD SUCCESSFUL
Total time: 0 seconds
ykchang@javatools:/system/source/ch04/antsample$
```

그림 3-3 ANT 빌드 결과

ANT는 기본적으로 명령을 내린 디렉터리의 build.xml 파일을 찾는데, 만일 사용할 빌드 파일명이 다르다면 -f 옵션으로 파일을 지정할 수 있다. 그리고 실행을 원하는 ANT 타깃을 지정하게 되는데 여기서는 타깃을 지정하지 않았다. 타깃을 지정하지 않으면 스크립트의 <project> 태그에 있는 default 속성을 타깃으로 인식하고 실행하게 된다. 여기서는 default 속성이 package 타깃이고 package 속성의 depends가 compile, compile 타깃의 depends가 init이므로 다음과 같은 순서로 실행된다.

```
init -> compile -> package
```

ANT가 에러 없이 정상적으로 실행되면 "BUILD SUCCESSFUL"이라는 메세지가 나온다.

그럼 ant -f build.xml clean 명령을 이용해서 생성된 내용을 삭제해 보자. clean 타깃은 default 타깃이 아니며 다른 타깃과 depends 관계도 가지고 있지 않기 때문에, 반드시 ANT를 실행할 때 타깃명을 지정해야만 한다.

지금까지 ANT의 기본 기능에 대해서 알아보았다. 사실 이 정도만 이해하면 ANT 매뉴얼과 예제를 찾아가면서 쉽게 ANT 스크립트를 작성할 수 있을 것이다. 이제부터는 실제 프로젝트에서 응용할 수 있는 기능들을 좀 더 심도 있게 알아보도록 하자.

3.4 형상 관리 연계

요즘 대부분의 프로젝트에서는 형상 관리 소프트웨어를 통해서 소스 코드 및 각종 개발 관련 산출물들을 관리하고 있다. 최소한 2명 이상의 팀 프로젝트, 혹은 1인 프로젝트라도 이력 관리가 필요하기 때문에 형상 관리 연계를 필수적으로 사용하는데, 빌드 프로세스에서도 형상 관리 연계는 컴파일하기 이전에 최신의 소스 코드를 받아오기 위한 중요한 단계이다.

앞 장에서 Git과 서브버전을 이용해서 소스 코드를 관리하는 방법을 알아보았는데, 여기서는 ANT와 연계하는 방법을 알아볼 것이다.

3.4.1 Git 연계

ANT는 기본 태스크로 CVS와 서브버전을 공식 지원하지만 아직까지 Git과 연동하기 위한 기본 태스크를 제공하지 않는다. 심지어 현재 ANT의 공식 소스 코드 관리를 Git 기반으로 하는데도 별도의 태스크를 제공하지 않는 이유는, 기본 태스크가 아니더라도 충분히 ANT에서 Git과 연동해서 사용할 수 있기 때문이다. 물론 ANT를 사용하고자 하는 서버 혹은 PC에 반드시 Git 클라이언트가 설치되어 있어야 한다.

ANT와 Git을 연계하기 위해서는 다음 2가지 방법을 고려할 수 있다.

- Git의 커맨드를 ANT의 유닉스/윈도우 커맨드 실행 기능과 연동해서 사용하는 방법
- Git과 연계할 수 있는 별도 외부 라이브러리를 이용해서 ANT 태스크로 호출하는 방법

빌드 프로세스에서 형상 관리와 연계가 필요한 가장 큰 이유는 형상 관리 저장소에서 최신 소스 코드를 내려 받아야 하기 때문이다. 그리고 경우에 따라서 컴파일한 라이브러리를 형상 관리 저장소에 반영하는 작업이 필요할 때도 있다. 이러한 상황을 고려할 때 ANT에서 Git을 연계하기 위한 단계는 다음과 같다.

- ANT가 실행되는 서버에 로컬 저장소로 사용할 디렉터리를 생성한다(한 번만 생성하고 그 이후부터는 생략).
- git clone 명령을 이용해서 원격 저장소에서 로컬 저장소에 저장소 복제를 수행한다(한 번만 생성하고 그 이후부터는 생략).
- git pull 명령을 이용해서 원격 저장소에서 로컬 저장소로 소스 코드를 동기화한다.
- 컴파일, 패키징, 배포 작업을 수행한다.
- 필요 시 로컬 저장소에 컴파일 및 패키징 결과를 복사한 후 git add로 반영한다.
- git push 명령으로 로컬 변경분을 원격 저장소에 반영한다.

여기서는 ANT의 매크로 기능을 이용해서 Git 커맨드와 연동하는 방법을 사용할 것이다. 소스 3-5는 ANT에서 쉽게 Git 명령어를 실행할 수 있도록 매크로를 정의한 소스 코드이다.

소스 3-5 Git 연동을 위한 ANT 매크로

```
<!-- git 명령 수행을 위한 매크로 -->
<macrodef name="git">
    <attribute name = "command" />
    <attribute name = "dir" default = "" />
    <element name = "args" optional = "true" />
    <sequential>
        <echo file="GIT_COMMAND_LOG" message="git @{command} &#xa;"
            append="yes" />
        <exec executable = "git" dir = "@{dir}">
            <arg value = "@{command}" />
            <args/>
        </exec>
    </sequential>
</macrodef>

<!-- git pull 명령 수행을 위한 매크로 -->
<macrodef name = "git-pull">
    <attribute name = "path" />
    <attribute name = "branch" />
    <attribute name = "head" />
    <sequential>
```

```
            <git command = "pull" >
                <args>
                    <arg value = "@{branch}" />
                    <arg value = "@{head}" />
                </args>
            </git>
        </sequential>
</macrodef>

<!-- git clone, git pull을 연속으로 수행하는 매크로 -->
<macrodef name = "git-clone-pull">
    <attribute name = "repository" />
    <attribute name = "dest" />
    <sequential>
        <git command = "clone">
            <args>
                <arg value = "@{repository}" />
                <arg value = "@{dest}" />
            </args>
        </git>
        <git command = "pull" dir = "@{dest}" />
    </sequential>
</macrodef>
```

이 매크로들은 git 명령을 파라미터로 전달할 수 있도록 구성했고, 이 중에서도
git clone과 git pull의 경우 별도의 매크로로 정의해서 세부적인 옵션을 적용
할 수 있도록 하였다.

　이 매크로를 기반으로 다음과 같이 ANT 태스크를 실행시키면 원격 저장소에
서 로컬 저장소로 동기화, 컴파일과 패키징 작업을 수행하고 다시 원격 저장소
에 컴파일한 라이브러리를 반영한다. 소스 3-6에서는 1장의 GitHub 설명에서
사용한 GitHub 프로젝트를 원격 저장소로 사용했다.

소스 3-6 매크로를 이용한 Git 연동

```
<target name="gitpull">
    <git-pull branch="origin" head="+master" />
</target>
```

이처럼 ANT 매크로 기능과 Git 클라이언트를 연계해서 사용하면 어렵지 않게
Git과 연계해서 ANT를 사용할 수 있다.

　이 외에도 현재 ANT에서 Git을 호출하기 위한 라이브러리들이 제공되고 있
는데 대표적인 것이 Ant-Git Tasks 프로젝트이다.[4] 해당 웹페이지를 방문하면
GitHub를 통해 최신 소스 코드와 연관된 샘플 소스 코드 및 문서들 역시 확인할

4　*https://github.com/rimerosolutions/ant-git-tasks*에서 최신 소스 코드를 받을 수 있다.

수 있는데 이 프로젝트 자체가 이클립스의 JGit[5] API를 기반으로 하고 있어서 해당 API에서 제공하는 풍부한 Git 연동 기능을 활용할 수 있다. 덕분에 매크로 방식에 비해서 많은 기능들을 ANT 태스크 레벨에서 공유할 수 있다.

3.4.2 SVN 연계

ANT의 기본 배포판에서 공식적으로 제공하고 있는 형상 관리 연계 명령은 CVS가 유일하다. 나머지 형상 관리에 대해서는 별도의 ANT용 라이브러리를 이용하거나 해당 라이브러리가 없을 경우 형상 관리 명령어를 ANT에서 호출해서 사용해야 한다.

마찬가지로 서브버전도 라이브러리 방식 혹은 명령어 호출 방식을 써야 하는데, 라이브러리를 이용해서 SVN 태스크를 호출해서 사용하는 것이 일반적인 접근 방법이다. ANT를 위한 서브버전 라이브러리 중 가장 잘 알려져 있고 가장 많이 사용하는 것은 서브클립스(Subclipse)에서 제공하는 것이다.[6]

해당 웹페이지에 접속해 보면 서브버전의 버전에 따라 라이브러리가 다르게 제공되고 있는데 일반적으로 최신 버전의 라이브러리를 다운받으면 하위 버전의 서브버전에서도 정상적으로 동작한다. 이 책을 쓰는 시점의 최신 라이브러리 버전은 1.3이다.

라이브러리를 다운받으면 SVN을 사용할 수 있는 라이브러리와 샘플 build.xml, build.properties 파일을 확인할 수 있다.

다운로드한 다음에 해야 할 일은 SVN 태스크를 ANT가 인식할 수 있도록 해줘야 한다. 우선 자바 라이브러리를 ANT의 클래스 패스에 지정해주고 build.xml 파일에서 해당 태스크를 사용할 것임을 정의해야 한다.

소스 3-7은 라이브러리 위치를 지정한 것과 SVN 태스크를 선언하고 이를 활용한 예제이다.

소스 3-7 SVN 연계

```xml
<path id="svnant.classpath">
    <fileset dir="${lib.dir}">
        <include name="**/*.jar"/>
    </fileset>
</path>

<target name="checkout">
```

---

5 JGit(*https://eclipse.org/jgit*)은 자바 애플리케이션에서 Git과 인터페이스하기 위한 라이브러리이다.
6 *http://subclipse.tigris.org/svnant.html*

```
    <svn password="${svnant.repository.passwd}" username="${svnant.repository.
                                                                    user}">
        <checkout destPath="src_${svnant.version}" url="${svnant.this.url}"/>
    </svn>
</target>
```

위의 문장 중에서 <path> 태스크는 외부에서 정의한 ANT 태스크를 사용할 때 반드시 사용하는 문구로, 해당 태스크를 정의한 자바 라이브러리 파일의 위치를 의미한다.

다음으로 target 태스크를 보면 svn 태스크는 로그인을 위한 사용자 정보, 비밀번호를 설정하고 접속 후에 체크아웃할 SVN URL과 저장할 로컬 시스템의 디렉터리 위치를 지정하면 된다.

그 외에도 특정 버전 기준으로 다운로드하기 위한 리비전 속성도 제공하고 있다.

3.5 ANT를 이용한 빌드

3.5.1 컴파일

일반적으로 빌드 스크립트를 작성하는 가장 큰 목적은 컴파일을 손쉽게 하기 위한 것으로 ANT를 처음 공부하기 시작하는 개발자들의 첫 번째 관심사이다. ANT는 자바 소스 코드 컴파일을 위한 javac 태스크를 제공하며 사용 방법은 다음과 같다.

- ANT는 소스 코드로 .java 확장자만을 인식하며 컴파일 결과인 클래스 파일은 .class만을 인식한다. 그 외의 확장자는 ANT가 자바 소스 및 클래스로 인식하지 않는다.
- 패키지가 선언된 자바 코드는 반드시 패키지의 계층별로 디렉터리가 생성되어 있어야 한다. 패키지가 선언되어 있으나 디렉터리 구조가 다르면 ANT는 에러로 인식한다.

다음은 javac 태스크에서 사용할 수 있는 속성들이다. 그리고 javac 태스크는 파일 관련된 태스크 혹은 속성을 조합해서 사용할 수 있다. 또한 ANT가 자바 관련 빌드 도구이기 때문에 컴파일과 관련한 가장 많은 옵션을 제공하고 있다. 많은 옵션 중에서 가장 중요하고 많이 사용하는 것을 정리하면 표 3-5와 같다.

속성	내용
srcdir	반드시 필수로 설정해야 하는 속성으로 자바의 소스 코드 위치를 지정한다.
destdir	컴파일한 결과물인 클래스 파일이 저장될 위치를 지정한다.
includes	소스 코드 디렉터리에 있는 파일 중 포함시킬 파일을 지정하며 와일드 카드 문자(?, *)를 이용해 패턴화시킬 수 있다. 쉼표 혹은 스페이스 값으로 여러 개의 값을 지정할 수 있다.
includesfile	includes와 동일하다.
excludes	소스 코드 디렉터리에 있는 파일 중 포함시키지 않을 파일을 지정하며 와일드 카드 문자(?, *)를 이용해 패턴화해서 제외시킬 수 있다. 쉼표 혹은 스페이스 값으로 여러 개의 값을 지정할 수 있다.
excludesfile	excludes와 동일하다.
classpath	컴파일에 사용할 클래스 패스를 지정한다.
sourcepath	컴파일에 사용할 소스 코드가 위한 디렉터리 위치를 지정한다.
encoding	컴파일에 사용할 인코딩 값을 사용한다. 만일 특별히 지정하지 않으면 운영체제의 기본값을 사용한다.
debug	컴파일 시 상세한 정보를 출력시킨다. 주로 초기 개발 단계나 컴파일할 때 문제가 발생하면 이를 디버깅하기 위한 용도로 사용한다.
deprecation	컴파일 중 "deprecation" 된 API를 사용했을 때 경고 메시지를 출력할 수 있도록 한다.
target	컴파일할 클래스 파일의 버전을 지정할 수 있다. 만일 속성을 지정하지 않으면 현재 JDK 버전으로 컴파일하며 하위 버전을 지정할 수 있다.
verbose	컴파일에 대한 상세 정보를 출력한다.
fork	컴파일 시 별도의 자바 가상 머신을 실행시켜서 수행한다. 이 옵션을 적용하지 않으면 ANT가 실행된 자바 가상 머신 위에서 컴파일을 수행한다. 이때 컴파일해야 할 소스 코드가 많거나 참조하는 라이브러리가 많을 경우 OutOfMemory 에러가 날 수 있다.
memoryInitialSize	컴파일에 사용할 자바 가상 머신의 초기 힙 메모리 크기를 지정한다. 이 옵션은 fork 옵션과 병행해서 사용해야 제대로 적용된다.
memoryMaximumSize	컴파일에 사용할 자바 가상 머신의 최대 힙 메모리 크기를 지정한다. 이 옵션은 fork 옵션과 병행해서 사용해야 제대로 적용된다.
failonerror	이 옵션을 true로 지정하면 컴파일 에러가 발생했을 때 ANT 태스크가 실패했음을 알리고, 이 정보를 기반으로 빌드 작업이 실패했음을 알린다. 만일 false로 지정하면 컴파일 에러가 나도 해당 작업이 성공했다고 인식한다. 주로 컴파일 성공 여부와 관계 없이 후속 작업을 처리할 때 이 옵션을 많이 이용한다.
errorProperty	컴파일 에러가 발생했을 때 ANT의 특정 속성값에 실패값을 전달한다. 이 옵션에서는 ANT에서 사용할 속성값을 지정해 준다.
updateProperty	컴파일 작업의 성공/실패 정보를 주어진 ANT의 속성 정보에 업데이트한다.

표 3-5 ANT 컴파일 태스크 속성

표 3-5에서 정리한 컴파일 태스크의 속성을 처음부터 모두 사용할 가능성은 없지만, 스크립트 파일이 길어지고 다른 작업들과 상호 연관된 컴파일 작업이 늘어나면 이 속성 외에도 추가적으로 더 많은 내용을 응용하게 된다. 소스 3-8은 위의 속성을 이용하여 작성한, 가장 기본이 되는 소스 코드 컴파일 스크립트이다.

소스 3-8 ANT 컴파일 1

```
<target name="compile" depends="init" description="Compile Java code">
    <javac srcdir="src" destdir="build/classes" />
</target>
```

이 코드는 실질적으로 javac –d build/classes src/main과 같은 역할을 수행한다. 문제는 이렇게 간단하면 좋겠지만 사실 자바 컴파일에서는 더 많은 일이 추가되는데 대표적인 것이 클래스 패스를 추가하는 것이다. 자바에서 라이브러리 추가를 위해 전체 JAR 파일을 일일이 나열하는 것은 굉장히 고역이다. 하지만 다음과 같은 형식을 이용하면 매우 쉽게 처리할 수 있다(소스 3-9).

소스 3-9 ANT 컴파일 2

```
<target name="compile" depends="init" description="Compile Java code">
    <javac srcdir="src" destdir="build/classes">
        <classpath>
            <fileset dir="lib" includes="*.jar"/>
            <fileset dir="xxx" includes="*.jar"/>
        </classpath>
    </javac>
</target>
```

코드 3-9의 장점은 디렉터리 위치만 지정하면 디렉터리에 있는 모든 라이브러리를 클래스패스로 잡아서 컴파일되도록 한다는 점이다. 이외에도 사전에 라이브러리로 사용할 디렉터리 패스를 지정하고 이를 javac의 속성인 classpathref가 참조하도록 하는 방법도 있다(소스 3-10).

소스 3-10 ANT 컴파일 3

```
<target name="compile" depends="init" description="Compile Java code">
    <path id="compile.path">
        <fileset dir="lib" includes="*.jar"/>
        <fileset dir="xxx" includes="*.jar"/>
    </path>

    <javac srcdir="src" destdir="build/classes" classpathref="compile.path"/>
</target>
```

ANT 스크립트를 작성하다 보면 컴파일의 실행 여부, 컴파일 결과 정보를 데이
터베이스에 저장할 필요가 있다. 소스 3-11은 javac 태스크 전후에 **sql** 태스크를
이용해서 데이터베이스에 기록을 남긴 예제이다.

소스 3-11 ANT 컴파일 4

```
<target name="compile" depends="init" description="Compile Java code">
    <path id="compile.path">
        <fileset dir="lib" includes="*.jar"/>
        <fileset dir="xxx" includes="*.jar"/>
    </path>

    <sql driver="oracle.jdbc.OracleDriver"
        url="jdbc:thin:@remotehost:1521:BUILD" userid="userid" password="password">
        INSERT INTO BUILD_STATUS (...) VALUES (...)
    </sql>

    <javac srcdir="src" destdir="build/classes"
        classpathref="compile.path" errorProperty="compile.result"
        fork="true" failonerror="false" />

    <sql driver="oracle.jdbc.OracleDriver"
        url="jdbc:thin:@remotehost:1521:BUILD" userid="userid" password="password"
        INSERT INTO BUILD_STATUS (...) VALUES (..., ${compile.result})
    </sql>
</target>
```

소스 3-11은 javac 태그를 실행하기 전후에 sql 태그를 이용해서 데이터베이스
에 값을 입력한 예제이다. 특히 ${compile.result} 속성값을 이용해서 컴파일
결과를 데이터베이스에 입력할 수 있기 때문에 다른 도구와 연계해서 ANT를 사
용할 경우 그 결과를 쉽게 공유하고 확인할 수 있게 된다.

여기에서는 javac 태그에 추가적으로 다음 3가지 속성을 사용하였으며 이 속
성은 ANT를 이용해서 자바 컴파일할 때 자주 사용하므로 잘 기억해 두자.

- fork: 자바 컴파일도 자바 가상머신에서 이뤄지기 때문에 대량의 소스 코드를
  컴파일할 때 OutOfMemory 에러가 발생할 수 있다. fork 옵션을 true로 설정
  하면 javac가 ANT가 실행한 자바 가상 머신이 아닌 새로운 자바 가상 머신을
  실행시켜서 컴파일을 한다. 이때 각종 JVM과 관련된 힙 메모리 설정도 가능
  하다.
- failonerror: ANT는 태스크에서 에러가 발생하면 빌드 작업을 종료시키고
  그 내용을 로그에 남긴다. 이때 failonerror를 false로 하면 컴파일 에러가
  나더라도 ANT를 종료하지 않고 계속 진행시킨다. 이 옵션을 사용해야 뒤에
  오는 sql문 역시 정상적으로 동작할 수 있다.

- errorProperty: 컴파일 에러가 발생하면 errorProperty에 정의한 속성 변수에 값을 true로 설정하게 된다. 이를 통해 컴파일의 성공 여부를 다른 태스크에 전달할 수 있다.

ANT는 컴파일할 때 매우 다양한 속성과 옵션을 이용할 수 있으며 또한 다른 표준 ANT 태스크와 연동해서 사용할 수도 있다. 여기서는 일반적으로 사용하는 속성과 내용을 다루었는데 javac와 관련된 속성은 한번씩 다 테스트해 보고 어떻게 동작하는지 이해해 두는 것이 좋다.

3.5.2 패키징

조그마한 소프트웨어를 개발한다면 별도의 패키징이 필요 없을 수도 있지만 자바 소스 코드가 조금만 많아져도 컴파일된 클래스 파일을 별도의 패키징 없이 관리하기는 어렵다.

자바는 손쉬운 배포와 컴파일된 클래스 파일 관리를 위해서 JAR 명령어를 이용해서 패키징을 수행한다. 목적에 따라서 JAR의 확장자를 JAR, WAR, EAR 등으로 변경해서 사용한다.

패키징은 컴파일된 클래스 파일을 JAR 명령어로 묶어서 디렉터리에 저장하는 작업을 말하며 컴파일 단계보다 좀 더 쉽다.

앞서 설명한 ANT의 기본 스크립트 중 패키징과 관련된 내용은 소스 3-12와 같다.

소스 3-12 ANT 패키징 예 1

```
<target name="package" depends="compile" description="Generate JAR file">
    <jar destfile="dist/HelloWorld.jar" basedir="build/classes" />
</target>
```

소스 3-12는 jar -cf dist/HelloWorld.jar build/classes 명령으로 실행되며 가장 손쉬운 방법이다. 자바 애플리케이션을 만들 때는 jar를 쓰지만 웹 애플리케이션이나 엔터프라이즈 애플리케이션일 때는 WAR와 EAR 확장자로 만든다. 하지만 실제 명령어는 jar로 패키징을 한다. ANT에서는 <jar>, <war>, <ear>라는 별도의 태스크로 구분되어 있다.

jar 명령어를 이용할 때에는 특히 파일에 대한 관리가 중요한데 컴파일 태스크 때 알아본 것과 같이 <fileset> 태그를 이용하면 매우 편리하다. 위의 소스 코드를 소스 3-13과 같이 수정할 수 있다.

소스 3-13 ANT 패키징 예 2

```
<target name="package" depends="compile" description="Generate JAR file">
    <jar destfile="dist/HelloWorld.jar">
        <fileset dir="build/classes" />
        <fileset dir="xxx" />
        <fileset dir="yyy" />
    </jar>
</target>
```

특히 WAR나 EAR로 묶을 경우에는 자바 클래스 외에 XML 파일, 이미지, 동영상 등의 파일들을 같이 패키징해야 하고 이를 위해 좀 더 많은 fileset 태그를 정의해야 한다. 패키징 시에 고려해야 할 것들을 정리하면 다음과 같다.

- 버전 관리: 생성한 jar 파일의 파일명에 버전이나 날짜, 시간을 기록하는 기능을 구현하는 것이 좋다.
- 형상 관리 연동: jar 파일의 생성이 완료되면 이를 형상 관리 시스템에 체크인하는 것도 좋은 방법이다. jar 혹은 war, ear 단위로 배포되는 상황에서 형상 관리와 연동이 되면 애플리케이션이 배포된 이력을 관리할 수 있게 되고 문제 시 바로 이전 버전으로 롤백할 수 있는 환경을 마련할 수 있다.

3.5.3 배포

아직까지 스크립트를 이용해서 배포를 자동화하는 경우가 그리 많지 않고 또한 개발자 입장에서 이를 직접 경험해본 경우도 많지 않다. 하지만 스크립트를 통한 배포의 자동화는 매우 중요한 작업 중 하나이다.

최근 대부분의 개발 프로젝트가 웹 기반의 자바 프로젝트, 혹은 안드로이드 기반의 모바일 프로젝트이고 프로젝트는 다시 클라이언트용 애플리케이션과 서버용 애플리케이션으로 나눌 수 있다. 그리고 이를 다시 세분화하면 여러 분야로 나눌 수 있다. 이렇게 하나의 단위 소프트웨어를 여러 분야와 여러 영역으로 개발하기 때문에 배포의 자동화를 위한 스크립트 역시 점점 중요해지고 있고 또한 복잡해지고 있다.

이 책에서는 몇 가지 예를 통해 배포 방법에 대한 개념을 잡아볼 것이다. 소스 3-14는 톰캣에 배포하는 것이다. 일반적으로 톰캣은 톰캣 설치 디렉터리 하위에 있는 webapps 디렉터리에 war 파일을 복사하는 것으로 끝난다.

소스 3-14 ANT 배포 예 1

```xml
<property name="tomcat.install.dir"
    location="${user.home}/servers/tomcat/apache-tomcat-8.0" />

<target name="local.deploy" depends="package"
    description="Deploy to local Tomcat instance">
    <copy file="${dist.dir}/${project.name}-${project.version}.war"
        todir="${tomcat.install.dir}/webapps" />
</target>
```

위의 소스는 특정한 디렉터리로 패키징한 jar 혹은 war 파일을 복사하는 것으로 배포 작업이 완료된다.

 한 가지 고려할 사항은 패키징한 시점을 기록하기 위해 파일에 패키징한 날짜 및 시간을 표시하는 경우가 있는데(예: userservice_201508301830.war) 실제 배포 시에는 이 이름을 변경해서 복사할 필요가 있다. 이를 고려해서 ANT의 copy 태스크를 작성해야 한다.

규모가 큰 프로젝트는 서비스가 이루어지는 서버와 컴파일 및 배포가 이루어지는 서버가 별도로 분리되어 있는 경우가 많다. 이런 경우 단순히 파일 복사만으로는 해결이 되지 않고 원격 시스템에 FTP, SFTP 혹은 SCP와 같은 파일 전송 기술을 이용해서 전송해야 한다. 소스 3-15는 FTP를 이용해서 파일을 복사하는 예이다.

소스 3-15 ANT 배포 예 2

```xml
<property name="remote.tomcat.dir"
    location="${user.home}/servers/tomcat/apache-tomcat-5.5.23" />

<target name="remote.deploy" depends="package"
    description="Deploy to remote Tomcat instance">

    <ftp server="${ftp.server}" port="${ftp.port}"
        userid="${ftp.userid}" password="${ftp.password}"
        remotedir="${remote.tomcat.dir}">
        <fileset dir="${dist.dir}">
            <include name="${project.name}-${project.version}.war" />
        </fileset>
    </ftp>
</target>
```

ANT의 FTP 태스크는 굉장히 많은 옵션을 제공하고 있고 또한 ANT의 파일 및 디렉터리 관련 태그와 연관해서 다양하게 응용할 수 있다. 위의 소스 코드는 굉장히 단순한 형태이고 실제 프로젝트에서는 임시 영역에 FTP로 업로드하고 WAS나 미들웨어가 바라보는 배포 영역으로 이름을 변경해서 옮기는 작업을 하는 경우도 많다. 그러므로 그러한 옵션들을 고려해서 배포 스크립트를 작성해야 한다.

지금까지 톰캣을 기반으로 톰캣의 배포 영역에 WAR 파일을 복사하는 형태를 사용했지만 대부분의 미들웨어, 특히 자바 엔터프라이즈 에디션을 제공하는 WAS의 경우 ANT와 연계해서 배포할 수 있는 라이브러리를 제공한다. 여기서는 톰캣의 Deploy Manager를 이용해서 WAR 파일을 배포하는 스크립트를 설명하겠다. 톰캣에서 Deploy Manager를 이용하기 위해서는 사전에 톰캣에 Deployer 애플리케이션이 설치되어 있어야 한다.[7]

톰캣에서 제공하는 ANT 태스크는 TCD(Tomcat Client Deployer)라고 부르며 다음과 같은 기능들을 사용할 수 있다.

- compile: 여기서 말하는 컴파일은 자바 컴파일러가 아니라 JSP 컴파일러를 의미한다. JSP는 사용자로부터 요청이 오면 JSP를 자바 소스 코드로 변환하고 이를 컴파일한 후 서비스를 실행하는데, 이러한 작업을 최대한 빨리하기 위해 배포할 때 JSP 컴파일 작업을 수행하는 경우가 있다. 이 ANT 태스크를 이용해 JSP를 사전에 컴파일할 수 있으며 컴파일 시 JSP의 신택스 에러를 사전에 검증할 수 있다.
- deploy: 톰캣에 웹 애플리케이션을 배포할 때 사용한다.
- undeploy: 배포된 톰캣의 웹 애플리케이션을 제거할 때 사용한다.
- start: 톰캣을 실행시킨다.
- reload: 톰캣에 배포되어 있는 웹 애플리케이션을 재로딩한다. 톰캣 설정에 reloading 옵션이 false(대부분의 운영 환경에서는 reloading 옵션을 false로 할 것을 권장한다)로 되어 있는 경우 웹 애플리케이션을 배포한 후에 reload 명령을 이용해서 인식시켜야 한다. deploy 명령에는 파일을 복사하고 reload하는 작업이 포함되어 있어서 deploy 명령을 사용하면 reload 명령을 수행할 필요가 없다.
- stop: 톰캣을 중단시킨다.

웹 애플리게이션을 배포하는 방식은 매우 다양한데, 위의 6가지 기능을 조합해서 내부 정책에 맞게 작성해야 한다. 특히 TCD에 톰캣을 종료하고 실행하는 옵션이 있는 이유는 배포 후에 클래스로더를 초기화하기 위해 톰캣을 재시작하는 경우가 있는데 이에 대응하기 위한 기능이다.

---

7 이에 대한 설명은 톰캣 8.0 기준으로 *http://tomcat.apache.org/tomcat-8.0-doc/deployer-howto.html*에 설명되어 있으니 참조하자.

소스 3-16 ANT 배포 예 3

```
<taskdef name="start" classname="org.apache.catalina.ant.StartTask" />
<taskdef name="stop" classname="org.apache.catalina.ant.StopTask" />
<taskdef name="deploy" classname="org.apache.catalina.ant.DeployTask" />
<taskdef name="undeploy" classname="org.apache.catalina.ant.UndeployTask" />

<target name="stop" description="stop application in tomcat">
    <stop url="${tomcat-manager-url}" username="${tomcat-manager-username}"
        password="${tomcat-manager-password}" path="/${project-name}" />
</target>

<target name="start" description="start application in tomcat">
    <start url="${tomcat-manager-url}" username="${tomcat-manager-username}"
        password="${tomcat-manager-password}" path="/${project-name}" />
</target>

<target name="undeploy" description="undeploy from tomcat">
    <undeploy
        failonerror="no"
        url="${tomcat-manager-url}"
        username="${tomcat-manager-username}"
        password="${tomcat-manager-password}"
        path="/${project-name}"
    />
</target>

<target name="deploy" description="deploy to tomcat">
    <deploy
        url="${tomcat-manager-url}"
        username="${tomcat-manager-username}"
        password="${tomcat-manager-password}"
        path="/${project-name}"
        war="file:/workspace/${project-name}/${build-directory}/${war-file-name}"
    />
</target>
```

소스 3-16의 ANT 스크립트는 톰캣 기반으로 배포할 때 사용하는 가장 단순한 배포 명령이다. 필요에 따라 undeploy 후에 deploy하거나 앞서 설명한 war 파일을 톰캣의 webapps 디렉터리에 복사하고 TCS의 reload 명령을 실행시키는 방법도 있다. 또한 이 작업을 하기 위해서는 TCS 라이브러리를 ANT의 클래스 패스에 추가해야 한다. 추가해야 하는 라이브러리는 8.0 버전 기준으로 〈톰캣 홈〉/lib/catalina-ant.jar 파일이며 버전에 따라서 차이가 존재할 수 있다.

여기서 설명한 것은 톰캣에 한정되어 있지만 웹로직, 웹스피어, 제이보스 등 현재 많이 사용하는 대부분의 WAS들 역시 ANT를 통해 배포할 수 있는 라이브 러리를 제공하고 있으니 이를 기반으로 배포 스크립트를 작성할 수 있다.

3.5.4 빌드 파일 분리

앞서 설명한 ANT 빌드 파일들은 매우 간단하고 프로젝트에서 충분히 활용할 것 같지만 현실의 프로젝트는 그렇게 만만하지가 않다. 단순히 소스 코드를 형상 관리에서 다운로드하고 컴파일하고 패키징하고 배포하는 것만으로 끝나지 않기 때문이다. 수많은 조건이 붙고 IF ELSE와 같은 구문을 빌드 스크립트에 반영해야 하며 빌드의 시작과 끝의 결과를 데이터베이스화해서 화면에서 이를 쉽게 모니터링하고 감지할 수 있도록 관리 화면과 연계해야 할 때도 있다.[8]

이렇게 만든 작업을 하나하나 추가하다 보면 ANT 빌드 파일은 그 누구도 해석하고 이해할 수 없는 스크립트가 된다. 그래서 처음 빌드 파일을 생성할 때 하나의 빌드 파일에 모든 것을 넣는 것이 아니라 각 단계별로 분리해서 관리하는 것이 좋다.

필자의 경우 ANT 파일을 만들 때 다음과 같은 기준을 세워서 파일 분리 작업을 한다.

- 공통적으로 많이 사용하는 태스크 및 속성은 별도 파일로 분리한다.
- 전체 빌드 프로세스와 빌드 프로세스 내의 상세 작업은 별도 파일로 분리해서 대표 빌드 파일을 보고 빌드 프로세스의 전체적인 흐름을 이해할 수 있도록 한다.

이 중에서 두 번째 항목인 전체 빌드 프로세스와 빌드 프로세스의 상세 내용의 분리가 중요하다. ANT를 비판하는 사람들이 공통적으로 지적하는 것이 스크립트가 복잡해지면 그 내용 파악이 매우 어려워진다는 것인데, 다음과 같은 형태로 파일을 분리하면 가독성이 높아진다.

그림 3-4와 같이 전체적인 흐름과 내용은 build.xml 파일을 보고, 이에 대한 상세 구현은 build_impl.xml 파일을 통해 확인하며, 공통적으로 많이 사용하는 디렉터리 정보, 파일 처리 등에 대한 내용은 공통 기능을 포함하고 있는 build_common.xml에 관리하면 ANT의 가독성을 높일 수 있다. 이러한 기능을 구현하기 위해서 빌드 파일에서 다른 빌드 파일을 호출하거나 포함시킬 수 있어야 하는 데 ANT에서는 import와 include 2가지 방법이 제공되고 있다. 여기서는 import 방식에 대해서만 알아보겠다.

---

8 ANT가 빌드 도구의 자리를 서서히 내주고 있는 이유 중 하나가 수많은 조건을 분기하고 처리할 때 XML 태그를 사용함으로 빌드 스크립트가 복잡해지고 가독성이 떨어지기 때문이다.

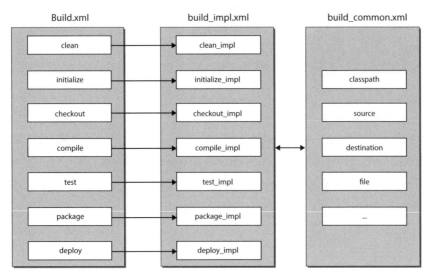

그림 **3-4** ANT 빌드 파일 분리

> ### 💡 import와 include의 차이점
>
> import: ANT XML 파일을 호출해서 사용한다.
>
> include: ANT XML 파일의 내용을 현재 위치에 포함시켜서 사용한다.

소스 3-17 **import_main.xml**

```xml
<project default="test">
  <target name="setUp">
    <property name="prop" value="in importing"/>
  </target>

  <import file="./import_sub.xml" as="nested"/>

  <target name="test" depends="nested.echo"/>
</project>
```

소스 3-17에는 ANT 빌드 스크립트에서 다른 ANT 빌드 스크립트를 포함시키는 문장이 있다.

target으로는 setUp과 test가 있는데 test가 실행되기 전에 선행 target은 nested.echo로, import 문장으로 불러오는 ANT 스크립트에 정의되어 있다.

소스 3-18 **import_sub.xml**

```xml
<project>
  <target name="setUp">
    <property name="prop" value="in nested"/>
  </target>
```

```
  <target name="echo" depends="setUp">
    <echo>prop has the value ${prop}</echo>
  </target>
</project>
```

호출되는 ANT 스크립트에는 echo와 setUp이 있는데 이 중 import_main의 test 타깃에서 선행 타깃으로 호출하고 있으며 echo는 다시 선행 타깃으로 setUp을 호출한다.

이 2개의 소스 코드에서 주의 깊게 볼 부분은 setUp 타깃은 2개의 파일에 중복되어 있고 타깃 간의 depends 속성은 상호 참조하고 있다는 점이다. 이제 이 스크립트를 실행시켜 보면 그림 3-5와 같은 결과가 나온다. 이 결과를 통해 유추할 수 있는 것은 동일한 이름의 타깃이 존재할 경우 타깃이 어디에서 호출되건 상관없이 상위 호출한 빌드 프로세스가 우선이라는 점이다.

```
ykchang@javatools: ~/ant
ykchang@javatools:~/ant$ ant -f import_main.xml test
Buildfile: /home/ykchang/ant/import_main.xml

setUp:

nested.echo:
     [echo] prop has the value in importing

test:

BUILD SUCCESSFUL
Total time: 0 seconds
ykchang@javatools:~/ant$
```

그림 3-5 ANT 파일 분리 실행 결과

이러한 점을 염두에 두고 빌드 파일을 분리하고 공통화하여 작성하는 것이 좋다. 빌드 파일을 프로세스 순서와 구현체로 분리하기 위해서는 타깃에서 다른 타깃을 호출해야 하는 경우가 빈번히 생긴다. 소스 3-19는 이러한 구성을 위한 예제다.

소스 3-19 main_process.xml

```
<project default="deploy">
    <import file="./sub_process.xml" />

    <target name="clean">
        <echo>"Start clean task"</echo>
        <antcall target="clean_impl"></antcall>
        <echo>"Finish clean task"</echo>
    </target>

    <target name="initialize" depends="clean">
```

```
        <echo>"Start initialize task"</echo>
        <antcall target="initialize_impl"></antcall>
        <echo>"Finish initialize task"</echo>
    </target>

    <target name="checkout" depends="initialize">
        <echo>"Start checkout task"</echo>
        <antcall target="checkout_impl"></antcall>
        <echo>"Finish checkout task"</echo>
    </target>

    ...
</project>
```

위의 메인 소스 코드를 보면 서브 빌드 스크립트를 포함시킨 import 문장과 타 깃에서 다른 타깃을 호출하는 antcall 태스크가 핵심이다. 이 2가지만 응용해도 충분히 빌드 스크립트를 분리해서 가독성을 높일 수 있다.

호출받는 sub_process.xml 및 실행 결과는 생략하겠다. 지금까지 배운 컴파 일 및 패키징, 배포 등의 기능을 충분히 활용하면 스크립트를 어렵지 않게 만들 어낼 수 있을 것이다. 실행 결과 역시 그동안 작업한 것과 크게 다르지 않다.

3.6 커스텀 태스크 정의

ANT는 자체 태스크와 확장 라이브러리를 통해 이미 충분한 기능을 제공하고 있 다. 많은 소프트웨어 개발 업체에서 충분한 커스텀 라이브러리를 제공하고 있지 만, 특화된 배포 프로세스와 요건을 충족시키기 위해서 커스텀 태스크를 만들어 야 하는 경우가 있다. 빌드 프로세스를 만드는 개발자뿐만 아니라 소프트웨어 개발자들 역시 ANT와의 연계성을 제공하기 위하여 커스텀 라이브러리를 만들 어서 고객에게 제공해야 할 필요가 생기기도 한다.

이제부터 ANT의 커스텀 라이브러리를 개발하고 사용하는 방법에 대해서 알 아보겠다. 자신만의 태스크를 만드는 것은 그리 어렵지 않고 자바 프로그래밍만 가능하다면 쉽게 구현할 수 있다. ANT에서 개발자가 직접 확장하여 커스텀 기 능을 구현할 수 있는 클래스는 Task, AbstractCvsTask, JDBCTask, MatchingTask, Pack, Unpack, DispatchTask 등이 있지만 가장 일반적인 것은 Task이고 이를 확 장해서 원하는 기능을 구현하면 된다.

커스텀 태스크를 작성하거나 설계할 때 고려해야 할 순서는 다음과 같다.

- 모든 ANT 태스크는 반드시 ANT에서 제공하는 org.apache.tools.ant.Task 클래스를 상속받아야 한다. Task 클래스는 ANT_HOME/lib 디렉터리에 있는

ant.jar 파일에 포함되어 있으며 해당 파일을 클래스 패스에 추가해야 한다.

- 속성을 정의할 수 있으며 반드시 getter/setter 메서드가 정의되어 있어야 한다. 속성이 필요 없다면 구현하지 않아도 된다.

- 태스크 안에 서브 태스크를 정의하기 위해서는 org.apache.tools.ant. TaskContainer 인터페이스를 구현해야 한다. 그렇지 않으면 해당 태스크는 서브 태스크를 가질 수 없다.

- 태스크의 시작 태그와 종료 태그 사이에 텍스트 문장을 기록하고 이를 사용하길 원한다면 public void addText(String) 메서드를 구현해야 한다.

- 최종적으로 execute 메서드에 원하는 기능을 구현한다. 이 메서드로는 파라미터를 받을 수 없으며 오류 발생 시 BuildException을 생성해서 리턴해야 한다.

우선 간단한 태스크를 만들고 이를 ANT 빌드 파일에 적용해서 실행시켜 보자. 소스 3-20은 자바 소스 코드로 속성 정보와 시작 태그와 종료 태그 사이에 있는 문자열을 조합해서 명령창에 출력하는 것이다.

소스 3-20 커스텀 자바 코드

```
package com.javatools.ant;

import java.text.SimpleDateFormat;
import java.util.Date;

import org.apache.tools.ant.Task;

public class HelloTask extends Task {
    private String dateformat = "yyyy-MM-dd HH:mm:ss"; // default format
    private String echoMessage = "";

    public String getDateformat() {
        return dateformat;
    }

    public void setDateformat(String dateformat) {
        this.dateformat = dateformat;
    }

    public void addText(String echoMessage) {
        this.echoMessage = echoMessage;
    }

    public void execute() {
        SimpleDateFormat printFormat = new SimpleDateFormat(dateformat);
        System.out.println(printFormat.format(new Date()) + " -> " + echoMessage);
    }
}
```

위의 소스 코드는 ANT 태스크를 신규로 정의한 것이며 속성은 dateformat 한 가지이다. 참고로 ANT의 명명 규칙은 모든 속성명을 소문자로 하는 것이 일반적이다. 반드시 지킬 필요는 없지만 대부분의 ANT 표준 태스크의 속성 명칭들이 모두 소문자로 되어 있다. 그러므로 이 소스 코드에서 사용한 속성인 dateformat 역시 ANT의 명명 규칙을 따른 것이다.

이 태스크를 호출할 ANT 빌드 스크립트의 예는 소스 3-21과 같다.

소스 3-21 커스텀 자바 코드

```xml
<?xml version="1.0"?>

<project name="CustomTask" default="main" basedir=".">

    <!-- Custom Task 정보 정의 -->
    <taskdef name="mytask" classname="com.javatools.ant.HelloTask" classpath="./bin"/>

    <target name="main">
        <mytask dateformat="YYYY.MM.DD">Hello World!!!</mytask>
    </target>
</project>
```

외부 클래스 혹은 라이브러리를 불러와서 ANT 태스크로 사용하기 위해서는 taskdef 태그를 이용해서 ANT에 내용을 알려줘야 한다. 간단하게 태스크명과 클래스명 그리고 클래스가 위치하는 클래스 패스 정보를 지정하면 된다.

그리고 taskdef에서 지정한 name 속성으로 앞서 작성한 커스텀 태스크를 호출하면 된다. 여기서는 taskdef에서 mytask로 정의하였기 때문에 mytask 태스크를 호출하면 된다.

작성한 ANT 태스크를 실행시켜 보면 빌드 스크립트에 정의한 시간 표시 포맷에 맞게 태그의 시작과 끝 사이에 있는 문자열이 출력되는 것을 확인할 수 있다 (그림 3-6).

```
ykchang@javatools: ~/ant
ykchang@javatools:~/ant$ ant -f custom_task.xml
Buildfile: /home/ykchang/ant/custom_task.xml

main:
   [mytask] 2015.10.24 22:50:07 -> Hello World!!!

BUILD SUCCESSFUL
Total time: 0 seconds
ykchang@javatools:~/ant$
```

그림 3-6 ANT 커스텀 태스크 실행 결과

커스텀 태스크를 정의해서 사용하는 것은 여기서 살펴본 예제보다 훨씬 다양한 경우와 많은 기능이 있다. 대표적으로 하위 태그를 정의하거나 다른 태그와 연동시키는 정의를 할 수 있으며, 이를 통해 원하는 기능의 태스크를 정의하고 활용할 수 있다.

3.7 그 외 유용한 ANT 기능

앞서 사용자 정의된 ANT 태스크를 작성하는 방법에 대해서 알아봤다. ANT는 태스크 정의뿐만 아니라 추가적으로 개발자가 편리하게 확장할 수 있는 기능들을 제공하는데, 크게 다음과 같은 내용들이 빌드 프로세스 작성 시 유용하게 사용된다.

- 빌드 프로세스 리스너: 빌드 실행 상태 모니터링 및 이벤트 처리
- 입력값 처리: ANT 실행 시 명령행을 통해 값을 입력받을 수 있는 기능 구현
- 프로젝트 헬퍼 재정의: 프로젝트 헬퍼는 ANT 빌드 파일을 파싱하고 자바 가상 머신을 실행시켜서 ANT를 실행할 수 있도록 해주는 기능으로, 수정하는 일은 많지 않다.
- 명령행 플러그인: ArgumentProcessor를 이용해서 명령행에서 입력하는 항목 및 속성 등의 값을 파싱해서 해석하는 기능을 구현하며 수정하는 일은 많지 않다.
- ANT 소스 코드 변경: ANT는 소스 코드가 오픈되어 있고 컴파일 및 패키징도 개발자가 직접 할 수 있다. ANT에 기본 정의되어 있는 태스크를 개발자가 변경해서 사용할 수 있다.

이번 절에서는 빌드 프로세스 리스너 기능과 입력값 처리 기능에 대해서 알아볼 것이다. 나머지 경우는 실제로 잘 사용하지 않으므로 설명은 생략한다.

3.7.1 빌드 이벤트

빌드 프로세스와 같이 어떤 순서와 순서가 서로 얽혀서 진행되는 경우 전처리와 후처리에 대한 이벤트를 관리해야 하는 요구사항이 발생한다. 그리고 이러한 기능을 이해하고 있으면 향후 프로세스를 설계하고 만들어낼 때 다양하게 응용해서 활용할 수 있다.

　ANT의 빌드 이벤트를 처리하는 방법은 ANT에서 제공하고 있는 리스너와 연

관이 있다. ANT에서는 이벤트 관련 기본 리스너를 제공하고 있는데, 주로 ANT 의 진행 상태에 따라 로그를 남기는 기능으로 모두 리스너 기능을 확장해서 구 현한 것이다. 그 내용은 표 3-6과 같다.

클래스 명	설명	유형
org.apache.tools.ant.DefaultLogger	기본 로거를 특별히 지정하지 않으면 기본으로 지정된다.	BuildLogger
org.apache.tools.ant.NoBannerLogger	출력이 없는 타깃의 경우 로그에 남기지 않고 생략한다.	BuildLogger
org.apache.tools.ant.listener.MailLogger	DefaultLogger를 확장한 것으로 로그가 출력되는 것은 동일하지만 빌드 작업이 끝났을 때 이메일로 알림을 할 수 있다.	BuildLogger
org.apache.tools.ant.listener.AnsiColorLogger	빌드의 결과물에 색상을 입혀서 출력할 수 있다. 당연히 터미널이 색상을 표시할 수 있어야 한다.	BuildLogger
org.apache.tools.ant.listener.Log4jListener	Log4j를 이용해서 이벤트 로깅을 수행한다.	BuildListener
org.apache.tools.ant.XmlLogger	빌드와 관련된 정보를 XML 파일에 저장한다. 향후 XML 파싱을 통해서 분석하는 데 활용할 수 있다.	BuildLogger
org.apache.tools.ant.TimestampedLogger	빌드가 종료된 시점의 시간을 출력한다.	BuildLogger
org.apache.tools.ant.listener.BigProjectLogger	모든 타깃이 실행될 때마다 프로젝트의 이름을 출력한다.	BuildLogger
org.apache.tools.ant.listener.SimpleBigProjectLogger	서브 프로젝트 실행 시 프로젝트 명을 출력한다. 그렇지 않을 경우 NoBannerLogger처럼 로그를 출력한다.	BuildLogger
org.apache.tools.ant.listener.ProfileLogger	모든 태스크와 타깃이 실행되는 동안 시작 시간, 종료 시간을 DefaultLogger에 추가적으로 출력한다. 타깃과 태스크가 정확히 실행된 시간과 소요된 시간을 얻기 원할 때 사용한다.	BuildLogger

표 3-6 ANT 기본 리스너

사용법은 매우 간단해서 ANT 시작 시 -logger 옵션에 원하는 클래스명을 패키 지명과 함께 지정하면 된다.

기본으로 제공하는 빌드 이벤트 리스너들은 주로 이벤트가 발생했을 때 이를 로그에 남기는 역할로 사용한다. 개발자가 직접 원하는 리스너들을 구현해서 프 로젝트에 활용할 수도 있으며 로그를 남기는 것뿐만 아니라 특정한 이벤트에 따 라 전처리와 후처리를 할 수 있도록 구현할 수 있다.

3.7.2 입력값 처리

입력값 처리 기능은 ANT 스크립트를 실행시킨 명령행으로부터 값을 입력받아 후속 작업을 수행하기 위한 기능이다. 비밀번호 입력 등 스크립트 파일 내부에 암호화하지 않고 저장해 두기 어려운 정보를 얻는 용도로 사용한다. 또한 소프트웨어 혹은 패키지를 개발하는 개발자들은 다양한 융통성과 확장성을 고려해서 ANT 스크립트를 소프트웨어 내부적으로 포함시키는 경우도 많은데 이 때 사용자로부터 값과 정보를 얻어서 실행되도록 기능을 구현할 때 사용한다.

이러한 입력값 처리를 위해서는 org.apache.tools.ant.input.InputHandler 인터페이스를 이용해야 하며 파라미터로 InputRequest 클래스를 전달해야 한다. ANT에서는 이미 4개의 기본 InputHandler 구현체를 제공하고 있으며 그 내용은 다음과 같다.

- DefaultInputHandler: 명령행으로부터 값을 입력받을 때 사용하며 사용자가 엔터 키를 누를 때까지 진행이 정지된다.
- PropertyFileInputHandle: 속성 정보가 정의된 파일을 읽어들여서 ANT 빌드 프로세스를 실행시킬 때 사용한다.
- GreedyInputHandler: DefaultInputHandler와 유사하지만 ANT의 모든 입력 값을 운영체제의 파이프로 전달할 수 있다. ANT 1.7.1 버전 이후부터 지원된다.
- SecureInputHandler: 명령행으로부터 비밀번호를 입력받는 데 사용하며 ANT 1.7.1 버전 이상과 JDK 1.6 버전 이상이 필요하다.

InputHandler에서 실질적인 입력을 처리하지만 입력된 값 자체는 InputRequest 객체가 담고 있다. 그리고 이 객체를 InputHandler의 handleInput 메서드의 파라미터로 전달해야 한다.

그럼 예제를 통해 InputHandler를 어떻게 처리해야 하는지 알아보도록 하자.

소스 3-22 Input Handler 예제

```xml
<?xml version="1.0"?>

<project name="input-test" basedir="." default="input">
  <target name="accept">
    <input message="Do you want to enter your name?"
        validargs="y,n" addproperty="accept" />
  </target>

  <target name="input" depends="accept">
```

```
    <input message="Please enter your name : "
        addproperty="name" />
  </target>
</project>
```

소스 3-22는 ANT에서 기본 제공하는 input 태스크로 message 속성은 명령행에 표시되는 내용이고 addproperty 속성은 입력된 값을 저장하는 속성 정보이다. 여기에 특별히 입력값에 대한 유효성을 확인하고 싶다면 validargs 항목에 유효한 값을 쉼표로 나누어서 입력하면 된다.

위의 코드를 실행시키면 그림 3-7과 같은 결과가 나타나며 ANT가 실행되는 동안 값을 입력할 수 있다.

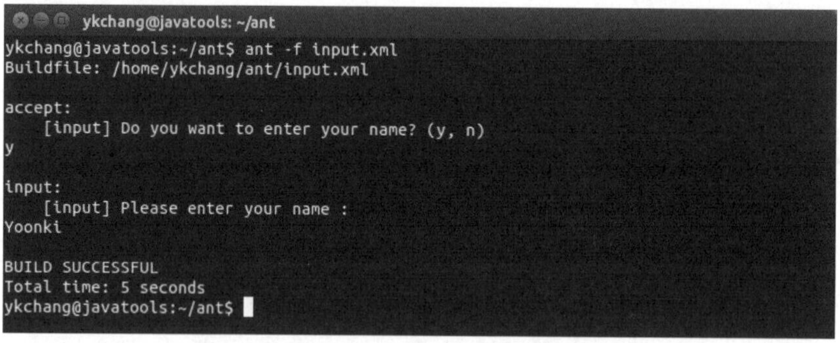

```
ykchang@javatools: ~/ant
ykchang@javatools:~/ant$ ant -f input.xml
Buildfile: /home/ykchang/ant/input.xml

accept:
    [input] Do you want to enter your name? (y, n)
y

input:
    [input] Please enter your name :
Yoonki

BUILD SUCCESSFUL
Total time: 5 seconds
ykchang@javatools:~/ant$
```

그림 3-7 ANT INPUT 예제 실행 결과

대부분의 경우 ANT에서 제공하는 기본 input 태스크만으로도 충분히 원하는 내용을 처리할 수 있다. 한 가지 주의할 점은 일부 통합 개발 도구에서 input 기능을 사용할 때 실행이 멈추는 경우가 있는데, 이클립스는 ANT 플러그인에서 실행시키면 팝업 창이 나오면서 값을 입력할 수 있다(그림 3-8).

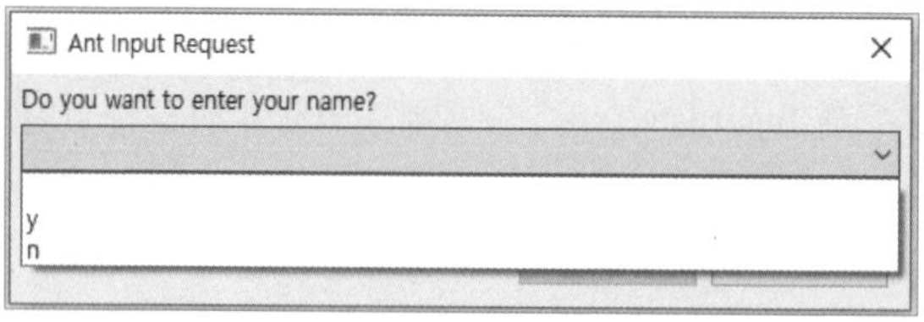

```
Ant Input Request                                    ×
Do you want to enter your name?

                                                    ∨

y
n
```

그림 3-8 이클립스 ANT 플러그인에서 INPUT 처리

이때 서버에서 사람의 개입 없이 스크립트가 실행되어야 한다면 절대 입력값 처리를 해서는 안 된다.

3.8 요약

ANT는 매우 강력하고 많은 기능을 제공하며 자바 개발자가 손쉽게 확장할 수 있는 기능을 추가적으로 제공해서 복잡한 빌드 프로세스를 만들고 관리해야 하는 개발자에게 매우 유연한 기능을 제공한다. 특히 필자가 ANT를 좋아하는 이유는 ANT의 파일과 디렉터리 관련 작업이 매우 훌륭하고, XML 빌드 스크립트 형태가 아니라 자바에서 직접 ANT 라이브러리의 API를 이용해서 호출이 가능하기 때문이다. 필자는 해당 기능이 필요할 경우 ANT 라이브러리를 직접 호출해서 주로 작업하며 지금까지 만족스럽게 사용하고 있다.

하지만 ANT를 사용함에 있어 현실적으로 발생하는 문제가 있다.

- ANT의 어려운 사용법과 다소 복잡한 구문으로 인해 ANT 스크립트를 다른 개발자가 이해하기 어렵고 유지·관리가 힘들어지는 경향이 있다.
- ANT는 라이브러리 관리 기능이 제공되지 않기 때문에 반드시 형상 관리와 연동해서 처리하거나 개발자 스스로 라이브러리에 대한 관리를 철저히 해야 한다.
- ANT에는 자바 빌드 프로세스가 사전에 정의되어 있지 않기 때문에 동일한 작업이나 프로젝트를 수행할 때마다 반복적으로 작성하고 테스트해야 하는 번거로움이 있다.

필자는 ANT 사용을 굉장히 선호하며 개발자의 의도에 따라 확장하고 추가, 수정할 수 있는 뛰어난 기능이 너무나 좋다. 또한 수많은 연관 소프트웨어들 중에서 아직까지 ANT를 지원하지 않는 경우를 보지 못했을 정도로 연계성 역시 뛰어나다. 하지만 이러한 장점과 뛰어난 기능에도 불구하고 ANT에 대한 선호도가 점점 떨어지고 있는데 그 이유는 ANT의 복잡성 때문이다. 그래서 최근 대다수의 개발 프로젝트는 ANT보다는 메이븐을 기반으로 하고 있으며, 경우에 따라 그레이들로 넘어가는 것을 볼 수 있다.

비록 처음 세상에 나온 시기의 기능에서 큰 변화 없이 계속 세부적인 기능 추가와 버전업만 이루어지고 있고 많은 사람들의 관심에서 점점 벗어나고 있지만 ANT의 확장성과 자유로움, 그리고 수많은 도구와의 연계성은 무시할 수 없기 때문에 ANT를 이용하고 활용하는 방법을 숙지할 필요가 있다.

4장

메이븐을 이용한 빌드

4.1 들어가며

메이븐은 ANT의 복잡성과 반복적으로 작성해야 하는 문제점을 해소하기 위한 대안으로 부각되었다. 특히 라이브러리 관리 측면에서 많은 지지를 받아서 현재는 자바 기반 프로젝트에서 표준 빌드 도구로 많이 사용하고 있다. 또한 메이븐은 오픈 소스이자 무료 소프트웨어로 자유롭게 사용할 수 있고 사용법 역시 ANT에 비해 간단하다. 또한 자바 프로젝트를 위한 기본 빌드 기능들이 내장되어 있어서 쉽게 사용할 수 있다.

이 책에서 다루고 있는 빌드 도구인 ANT, 메이븐 그리고 그레이들 중에서 현재메이븐이 빌드 도구로 많이 가장 사용되고 선호도가 높다. 수많은 자바 개발 프로젝트가 메이븐 기반으로 이루어지고 있으며 많은 개발자들이 메이븐에 익숙하기 때문에 프로젝트에서 선호도가 높다.

이번 장에서는 다음 순서에 맞춰 메이븐에 대한 기본 구조부터 실제 프로젝트 적용 시에 고려할 내용까지 정리해볼 것이다.

- 메이븐의 기초
- 의존성 관리
- 메이븐을 이용한 빌드
- 넥서스를 이용한 저장소 관리
- 다른 도구와 연계
- 메이븐 플러그인

위의 내용 중 쉽게 생략하고 간과할 수 있는 부분이 넥서스와 같은 소프트웨어를 이용해서 사내 저장소를 만들어서 관리하는 내용인데, 프로젝트 실무에서는 굉장히 많이 사용되는 기능이므로 잘 알아두는 것이 좋다.

이번 장은 메이븐의 공식 홈페이지인 *http://maven.apache.org/index.html*을 참조했으며, 이 단원에서 설명하지 않은 내용들은 해당 홈페이지에 접속하면 좀 더 상세한 내용을 확인할 수 있다.

4.2 메이븐 기본 구조 이해하기

ANT에 익숙한 개발자는 메이븐을 처음 접하게 되면 굉장히 당황스러워 한다. 메이븐은 거의 대부분의 개발 프로세스가 이미 내부적으로 정의되어 있어서 빌드 스크립트에 명시적으로 표현되어 있지 않기 때문이다. 다소 당황스러울 수는 있지만 메이븐이 가지는 장점이 바로, 정형화된 기능을 사전에 내포하고 있고 그 정형화된 기능에 맞춰 프로젝트 구조를 정의하고 활용할 수 있으며, 무엇보다 이러한 반복 작업을 최소화할 수 있는 것이다.

또한 정형화된 구조 외에 메이븐이 지지를 받고 인기를 얻게 된 이유는 바로 메이븐을 이용해서 라이브러리를 관리할 수 있어서 개발자가 별도로 라이브러리를 관리하지 않아도 된다는 점이다. 특히 오픈 소스 라이브러리를 많이 사용하고 스프링 같은 자바 프레임워크를 사용하면 라이브러리 간의 의존 관계가 매우 복잡해지는데 이를 개발자 스스로 관리하는 것은 무척이나 어려운 일이기 때문이다.

이러한 장점 때문에 최근의 프로젝트는 거의 대부분 메이븐을 기반으로 하고 있으며 규모가 작고 라이브러리 의존도가 적은 프로젝트일지라도 처음부터 메이븐을 기반으로 정의해서 진행하는 경향이 있다.

이렇게 많은 자바 개발자들에게 보편적으로 사용되고 있는 개발 도구라서 개발자들이 그 개념이나 기초에 대해 잘 이해하고 있는 편이다. 하지만 대부분 한두 명의 개발자들이 만들어 놓은 표준 포맷과 내용을 그대로 사용하고 있는 경우가 많아 메이븐을 깊이 있게 활용하지 못하고 있다.

이번 절에서는 메이븐의 설치와 기본 구조에 대해서 알아보고 이를 통해 메이븐을 활용하고 확장해 나갈 수 있는 토대를 마련하도록 하자.

4.2.1 메이븐 설치와 환경 설정

메이븐은 순수 자바 언어로 개발된 소프트웨어이기 때문에 운영체제나 환경과 관계 없이 JDK가 설치되어 있기만 하면 된다. 이 책에서는 메이븐 3.3.3 버전을 사용할 것이다. 필요한 최소 JDK 버전은 1.7 이상으로, 다른 자바 관련 유틸리티 소프트웨어보다 다소 높은 JDK 버전을 요구하고 있다.

설치 파일은 *http://maven.apache.org/download.cgi*에서 다운받을 수 있으며 최신 버전뿐만 아니라 이전 버전들 역시 다운받을 수 있다. 설치 작업은 매우 쉬워서 파일을 다운받은 후에 압축을 해제하기만 하면 된다.

필자가 사용하는 리눅스 PC(우분투)를 기준으로 다음 명령을 이용해서 /system/tools/apache-maven-3.3.3에 압축을 해제했다. 각자 자신의 PC 환경 혹은 서버환경에 맞게 내용을 변경해서 압축을 해제하면 된다.

```
unzip apache-maven-3.3.3-bin.zip -d /system/tools
```

다음으로 시스템의 환경 변수에 메이븐과 관련된 정보를 추가해야 한다. 메이븐 홈 디렉터리에 대한 환경 변수 명명 규칙으로 특별히 정해진 것은 없지만, 관습적으로 M2_HOME이라고 한다. 필자의 리눅스 PC 기준으로 /system/tools/apache-maven-3.3.3에 압축을 해제하였으며 환경 설정은 필자의 PC 기준으로 다음과 같다.

```
export M2_HOME=/system/tools/apache-maven-3.3.3
export PATH=$M2_HOME/bin:$PATH
```

윈도우의 경우 [제어판]-[시스템]-[고급 시스템 설정]으로 들어가서 [고급] 탭의 [환경변수]에서 M2_HOME을 추가하고 기존 PATH 정보에 M2_HOME을 추가해주면 된다. 설정을 추가하고 mvn -version 혹은 mvn -v 명령을 실행하여 다음 화면과 같은 결과가 나오면 정상적으로 설치가 완료된 것이다(그림 4-1).

메이븐은 명령행 기반의 도구이기 때문에 압축을 해제하고 운영체제의 환경 변수에 설정값을 반영하면 모든 것이 끝난다. 물론 세부적인 옵션을 적용하고 특별한 기능들을 반영하기 위해서는 추가적인 설정 작업이 필요하지만 여기서는 설명을 생략하고 이 책을 계속 진행하면서 추가적으로 알아보겠다.

그림 4-1 메이븐 실행 화면

파일 압축 해제를 통해 설치하는 방법 외에도 데비안 계열의 리눅스 배포판은 apt-get 명령을, 레드햇 계열은 yum 명령을 이용해서 설치할 수도 있다. 예를 들어 우분투를 사용한다면 다음 명령을 통해 연관된 라이브러리까지 모두 쉽게 설치할 수 있다.

```
sudo apt-get install maven
```

4.2.2 메이븐의 이해

메이븐은 아파치 재단에서 관리하고 있는 메이저 프로젝트 중 하나이며 자바 기반의 빌드 도구이다. 많은 개발자들에게 빌드 도구로만 알려져 있지만 플러그인을 설치하면 리포팅과 문서화, 그리고 각종 테스트와 검사를 수행할 수 있는, 확장 가능한 구조를 가지고 있다. 이와 같은 기능의 확장과 추가가 특별한 코딩이나 개발을 통해서 이루어지는 것이 아니라 메이븐 설정 파일인 pom.xml 파일 하나만 변경하면 된다.

메이븐의 장점은 빌드 관리를 특정한 스크립트나 문법을 사용해서 정의하는 것이 아니라 pom.xml에 원하는 기능을 선언하고 연관 기능을 매핑하고 구조를 정의한다는 점이다. 이러한 특징 때문에 ANT에 익숙한 개발자는 오히려 처음에 적응하기가 더 어려운 부분이 있다. 그러므로 메이븐을 사용하기 전에 가장 먼저 이해해야 하는 것은 메이븐의 구조와 메이븐에서 추구하는 개념이다.

우선 메이븐 기반의 프로젝트를 생성한 후 어떠한 프로젝트 구조를 가지고 있는지 알아보기 위해 다음 명령을 실행시켜 보자.

```
mvn archetype:generate
```

이전에 위의 명령을 실행한 적이 없다면 메이븐 중앙 저장소에서 라이브러리의 다운로드가 진행된다. 그리고 다운로드가 완료되면 숫자와 이름 목록이 나타나

는데 이것이 archetype 목록이다(그림 4-2). 메이븐 버전과 설정에 따라 다르지
만 필자의 환경 기준으로 1468개가 있다.

```
● ● ●   ykchang@javatools: ~/projects
*Some Scala versions may not be compatible with selected test library versions. Adjust as necessary.)
1447: remote -> pro.savant.circumflex:webapp-archetype (-)
1448: remote -> ro.pippo:pippo-quickstart (-)
1449: remote -> ru.circumflex:circumflex-archetype (-)
1450: remote -> ru.nikitav.android.archetypes:release (-)
1451: remote -> ru.nikitav.android.archetypes:release-robolectric (-)
1452: remote -> ru.stqa.selenium:webdriver-java-archetype (Archetype for a Maven project intended to develop
1453: remote -> ru.stqa.selenium:webdriver-junit-archetype (Archetype for a Maven project intended to develop
1454: remote -> ru.stqa.selenium:webdriver-testng-archetype (Archetype for a Maven project intended to develo
1455: remote -> ru.yandex.cocaine:cocaine-client-archetype (Archetype for creating a basic client for Cocaine
1456: remote -> ru.yandex.cocaine:cocaine-worker-archetype (Archetype for creating a basic worker for Cocaine
1457: remote -> ru.yandex.qatools.camelot:camelot-plugin (-)
1458: remote -> se.vgregion.javg.maven.archetypes:javg-minimal-archetype (-)
1459: remote -> se.walkercrou:ghp-maven-archetype (Quickstart for developers wanting to integrate the GHP Mav
1460: remote -> sk.seges:sesam-annotation-archetype (-)
1461: remote -> tk.skuro:clojure-maven-archetype (A simple Maven archetype for Clojure)
1462: remote -> tr.com.lucidcode:kite-archetype (A Maven Archetype that allows users to create a Fresh Kite p
1463: remote -> uk.ac.rdg.resc:edal-ncwms-based-webapp (-)
1464: remote -> uk.co.nemstix:basic-javaee7-archetype (A basic Java EE7 Maven archetype)
1465: remote -> us.fatehi:schemacrawler-archetype-maven-project (-)
1466: remote -> us.fatehi:schemacrawler-archetype-plugin-command (-)
1467: remote -> us.fatehi:schemacrawler-archetype-plugin-dbconnector (-)
1468: remote -> us.fatehi:schemacrawler-archetype-plugin-lint (-)
Choose a number or apply filter (format: [groupId:]artifactId, case sensitive contains): 691:
```

그림 4-2 메이븐의 archetype 선택

위의 화면에서 아무 값도 입력하지 않으면 기본값이 선택된다. 필자의 환경 기
준으로 기본값은 691번이며 환경이 다를 경우 그 값은 변경된다. 잘 모르는 경
우 값을 입력하지 않고 엔터 키를 누르면 기본값을 사용해서 생성된다. 기본값
으로 생성되는 메이븐 프로젝트 정보는 다음과 같다.

```
691: remote -> org.apache.maven.archetypes:maven-archetype-quickstart (An
archetype which contains a sample Maven project.)
```

위의 값 중 기억할 것은 maven-archetype-quickstart이다. mvn 명령뿐만 아니라
통합 개발 도구에서 메이븐 프로젝트를 시작할 때는 archetype을 선택하는 것
이 첫 단계이다. 이때 위의 이름을 기억했다가 선택하면 기본값으로 메이븐 프
로젝트가 생성된다. 기본값을 선택하고 나면 다음과 같이 3가지 정보를 입력해
야 한다.

- archetype의 버전: 가장 최신 버전이 기본값이다. 여기서는 기본값을 입력하
  도록 한다.
- groupId: 특별한 규칙이 있지는 않지만 도메인 이름의 역순을 사용한다. 도메
  인 명이 실제 DNS에 등록되어 있지 않아도 된다. 도메인 아이디를 이용하는
  이유는 다른 프로젝트와의 중복을 피하기 위해서이다.
- artifactId: 프로젝트 명을 기술하는 것이 일반적이다.
- version: 프로젝트의 버전을 기술한다. 기본값은 1.0-SNAPSHOT이다.

필자가 입력한 내용은 그림 4-3과 같다. 아래 그림의 입력한 정보를 참고해서 정보를 입력하면 된다.

```
ykchang@javatools: ~/projects
1463: remote -> uk.ac.rdg.resc:edal-ncwms-based-webapp (-)
1464: remote -> uk.co.nemstix:basic-javaee7-archetype (A basic Java EE7 M
1465: remote -> us.fatehi:schemacrawler-archetype-maven-project (-)
1466: remote -> us.fatehi:schemacrawler-archetype-plugin-command (-)
1467: remote -> us.fatehi:schemacrawler-archetype-plugin-dbconnector (-)
1468: remote -> us.fatehi:schemacrawler-archetype-plugin-lint (-)
Choose a number or apply filter (format: [groupId:]artifactId, case sensi
Choose org.apache.maven.archetypes:maven-archetype-quickstart version:
1: 1.0-alpha-1
2: 1.0-alpha-2
3: 1.0-alpha-3
4: 1.0-alpha-4
5: 1.0
6: 1.1
Choose a number: 6: 6
Downloading: http://192.168.0.15:8081/nexus/content/groups/public/org/apa
Downloaded: http://192.168.0.15:8081/nexus/content/groups/public/org/apac
(7 KB at 6.6 KB/sec)
Downloading: http://192.168.0.15:8081/nexus/content/groups/public/org/apa
Downloaded: http://192.168.0.15:8081/nexus/content/groups/public/org/apac
(2 KB at 5.0 KB/sec)
Define value for property 'groupId': : com.mycompany.app
Define value for property 'artifactId': : my-app
Define value for property 'version':  1.0-SNAPSHOT: :
```

그림 4-3 archetype 버전, groupId, artifactId, version 입력

최종적으로 지금까지 입력한 내용을 확인하고 그 내용이 맞으면 계속 진행하도록 한다(그림 4-4). 그러면 입력한 정보에 맞게 메이븐 프로젝트가 생성된다.

```
ykchang@javatools: ~/projects
groupId: com.mycompany.app
artifactId: my-app
version: 1.0-SNAPSHOT
package: com.mycompany.app
 Y: :
[INFO] -----------------------------------------------------------
[INFO] Using following parameters for creating project from Old (1.x) Archetype: maven-a
rchetype-quickstart:1.1
[INFO] -----------------------------------------------------------
[INFO] Parameter: basedir, Value: /home/ykchang/projects
[INFO] Parameter: package, Value: com.mycompany.app
[INFO] Parameter: groupId, Value: com.mycompany.app
[INFO] Parameter: artifactId, Value: my-app
[INFO] Parameter: packageName, Value: com.mycompany.app
[INFO] Parameter: version, Value: 1.0-SNAPSHOT
[INFO] project created from Old (1.x) Archetype in dir: /home/ykchang/projects/my-app
[INFO] -----------------------------------------------------------
[INFO] BUILD SUCCESS
[INFO] -----------------------------------------------------------
[INFO] Total time: 57:53 min
[INFO] Finished at: 2015-11-21T21:15:31+09:00
[INFO] Final Memory: 17M/178M
[INFO] -----------------------------------------------------------
ykchang@javatools:~/projects$
```

그림 4-4 메이븐 프로젝트 생성 결과

처음 프로젝트를 진행하는 것이라면 앞서 설명한 것처럼 값을 하나하나 입력하면서 신행하셨지만, 이미 입력해야 할 내용들을 다 안다면 다음과 같이 한번에 파라미터로 설정해서 실행할 수도 있다.

```
mvn archetype:generate -DgroupId=com.mycompany.app \
-DartifactId=my-app \
-DarchetypeArtifactId=maven-archetype-quickstart -DinteractiveMode=false
```

그림 4-5를 보면 메이븐 기반의 자바 프로젝트 구조를 생성하고 이에 필요한 라이브러리를 메이븐의 중앙 저장소에서 다운받아 로컬 PC에 설치하는 역할을 한다. 그러므로 최초로 실행하는 경우라면 인터넷을 통하여 다운로드를 진행하기 때문에 꽤 오랜 시간이 소요된다.

이 명령을 수행하고 나면 메이븐 프로젝트가 생성되는데 그 구조는 그림 4-5와 같다(생성된 프로젝트를 이클립스에 임포트한 결과이다).

그림 4-5 메이븐 기본 디렉터리 구조

위의 그림처럼 메이븐의 기본 디렉터리 구조는 프로젝트 폴더에 pom.xml 파일이 생기고, 자바 코드가 위치하는 src/main/java 디렉터리와 테스트 코드를 작성하는 src/test/java 디렉터리가 생긴다. 이 구조가 전형적인 자바 기반 메이븐 프로젝트의 모습이다. 디렉터리 외에도 자바 애플리케이션 코드 하나와 테스트용 코드 하나가 생성된 것을 볼 수 있다. 여기서 주목할 것은 바로 test 디렉터리인데 메이븐은 실제 실행하고 개발되는 영역을 main 디렉터리, JUnit 테스트를 위한 코드는 test 디렉터리로 구분한다.

메이븐의 프로젝트 구조는 ANT와 달리 사전에 정의되어 있기 때문에 ANT 스크립트에서 하듯이 컴파일을 하거나 라이브러리를 참조하기 위해 작성하는 작업이 필요 없다. 또한 개발자가 별도의 프로젝트 구조를 정의하기 위해 고민할 필요도 없다.

메이븐의 동작 원리를 이해하는 데 가장 간단하면서도 훌륭한 샘플인, 기본 생성된 소스 코드를 살펴보자. 소스 4-1은 메이븐 프로젝트에서 기본 생성된 것으로, 자바의 기본 문법만 알면 누구나 이해할 수 있을 정도로 간단하다. 실제로 실행해 보면 "Hello World"라는 문장을 화면에 출력한다.

소스 4-1 App.java

```
package com.mycompany.app;

/**
 * Hello world!
 *
 */
public class App
{
    public static void main( String[] args )
    {
        System.out.println( "Hello World!" );
    }
}
```

그리고 개발된 애플리케이션을 테스트할 수 있는 코드가 AppTest.java라는 이름으로 생성되어 있다. 이 코드는 자바에 대한 지식 외에도 JUnit에 대한 기초적인 지식이 필요하다. JUnit은 자바 기반의 단위 테스트 도구 중 가장 인지도가 높으며 메이븐에서도 기본 단위 테스트 도구로 사용하고 있다. 이 도구에 대해서는 6장 'JUnit을 이용한 단위 테스트'에서 설명할 것이며 JUnit 외에도 TestNG로 변경해서 사용할 수도 있다.

앞서 생성된 "Hello World!"를 출력하는 App.java를 테스트하는 소스 코드는 소스 4-2와 같다. 테스트 코드는 항상 'true' 값을 리턴하도록 하드 코딩해 놓았기 때문에 단위 테스트는 항상 성공하도록 되어 있다.

소스 4-2 AppTest.java

```
package com.mycompany.app;

import junit.framework.Test;
import junit.framework.TestCase;
import junit.framework.TestSuite;

/**
 * Unit test for simple App.
 */
public class AppTest
    extends TestCase
{
    /**
```

```
 * Create the test case
 *
 * @param testName name of the test case
 */
public AppTest( String testName )
{
    super( testName );
}

/**
 * @return the suite of tests being tested
 */
public static Test suite()
{
    return new TestSuite( AppTest.class );
}

/**
 * Rigourous Test :-)
 */
public void testApp()
{
    assertTrue( true );
}
}
```

그럼 이제 이 2개의 코드를 빌드하고 패키징하는 일이 남았다. 그리고 패키징 완료 후에는 만들어진 애플리케이션을 실행할 수도 있어야 한다. 이 모든 동작에 대한 내용은 POM 파일에 작성되어 있다.

그럼 본격적인 실행에 앞서 자동 생성된 pom.xml을 확인해 보자(소스 4-3).

소스 4-3 pom.xml

```xml
<project xmlns="http://maven.apache.org/POM/4.0.0"
xmlns:xsi="http://www.w3.org/2001/XMLSchema-instance"
xsi:schemaLocation="http://maven.apache.org/POM/4.0.0
http://maven.apache.org/xsd/maven-4.0.0.xsd">
  <modelVersion>4.0.0</modelVersion>

  <groupId>com.mycompany.app</groupId>
  <artifactId>my-app</artifactId>
  <version>0.0.1-SNAPSHOT</version>
  <packaging>jar</packaging>

  <name>my-app</name>
  <url>http://maven.apache.org</url>

  <properties>
    <project.build.sourceEncoding>UTF-8</project.build.sourceEncoding>
  </properties>

  <dependencies>
```

```xml
    <dependency>
      <groupId>junit</groupId>
      <artifactId>junit</artifactId>
      <version>3.8.1</version>
      <scope>test</scope>
    </dependency>
  </dependencies>
</project>
```

기본으로 생성된 pom.xml 파일을 확인해 보면 그 어떠한 곳에도 컴파일, 패키징, 실행 등에 관련된 정의가 없고 <dependencies> 태그에 프로젝트의 정보와 연관된 라이브러리로 JUnit 3.8.1가 있음을 정의한 것이 전부이다.

앞에서 말했지만 메이븐에는 이미 자바 프로젝트를 관리하기 위한 기본 명령 및 프로세스가 사전에 정의되어 있기 때문에 개발자가 별도로 손댈 필요가 없고 연관된 라이브러리 정의만으로 모든 것이 끝난다.

많은 빌드 소프트웨어의 스크립트는 클래스 패스를 설정하고 디렉터리 정보를 설정하고 컴파일 방법과 패키징 방법을 기술하도록 되어 있는데, pom.xml 파일에는 그런 내용이 전혀 들어 있지 않고 스크립트 내용상 어떻게 실행시켜야 내가 원하는 목표를 이룰 수 있는지도 확인할 수 없다. 결론적으로 메이븐 자체에 우리가 늘상 반복적으로 정의하는 빌드 프로세스가 내장되어 있고 그래서 각 명령에 대한 상세 정의 역시 존재하지 않는다.

pom.xml에 대한 상세한 설명은 나중으로 미루고 메이븐을 먼저 실행해 보고 실행에 따라 어떠한 작업이 이루어지는지 확인해 보자. pom.xml 파일이 저장되어 있는 위치에서 다음 명령을 실행하면 메이븐에 의해 생성된 기본 프로젝트가 컴파일된다.

```
mvn compile
```

컴파일 명령을 실행시키면 컴파일에 필요한 라이브러리를 메이븐 중앙 저장소에서 다운받아 로컬 메이븐 저장소에 저장하고, pom.xml에 특별히 컴파일과 관련된 기술이 없기 때문에 메이븐의 기본 구조를 전제로 컴파일 작업을 수행한다.

그림 4-6 메이븐 컴파일 실행 결과

앞서 프로젝트 생성 시에는 프로젝트 디렉터리에 src 디렉터리와 pom.xml 파일만 있었는데, 이 작업이 완료되면 추가로 target 디렉터리가 생긴 것을 볼 수 있다. 메이븐에서 src에는 애플리케이션을 개발하기 위한 모든 소스 코드와 자원이 존재하고, target에는 src 디렉터리를 기반으로 컴파일한 결과물과 자원들이 저장된다. 그럼 이제 컴파일한 결과를 테스트하기 위해 앞서 기본 생성된 AppTest.java를 실행해야 하는데 다음 명령을 실행하면 된다.

```
mvn test
```

이 명령을 실행하면 그림 4-7과 같이 결과가 나온다. 여기서는 하나의 JUnit 테스트 코드만을 작성했기 때문에 1건의 성공이 있고 실패, 에러, 건너뛰는 작업은 없다.

테스트가 완료되었으니 다음 명령을 이용해서 배포를 위한 패키징을 수행한다.

```
mvn package
```

이 명령을 수행하면 그림 4-8과 같이 jar 파일로 컴파일된 결과물이 패키징된 것을 볼 수 있다.

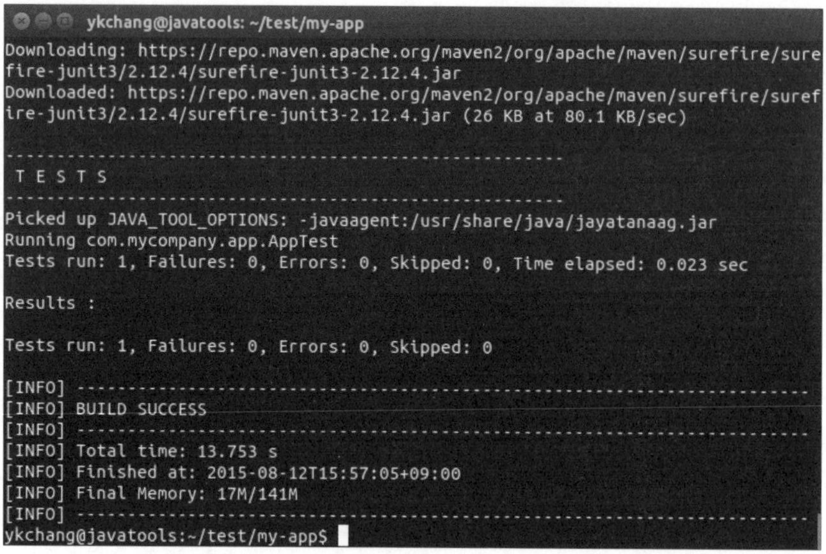

```
ykchang@javatools: ~/test/my-app
Downloading: https://repo.maven.apache.org/maven2/org/apache/maven/surefire/surefire-junit3/2.12.4/surefire-junit3-2.12.4.jar
Downloaded: https://repo.maven.apache.org/maven2/org/apache/maven/surefire/surefire-junit3/2.12.4/surefire-junit3-2.12.4.jar (26 KB at 80.1 KB/sec)

-------------------------------------------------------
 T E S T S
-------------------------------------------------------
Picked up JAVA_TOOL_OPTIONS: -javaagent:/usr/share/java/jayatanaag.jar
Running com.mycompany.app.AppTest
Tests run: 1, Failures: 0, Errors: 0, Skipped: 0, Time elapsed: 0.023 sec

Results :

Tests run: 1, Failures: 0, Errors: 0, Skipped: 0

[INFO] ------------------------------------------------------------------------
[INFO] BUILD SUCCESS
[INFO] ------------------------------------------------------------------------
[INFO] Total time: 13.753 s
[INFO] Finished at: 2015-08-12T15:57:05+09:00
[INFO] Final Memory: 17M/141M
[INFO] ------------------------------------------------------------------------
ykchang@javatools:~/test/my-app$
```

그림 4-7 메이븐 JUnit 테스트 실행 결과

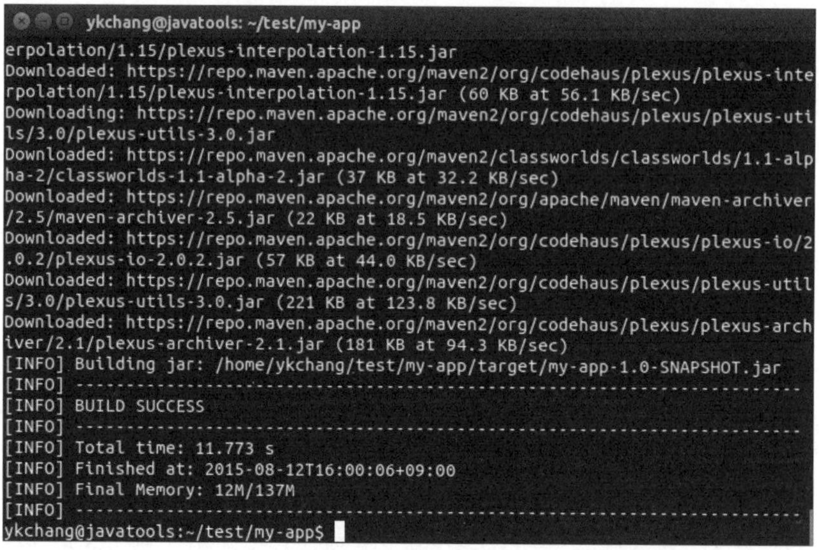

```
ykchang@javatools: ~/test/my-app
erpolation/1.15/plexus-interpolation-1.15.jar
Downloaded: https://repo.maven.apache.org/maven2/org/codehaus/plexus/plexus-interpolation/1.15/plexus-interpolation-1.15.jar (60 KB at 56.1 KB/sec)
Downloading: https://repo.maven.apache.org/maven2/org/codehaus/plexus/plexus-utils/3.0/plexus-utils-3.0.jar
Downloaded: https://repo.maven.apache.org/maven2/classworlds/classworlds/1.1-alpha-2/classworlds-1.1-alpha-2.jar (37 KB at 32.2 KB/sec)
Downloaded: https://repo.maven.apache.org/maven2/org/apache/maven/maven-archiver/2.5/maven-archiver-2.5.jar (22 KB at 18.5 KB/sec)
Downloaded: https://repo.maven.apache.org/maven2/org/codehaus/plexus/plexus-io/2.0.2/plexus-io-2.0.2.jar (57 KB at 44.0 KB/sec)
Downloaded: https://repo.maven.apache.org/maven2/org/codehaus/plexus/plexus-utils/3.0/plexus-utils-3.0.jar (221 KB at 123.8 KB/sec)
Downloaded: https://repo.maven.apache.org/maven2/org/codehaus/plexus/plexus-archiver/2.1/plexus-archiver-2.1.jar (181 KB at 94.3 KB/sec)
[INFO] Building jar: /home/ykchang/test/my-app/target/my-app-1.0-SNAPSHOT.jar
[INFO] ------------------------------------------------------------------------
[INFO] BUILD SUCCESS
[INFO] ------------------------------------------------------------------------
[INFO] Total time: 11.773 s
[INFO] Finished at: 2015-08-12T16:00:06+09:00
[INFO] Final Memory: 12M/137M
[INFO] ------------------------------------------------------------------------
ykchang@javatools:~/test/my-app$
```

그림 4-8 메이븐 패키징 실행 결과

실행하면서 출력한 로그의 마지막 부분의 Building jar를 보면 최종적으로 생성된 jar 파일의 위치를 알 수 있다. 이 파일은 메이븐 디렉터리 중에서 target 디렉터리에 저장되며 저장된 jar 파일의 내용을 살펴보면 pom.xml 파일과 JUnit 테스트 영역을 제외하고 src/main에 위치한 자바 파일만 컴파일되어 패키징된 것을 알 수 있다.

실행된 명령의 로그 파일을 잘 보면 테스트와 패키징 명령 시에 테스트와 패키징만 실행되는 것이 아니라 컴파일 작업도 같이 실행되는 것을 확인할 수 있다. 이는 메이븐의 상관 관계 정의에 따라서 앞서 실행해야 하는 명령을 순차적으로 실행하기 때문이다. 그 예로 test를 실행하면 컴파일이 실행된 다음 JUnit 테스트가 실행되고 package 명령을 실행하면 컴파일과 JUnit 테스트가 완료된 다음 실행된다. 이러한 메이븐의 실행 단위를 골(Goal)이라고 하며 골들이 상호 연관해 실행되는데 그러한 관계를 메이븐 골의 생명 주기라고 표현한다.

4.2.3 메이븐 생명 주기

앞에서 말한 것과 같이 메이븐은 실행 단계를 내부적으로 사전에 정의하고 있으며 각 단계별 관계를 생명 주기(Life-Cycle) 단계라고 표현한다. 생명 주기는 메이븐 2.0 버전부터 도입된 내용으로 연관 라이브러리 관리 기능과 함께 메이븐의 가장 핵심이 되는 부분이다.

빌드 생명 주기는 크게 기본 단계, CLEAN 단계 그리고 SITE 단계로 나눈다. 기본 단계는 소프트웨어를 빌드하고 테스트하고 배포하는 과정을 사전에 정의한 단계를 의미하며, CLEAN 단계는 메이븐에서 생성된 결과물들을 정리하는 단계를 의미한다. 그리고 마지막으로 SITE 단계는 프로젝트에 대한 문서화 작업을 수행하는 단계이다. 주로 프로젝트에 대한 결과를 리포팅하며, 뒤에서 배울 단위 테스트나 통합 테스트 그리고 코드 검사 등에 대한 결과를 출력하는 역할도 담당한다. 각 단계별로 세부 단계들이 내부적으로 사전 정의되어 있는데 그 내용이 많고 방대해서 이 모든 단계를 설명하기는 힘들다.[1] 그러므로 이 중에서 가장 많이 사용되는 기본 단계에 대해서 알아볼 것이다. 표 4-1은 기본단계에 대한 상세 내용 중 자주 사용되는 것들을 정리한 것이다.

단계	내용
validate	프로젝트의 상태를 검증하는 단계로 모든 내용이 제대로 설정되고 준비되었는지 확인한다.
compile	프로젝트에 존재하는 소스 코드를 컴파일한다.
test	작성된 단위 테스트 코드를 이용해서 개발된 코드를 테스트한다. 테스트 코드가 존재하지 않는다면 이 단계는 실행만 될 뿐 아무런 작업도 이루어지지 않는다. 또한 테스트용으로 분류된 코드들은 패키징과 배포 시 포함되지 않는다.

---

1 *http://maven.apache.org/guides/introduction/introduction—to—the—lifecycle.html#Lifecycle_Reference*에 메이븐의 각 생명주기별 단계를 정리해 놓았다.

package	pom.xml에 정의한 방법으로 컴파일된 코드를 패키징한다.
integration-test	통합 테스트 단계가 준비되어 있다면 만들어진 패키지를 배포하기 전에 테스트를 실행한다.
verify	생성된 패키지가 제대로 만들어졌는지 확인한다.
install	로컬 저장소에 생성된 패키지를 설치한다. 이 단계는 여러 작은 프로젝트가 상호 연관돼서 큰 프로젝트를 형성하는 경우 메이븐을 통해서 상호 연관성을 정의하기 위해 필요하다.
deploy	생성된 패키지를 최종적으로 원격 저장소에 설치하는 과정이다. 원격 저장소에 설치한다는 것은 패키지를 공식적으로 배포한다는 의미이며, 원격 저장소에 저장할 수 있는 권한이 있어야 한다.

표 4-1 메이븐 기본 생명 주기

위의 표에서 보는 용어들은 애플리케이션 개발을 진행하면서 상당히 자주 접할 수 있으며 실제 동작 역시 이름에서 유추한 그대로이다. 이렇듯 메이븐의 각 단계는 다시 세부적인 절차가 포함되어 있는데, 이를 페이즈(Phase)라고 표현한다. CLEAN 단계를 대표하는 페이즈는 clean이 있으며, 설정된 리포트 파일을 생성하는 SITE 단계에는 site 페이즈가 있다. 위의 표에 있는 페이즈와 clean, site 페이즈는 메이븐에서 자주 사용하는 용어이므로 해당 페이즈가 의미하는 바를 잘 이해할 필요가 있다.

그럼 이제 생명 주기에 따라 메이븐이 어떻게 동작하는지 이해하기 위해 앞서 실행한 mvn package의 실행 결과를 다시 한번 보도록 하자. 필요하면 한 번 더 실행해 보자.

> **💡 clean과 site 페이즈**
>
> clean: 컴파일, 패키징 등 메이븐에서 실행하면서 생성한 파일을 삭제하거나 초기화하는 역할을 한다.
> site: 주로 리포트와 연관되어 있다. 테스트 결과, 빌드 결과 등을 기록하기 위해서는 site 페이즈에 내용을 정의해야 한다.

이 명령을 실행시키면 콘솔 창에 여러 가지 작업이 실행되는 것을 로그를 통해 확인할 수 있다. 로그를 자세히 살펴보면 분명 package 단계를 실행했는데 validate, compile, test 단계도 실행된 것을 확인할 수 있다. 이런 현상이 발생하는 이유는 package 페이즈를 실행하기 위해서는 그 이전 페이즈가 반드시 실행되어야 하기 때문이다. 즉, 생명 주기의 특정 단계는 그 이전 단계를 포함해서 실행된다는 것을 알 수 있다.

특히 test 단계에서 JUnit 기반의 테스트 프로그램이 자동 실행된 것을 확인할 수 있다. 그리고 예상한 대로 단위 테스트가 성공했음을 로그를 통해 확인할 수 있다. 이렇게 실행을 해보고 나면 메이븐의 pom.xml 파일을 처음 접했을 때 느끼는 당황스러움을 많이 해소할 수 있다.

정리해 보면 메이븐은 ANT 타깃과 같이 개발자가 직접 실행할 내용을 작성하고 타깃을 선택해서 스크립트를 실행시키는 것이 아니라 메이븐 내부에 이미 정의되어 있는 생명 주기에 따라 페이즈를 선택해서 실행시키는 구조이다. 그러므로 메이븐을 사용하면 특별히 컴파일과 패키징을 하고 단위 테스트를 위해서 빌드 스크립트를 작성하지 않아도 간단히 목적을 달성할 수 있게 된다.

이상으로 메이븐의 생명 주기에 대해서 알아보았다. 메이븐에서의 실행은 어떤 생명 주기에 어떤 페이즈를 선택할지부터 결정되기 때문에 이에 대한 이해가 반드시 필요하며, 특히 이 중에서 compile, test, package, install, deploy, clean, site 페이즈가 어떤 역할을 하고 어떤 동작이 일어나는지에 익숙해져야 한다.

4.2.4 POM 구조 이해

모든 빌드 도구가 그렇듯이 메이븐 역시 프로젝트의 구조 및 빌드 절차를 정의하는 pom.xml이 가장 중요하다. 얼마나 잘 pom.xml을 관리하느냐가 결국 메이븐 프로젝트의 성패를 좌우하게 된다. 그러므로 메이븐을 이용해서 프로젝트 구조와 추후 배포까지 고려해야 하는 개발자라면 pom.xml의 기본 구조와 그 내용에 대해서 아주 상세히 이해하는 것이 좋다.

pom.xml은 메이븐의 핵심 개념인 POM(Project Object Model)을 의미하며, 다른 빌드 도구와는 다르게 선언적 접근 방법(Declarative approach)을 사용하고 있다는 점이 가장 큰 특징이다. 빌드 프로세스를 어떤 이벤트 단위로 기술하는 것이 아니라, 프로젝트를 설명하고 프로젝트 구조에 대해서 정의하고 이와 관련된 연관 정보들을 기술하는 형태를 가지고 있다. 또한 추가적으로 프로젝트에 대한 상세한 설명과 버전 정보, 설정 정보, 지속적 통합 도구, 버그 트래킹 도구, 버전 관리 도구, 프로젝트에 참여한 개발자 정보, 테스트와 관련된 자원들 등 어떤 액션 단위보다는 설명 위주로 정의한다. 그래서 선언적 접근 방법을 추구하고 있다고 말한다.

pom.xml에 정의할 수 있는 정보를 크게 나누면 표 4-2와 같이 분류할 수 있으며 이 중 선언이 필수인 것이 있고 선택 사항인 것들도 있다.

분류		내용	필수 여부
기본 정보	프로젝트 정의	프로젝트 컨텍스트와 아티팩트를 정의	필수
	연관 정보	프로젝트에서 사용할 라이브러리 연관 관계 및 상위 프로젝트 등 관련 정보에 대한 기술	필수
프로젝트 정보		프로젝트에 대한 메타 데이터 정보로 프로젝트 설명, 개발자, 기여자, 라이선스, 홈페이지 정보 등을 기술	선택
빌드 설정	빌드 정의	기본 설정되어 있는 빌드 프로세스에 변경을 위하여 별도의 플러그인을 적용할 때 사용	선택
	리포트 정의	빌드 프로세스에 대한 리포팅 뿐 아니라 연관된 시스템과 결과 정보 등을 리포트로 만들기 위해 정의	선택
환경 설정		빌드를 수행하면서 참조해야 하는 각종 연관 시스템을 정의	선택

표 4-2 pom.xml 구성 정보

관련 엔지니어에 따라서 정보를 분류하는 기준은 다르지만 위와 같이 크게 4개로 분류하는 것이 가장 합리적일 것 같다. 그리고 각 분류마다 다시 여러 개의 정보들로 나눌 수 있는데 이 정보들은 XML 태그와 속성 등으로 표현된다.

그럼 이제 세부적인 태그들을 살펴보자. pom.xml의 최상위 태그는 project이며 반드시 하나의 project 태그(XML의 루트 태그이다)를 기술해야 한다. 그리고 project 태그 하위에 앞서 분류한 정보들을 정의하고 설명하기 위한 태그를 추가해야 하는데 그 내용을 소스 코드로 정리하면 소스 4-4와 같다.

소스 4-4 POM의 항목 분류 예

```
<project xmlns="http://maven.apache.org/POM/4.0.0"
    xmlns:xsi="http://www.w3.org/2001/XMLSchema-instance"
    xsi:schemaLocation="http://maven.apache.org/POM/4.0.0
    http://maven.apache.org/xsd/maven-4.0.0.xsd">

    <modelVersion>4.0.0</modelVersion>

    <!-- 기본 정보 -->
    <groupId>...</groupId>
    <artifactId>...</artifactId>
    <version>...</version>
    <packaging>...</packaging>
    <dependencies>...</dependencies>
    <parent>...</parent>
    <dependencyManagement>...</dependencyManagement>
    <modules>...</modules>
    <properties>...</properties>
```

```
<!-- 빌드 설정 -->
<build>...</build>
<reporting>...</reporting>

<!-- 프로젝트 추가 정보 -->
<name>...</name>
<description>...</description>
<url>...</url>
<inceptionYear>...</inceptionYear>
<licenses>...</licenses>
<organization>...</organization>
<developers>...</developers>
<contributors>...</contributors>

<!-- 환경 설정 정보 -->
<issueManagement>...</issueManagement>
<ciManagement>...</ciManagement>
<mailingLists>...</mailingLists>
<scm>...</scm>
<prerequisites>...</prerequisites>
<repositories>...</repositories>
<pluginRepositories>...</pluginRepositories>
<distributionManagement>...</distributionManagement>
<profiles>...</profiles>
</project>
```

모든 pom.xml은 최상위 pom.xml을 참조하는데 이는 메이븐에서 기본으로 제공하고 있는 것이며 개발자가 만드는 모든 pom.xml은 이를 상속받아서 사용한다. 이를 수퍼 POM(Super POM)이라고 부르며 여기서 설정한 내용을 재정의하지 않는 이상 항상 기본값으로 적용되어 동작한다. 그러므로 상위 POM이 어떤 값을 가지고 있는지 파악하고 있는 것도 중요하다(소스 4-5).

소스 4-5 슈퍼 POM

```
<project>
    <modelVersion>4.0.0</modelVersion>
    <name>Maven Default Project</name>

    <repositories>
        <repository>
            <id>central</id>
            <name>Maven Repository Switchboard</name>
            <layout>default</layout>
            <url>http://repo1.maven.org/maven2</url>
            <snapshots>
                <enabled>false</enabled>
            </snapshots>
        </repository>
    </repositories>

    <pluginRepositories>
```

```xml
            <pluginRepository>
                <id>central</id>
                <name>Maven Plugin Repository</name>
                <url>http://repo1.maven.org/maven2</url>
                <layout>default</layout>
                <snapshots>
                    <enabled>false</enabled>
                </snapshots>
                <releases>
                    <updatePolicy>never</updatePolicy>
                </releases>
            </pluginRepository>
    </pluginRepositories>

    <build>
        <directory>target</directory>
        <outputDirectory>target/classes</outputDirectory>
        <finalName>${artifactId}-${version}</finalName>
        <testOutputDirectory>target/test-classes</testOutputDirectory>
        <sourceDirectory>src/main/java</sourceDirectory>
        <scriptSourceDirectory>src/main/scripts</scriptSourceDirectory>
        <testSourceDirectory>src/test/java</testSourceDirectory>
        <resources>
            <resource>
                <directory>src/main/resources</directory>
            </resource>
        </resources>
        <testResources>
            <testResource>
                <directory>src/test/resources</directory>
            </testResource>
        </testResources>
    </build>

<reporting>
    <outputDirectory>target/site</outputDirectory>
</reporting>

<profiles>
    <profile>
    <id>release-profile</id>

    <activation>
        <property>
            <name>performRelease</name>
        </property>
    </activation>

    <build>
        <plugins>
            <plugin>
                <inherited>true</inherited>
                <groupId>org.apache.maven.plugins</groupId>
                <artifactId>maven-source-plugin</artifactId>
```

❶

```
                <executions>
                    <execution>
                        <id>attach-sources</id>
                        <goals>
                            <goal>jar</goal>
                        </goals>
                    </execution>
                </executions>
            </plugin>
            <plugin>
                <inherited>true</inherited>
                <groupId>org.apache.maven.plugins</groupId>
                <artifactId>maven-javadoc-plugin</artifactId>

                <executions>
                    <execution>
                        <id>attach-javadocs</id>
                        <goals>
                            <goal>jar</goal>
                        </goals>
                    </execution>
                </executions>
            </plugin>
            <plugin>
                <inherited>true</inherited>
                <groupId>org.apache.maven.plugins</groupId>
                <artifactId>maven-deploy-plugin</artifactId>

                <configuration>
                    <updateReleaseInfo>true</updateReleaseInfo>
                </configuration>
            </plugin>
        </plugins>
    </build>
    </profile>
</profiles>

</project>
```

위에서 정리한 슈퍼 POM과 이를 상속받은 기본 POM 파일은 프로젝트에서
pom.xml을 작성할 때 참고할 수 있는 가장 기초적인 뼈대가 되고 pom.xml의
project 태그에서 정의할 수 있는 태그 목록을 확인하는 데 유용하다.

특히 슈퍼 POM 중 build 태그 영역(❶)을 살펴보면 메이븐의 기본 디렉터리 구
조가 정의되어 있으며 그중에서 주목할 부분이 resources 태그와 testResources
태그로, 다음과 같이 정의되어 있다.

```
<resources>
        <resource>
            <directory>src/main/resources</directory> -> 소스 코드 디렉터리
        </resource>
```

```
    </resources>
    <testResources>
        <testResource>
            <directory>src/test/resources</directory> --> 테스트 소스 코드 디렉터리
        </testResource>
    </testResources>
</testResources>
```

위의 내용을 보면 메이븐의 기본 디렉터리 구조를 알 수 있다. 슈퍼 POM을 살펴보면 우리가 메이븐의 기본 정의 및 구조라고 생각했던 내용들이 많이 보여서 메이븐을 이해하는 데 많은 도움이 된다. 그리고 이 정의 내용을 변경하여 메이븐의 기본 구조를 변경할 수 있다.

기본이 되는 POM의 구조에 대해서 배웠는데 project 태그 하위에 있는 대표 태그들 역시 자체적으로 하위 태그들이 존재한다. 그 내용은 해당 기능을 상세히 설명하면서 알아보도록 하자.

위의 소스 코드에 언급되어 있는 각 태그의 내용을 정리한 것이 표 4-3이다.

태그	내용
modelVersion	메이븐 2와 3에서는 반드시 값으로 4.0.0을 사용한다.
groupId	메이븐에서 관리할 애플리케이션의 분류를 의미한다. 주로 회사의 도메인 명을 역순으로 지정하며 자바에서의 패키지명과 유사한 형태를 취한다
artifactId	메이븐에서 관리할 애플리케이션 아이디를 의미한다. 대부분 애플리케이션 명과 일치시키며 패키징 시 이 이름을 참조해서 만든다.
version	애플리케이션의 버전을 지정한다. 메이븐에서는 버전에 대한 명명 규칙을 SNAPSHOT과 RELEASE로 구분하고 있다. SNAPSHOT은 완성되지 않은 버전을 의미하며 RELEASE는 완성되어서 공식 배포된 버전을 의미한다. 그리고 여기에 다시 숫자로 된 번호를 부여하는데 이곳에서는 이러한 버전 부여 규칙을 지정한다.
packaging	애플리케이션을 패키징할 방법을 정의한다. 주로 JAR, WAR, EAR를 사용하며 그 외의 방법을 지정하기 위해서는 별도의 플러그인과 연동해서 정의해야 한다.
dependencies	애플리케이션에서 참조할 라이브러리 목록을 지정한다. 하나의 애플리케이션을 개발하기 위해서는 많은 라이브러리 참조가 이루어진다. 그리고 참조된 라이브러리가 다시 다른 라이브러리를 참조하는 경우도 있다. 이런 참조 관계를 개발자가 클래스 패스 등을 이용해서 관리하는 것이 아니라 pom 파일을 통해 관리한다. 메이븐의 가장 핵심적인 부분이다.
parent	현재 pom.xml의 부모 POM 파일을 지정한다. 부모 POM 파일에서 공통적인 내용은 상속받고 현재 프로젝트에 특정된 내용만 pom.xml에 지정해서 사용할 수 있다.

dependencyManagement	현재 POM 파일을 상속받아 사용하는 자식 POM에 의존성 관계 관련 속성 정보를 상속한다. 예를 들어 부모 POM에서 junit 3.8 버전을 정의하였다면 자식 POM에서는 버전 정보를 생략하고 junit만 명시하면 3.8 버전이 적용된다.
modules	POM 파일을 조합해서 멀티 모듈 기반의 프로젝트를 작성할 때 사용한다.
properties	pom.xml 파일 내부에서 사용할 속성을 정의한다. 주로 버전 정보 같이 공통적으로 많이 사용하는 내용을 속성으로 정의하면 편리하다.
build	빌드와 관련된 설정을 추가할 경우 사용한다.
reporting	리포팅과 관련된 설정을 추가할 경우 사용한다.
name	프로젝트 이름을 의미하며 artifactId와 동일하게 작성하는 것이 일반적이다.
description	프로젝트에 대한 상세한 설명을 기술한다.
url	프로젝트에 대한 정보를 알 수 있는 홈페이지를 기술한다. 일반적으로 애플리케이션의 전용 프로젝트 홈페이지나 제조사의 홈페이지를 지정한다.
inceptionYear	pom.xml이 작성된 년도를 기술한다. 정보 저장 용도 외에는 사용되지 않는다.
licenses	프로젝트의 라이선스 정보에 대해서 기술한다. 추구하는 라이선스 정책을 작성하기도 하지만 때로는 상세하게 라이선스에 대해서 기술하는 경우도 있다.
organization	프로젝트의 조직 정보를 기술한다.
developers	프로젝트에 참여한 개발자 정보를 기술한다.
contributors	프로젝트에 기여한 사람들의 정보를 기술한다. 주로 관리적으로 혹은 금전적으로 지원한 사람이나 회사 등을 기술한다.
issueManagement	버그 트래킹 시스템과 연계하기 위한 정보를 기술한다.
ciManagement	지속적 통합 도구와 연계하기 위한 정보를 기술한다.
scm	버전 관리 시스템과 연계하기 위한 정보를 기술한다.
prerequisites	pom.xml 파일이 호환되는 메이븐의 최소 버전을 지정한다.
repositories	메이븐 저장소 정보를 기술한다. 주로 사내 사설 저장소를 사용할 때 사용한다.
pluginRepositories	메이븐 플러그인 저장소 정보를 기술한다. 주로 사내 플러그인 저장소를 운영할 때 사용한다.
distributionManagement	빌드의 결과물을 배포할 위치를 지정한다. 주로 사내 사설 저장소의 정보를 사용한다.
profiles	특정 항목 혹은 특정 속성에 따라 빌드를 다르게 수행할 수 있다. 주로 하나의 pom.xml 파일로 개발, 테스트, 운영 환경에서 모두 실행 가능하도록 할 때 유용하게 사용할 수 있다.

표 4-3 pom.xml 구성 태그

POM에 포함할 수 있는 항목과 수퍼 POM 그리고 각 태그에서 의미하는 내용을 살펴보면서 POM이 매우 많고 복잡하다고 생각할 수도 있지만 이 많은 것들을 반드시 기술해야 하는 것은 아니다. 소스 4-6은 가장 간단하게 정의할 수 있는 POM의 예로 필수로 기술해야 하는 modelVersion, groupId, artifactId, version 태그만을 정의하였고 나머지는 수퍼 POM의 내용을 그대로 사용한 것이다.

POM에 기술할 수 있는 태그와 내용이 다양하고 버전에 따라 달라지기 때문에 항상 최신의 레퍼런스를 참조하기 위해서는 *https://maven.apache.org/pom.html* 에서 확인하는 것이 좋다. 해당 페이지를 참조해보면 POM에서 사용할 수 있는 태그와 내용 그리고 속성 들에 대한 정보를 확인할 수 있다.

소스 4-6 최소 POM

```
<project>
    <modelVersion>4.0.0</modelVersion>
    <groupId>com.mycompany.app</groupId>
    <artifactId>my-app</artifactId>
    <version>1</version>
</project>
```

단 6줄의 코드로 컴파일, 패키징, 배포가 가능한 프로젝트의 빌드 파일이 완성된 것이다. 이 최소 사양의 POM을 통해 우리가 배울 수 있는 것은 pom.xml 작성 시 반드시 기입해야 하는 필수 항목이 무엇인지와 선택 항목을 적용하지 않더라도 메이븐의 기능을 활용할 수 있다는 점이다.

앞서 위의 속성이 의미하는 내용을 간략히 표로 정리하였지만 소스 4-6에 들어있는 3개의 항목이 필수 항목으로 사용되는 이유는 모든 메이븐 프로젝트에서 프로젝트 정보를 식별하는 유일한 방법이기 때문이다. 우리가 흔히 아는 오픈 소스 라이브러리 등에 대한 참조 정보 역시 해당 라이브러리 프로젝트의 속성 정보 3개를 이용한다.[2] 또한 향후 메이븐 중앙 저장소나 사설 저장소에 등록해서 관리해야 할 경우 등록을 위한 필수 키도 바로 이 3개 항목이다.

- groupId : 메이븐 프로젝트를 구분하기 위한 가장 첫 번째 항목으로 일반적으로 도메인명을 주로 사용한다. 도메인명이 반드시 도메인 서버에 등록되어 있을 필요는 없지만 전 세계의 수많은 개발자들이 만들어내고 있는 메이븐 기반의 프로젝트들과 중복되지 않도록 하기 위해 정의하는 명명 규칙이라고

---

2   modelVersion의 값은 항상 4.0.0이며 변경할 수 없고 항상 동일한 값을 사용한다. 필수 항목이긴 하지만 프로젝트를 식별하기 위한 구분자 역할은 하지 못한다.

이해하면 된다. 자바를 기준으로 했을 때 클래스 파일 이름의 중복을 피하고 명확하게 하기 위해 패키지를 선언하는 것과 유사한 역할을 한다고 생각하면 이해가 빠르다. Group ID를 정의할 때 '.'을 이용하여 여러 값을 반드시 입력할 필요는 없다 예를 들어 JUnit 프로젝트의 경우 groupId로 junit을 사용하고 있다. 또한 메이븐 저장소에 저장될 때 Group Id를 기준으로 디렉터리가 생성되며 Group Id 중간에 '.'이 있으면 자바 패키지 구조처럼 하위 디렉터리로 생성이 된다.

- artifactId : 일반적으로 artifactId는 프로젝트 이름으로 인식하는 경우가 많다. 하지만 우리가 프로젝트 이름을 명명할 때 다른 사람들이 동일한 이름으로 생성할 가능성도 있고 이를 메이븐 저장소에 반영하면 이름의 충돌이 발생할 수도 있다. 이 때문에 메이븐에서는 groupId와 artifactId를 조합해서 식별자로 사용한다.

- version : 메이븐 프로젝트를 식별하기 위한 가장 마지막 항목이다. groupId: artifactId 조합은 하나의 프로젝트를 표현하지만 프로젝트는 시간이 흐르면서 계속적으로 발전하고 기능이 추가되는데 이를 표시하기 위한 태그가 바로 version이다. 예를 들어서 프로젝트에서 JUnit으로 단위 테스트를 수행하는데 가장 최근 버전의 JUnit과 4년 전에 사용하던 JUnit과는 같은 라이브러리명이라도 분명히 큰 차이가 있다. 메이븐 기반으로 프로젝트를 생성할 때 반드시 버전을 명시해야 하는 이유가 바로 이 때문이다. 실제로 메이븐의 저장소에 저장되어 있는 라이브러리를 보면 버전 정보를 디렉터리로 구분해서 사용한다.

처음 메이븐 프로젝트를 생성할 때 위 3개 속성을 입력하는 것으로 시작하는데 어떠한 값을 넣어야 할지 망설여지는 경우가 많다. 가급적 3개 속성이 의미하는 바를 잘 이해해서 정의하도록 하고, 특히 다른 사람들이 만든 프로젝트 속성과 겹치지 않도록 나만의 명명 규칙을 만들고 지켜나가는 것이 중요하다. 이 3개의 속성을 한 줄로 붙여서 groupId:artifactId:version 형태로 문장을 만들어 메이븐 주소라고 부른다.

이 외에도 패키징과 배포에 필요한 속성인 <package> 태그도 생략되어 있는데 슈퍼 POM에서는 jar로 정의해놓고 있다. 그러므로 위의 최소 POM 역시 상위 POM을 상속 받아서 jar로 패키징하고 배포하도록 프로세스가 정의된 것이다. 이러한 것을 POM 속성값의 상속이라고 부른다.

메이븐의 상속 기능은 매우 유용해서 프로젝트 표준이나 회사 표준을 상위 POM에 정의하고 각 개별 프로젝트 혹은 서브 프로젝트별로 해당 POM을 상속 받아서 사용할 수 있다. 이러한 상속 기능을 통해 프로젝트 구조를 공통화해서 개발 프로젝트에서 동일한 기능을 재정의하지 않아도 쉽게 사용할 수 있도록 해준다. 또한 전체적으로 표준화가 가능하게 해주어 통제의 역할도 달성할 수 있다.

4.3 의존성 관리

의존성 관리(Dependency management)는 메이븐의 가장 큰 특징이자 장점이다. 의존성을 잘 이해하고 관리하는 것이 메이븐 프로젝트의 성패를 좌우한다. 자바 프로젝트에서 가장 큰 고민거리 중에 하나는 관련된 라이브러리를 효율적으로 관리하는 방안을 마련하는 것이다. 보통 형상 관리를 통해서 라이브러리를 관리하고 이를 사용자에게 배포하는 방법이 일반적이다.

그리고 배포한 라이브러리를 개발자의 통합 개발 도구에서 클래스 패스에 추가하여 컴파일하고 실행시키는 방법을 사용하는데 여기서 큰 문제가 발생한다.

- 관리하는 라이브러리가 많아지면 필요 없는 라이브러리가 추가되거나 버전이 다른 동일한 라이브러리가 여러 개 중복되는 경우가 있다.
- 라이브러리가 추가됐을 때 형상 관리에서 추가된 라이브러리를 가져오지 않으면 연관된 소스 코드에 컴파일 에러가 발생한다.
- 개발자가 라이브러리에 대한 클래스 패스 추가 및 변경 작업을 직접 해야 하기 때문에 개발자의 부담이 늘어난다.
- 라이브러리의 추가, 변경, 버전 변경 등에 따라 빌드 스크립트를 수정해야 한다.

이러한 이유로 라이브러리가 많지 않은 소규모 프로젝트나 프로젝트 참여 인원이 많지 않아서 상호 커뮤니케이션이 쉬운 일부의 경우를 제외하면 대부분의 소프트웨어 개발 프로젝트에서 자바 라이브러리 관리로 인한 시간 지연이나 오류에 직면하게 된다. 이러한 문제를 해결하기 위해 많은 노력을 기울였는데 가장 성공적으로 평가받는 것이 바로 메이븐이다.

4.3.1 기본 기능

메이븐에서는 dependencies 태그를 이용해서 pom.xml에 정의만 하면 모든 과정을 처리해 주기 때문에 별도의 라이브러리 관리, 버전 관리, 빌드 스크립트 관리에 대한 부담이 줄어든다. 특히 추가한 자바 라이브러리와 연관된 다른 라이브러리가 필요한 경우 이를 일일이 지정하지 않아도 연관된 라이브러리까지 메이븐이 다운로드해서 관리해 주기 때문에 매우 편리하다.

소스 4-7은 앞서 메이븐의 기본 구조를 설명하면서 사용한 것이다.

소스 4-7 pom.xml

```
<project xmlns="http://maven.apache.org/POM/4.0.0"
 xmlns:xsi="http://www.w3.org/2001/XMLSchema-instance"
 xsi:schemaLocation="http://maven.apache.org/POM/4.0.0
 http://maven.apache.org/xsd/maven-4.0.0.xsd">
 <modelVersion>4.0.0</modelVersion>

  <groupId>com.mycompany.app</groupId>
  <artifactId>my-app</artifactId>
  <version>0.0.1-SNAPSHOT</version>
  <packaging>jar</packaging>

  <name>my-app</name>
  <url>http://maven.apache.org</url>

  <properties>
    <project.build.sourceEncoding>UTF-8</project.build.sourceEncoding>
  </properties>

  <dependencies>
    <dependency>
      <groupId>junit</groupId>
      <artifactId>junit</artifactId>
      <version>3.8.1</version>
      <scope>test</scope>
    </dependency>
  </dependencies>
</project>
```

위의 소스 코드에서 보는 것과 같이 pom.xml 파일에는 최상위 project 태그 하위에 dependencies 태그가 존재하며, 여기에 사용하기 원하는 라이브러리별로 <dependency> 태그를 이용해서 정의하면 된다.

처음 원하는 라이브러리를 기술할 때 어떤 값을 입력해야 하는지 다소 혼동스러울 때가 있다. 이럴 때는 메이븐의 중앙 저장소인 *http://www.mvnrepository.com* 에서 원하는 라이브러리명을 검색하면 pom.xml에 입력할 수 있는 값을 확인할 수 있다(그림 4-9). 예를 들어 Spring Batch 3.0.5 라이브러리를 검색하면 화면 하단의 [Maven] 탭에서 pom.xml에 추가해야 하는 **depdency** 구문을 볼 수 있다. 이 외에도 ANT에서 라이브러리 관리용으로 사용하는 Ivy나 5장에서 알아볼 그 레이들(Gradle) 등에서 사용할 수 있는 구문도 확인이 가능하다.

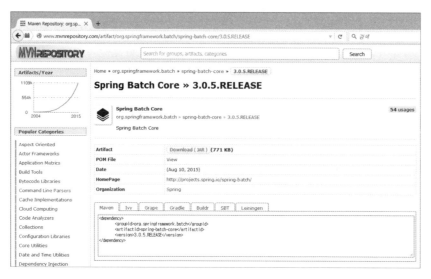

그림 4-9 Maven 라이브러리 검색 화면

재미있는 점은 대부분의 라이브러리들 역시 다른 라이브러리를 참조해서 사용 한다는 것이다. 오픈 소스 프로젝트 컴파일을 위해 참조하는 라이브러리를 하 나 하나 찾아가면서 컴파일 에러를 해결해 본 경험이 누구나 한 번쯤 있을테니 거기에 들어가는 노력이 얼마나 큰지는 애써 설명하지 않아도 충분히 이해할 수 있을 것이다. 메이븐에서는 참조하는 라이브러리에 연관된 라이브러리도 자동 으로 관리된다. 예를 들어 spring-batch 라이브러리를 사용하기 위해서 여기서 참조하고 있는 log4j 라이브러리를 별도로 pom.xml에 기술할 필요는 없다는 것 이다.

이러한 정보는 앞서 살펴본 *http://www.mvnrepository.com*의 검색 결과를 밑으 로 스크롤하면 기술되어 있다(그림 4-10).

뿐만 아니라 메이븐을 지원하는 여러 자바 통합 개발 환경에서도 메이븐에 추가한 라이브러리의 연관 정보를 시각적으로 보여주는 기능을 제공한다(그림 4-11).

의존성 관리는 이 내용이 전부다. 의존성 관리에 의해서 자동으로 다운받은 라이브러리는 로컬의 메이븐 저장소에 저장된다. 기본 위치는 사용자 홈 디렉터 리 하위의 .m2 디렉터리에 저장되며 설정에 따라서 위치를 변경할 수 있다.

Compile Dependencies (14)

Category		Group / Artifact	Version	Updates
		com.ibm.jbatch » com.ibm.jbatch-tck-spi	1.0	✓
XML Processing		com.thoughtworks.xstream » xstream	1.4.7	1.4.8
Logging		log4j » log4j (optional)	1.2.17	2.4.1
AOP		org.aspectj » aspectjrt (optional)	1.8.0	1.8.7
AOP		org.aspectj » aspectjweaver (optional)	1.8.0	1.8.7
JSON Lib		org.codehaus.jettison » jettison	1.2	1.3.7
Logging Bridge		org.slf4j » slf4j-log4j12 (optional)	1.7.7	1.7.12
AOP		org.springframework » spring-aop	4.0.5.RELEASE	4.2.2.RELEASE
Dependency Injection		org.springframework » spring-beans	4.0.5.RELEASE	4.2.2.RELEASE
Dependency Injection		org.springframework » spring-context	4.0.5.RELEASE	4.2.2.RELEASE
Core Utils		org.springframework » spring-core	4.0.5.RELEASE	4.2.2.RELEASE
JDBC Extension		org.springframework » spring-jdbc (optional)	4.0.5.RELEASE	4.2.2.RELEASE
Transactions		org.springframework » spring-tx	4.0.5.RELEASE	4.2.2.RELEASE
		org.springframework.batch » spring-batch-infrastructure	3.0.5.RELEASE	✓

그림 4-10 연관된 라이브러리 확인

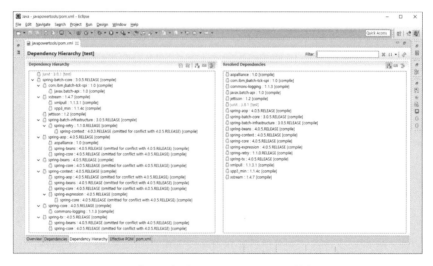

그림 4-11 이클립스 Dependency Hierarchy 화면

이렇게 필요한 라이브러리를 기술하면 연관된 라이브러리까지 모두 다운로드해서 필요할 때 클래스 패스에 추가해 주기 때문에 메이븐을 이용할 때는 최소한 라이브러리 문제로 고생하지 않아도 된다. 또한 오픈 소스 형태로 제공되는 라이브러리 외에 사내 혹은 프로젝트 내에서 관리하는 라이브러리도 동일한 방법으로 관리할 수 있기 때문에 효율적인 프로젝트 관리가 가능하다.

4.3.2 추가 기능

지금까지 기본적인 라이브러리 등록을 통해 연관성을 관리하는 방법을 알아보았다. 이제부터는 좀 더 상세한 속성과 기능들에 대해서 알아보도록 하자.

앞서 연관 관계 관리의 기본을 배우면서 <dependencies> 태그 하위에 연관된 라이브러리별로 <dependency> 태그를 기술하고 라이브러리를 식별하기 위한 키 값인 groupId, artifactId, version을 이용하는 것을 배웠다. 이 외에도 추가적으로 <dependency> 태그에서는 빌드 프로세스와 연관할 수 있는 추가 태그들을 제공하고 있다.

먼저 기억할 것은 version 태그이다. groupId와 artifactId는 라이브러리명을 식별하고 version은 동일한 라이브러리 중 버전에 따른 관리를 제공하는데 표 4-4와 같은 규칙으로 라이브러리를 식별한다.

규칙	내용
1.0	유연한(soft) 요구사항: 버전 정보는 권장 사항일 뿐이며 버전 정보와 가장 유사한 대역의 버전을 연관 라이브러리로 사용
[1.0]	정확한(hard) 요구사항: 버전 정보가 기술한 1.0과 정확히 일치하는 버전 사용
(,1.0]	1.0보다 작은 숫자의 버전 사용
[1.2,1.3]	버전이 1.2 이상 1.3 이하 사이(1.2와 1.3 버전 포함)에 포함되어 있는 버전 사용
[1.0,2.0)	버전이 1.0 이상 2.0 미만 사이(1.0은 포함, 2.0은 미포함) 버전 사용
[1.5,)	1.5보다 큰 버전을 사용
(,1.0],[1.2,)	1.0 버전 혹은 1.2 버전을 사용
(,1.1),(1.1,)	1.1 버전을 제외한 버전을 사용(특정 버전과 충돌이 생기거나 호환이 되지 않을 경우에 기술)

표 4-4 version 태그 작성 규칙

메이븐 코드를 봤다면 주로 첫 번째 열에 있는, 숫자만 기술하는 형태를 보았을 텐데 사용하고자 하는 라이브러리의 버전을 작성하는 방법은 매우 다양하다. 물론 메이븐 중앙 저장소에서 정보를 조회해서 사용하는 경우가 대부분이기 때문에 규칙을 이용해 필요한 버전을 정확히 기술하는 것이 일반적이다.

의존성 관리를 하면서 빼놓을 수 없는 것이 관련 라이브러리를 메이븐에서 어느 범위까지 적용해서 사용할 것인지 정의하는 부분이다. 주로 테스트를 위한 라이브러리를 test 범위로 한정하고 싶을 때는 해당 라이브러리를 제외하도록 정의할 수 있다. 다음은 메이븐에서 사용 가능한 5가지 범위이다.

- compile: 기본값이며 범위를 기술하지 않으면 이 값을 사용한다. 컴파일 범위는 모든 단계, 즉 컴파일, 테스트, 실행, 배포 전체에 클래스 패스로 사용되며 현재 프로젝트와 연관된 다른 프로젝트에도 영향을 준다.
- provided: compile 범위와 매우 유사하지만 컴파일 시점에만 포함되고 배포할 때는 포함되지 않는다. 대표적으로 Servlet API, J2EE API 등과 같이 배포 대상 서버에는 이미 존재하지만 컴파일 시에는 참조가 필요한 경우 사용한다.
- runtime: 컴파일에서는 사용하지 않고 오직 실행과 테스트에만 사용하는 범위이다. 즉 컴파일 시에는 클래스 패스에 잡히지 않는다.
- test: 애플리케이션의 일반적인 사용 요건에는 포함시키지 않고 오직 테스트하는 시점에만 클래스 패스에 포함시킨다. 테스트 애플리케이션을 컴파일하고 테스트를 수행할 때만 클래스 패스에 잡힌다.
- system: 참조하고자 하는 JAR 파일을 메이븐의 저장소에서 찾는 것이 아니라 외부에서 찾는다. 이 범위를 사용하기 위해서는 JAR 파일의 위치를 명시해야 한다.

위의 5가지 항목 중 범위를 기술할 때 가장 많이 사용하는 것은 test 속성이다. test가 아닌 경우 실행과 배포 시에 해당 라이브러리를 제외하기 위해서 사용한다. 아무것도 지정하지 않으면 기본으로 compile 속성이 적용되기 때문에 compile 속성을 특별히 기술하는 경우는 거의 없다.

마지막으로 의존성 관리와 관련해서 알아볼 것은 프로젝트에서 라이브러리를 제외시키는 기능이다. 메이븐에서 하나의 라이브러리를 지정하면 관련된 라이브러리를 자동으로 가져오는데 이때 문제가 발생할 때가 있다. 즉, 내가 원하는 라이브러리가 아닌 다른 버전의 라이브러리가 적용되거나 충돌이 발생하는 라이브러리가 자동으로 프로젝트 범위에 포함될 수 있다. 이를 방지하기 위해서 특정 라이브러리를 프로젝트에서 제외시키도록 정의할 수 있다.

소스 4-8 라이브러리 예외 예 1

```
<project xmlns="http://maven.apache.org/POM/4.0.0"
    xmlns:xsi="http://www.w3.org/2001/XMLSchema-instance"
    xsi:schemaLocation="http://maven.apache.org/POM/4.0.0
            http://maven.apache.org/xsd/maven-4.0.0.xsd">
    ...
    <dependencies>
        <dependency>
            <groupId>org.apache.maven</groupId>
```

```
            <artifactId>maven-embedder</artifactId>
            <version>2.0</version>
            <exclusions>
                <exclusion>
                    <groupId>org.apache.maven</groupId>
                    <artifactId>maven-core</artifactId>
                </exclusion>
            </exclusions>
        </dependency>
        ...
    </dependencies>
    ...
</project>
```

소스 4-8은 org.apache.maven 라이브러리를 프로젝트에서 사용하지만 maven-embedder만 사용하고 maven-core는 제외시키겠다는 것을 의미한다.

경우에 따라서는 자동으로 연결되어서 사용하는 라이브러리를 아예 사용하지 못하도록 할 때에도 사용할 수 있다. 소스 4-9와 같이 선언한 라이브러리 외에 모든 라이브러리를 제외하겠다고 지정하면 연관 라이브러리를 다운로드하지 않고 참조하지도 않는다.

소스 4-9 라이브러리 예외 예 2

```
<project xmlns="http://maven.apache.org/POM/4.0.0"
    xmlns:xsi="http://www.w3.org/2001/XMLSchema-instance"
    xsi:schemaLocation="http://maven.apache.org/POM/4.0.0
    http://maven.apache.org/xsd/maven-4.0.0.xsd">
    ...
    <dependencies>
        <dependency>
            <groupId>org.apache.maven</groupId>
            <artifactId>maven-embedder</artifactId>
            <version>3.1.0</version>
            <exclusions>
                <exclusion>
                    <groupId>*</groupId>
                    <artifactId>*</artifactId>
                </exclusion>
            </exclusions>
        </dependency>
        ...
    </dependencies>
    ...
</project>
```

위의 소스 코드는 연관된 라이브러리가 너무 많아서 프로젝트에 오히려 혼란을 일으킬 것 같을 때 사용하면 유용하다. 프로젝트에서 클래스 패스에 잡히는 라이브러리를 직접 pom에 등록하고 싶은 경우에도 사용할 수 있다. 하지만 이 방식은 개발자가 pom.xml에 라이브러리를 모두 등록해야 하며 메이븐의 자동 라이브러리 관리 기능 중 큰 기능을 사용할 수 없게 된다.

4.3.3 의존성 검증

자바 라이브러리들은 상호 참조 혹은 순환 참조가 많이 발생하기 때문에 pom.xml 파일 내에 정의된 라이브러리 설정 정보를 검증할 필요가 있다. 또한 내가 설정한 정보가 제대로 맞는지 확인하는 작업도 필요하다. mvn dependency 명령을 이용해서 이러한 작업을 처리할 수 있다.

mvn dependency 골도 다음과 같이 세부적으로 나뉜다.

- mvn dependency:analyze 연관 관계를 분석해 준다. 분석한 이후 의존성 설정에 문제가 있을 때 문제 내용을 결과로 출력해 준다.
- mvn dependency:analyze-duplicate 의존성 정의 중 중복된 내용을 확인해 준다. 중복 선언을 하는 경우가 많지 않을 거라 생각하지만 메이븐은 선언한 라이브러리와 연관된 라이브러리도 동시에 참조하기 때문에 이로 인한 중복이 발생할 수 있다.
- mvn dependency:resolve 의존성과 관련된 문제를 해결한다.
- mvn dependency:resolve-plugin 모든 플러그인과 관련된 문제를 해결한다.
- mvn dependency:tree 정의되어 있는 의존성 정보를 트리 형태로 표현해 준다.

간단한 프로젝트를 개발하고 있다면 pom.xml 파일이 방대하지 않고 의존성 문제 역시 복잡하지 않을 것이다. 그럴 때는 의존성으로 인해 문제가 발생하지 않고 설령 발생하더라도 손쉽게 해결이 가능할 것이다. 하지만 소프트웨어를 여러 모듈로 분리하게 되면 하나의 공통 POM을 여러 POM들이 상속받아서 재정의하게 되는데 이때 디펜던시와 관련해서 문제가 많이 발생한다. 이럴 때 위의 기능을 이용하면 문제 원인들을 쉽게 파악할 수 있다.

4.4 넥서스를 이용한 저장소 관리

메이븐의 핵심 기능 중 하나인 라이브러리 관리 기능은, 내부적으로는 로컬 서버의 특정 위치에 pom.xml에 정의한 라이브러리와 연관 라이브러리를 다운받아서 컴파일이나 실행 시에 참조하도록 하고 있다. 또한 로컬 저장소에 저장되는 라이브러리는 메이븐이 공식적으로 관리하고 있는 원격 저장소에 접속해서 다운로드하는 방식을 취하고 있다.

이번 절에서는 저장소의 개념을 이해하고 실제 프로젝트에서 사용할 때 고려해야 할 부분과 함께 사내에서 별도의 공용 저장소를 관리하기 위한 방법에 대해서 알아보도록 하겠다.

4.4.1 저장소 이해

메이븐은 연관된 라이브러리를 관리하고 공유하기 위해서 저장소라는 개념을 사용하고 있다. 저장소는 메이븐 프로젝트를 실행시킬 때 필요한 라이브러리를 저장하는 장소일 뿐만 아니라 내가 현재 개발하고 있는 프로젝트를 다른 사람 혹은 다른 프로젝트와 공유하기 위해서 배포하는 저장소의 역할도 수행한다. 소스 코드나 라이브러리를 형상 관리 서버를 이용해 공유하는 것이 일반적인 방식이라면, 메이븐을 기반으로 하는 프로젝트에서는 라이브러리는 메이븐 저장소를 이용하고 형상 관리 서버는 오직 소스 코드 관리만을 전담하도록 역할을 분담할 수 있다. 메이븐에서는 다음 3가지 형태의 저장소를 제공하고 있다.

- 로컬 저장소: 로컬 서버에서 사용하는 저장소이다. 최초에는 아무런 라이브러리도 존재하지 않지만 pom 파일을 실행할 때마다 필요한 라이브러리를 원격 저장소에서 받아서 이곳에 저장하게 된다. 한번 저장된 라이브러리는 다시 다운받지 않고 로컬 저장소에 있는 것을 참조해서 실행하게 된다.
- 사설 저장소: 메이븐에서 제공하는 저장소 외에 회사 혹은 프로젝트 내에서 공유 목적으로 사용하는 저장소이다. 외부에는 오픈할 필요가 없고 내부에서 공유하는 목적으로 사용할 때 유용하며 개발된 라이브러리를 저장소에 업로드할 수 있다.
- 중앙 저장소: 메이븐에서 제공하는 중앙 저장소이다. 특별히 저장소 위치를 지정하지 않으면 이 저장소를 기본 값으로 사용한다. 라이브러리를 다운받는 용도로 주로 사용되며 업로드해서 공유하는 목적으로는 사용할 수 없다.

그림 4-12는 메이븐 저장소의 구조를 표현한 것이다. 제일 밑에 있는 'Users' 부분이 바로 로컬의 개발자 PC에서 일어나는 일이고 저장소 관리자(Repository Manager)를 통해 중앙 저장소에 접근하게 된다. 또한 중앙 저장소 역시 등록이 허용된 프로젝트로부터 라이브러리를 받아서 관리한다.

로컬 저장소는 중앙 저장소 외에도 사설 저장소(Independent public repositories)와 연계할 수도 있다.

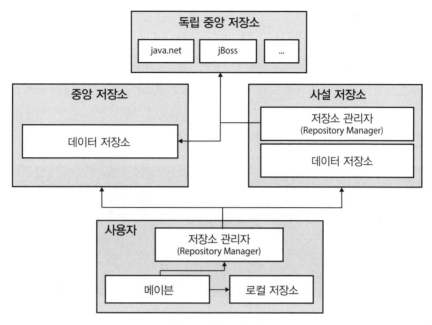

그림 4-12 메이븐 저장소 구조

이제 자신의 로컬 개발 환경에 저장되는 저장소가 아니라 원격지에 떨어져 있는 개발 PC 간의 공유를 위한 메이븐 저장소에 대해서 알아보자. 메이븐 저장소를 원격으로 이용하기 위해서는 인터넷 망으로 연결된 중앙 저장소를 이용하는 방법과 회사 내부 혹은 프로젝트 내부에서만 사용할 목적의 인트라넷 망으로 연결된 사설 저장소를 이용하는 방법이 있다.

사설 저장소를 사용하기 위해서는 메이븐과 연동해서 저장소 역할을 수행하는 소프트웨어를 설치해야 한다. 대표적으로 소나타입(Sonatype) 사에서 제공하는 넥서스(NEXUS)[3]와 제이프로그(JFrog) 사에서 제공하는 아티팩토리(Artifactory)[4] 등이 있다. 여기서는 넥서스를 이용할 것이다. 넥서스는 무료 소프트웨어이며 저장소로서 가장 높은 점유율을 가지고 있다. 그리고 인터넷 등을 통해 가장 쉽게 정보를 얻을 수 있는 소프트웨어이기 때문에 향후 운영하거나 관리할 때 가장 많은 도움을 받을 수 있다.

---

3   *http://nexus.sonatype.org*에서 자세한 내용을 확인할 수 있다. 오픈 소스지만 기능이 추가된 버전은 상용으로 판매하고 있다.

4   *https://www.jfrog.com/open-source*

4.4.2 로컬 저장소

메이븐을 실행하면 많은 JAR 파일이 다운로드되고 한번 다운로드된 JAR 파일은 반복적으로 다운받지 않고 로컬에 저장되어 있는 파일을 참조해서 사용한다. 이렇게 로컬에 저장된 위치를 로컬 저장소라고 하는데, 위치는 홈디렉터리 하위의 .m2 디렉터리가 기본값이다. 이 디렉터리를 살펴보면 하위의 repository 디렉터리에서 그동안 다운받은 파일들을 볼 수 있다(그림 4-13).

```
ykchang@javatools: ~/.m2/repository
ykchang@javatools:~/.m2/repository$ ls
antlr                    commons-beanutils     commons-logging    net
aopalliance              commons-chain         commons-validator  org
asm                      commons-cli           dom4j              oro
avalon-framework         commons-codec         javax              sslext
backport-util-concurrent commons-collections   jdom               xerces
biz                      commons-digester      junit              xml-apis
classworlds              commons-io            log4j              xmlpull
com                      commons-lang          logkit
ykchang@javatools:~/.m2/repository$
```

그림 4-13 .m2 디렉터리

그런데 메이븐을 사용하다 보면 이 로컬 저장소가 계속 커진다. 특히 리눅스/유닉스처럼 여러 사람이 사용하는 환경에서는 로그인한 사용자별로 별도 로컬 저장소가 생성되기 때문에 비효율적이면서 디스크 공간도 많이 소모된다. 이를 방지하기 위해 메이븐에서는 로컬 저장소의 위치를 변경해서 모든 사용자가 공유할 수 있도록 설정할 수 있다[5].

메이븐을 설치한 디렉터리 하위에 있는 conf/settings.xml을 보면 소스 4-10 과 같은 내용이 있다(필자 기준으로 /system/tools/apache-maven-3.3.3/conf 에 있다).

소스 4-10 settings.xml

```xml
<?xml version="1.0" encoding="UTF-8"?>
<settings xmlns="http://maven.apache.org/SETTINGS/1.0.0"
          xmlns:xsi="http://www.w3.org/2001/XMLSchema-instance"
          xsi:schemaLocation="http://maven.apache.org/SETTINGS/1.0.0 http://
maven.apache.org/xsd/settings-1.0.0.xsd">
  <!-- localRepository
   | The path to the local repository maven will use to store artifacts.
   |
   | Default: ${user.home}/.m2/repository
  <localRepository>/path/to/local/repo</localRepository>
```

---

5 유닉스/리눅스에서 로컬 저장소 위치를 바꾸면 디렉터리 권한 문제로 제대로 안될 수도 있다. 권한 부분을 먼저 관리하고 옮기는 것이 좋다

```
-->
...
</settings>
```

위의 설정 파일 내용을 살펴보면 localRepository를 지정하는 부분이 주석으로 막혀 있고 설명에 기본 저장소 위치를 지정한 것을 볼 수 있다. 여기서 특정한 위치를 지정하려면 소스 4-11과 같이 수정해 주면 된다.

소스 4-11 settings.xml(수정)

```
<?xml version="1.0" encoding="UTF-8"?>
<settings xmlns="http://maven.apache.org/SETTINGS/1.0.0"
          xmlns:xsi="http://www.w3.org/2001/XMLSchema-instance"
          xsi:schemaLocation="http://maven.apache.org/SETTINGS/1.0.0 http://
maven.apache.org/xsd/settings-1.0.0.xsd">
  <!-- localRepository
   | The path to the local repository maven will use to store artifacts.
   |
   | Default: ${user.home}/.m2/repository
-->
  <localRepository>/opt/maven/repository</localRepository>
...
</settings>
```

위와 같이 저장하면 앞으로 다운받는 라이브러리는 /opt/maven/repository에 저장된다.

로컬 저장소의 위치를 변경하게 되면 메이븐은 다운로드한 라이브러리가 없는 것으로 판단하고 처음부터 라이브러리를 다시 다운로드하게 된다. 이 과정을 피하기 위해서는 기존 로컬 저장소의 라이브러리 정보를 모두 새로운 저장소 디렉터리 위치로 이동시키면 된다.

4.4.3 넥서스 이해 및 설치

처음 메이븐으로 개발 업무를 시작하려고 하는 기업의 가장 큰 거부감은 인터넷에서 라이브러리를 다운로드해야 한다는 점이다. 얼핏 들으면 당연한 것 같아 보이지만 그렇게 쉬운 문제가 아니다. 다음과 같은 것을 고려할 필요가 있다.

- 일반적으로 기업용 데이터 센터에 존재하는 서버들은 인터넷에 연결되어 있지 않다. 그러므로 서버에서 메이븐을 실행할 때 라이브러리를 인터넷에서 다운로드해야 하는 구조는 인프라 운영자들을 설득하기 어려운 부분이다.
- 금융업의 경우 망분리 규정에 따라 개발 및 서비스 업무를 위한 서버뿐만 아니라 개발 PC도 인터넷 접근을 차단하고 있다.

- 기타 국가 기간 산업, 정부 기관, 제조업 등에서도 이를 통제하는 경우가 많다.
- 메이븐의 중앙 저장소를 이용해서 내부 프로젝트의 라이브러리를 공유할 수 없다.

이처럼 인터넷 접속에 대한 제약이 심한 곳이 많기 때문에 메이븐을 사용하기 위해서는 이러한 사내 정책적인 문제를 먼저 해결해야 하며, 이때 사설 저장소를 이용해서 해결하는 방법을 고려해야 한다.

이러한 보안적인 측면뿐만 아니라 메이븐 프로젝트의 결과물을 상호 공유할 필요도 생긴다. 물론 형상 관리를 통해서 공유가 가능하지만 만일 내부 공용 라이브러리거나 공용 모듈이라면 이를 메이븐 저장소에 반영하고 pom.xml 파일을 참조해서 사용하도록 하는 방법도 매우 유용하다.

넥서스를 이용한 사내 저장소를 구축하게 되면 그림 4-14와 같은 시스템 구성을 갖추게 된다.

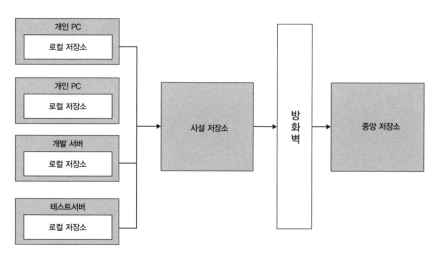

그림 4-14 사설 저장소 적용 후의 구조

사설 저장소를 구축하면 생기는 가장 큰 차이점은 각각의 개인 PC와 서버들이 인터넷망을 이용해서 중앙 저장소에 접속하는 것이 아니라 인트라넷에 구축되어 있는 사설 저장소를 통해 모든 작업을 수행하게 된다는 점이다. 넥서스와 같은 사설 저장소를 운영하게 되면 얻을 수 있는 장점은 다음과 같다.

- 빌드 속도를 높인다: 연관 라이브러리를 확인하고 다운로드할 때 인터넷을 통하는 것보다 인트라넷을 통하는 것이 속도가 빠르다. 특히 스냅샷 버전

의 라이브러리와 연관되었을 경우 라이브러리 변경을 확인하기 위해서 중앙 저장소로 변경 여부를 계속 체크하게 되는데 이는 상당한 속도 저하 요인이 된다.

- 네트워크 부하를 줄인다: 앞에서 설명한 것과 같이 인터넷을 통한 라이브러리 관리는 상당한 네트워크 부하를 유발시킨다. 일반적으로 인트라넷망은 기가비트망 혹은 100메가비트망으로 구축되어 있고, 부하에 따라 비용이 증가하지 않기 때문에 네트워크 소모를 줄일 수 있다.

- 서드 파티 라이브러리를 관리할 수 있다: 보안이나 특정 솔루션과 연계된 라이브러리는 중앙 저장소에서 관리하지 않는 경우가 많이 있다. 특히 특정 회사 전용으로 만들어진 라이브러리는 더더욱 그렇다. 사설 저장소를 통해 이러한 라이브러리를 관리하고 서비스할 수 있다.

- 내부 개발자들끼리 협업할 수 있다: 사설 저장소를 통해 개발자 간의 관련 라이브러리를 공유하고 이를 사용할 수 있다.

이 외에도 더 많은 장점이 있지만 가장 대표적으로 얻을 수 있는 장점은 위의 4가지 요소들이다. 이제 사설 저장소를 설치해서 사용해 보자.

사설 저장소 역할을 하는 넥서스는 서블릿 엔진을 기반으로 동작하는 자바 애플리케이션으로 넥서스 홈페이지에서 다운받아서 웹 애플리케이션 서버에 배포하면 바로 사용할 수 있다. 넥서스는 2가지 에디션이 있다. 이 책에서는 OSS 에디션을 이용할 것이다.

- 넥서스 OSS: 무료(Eclipse Public License)로 사용할 수 있으며 사설 저장소 구축을 위한 대부분의 기능을 제공한다.

- 넥서스 Pro: 상용으로 구입해서 사용해야 하며 OSS 버전에 추가적으로 가용성과 협업 기능, 보안 기능 및 계정/권한 관리 기능이 강화되어 있다.

- 넥서스 Pro+: Nexus Pro 버전에 컴포넌트 생산 주기를 관리하는 Nexus Lifecycle 도구가 포함되어 있는 버전이다.

기술 지원 등을 고려할 때 기업에서 사용하기 위해서는 넥서스 Pro를 사용하는 것도 고려할 수 있지만 넥서스 OSS만으로도 충분히 구축과 운영이 가능하다. 넥서스 OSS의 ZIP 버전을 다운로드하고 압축을 해제하면 끝이다. 추가적으로 고려할 것은 다음과 같다.

- 넥서스 내부에 포함되어 있는 Jetty 서블릿 엔진으로 서비스 실행
- 별도의 서블릿 엔진(톰캣, JBoss, 웹로직) 등에 배포해서 서비스 실행

간단한 테스트 목적이라면 Jetty 서블릿 엔진으로도 충분하지만 전체 프로젝트 인원 혹은 회사 전체 직원이 사용해야 한다면 Jetty보다 좀 더 안정적인 서블릿 엔진을 선택하는 것이 좋다. 이 책에서는 2가지 방법 모두 설명할 것이다.

다운로드한 파일의 압축을 해제하도록 하자. 필자는 우분투 서버의 /system 하위 디렉터리에 압축을 해제했고 그 결과 /system/nexus-2.11.4-01-bundle[6]에 압축 해제한 파일들이 생성되었다. 압축을 해제한 디렉터리를 보면 다음과 같이 두 개의 서브 디렉터리가 있는 것을 확인할 수 있다.

- nexus-2.11.4-01: Nexus 엔진 및 실행 파일이 존재하며 Nexus의 홈 디렉터리다.
- sonatype-work: Nexus를 통해 다운받는 라이브러리 및 각종 설정 파일들이 저장되는 위치이다.

내용을 진행하면서 2개의 디렉터리에 대해 천천히 알아볼 것이다. 꼭 기억해야 할 것은 nexus-2.11.4-01은 엔진 영역으로 주로 서비스 시작/종료 작업을 하고 sonatype-work는 데이터가 저장되는 영역이라는 점이다.

이제 2개의 디렉터리 중 nexus-2.11.4-01 디렉터리를 운영체제의 환경 설정 변수인 NEXUS_HOME에 추가하도록 하자. 유닉스/리눅스 환경에서는 다음과 같이 추가하면 된다.

```
NEXUS_HOME=/system/nexus-2.11.4-01
export NEXUS_HOME
```

윈도우의 경우 [제어판]-[시스템]-[고급 시스템 설정]의 [고급] 탭에 있는 [환경 변수]를 클릭하고 NEXUS_HOME 속성을 생성하면 된다. 필요하면 디렉터리를 좀 더 단순화해도 된다. 예를 들어 다음과 같은 명령을 이용해서 리눅스의 /usr/local 디렉터리 하위에 nexus라는 디렉터리로 이동해서 이 부분을 NEXUS_HOME으로 잡을 수도 있다.

---

6 디렉터리 위치는 자유롭게 지정하면 된다. 리눅스의 경우 /usr/local 디렉터리를 선호하는 경우도 많다.

이제 넥서스를 실행하기 위해서 다음 명령을 실행하자.

```
cd $NEXUS_HOME (넥서스 설치 위치로 이동. 설치한 환경마다 다르다)
./bin/nexus start
```

실행하면 정상적으로 넥서스가 실행되었다는 메시지를 확인할 수 있다(그림 4-15).

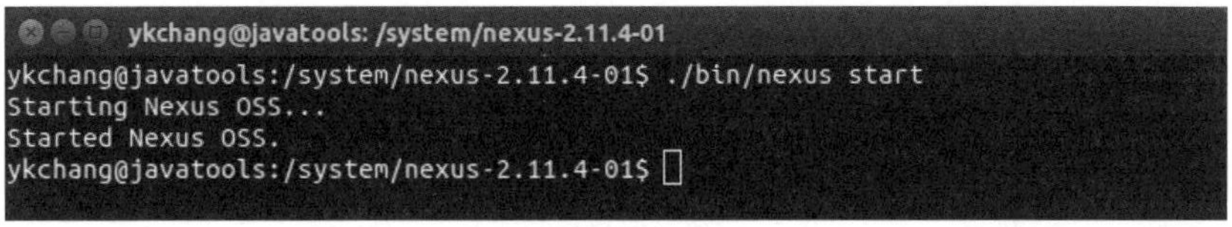

그림 4-15 넥서스 실행

nexus start 외에도 stop, restart 등의 명령을 이용해서 넥서스 데몬을 관리할 수 있다. 실행 후에 확인해야 할 몇 가지 정보는 다음과 같다.

- 실행된 데몬의 로그 파일은 $NEXUS_HOME 디렉터리 하위에 logs 디렉터리에 생성이 되며 파일 이름은 wrapper.log이다. wrapper.log를 통해 넥서스가 제대로 실행되었는지 확인할 수 있다.
- 넥서스가 내장하고 있는 Jetty 서블릿 엔진의 포트 번호는 8081번이다. 웹 브라우저 접속 시 해당 포트 번호를 이용해야 한다. 리눅스의 경우 netstat -an | grep 8081 명령으로 8081 포트가 Listen 상태인지 확인하는 것도 좋은 방법이다.

모든 것이 정상이면 넥서스에 접속하도록 하자. 넥서스 접속 URL은 넥서스가 설치된 IP에 8081 포트, 애플리케이션명은 nexus를 이용한다. 필자의 PC에서는 다음과 같다.

```
http://192.168.0.15:8081/nexus
```

위의 URL로 접속하면 그림 4-16과 같은 초기화면을 볼 수 있다.

넥서스의 초기화면은 아무런 메뉴 없이 넥서스에서 관리하는 프로젝트 정보를 조회할 수 있는 기능 정도만 있다. 상세한 작업을 위해서는 로그인을 해야 하며 로그인한 사용자의 권한에 따라서 메뉴가 표시된다.

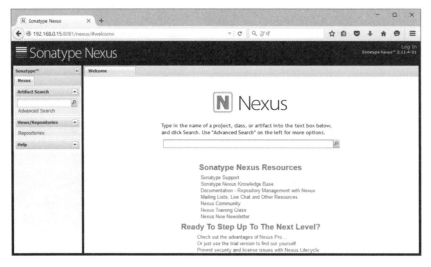

그림 4-16 넥서스 초기 접속 화면

4.4.4 넥서스 설정 작업

초기 설치를 완료하였다면 다음으로 넥서스에 접속하기 위한 사용자 관리를 해야 한다. 사용자 관리는 하나의 대표 아이디를 이용해서 여러 명이 공유하는 방법도 있고 개인별로 계정을 부여해서 연계하는 방법도 있다. 일반적으로 서버간의 연계는 공용 계정, 개발자가 사용하는 PC에서의 접속은 개인 계정을 이용하는 것이 보안이나 관리 측면에서 유리하다.

넥서스는 기본적으로 관리자 계정과 배포를 위한 계정, 그리고 불특정 다수를 위한 계정을 각각 하나씩 제공하고 있다. 먼저 화면의 오른쪽 상단에 [Log In] 버튼을 클릭하면 다음과 같이 로그인 창이 나타나는데 초기 관리자 아이디는 'admin' 비밀번호는 'admin123'이다.

그림 4-17 로그인 화면

로그인을 한 후 가장 먼저 할 일은 넥서스에 기본으로 포함되어 있는 계정의 비밀번호를 변경하는 것이다. admin 계정뿐만 아니라 기본 배포용 계정인 deployment의 비밀번호도 반드시 변경해야 한다. 기본 계정의 비밀번호를 그대로 유지하게 되면 그만큼 보안상의 문제가 발생한다.

사용자 관리 및 비밀번호 관리는 admin으로 로그인한 후 화면 왼쪽에 있는 [Security]-[Users]를 선택하면 된다. 그러면 그림 4-18과 같이 현재 등록되어 있는 사용자의 목록과 권한 정보, 그리고 사용자에 대한 상태 정보 등을 확인할 수 있다.

비밀번호를 변경하기 위해서는 사용자 목록에서 원하는 사용자를 선택하고 마우스 오른쪽 버튼을 클릭한 다음 [Set Password]를 선택하면 된다.

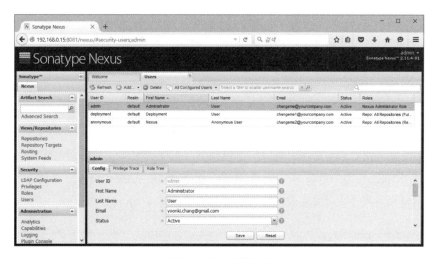

그림 4-18 넥서스 사용자 관리

필요에 따라서 사용자 상태(Status)를 'Disable'로 변경해서 넥서스에 로그인하지 못하도록 막아야 할 때도 있다. 대표적으로 anonymous 계정은 특별한 이유가 없다면 'Disable'로 변경해서 사용하지 못하도록 하는 것이 좋다.

넥서스는 메이븐 중앙 저장소와 아파치 저장소, Codehaus 저장소가 프록시 형태의 저장소로 설정되어 있다. 이 3개의 저장소는 많은 라이브러리를 관리하고 있으며 자바 개발 프로젝트에서 사용하는 거의 대부분의 라이브러리를 포함하고 있다. 그러므로 설치 이후에 이 3개의 저장소에서 라이브러리에 대한 인덱스 정보를 받아오도록 설정을 변경하는 것이 좋다. 이렇게 인덱스를 받아놓으면 보다 빠르게 메이븐을 사용할 수 있다. 설정 작업은 [View/Repositories]-[Repositories] 메뉴에서 [Apache Snapshots], [Central], [Codehaus Snapshots]을 각각 선택하고 [Configuration] 탭에서 'Download Remote Index' 항목을 'True'로 변경한다.

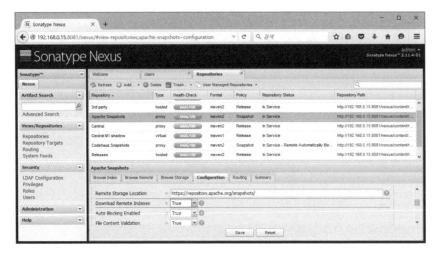

그림 4-19 인덱스 다운로드 속성 변경

4.4.5 라이브러리 공유

사용자에 대한 작업을 완료하였으면 이제 넥서스의 저장소 정보를 이해해야 한다. 넥서스에 로그인한 후에 화면 왼쪽에 있는 [Repositories] 메뉴를 선택하면 현재 넥서스에 정의되어 있는 저장소 정보를 확인할 수 있다(그림 4-20).

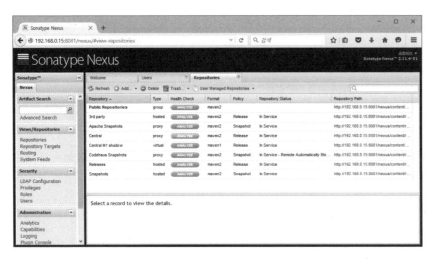

그림 4-20 넥서스 저장소 목록

화면의 내용 중 유심히 봐야 하는 것은 [Repository]의 유형(Type)으로 위의 그림에서 보는 것과 같이 'group', 'hosted', 'proxy', 'virtual'이 있다. 각 유형의 의미는 다음과 같다.

- group: 여러 개의 메이븐 저장소를 하나로 통합하여 보여준다. 여러 개의 접속 정보를 넥서스를 통해 하나로 접근할 수 있도록 한다.
- hosted: 넥서스에서 관리하는 저장소로, 다른 유형과는 다르게 라이브러리를 직접 등록하고 관리할 수 있는 영역이다.
- proxy: 외부에 있는 메이븐 저장소를 의미하며 넥서스가 연계할 수 있도록 프록시 역할만 한다.
- virtual: 가상의 저장소를 의미하며 주로 hosted 유형의 저장소에 추가로 접근할 수 있는 경로를 제공한다.

처음 넥서스를 사용하게 되면 많은 저장소 정보 목록 때문에 혼란스러움을 겪게 된다. 그러나 실행 과정과 절차를 이해하면 그리 복잡하지 않다. 일단 기본적으로 알아야 하는 것은 다음 3가지이다.

- Public Repositories: 연관 라이브러리를 다운로드하기 위한 URL이다. group 형태이기 때문에 저장소 내부적으로는 여러 개의 프록시와 hosted 형태의 저장소를 포함하고 있다. 메이븐에서 넥서스를 통하지 않고 사용할 경우 연계되는 저장소이다.
- Releases: 'Release'로 구분되어 있는 라이브러리를 배포하기 위한 사설 저장소이다.
- Snapshots: 'Snapshots'로 구분되어 있는 라이브러리를 배포하기 위한 사설 저장소이다.

위의 3가지 저장소 정보를 가지고 메이븐과 연계해서 작업을 진행해 보자. 넥서스 설치가 완료되었으면 다음으로 메이븐이 연관된 라이브러리를 다운로드하는 위치 정보를 메이븐의 중앙 저장소에서 넥서스로 구축한 사설 저장소로 변경해야 한다. 이 변경 작업은 메이븐 설치 디렉터리에 있는 conf/settings.xml 파일에 소스 4-12의 내용을 추가하면 된다. 이미 넥서스를 설치하기 전에 메이븐을 사용한 적이 있다면 홈 디렉터리에 있는 .m2/setting.xml 파일에도 동일한 설정을 반영해야 한다.

소스 4-12 settings.xml

```
<?xml version="1.0" encoding="UTF-8"?>
<settings xmlns="http://maven.apache.org/SETTINGS/1.0.0"
          xmlns:xsi="http://www.w3.org/2001/XMLSchema-instance"
          xsi:schemaLocation="http://maven.apache.org/SETTINGS/1.0.0 http://
```

```
maven.apache.org/xsd/settings-1.0.0.xsd">
  ...
  <servers>
    <!-- 넥서스 저장소 중 Releases 저장소 정보를 지정 -->
    <server>
      <id>Releases</id>
      <username>deployment</username>          ❶
      <password>xxxxxxxx</password>
    </server>

    <!-- 넥서스 저장소 중 Snapshot 저장소 정보를 지정 -->
    <server>
      <id>Snapshots</id>
      <username>deployment</username>          ❷
      <password>xxxxxxxx</password>
    </server>
  </servers>
  ...
  <mirrors>
    ...
    <!-- 메이븐에서 사용할 저장소 접속 정보 -->
    <mirror>
      <id>Nexus</id>
      <mirrorOf>*</mirrorOf>                                              ❸
      <url>http://192.168.0.15:8081/nexus/content/groups/public/</url>
    </mirror>
    ...
  </mirrors>
  ...
</settings>
```

위의 소스 코드와 같이 최초에는 아무것도 없는 settings.xml에 <server> 항목
(❶,❷)과 <mirror> 항목(❸)을 추가하였다. 이 중에서 <mirror> 항목은 저장소에
서 라이브러리를 다운로드하기 위한 정보로, 앞서 살펴본 'Pulbic Repositories'
를 지정하며, <url> 정보는 본인이 설치한 넥서스 정보에 맞게 변경하면 된다.
URL 정보는 넥서스 화면에 로그인해서 [Views/Repositories]-[Repositories] 메
뉴를 선택한 다음 'Public Repositories' 부분에 표시된 해당 URL을 복사해도
된다.

다음은 <server> 태그로 관련된 저장소의 목록을 기입한다. 'Relase'용과
'Snapshot'용 2개를 이용할 것이며 해당 저장소에 자원을 업로드하기 위하여 계
정 정보를 입력해야 한다.

이제 메이븐 명령을 실행시켜 보면 라이브러리를 원격에서 다운로드하는 것
이 아니라 넥서스에 접속해서 다운로드하는 것을 확인할 수 있다(그림 4-21).

그림 4-21 Nexus를 이용한 메이븐 사용

4.4.6 라이브러리 업로드

넥서스를 사용하면 원격 저장소를 대신할 수 있다는 점도 좋지만 무엇보다도 내부적으로 관리해야 하는 라이브러리를 등록할 수 있다는 것이 큰 장점이다. 메이븐 중앙 저장소에 저장되어 있는 라이브러리는 매우 범용적이며 이름이 잘 알려진 것들을 모아놓은 것으로, 내부 프로젝트에서 제작되는 라이브러리는 메이븐 중앙 저장소에 업로드할 수 없다. 그러므로 회사 내에서 만들어지는 많은 공통 라이브러리 및 표준 유틸리티들을 넥서스에 등록해서 사용하면 메이븐 기반의 프로젝트에서 매우 효율적으로 라이브러리를 관리할 수 있다.

이러한 라이브러리를 저장소에 등록하고 관리하는 것을 메이븐에서는 저장소 관리자(Repository Manager)라고 부르며 간단히 mvn deploy 명령으로 라이브러리에 등록할 수 있다.

이러한 작업을 위해서는 앞에서 메이븐의 settings.xml에 설정을 완료한 다음 메이븐 프로젝트의 pom.xml 파일에 배포할 저장소 정보를 지정해야 한다. 소스 4-13과 같이 Release 정보와 Snapshot 정보를 지정할 수 있으며 URL 정보는 설치한 넥서스 정보에 맞게 설정하자.

소스 4-13 pom.xml

```xml
<?xml version="1.0" encoding="UTF-8"?>
<project
    xmlns="http://maven.apache.org/POM/4.0.0"
    xmlns:xsi="http://www.w3.org/2001/XMLSchema-instance"
    xsi:schemaLocation="http://maven.apache.org/POM/4.0.0 http://maven.apache.
                          org/maven-v4_0_0.xsd">

    ....
    <distributionManagement>
        <repository>
            <id>Releases</id>
            <name>my Releases Repository</name>
            <url>http://192.168.0.15:8081/nexus/content/repositories/releases/</url>    ❶
        </repository>
        <snapshotRepository>
            <id>Snapshots</id>
            <name>my Snapshots Repository</name>
            <url>http://192.168.0.15:8081/nexus/content/repositories/
                snapshots/</url>                                                       ❷
        </snapshotRepository>
    </distributionManagement>
    ...
</project>
```

이 때 <Repository> 태그(❶)와 <snapshotRepository>(❷) 태그 하위에 있는 <id>
값은 반드시 소스 4-12에 있는 <server> 태그의 <id> 값과 일치시켜야 한다. 그래
야 메이븐에서 해당 저장소에 대한 계정 정보를 연계해서 처리하게 된다.

　모든 설정이 완료되었다면 pom.xml 파일이 있는 디렉터리에서 mvn deploy
명령을 이용해서 패키징된 결과물을 넥서스에 저장해 보자. 실행된 결과는 그림
4-22와 같다.

그림 4-22 mvn deploy 실행 결과

위의 그림을 보면 로그의 Uploaded 부분을 통해 pom.xml에 지정한 업로드 URL로 배포가 이루어졌음 을 확인할 수 있다. 실행 완료 후에 넥서스 화면에서 [Releases] 부분에 있는 저장소를 확인해 보면 패키징된 라이브러리가 포함된 것을 볼 수 있다(그림 4-23).

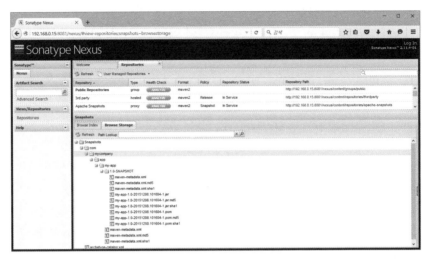

그림 4-23 사설 저장소 업로드 결과

여기서는 넥서스에 대한 아주 기초적인 내용과 간단한 연계 방법을 배웠다. 넥서스는 이 외에도 굉장히 많은 기능이 있다. 자세한 사항은 넥서스 온라인 레퍼런스를 참고하자.[7]

4.5 메이븐 추가 정보 정의

직접적으로 메이븐의 빌드 프로세스에 영향을 주는 것은 아니지만 프로젝트에 대한 정보를 기술하기 위한 다양한 태그들이 제공되고 있다.

먼저 프로젝트에 대한 라이선스를 상세히 기술하기 위한 license 태그를 제공하고 있다(소스 4-14).

소스 4-14 라이선스 기술 예

```
<licenses>
    <license>
        <name>Apache License, Version 2.0</name>
        <url>http://www.apache.org/licenses/LICENSE-2.0.txt</url> ❶
```

---

[7]   *http://books.sonatype.com/nexus-book/2.11/reference/index.html*

```
        <distribution>repo</distribution>
        <comments>A business-friendly OSS license</comments>
    </license>
</licenses>
```

위의 소스 코드와 같이 라이선스에 대한 상세한 법률적 내용은 ❶의 url 태그를 이용해서 웹으로 확인할 수 있도록 하고 대략적인 라이선스명과 설명을 기술하는 것이 일반적이다. 또한 하나의 프로젝트에 여러 라이선스 정책을 가지고 있다면 <license> 태그를 <licenses> 태그 하위에 라이선스 종류만큼 나열해서 기술할 수 있다.

다음으로 프로젝트에 참여한/관여한 조직 정보를 기술할 때는 소스 4-15와 같이 <organization> 태그를 이용한다.

소스 4-15 프로젝트 참여 조직

```
<project xmlns="http://maven.apache.org/POM/4.0.0"
    xmlns:xsi="http://www.w3.org/2001/XMLSchema-instance"
    xsi:schemaLocation="http://maven.apache.org/POM/4.0.0
    http://maven.apache.org/xsd/maven-4.0.0.xsd">
    ...
    <organization>
        <name>Codehaus Mojo</name>
        <url>http://mojo.codehaus.org</url>
    </organization>
</project>
```

가장 많이 사용하는 태그는 이 프로젝트를 개발한 개발자 정보를 기술하는 영역으로 <developers> 태그다. <developers> 태그 하위에는 <developer> 태그가 중복해서 나올 수 있으며 참여한 개발자 수만큼 반복해서 기술할 수 있다. 또한 <developer> 태그에는 개발자들의 이름과 이메일, 홈페이지 정보 외에도 이 프로젝트에서 참여한 역할에 대해서도 정의할 수 있다(소스 4-16).

소스 4-16 개발자 정보 예

```
<project xmlns="http://maven.apache.org/POM/4.0.0"
    xmlns:xsi="http://www.w3.org/2001/XMLSchema-instance"
    xsi:schemaLocation="http://maven.apache.org/POM/4.0.0
    http://maven.apache.org/xsd/maven-4.0.0.xsd">
    ...
    <developers>
        <developer>
            <id>jdoe</id>
            <name>John Doe</name>
            <email>jdoe@example.com<email>
            <url>http://www.example.com/jdoe</url>
```

```
            <organization>ACME</organization>
            <organizationUrl>http://www.example.com</organizationUrl>
            <roles>
                <role>architect</role>
                <role>developer</role>
            </roles>
            <timezone>America/New_York</timezone>
            <properties>
                <picUrl>http://www.example.com/jdoe/pic</picUrl>
            </properties>
        </developer>
    </developers>
    ...
</project>
```

개발자 태그에는 특별한 규칙이 있는 것은 아니지만 반드시 코딩을 하는 개발자를 의미하는 것은 아니며 아키텍트, 프로젝트 매니저 등 다양한 역할을 나열한다.

개발자 정보 외에 프로젝트에 기여한 기여자들을 기술할 때는 <contributors> 태그를 이용한다. 이 태그에는 실제로 프로젝트를 개발하거나 관리한 것은 아니지만 프로젝트를 잘 할 수 있도록 도와준 지원 조직이나 금전적으로 투자를 하거나 도와준 회사 혹은 단체, 개인 등을 작성하기도 한다. 소스 4-17은 <contributors>의 예이다.

소스 4-17 기여자 정보 예

```
<project xmlns="http://maven.apache.org/POM/4.0.0"
    xmlns:xsi="http://www.w3.org/2001/XMLSchema-instance"
    xsi:schemaLocation="http://maven.apache.org/POM/4.0.0
    http://maven.apache.org/xsd/maven-4.0.0.xsd">
    ...
    <contributors>
        <contributor>
            <name>Noelle</name>
            <email>some.name@gmail.com</email>
            <url>http://noellemarie.com</url>
            <organization>Noelle Marie</organization>
            <organizationUrl>http://noellemarie.com</organizationUrl>
            <roles>
                <role>tester</role>
            </roles>
            <timezone>America/Vancouver</timezone>
            <properties>
                <gtalk>some.name@gmail.com</gtalk>
            </properties>
        </contributor>
    </contributors>
    ...
</project>
```

메이븐의 추가 정보는 빌드 프로세스와는 전혀 관련이 없는, 순전히 프로젝트를 설명하기 위한 것이다. 이렇게 많은 추가 정보를 기술할 수 있도록 기본 태그를 제공하는 이유는 어쩌면 메이븐 자체가 선언적 구조를 가지고 있고 단순히 프로젝트 빌드뿐만 아니라 프로젝트 관리의 측면도 많이 고려하고 있기 때문이다. 대부분 잘 기술하지는 않는 영역이지만 프로젝트의 관리라는 측면에서 관리하는 것을 고려해 보자.

4.6 기타 연계 작업

메이븐 역시 많은 시스템과 연계되어 사용되고 있다. 대표적으로 형상 관리 시스템, 버그 트래킹 시스템 등이 있으며 개발 도구와의 연동 역시 필수적이다. 여기서는 형상 관리 시스템 연계와 이클립스 연계를 알아보자.

4.6.1 형상 관리 시스템 연계

형상 관리 연계 작업은 모든 빌드 도구가 갖춰야 할 기본 절차 중 하나이다. 최신의 소스와 라이브러리를 가져오는 것이 빌드의 첫 번째 작업이기 때문이다. 여기에서는 이 책에서 다루고 있는 Git과 서브버전을 연동해서 소스 코드를 내려 받는 방법에 대해서 알아볼 것이다.

메이븐을 기반으로 형상 관리 연계 작업을 할 때는 다음을 고려해서 진행해야 한다.

- 라이브러리는 형상 관리 시스템에서 관리하지 않는다: 메이븐은 라이브러리를 로컬 저장소나 원격 저장소에 별도로 관리하고 있기 때문에 형상 관리 시스템에서 라이브러리를 관리할 필요가 없다. 또 라이브러리 버전 관리로 인해 형상 관리 시스템의 저장소가 비대해지는 것을 방지할 수 있다.
- pom.xml 파일은 어떻게 형상 관리할 것인가?: ANT나 그레이들과 마찬가지로 메이븐 역시 pom.xml 파일이 계속 추가되고 변경되기 때문에 빌드 스크립트 자체에 대한 형상 관리가 필요하다. 서버에서 빌드하는 것과 클라이언트에서 빌드하는 것을 별도로 관리할 필요가 있으며, 경우에 따라서는 다른 빌드 도구와 연동해서 요구 사항을 해결할 필요도 있다.

여기서 특별히 빌드 파일을 형상 관리해야 하는 이유는 메이븐을 실행할 때 참조할 pom.xml 파일 역시 최신으로 유지하는 것이 좋으며, 문제가 발생하면 원상복구할 준비도 해야 하기 때문이다. 뿐만 아니라 빌드 프로세스가 복잡해지면서 과거에는 한 명의 공동 개발자가 pom.xml을 관리했지만 이제는 여러 명의 팀 개발자가 관리하기 때문에 협업을 위해서라도 반드시 필요하다.

그러므로 빌드 절차에 이를 고려해서 정의할 필요가 있다. 때문에 최신 버전의 pom.xml 파일을 형상 관리에서 내려 받아서 이를 호출하는 과정을 거치는 것이 일반적이다. 상세한 내용은 9장 '젠킨스를 이용한 지속적 통합'에서 자세히 알아볼 것이다. 여기서는 절차적인 고려를 제외하고 기술적으로 연계하는 방법을 알아보자.

메이븐에서는 scm 태그를 이용해서 버전 관리 시스템과 연계할 수 있다(소스 4-18).

소스 4-18 SCM 태그 예

```
<project xmlns="http://maven.apache.org/POM/4.0.0"
    xmlns:xsi="http://www.w3.org/2001/XMLSchema-instance"
    xsi:schemaLocation="http://maven.apache.org/POM/4.0.0
    http://maven.apache.org/xsd/maven-4.0.0.xsd">
    ...
    <scm>
        <connection>scm:svn:http://127.0.0.1/svn/my-project</connection>
        <developerConnection>scm:svn:https://127.0.0.1/svn/my-project
        </developerConnection>
        <tag>HEAD</tag>
        <url>http://127.0.0.1/websvn/my-project</url>
    </scm>
    ...
</project>
```

scm 태그의 핵심은 <connection> 태그이다. 이 태그에는 마치 자바의 JDBC URL처럼 접속하기 위한 규칙이 있으며 그 내용은 다음과 같다.

```
scm:[provider]:[provider_specific]
```

위의 규칙에서 보는 것과 같이 scm 다음에 연계하고자 하는 버전 관리 시스템명, 그리고 마지막으로 해당 시스템별 특화된 접속 URL을 기술하면 된다. 위의 소스 코드를 자세히 보면 <connection> 태그 외에 <developerConnection> 태그가 보인다. 이 둘은 문법이 동일하지만 다음과 같은 차이가 있다.

- connection: 형상 관리 시스템에서 조회만 가능하다. 시스템을 변경하지 않도록 제약을 걸 때 사용할 수 있다.

- developerConnection: 개발자 혹은 개발팀에 주어지는 권한으로 형상 관리 시스템에 변경을 가할 수 있다. 형상을 커밋하거나 업데이트할 수 있다.

일반적으로 빌드 프로세스는 형상 관리 시스템에서 관련 소스 코드 및 자원을 내려받아서 사용하기 때문에 connection 태그를 사용하지만 커밋이나 업데이트 권한이 필요하다면 developerConnection 태그를 이용해야 한다.

이외에도 tag 태그와 url 태그가 있다. tag는 형상 관리에서 태깅 기능을 의미하며 URL 기능은 저장소에 접속하기 위한 공용 URL(일반적으로 HTTP)을 의미한다.

형상 관리 시스템은 우리가 생각하는 것 이상으로 많은 소프트웨어 업체에서 다양한 라이선스 조건으로 제공하고 있고 개발자들의 열정이 모여서 오픈 소스 형태로 제공하는 경우도 많다. 그래서 메이븐에서는 형상 관리 소프트웨어 업체들이 메이븐의 scm 태그와 연동해서 기능을 구현할 수 있도록 Maven SCM 기능을 제공하고 있다. 그리고 이렇게 구현된 구현체를 메이븐에서 사용할 수 있도록 Provider Configuration에 SCM 제공자에 대한 정보를 기술해야 한다. 공식적으로 현재 메이븐과 모든 기능이 연계되는 형상 관리 소프트웨어는 다음과 같다. 아마 우리가 많이 사용하는 CVS, 서브버전, Git 등을 모두 확인할 수 있다.

- Bazaar
- CVS
- Git
- Jazz
- 머큐리얼(Mercurial)
- Perforce
- StarTeam
- 서브버전(Subversion)
- CM Synergy

*https://maven.apache.org/scm/scms-overview.html*에 소프트웨어별로 설정 방법이 상세히 기술되어 있으니 참조하자.

4.6.2 이클립스 연계

메이븐이 아무리 좋은 프로젝트 관리 및 빌드 도구라고 해도 개발 도구와 연동이 잘 되어야만 제대로 효과를 얻을 수 있다. 다행히 자바 개발 도구로 유명한이클립스, 넷빈즈, 인텔리제이 IDEA 등에서 완벽하게 지원하고 있다. 자바 개발도구에서 GUI 기반의 메뉴 클릭 작업이나 설정 작업을 하면 메이븐 API를 호출하는 구조여서 개발자는 본인의 개발 환경에 맞춰 매우 편리하게 메이븐 기능을사용할 수 있다.

여기서는 이클립스와 메이븐의 연계 방법에 대해서 알아보자. 이클립스 인디고(indigo) 이전 버전에서는 메이븐이 기본 탑재되어 있지 않았고 별도의 플러그인을 설치해야 했다. 하지만 인디고 버전부터 기본 탑재되어서 바로 메이븐 프로젝트를 생성해서 사용할 수 있게 되었다. 이클립스의 메이븐 플러그인은M2E(Maven to Eclipse)이며, 소나타입에서 이클립스와 메이븐의 통합을 위한기능을 제공해서 이를 기반으로 작성된 플러그인이다.

이클립스에서 [Flie]-[New]-[Other…]를 선택한 다음 메이븐으로 검색하면 3개를 선택할 수 있다(그림 4-24).

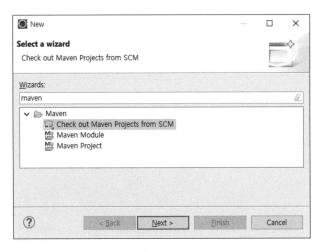

그림 4-24 Maven 프로젝트 생성

일반적으로는 [Maven Project]를 선택하면 메이븐 기반의 자바 프로젝트를 생성할 수 있다. [Check out Maven Projects from SCM] 항목은 형상 관리에 이미 생성되어 있는 메이븐 프로젝트를 이클립스에 다운받아서 프로젝트를 생성할 때 사용한다. 단, 이 기능은 이클립스의 형상 관리 연계 기능을 이용하는 것이 아니라 메이븐에서 제공하는 형상 관리 기능을 이용한다. [Maven Module]

항목은 메이븐 프로젝트 하위에 생성하는 서브 프로젝트 개념이다. 때문에 모
듈 프로젝트를 생성하기 위해서는 사전에 메이븐 프로젝트가 생성되어 있어야
한다. [Maven Project]를 선택하게 되면 프로젝트 생성을 위한 여러 단계가 진
행되는데 이 중에서 관심있게 볼 것은 사전에 프로젝트의 유형이 정의되어 있는
Archtype을 선택하는 화면이다(그림 4-25).

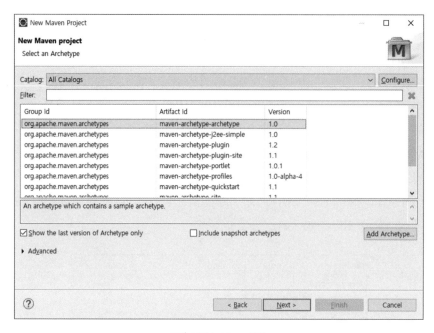

그림 4-25 Archtype 선택

어떤 Archtype을 선택하느냐에 따라 프로젝트 구성에 차이가 생기고 생성되는
pom.xml도 차이가 있다. 목록에 있는 것 외에 사전에 미리 정의한 정보가 있다
면 [Add Archtype]을 클릭하고 추가해서 이용할 수도 있다.

이클립스 자체에도 메이븐이 내장되어 있는데 별도의 설정을 하지 않고 이클
립스에서 메이븐을 실행시키면 내장된 메이븐을 이용해서 실행한다. 그런데 이
클립스가 아닌 명령행으로 실행시킬 경우 이클립스의 내장된 메이븐이 아닌 별
도 설치한 메이븐을 이용해서 실행해야 하며 이 때 메이븐과 관련된 설정이나
환경 그리고 버전이 다를 경우 그 결과가 달라질 수 있다. 이러한 경우를 대비
해서 이클립스에서 내부 메이븐이 아닌 별도 설치한 메이븐을 지정할 수 있다.
[Window]-[Preferences]-[Maven]-[Installations]를 선택하면 설정 창이 나온다
(그림 4-26).

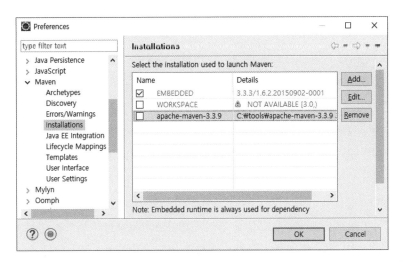

그림 4-26 메이븐 설정 화면

이렇게 설정하고 생성한 메이븐 이클립스 프로젝트를 선택하고 마우스 오른쪽
버튼을 클릭하면 메이븐 관련 메뉴를 확인할 수 있다(그림 4-27). 이 기능을 이
용하면 메이븐의 XML 문법을 정확히 기억하지 못하더라도 도구의 도움을 통해
관리할 수 있다.

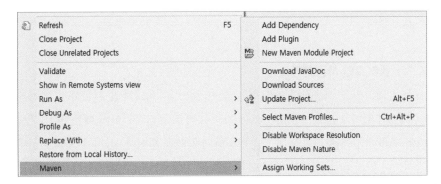

그림 4-27 이클립스 메이븐 메뉴

이클립스에서 메이븐을 연동해서 사용하면 앞서 우리가 배운 모든 내용들을 명
령행이니 설정 등이 아니리 개발틀의 기능을 이용해서 쉽게 할용할 수 있다는
장점이 있다. 메이븐의 많은 기능을 이미 배웠기 때문에 이클립스로 연동해서
사용하는 것은 그리 어렵지 않을 것이다.[8]

---

[8] 자세한 내용은 *http://www.eclipse.org/m2e/index.html*에서 확인할 수 있다.

4.7 메이븐 플러그인

플러그인이라 하면 소프트웨어 기능을 확장하기 위한 것으로, 주로 소프트웨어 제조사가 플러그인 환경을 제공하면 제3의 개인/기업에서 해당 환경을 기반으로 추가적인 기능을 개발·적용하는 것이다. 이클립스에서도 각종 개발 도구와의 연동을 위한 기능을 플러그인으로 제공하고 있다. 메이븐도 마찬가지로 플러그인 기능을 통해서 메이븐과 연계할 수 있는 기능을 제공하며 또한 이 기능을 응용해서 메이븐의 표준 빌드 프로세스를 수정하거나 추가 요구 사항에 대응하고 있다.

메이븐의 프로세스와 구조가 잘 잡혀 있더라도 프로젝트와 빌드는 항상 변하기 마련이다. 이러한 변화와 확장을 위한 요건을 충족하기 위해 메이븐은 플러그인 개념을 제공하고 있다.

단위 테스트 도구, 리포팅 도구 등 많은 프로젝트 관련 도구들이 플러그인 형태로 제공되고 있으며, pom.xml 파일의 `plugins` 태그 내에 사용하기 원하는 플러그인을 선언해서 메이븐의 빌드 프로세스에 기능들을 추가할 수 있다.

메이븐 프로젝트에서 사용 가능성이 높지는 않지만 결국 프로젝트가 커지고 요건이 다양해지면 필수적으로 플러그인을 개발해서 메이븐의 기능을 확장할 수밖에 없다.

4.7.1 플러그인 사용하기

사실 플러그인을 사용한다는 표현은 맞지 않는다. 왜냐하면 지금까지 메이븐에 대해서 알아보면서 사용했던 모든 기능이 바로 플러그인이기 때문이다. 단지 pom.xml 파일에 플러그인 태그를 이용하지 않았을 뿐이다. 심지어 pom.xml에 정의되어 있지 않은 메이븐 라이프 사이클을 실행하기 위한 골(Goal)들 역시 플러그인이다. 결론적으로 메이븐에서 동작하는 모든 기능은 플러그인 프레임워크 기반으로 개발되었다고 볼 수 있다.

메이븐의 플러그인은 크게 빌드와 리포트를 위한 용도로 나누어지며 그 내용은 다음과 같다.

- 빌드 플러그인: 빌드 작업이 진행되는 동안 실행되는 플러그인을 의미한다. pom.xml 파일의 `<build>` 태그 내에 선언한다.
- 리포트 플러그인: 리포트 생성이 진행되는 동안 실행되는 플러그인을 의미한다. pom.xml 파일의 `<reporting>` 태그 내에 선언한다. 리포팅은 메이븐의

라이프 사이클 중 site 영역에 속한다. 그러므로 모든 리포팅 관련 생성 작업
은 site 골이 실행될 때 실행된다.

메이븐의 내부에서 관리하고 있는 최신 플러그인은 메이븐 서브버전 저장소에
서 확인할 수 있으며 *http://maven.apache.org/plugins/index.html*에서 목록 및 내용
을 알아볼 수 있다.

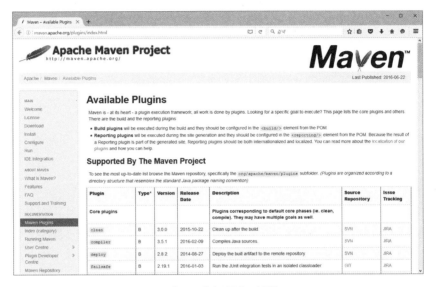

그림 4-28 메이븐 플러그인 목록

해당 목록의 속성 중 유형이 B인것은 빌드 과정 중에, R인 것은 리포트 과정 중
에 영향을 주는 플러그인이다.

플러그인은 필요 시 삭제되기도 하고 추가/변경되기도 한다. 대표적으로
eclipse, idea 등 자바 개발 도구와 관련된 플러그인은 삭제된 상태이다.

Archetype을 보거나 메이븐 작업을 하다가 codehaus.org라는 것을 종종 들어보았을 것
이다. 과거 공식 플러그인 외에 기타 추가 플러그인을 제공하면서 많은 사랑을 받던 곳이지
만, 최근에 해당 사이트가 폐쇄되면서 기존에 관리되던 플러그인들이 여러 곳으로 흩어지
게 되었다. Mojohaus의 GitHub인 *https://github.com/mojohaus*에서도 유용하고 많이 사용
할 수 있는 메이븐 플러그인을 확인할 수 있다.

4.7.2 플러그인 개발하기

플러그인을 개발하는 작업은 메이븐에서 가장 난이도가 높다. 메이븐의 모든 개념을 알고 있고 능숙하게 사용할 수도 있어야 원활한 플러그인 개발이 가능하기 때문이다. 현재 플러그인 개발에 대한 요구가 없다면 이 부분은 넘어가도 된다.

메이븐 플러그인 개발은 자바를 기반으로 하기 때문에 자바 개발 환경에서 개발해야 하며, 이 책에서는 이클립스를 기반으로 할 것이다. 이클립스에서 가장 먼저 할 일은 메이븐 플러그인 프로젝트를 생성하는 것이다. 메이븐 프로젝트 생성 시 선택할 사항은 다음과 같다.

- groupId: org.apache.maven.archetypes
- artifactId: maven-archetype-plugin

이 2가지 정보를 기반으로 명령행에서 mvn 명령으로 생성해도 되고 이클립스나 인텔리제이 같은 개발 도구에서 메이븐 프로젝트를 생성할 때의 정보로 입력해도 된다. 여기서는 명령행 기반으로 생성해 보자.

프로젝트를 생성할 때에는 mvn archetype:generate 명령을 이용하고 생성할 프로젝트의 groupId, artifactId를 파라미터로 전달한다. 그리고 참조할 프로젝트 유형을 선택하기 위해 archtypeGroupId와 archetypeArtifactId를 이용하면 된다. 필자의 경우 다음과 같이 명령행을 만들어서 실행하였다.

```
mvn archetype:generate \
-DgroupId=com.changconsulting.maven \
-DartifactId=javatools-maven-plugin \
-DarchetypeGroupId=org.apache.maven.archetypes \
-DarchetypeArtifactId=maven-archetype-plugin
```

위의 명령 중 굵은 글씨로 표시된 부분은 반드시 지켜야 할 항목이고 나머지 항목은 원하는 값으로 입력해서 실행하면 된다. 이때 주의할 점은 -DartifactId는 궁극적으로 플러그인 이름으로 인식되는데 이때 메이븐에서 권장하는 명명 규칙이 있다. 그 내용은 다음과 같다.

- maven-${prefix}-plugin: 아파치 메이븐 팀에서 관리하는 공식 플러그인에 사용하는 명명 규칙이다. 공식 플러그인과 충돌을 일으키지 않기 위해 커스텀 플러그인은 이 명명 규칙을 따르면 안된다.
- ${prefix}-maven-plugin: 아파치 메이븐 팀 외의 프로젝트 혹은 회사에서 만드는 플러그인의 명명 규칙이다. 우리는 아파치 메이븐 팀이 아니기 때문에

여기서는 이 명명 규칙을 사용했다.

위의 명령을 실행하면 버전 정보와 패키지 정보를 묻는데 기본값을 그대로 사용하기 위해 엔터 키를 치면 된다. 실행 결과는 그림 4-29와 같다.

```
ykchang@javatools: ~/projects
hetype-plugin:1.2
[INFO] ------------------------------------------------------------
---
[INFO] Parameter: groupId, Value: com.changconsulting.maven
[INFO] Parameter: artifactId, Value: javatools-maven-plugin
[INFO] Parameter: version, Value: 1.0-SNAPSHOT
[INFO] Parameter: package, Value: com.changconsulting.maven
[INFO] Parameter: packageInPathFormat, Value: com/changconsulting/maven
[INFO] Parameter: version, Value: 1.0-SNAPSHOT
[INFO] Parameter: package, Value: com.changconsulting.maven
[INFO] Parameter: groupId, Value: com.changconsulting.maven
[INFO] Parameter: artifactId, Value: javatools-maven-plugin
[INFO] project created from Archetype in dir: /home/ykchang/projects/javatools-m
aven-plugin
[INFO] ------------------------------------------------------------
[INFO] BUILD SUCCESS
[INFO] ------------------------------------------------------------
[INFO] Total time: 7.021 s
[INFO] Finished at: 2015-12-08T20:22:18+09:00
[INFO] Final Memory: 18M/178M
[INFO] ------------------------------------------------------------
ykchang@javatools:~/projects$
```

그림 4-29 메이븐 플러그인 프로젝트 생성

생성된 프로젝트를 보면 전형적인 메이븐 프로젝트 구조를 가지고 있다. 앞서 프로젝트를 생성할 때 선택한 기본 패키지에 MyMoJo.java 파일이 생성된 것을 볼 수 있는데 이 파일이 플러그인 예제 파일이다.

> 메이븐 플러그인 개발을 하다 보면 MOJO라는 용어가 많이 나오는데 이는 자바의 POJO (Plain Old Java Object)와 비슷한 의미로 Maven plan Old Java Object의 약자이다. 각 mojo들은 메이븐에서 실행 가능한 단위인 골이 되며 하나의 플러그인은 하나 혹은 여러 개의 mojo가 조합되어서 배포된다. mojo API에 대한 자세한 설명은 *http://maven.apache.org/developers/mojo-api-specification.html*에서 확인할 수 있다.

Mojo를 기반으로 플러그인을 개발하고 메이븐에 설정하는 방법을 알아보자.

우선 메이븐이 자동으로 생성한 MyMoJo 파일을 확인해 보자(소스 4-19).

소스 4-19 MyMoJo.java

```
package com.changconsulting.maven;

/*
 * Copyright 2001-2005 The Apache Software Foundation.
 * . . .
```

```
*/

import org.apache.maven.plugin.AbstractMojo;
import org.apache.maven.plugin.MojoExecutionException;

import org.apache.maven.plugins.annotations.LifecyclePhase;
import org.apache.maven.plugins.annotations.Mojo;
import org.apache.maven.plugins.annotations.Parameter;
import org.apache.maven.plugins.annotations.ResolutionScope;

import java.io.File;
import java.io.FileWriter;
import java.io.IOException;

/**
 * Goal which touches a timestamp file.
 *
 * @deprecated Don't use!
 */
@Mojo( name = "touch", defaultPhase = LifecyclePhase.PROCESS_SOURCES )
public class MyMojo
    extends AbstractMojo
{
    /**
     * Location of the file.
     */
    @Parameter( defaultValue = "${project.build.directory}",
                property = "outputDir", required = true )
    private File outputDirectory;

    public void execute()
        throws MojoExecutionException
    {
        System.out.println("Hello MOJO"); // 소스 코드 추가

        File f = outputDirectory;

        if ( !f.exists() )
        {
            f.mkdirs();
        }

        File touch = new File( f, "touch.txt" );

        FileWriter w = null;
        try
        {
            w = new FileWriter( touch );

            w.write( "touch.txt" );
        }
        catch ( IOException e )
        {
            throw new MojoExecutionException( "Error creating file " + touch, e );
        }
```

```
        finally
        {
            if ( w != null )
            {
                try
                {
                    w.close();
                }
                catch ( IOException e )
                {
                    // ignore
                }
            }
        }
    }
}
```

사실 이 파일을 직접 사용할 일은 없고 이 파일의 주석에도 사용하지 말라고 언급되어 있다. 하지만 이를 통해 구조를 확인해 보자.

메이븐이 플러그인으로 인식하기 위해서는 다음 3가지 조건을 만족시켜야 한다.

- org.apache.maven.plugin.AbstractMojo를 상속받아야 한다.
- public void execute() throws MojoExecutionException 메서드가 구현되어 있어야 하며, 이 메서드에 원하는 기능을 구현하면 된다.
- 클래스명 위에 Mojo 어노테이션이 반드시 정의되어 있어야 하며, 이 어노테이션을 통해 언제 그리고 어떻게 플러그인이 실행될지 정의한다. 어노테이션 속성 중 name은 이 플러그인의 골이 된다. 어노테이션 작성 예는 다음과 같다.

```
         ❶                                        ❷
@Mojo( name = "touch", defaultPhase = LifecyclePhase.PROCESS_SOURCES )
```

이 어노테이션을 이용하면 개발한 메이븐 플러그인의 라이프사이클 단계를 명시적으로 지정할 수 있다. 위의 내용대로라면 플러그인의 이름은 touch(❶)이고 단계는 소스 코드와 연관된 것임(❷)을 의미한다. 위의 소스 코드를 보면서 이해했겠지만 작성해야 되는 것은 AbstractMojo를 상속받고 execute 메서드를 구현하는 것이 전부이다. 나머지는 평소 자바 개발을 하듯이 하면 된다.

다음으로 프로젝트의 pom.xml을 확인해 보면 소스 4-20과 같다.

소스 4-20 pom.xml

```xml
<project xmlns=http://maven.apache.org/POM/4.0.0
 xmlns:xsi="http://www.w3.org/2001/XMLSchema-instance"
  xsi:schemaLocation="http://maven.apache.org/POM/4.0.0 http://maven.apache.org/
xsd/maven-4.0.0.xsd">
  <modelVersion>4.0.0</modelVersion>

  <groupId>com.changconsulting.maven</groupId>
  <artifactId>javatools-maven-plugin</artifactId>
  <version>1.0-SNAPSHOT</version>
  <packaging>maven-plugin</packaging>

  <name>javatools-maven-plugin Maven Plugin</name>

  <!-- FIXME change it to the project's website -->
  <url>http://maven.apache.org</url>

  <properties>
    <project.build.sourceEncoding>UTF-8</project.build.sourceEncoding>
  </properties>

  <dependencies>
    <dependency>
      <groupId>org.apache.maven</groupId>
      <artifactId>maven-plugin-api</artifactId>
      <version>2.0</version>
    </dependency>
    <dependency>
      <groupId>org.apache.maven.plugin-tools</groupId>
      <artifactId>maven-plugin-annotations</artifactId>
      <version>3.2</version>
      <scope>provided</scope>
    </dependency>
    <dependency>
      <groupId>org.codehaus.plexus</groupId>
      <artifactId>plexus-utils</artifactId>
      <version>3.0.8</version>
    </dependency>
    <dependency>
      <groupId>junit</groupId>
      <artifactId>junit</artifactId>
      <version>4.8.2</version>
      <scope>test</scope>
    </dependency>
  </dependencies>

  <build>
    <plugins>
      <plugin>
        <groupId>org.apache.maven.plugins</groupId>
        <artifactId>maven-plugin-plugin</artifactId>
        <version>3.2</version>
        <configuration>
          <goalPrefix>javatools-maven-plugin</goalPrefix>
```

```xml
          <skipErrorNoDescriptorsFound>true</skipErrorNoDescriptorsFound>
        </configuration>
        <executions>
          <execution>
            <id>mojo-descriptor</id>
            <goals>
              <goal>descriptor</goal>
            </goals>
          </execution>
          <execution>
            <id>help-goal</id>
            <goals>
              <goal>helpmojo</goal>
            </goals>
          </execution>
        </executions>
      </plugin>
    </plugins>
  </build>
  <profiles>
    <profile>
      <id>run-its</id>
      <build>

        <plugins>
          <plugin>
            <groupId>org.apache.maven.plugins</groupId>
            <artifactId>maven-invoker-plugin</artifactId>
            <version>1.7</version>
            <configuration>
              <debug>true</debug>
              <cloneProjectsTo>${project.build.directory}/it</cloneProjectsTo>
              <pomIncludes>
                <pomInclude>*/pom.xml</pomInclude>
              </pomIncludes>
              <postBuildHookScript>verify</postBuildHookScript>
              <localRepositoryPath>${project.build.directory}/local-repo</localRepositoryPath>
              <settingsFile>src/it/settings.xml</settingsFile>
              <goals>
                <goal>clean</goal>
                <goal>test-compile</goal>
              </goals>
            </configuration>
            <executions>
              <execution>
                <id>integration-test</id>
                <goals>
                  <goal>install</goal>
                  <goal>integration-test</goal>
                  <goal>verify</goal>
                </goals>
              </execution>
            </executions>
```

```
            </plugin>
          </plugins>

        </build>
      </profile>
    </profiles>
</project>
```

위의 POM 파일을 보면 지금까지 배운 pom.xml 파일들에 비해 다소 복잡해 보이지만 플러그인과 관련된 전형적인 표현 방식이기에 상세히 살펴보도록 하겠다.

먼저 플러그인을 식별하기 위한 부분으로 다음 4개의 항목이 있다.

```
<groupId>com.changconsulting.maven</groupId>
<artifactId>javatools-maven-plugin</artifactId>
<version>1.0-SNAPSHOT</version>
<packaging>maven-plugin</packaging>
```

여기서 groupId, artifactId, version은 모두 메이븐을 생성할 때 입력한 부분이다. 이 중에서 눈여겨볼 부분이 packaging인데 기존에는 jar, war 등을 사용했지만, 여기서는 반드시 maven-plugin임을 명시해야 한다.

또한 3개의 <dependency>가 추가되어 있는데 maven-plugin-api와 maven-plugin-annotation 라이브러리로 플러그인을 개발하기 위해 반드시 사용해야 한다. 디펜던시에 추가한 것뿐만 아니라 해당 라이브러리를 빌드할 때 참조하기 위한 정보도 추가하였다.

그럼 이렇게 생성된 프로젝트에 다음 명령을 이용해서 컴파일 및 패키징을 한 후 로컬 저장소에 반영하도록 하자.

```
mvn clean install
```

그림 4-30과 같은 결과가 나오면 성공적으로 플러그인이 패키징되어 로컬 저장소에 반영된 것이다.

정상적으로 패키징이 되고 플러그인이 로컬 저장소에 저장되었다면 이제 생성한 플러그인을 사용해 보자.

앞서 살펴본 자바 코드는 메이븐 플러그인 기본 예제로 실행을 하면 touch.txt 파일에 touch.txt 문장을 넣어서 저장하는 예제이다. 필요 시 메이븐 로그에 보일 수 있도록 System.out.println으로 값들을 찍어보는 것도 의미가 있다.

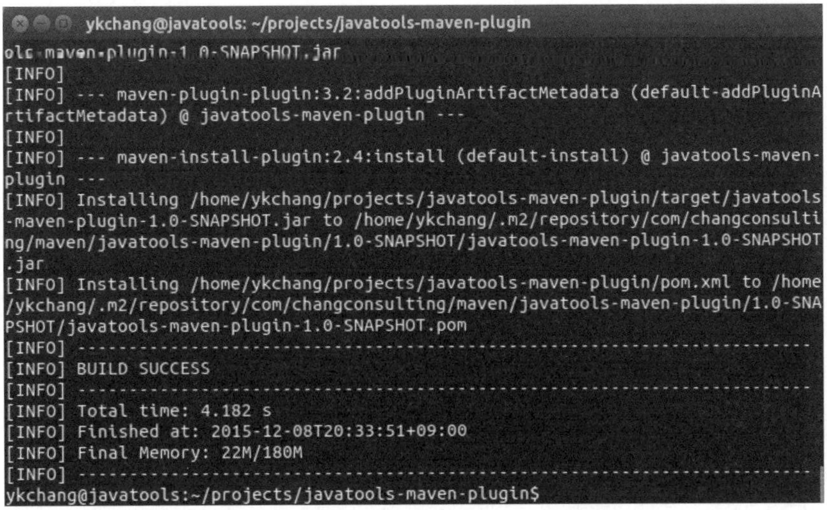

그림 **4-30** 플러그인 설치 결과

플러그인을 실행하기 위해서는 pom.xml 파일의 `<build>` 태그에 사용하기 원하는 플러그인 정보를 추가해야 한다. 자동 생성된 pom.xml 파일을 다음과 같이 수정하도록 하자(소스 4-21).

소스 **4-21** pom.xml

```
<project xmlns=http://maven.apache.org/POM/4.0.0
 xmlns:xsi="http://www.w3.org/2001/XMLSchema-instance"
  xsi:schemaLocation="http://maven.apache.org/POM/4.0.0 http://maven.apache.org/
xsd/maven-4.0.0.xsd">
  <modelVersion>4.0.0</modelVersion>

  <groupId>com.changconsulting.maven</groupId>
  <artifactId>javatools-maven-plugin</artifactId>
  <version>1.0-SNAPSHOT</version>
  <packaging>maven-plugin</packaging>

  ...

  <dependencies>
    ...
  </dependencies>

  <build>
    <plugins>
      <plugin>
        <groupId>com.changconsulting.maven</groupId>
        <artifactId>javatools-maven-plugin</artifactId>
        <version>1.0-SNAPSHOT</version>
      </plugin>
      ...
  </build>
```

```
<profiles>
  ...
  </profiles>
</project>
```

소스 4-21을 보면 `<build><plugins>` 태그 하위에 앞서 자동 생성한 플러그인을 실행하도록 플러그인으로 추가하였다. 이때 플러그인으로 실행하기 위해서는 반드시 로컬 저장소에 플러그인이 저장되어 있어야 한다. 그래서 `mvn clean install` 명령을 사용해서 저장소에 저장한 것이다.

그럼 이제 다음 명령을 실행시켜 보자.

```
mvn com.changconsulting.maven:javatools-maven-plugin:1.0-SNAPSHOT:touch
```

위의 명령은 `mvn groupId:artifactId:version:goal` 순서의 조합으로 되어 있다. 즉 메이븐의 식별자를 통해 플러그인을 기술하고 해당 플러그인에 포함되어 있는 골을 최종적으로 지정해서 실행시키는 것이다. 실행한 결과는 그림 4-31과 같다.

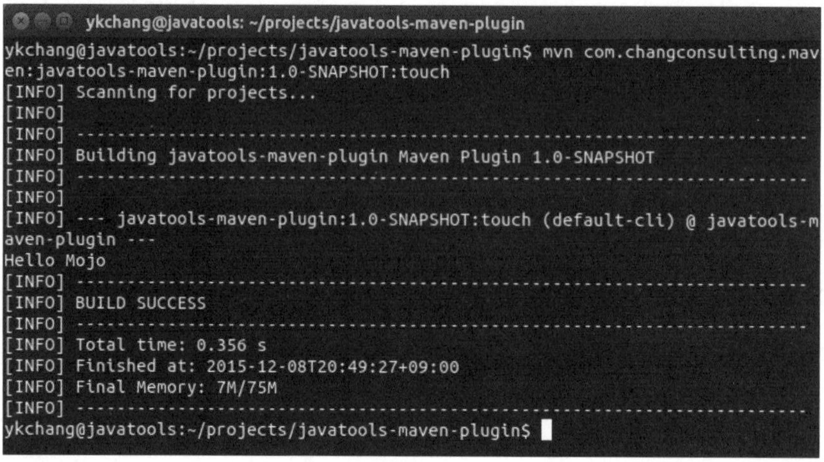

그림 4-31 플러그인 실행 결과

`execute` 메서드에 구현한 `System.out.println`의 문장이 출력되는 것을 확인할 수 있으며 `target` 디렉터리에 touch.txt 파일이 생성된 것도 확인할 수 있다.

앞서 실행한 메이븐 명령을 보면 너무 길어서 기억하기도 쉽지 않고 타이핑하는 것도 어렵다. 이러한 긴 명령을 줄이는 방법은 다음과 같다.

- 버전명 생략: 메이븐 플러그인이 로컬 저장소에 저장되어 있다면 버전 정보를 기술하지 않아도 된다. 버전 정보를 명시하지 않으면 가장 최신 버전을 실행시킨다.
- 플러그인 프리픽스 이용: 플러그인의 명명 규칙은 <<플러그인 명>>_maven_plugin 형태가 권장 사항이다. 이때 _maven_plugin을 생략하고 앞에 프리픽스만으로 이름을 지정할 수도 있다.

앞서 메이븐 프로젝트 생성 시 자동으로 추가된 pom.xml 내용 중 <build> <plugin> 부분을 보면 다음 내용이 있다(소스 4-22).

소스 4-22 pom.xml

```xml
<project xmlns=http://maven.apache.org/POM/4.0.0
 xmlns:xsi="http://www.w3.org/2001/XMLSchema-instance"
  xsi:schemaLocation="http://maven.apache.org/POM/4.0.0
                      http://maven.apache.org/xsd/maven-4.0.0.xsd">

  <build>
    <plugins>
      <plugin>
        <groupId>org.apache.maven.plugins</groupId>
        <artifactId>maven-plugin-plugin</artifactId>
        <version>3.2</version>
        <configuration>
          <goalPrefix>javatools-maven-plugin</goalPrefix>
          <skipErrorNoDescriptorsFound>true</skipErrorNoDescriptorsFound>
        </configuration>
        <executions>
          ...
        </executions>
      </plugin>
    </plugins>
  </build>

</project>
```

위의 소스 코드에 추가한 maven-plugin-plugin을 실행시킬 때 사용할 프리픽스명을 <goalPrefix> 태그에 지정하였다. 위의 소스 코드 기준으로 단축값은 javatools-maven-plugin이며 다음과 같이 실행해도 동일한 결과를 확인할 수 있다.

```
mvn javatools-maven-plugin:touch
```

4.8 요약

이번 장에서는 메이븐의 구조와 메이븐을 이용해서 자바 애플리케이션을 관리하는 방법에 대해서 알아보았다.

메이븐은 앞서 살펴본 ANT 기반의 빌드 프로세스와는 다른 접근 방법을 사용하고 있다. 대표적으로 ANT에서는 빌드에 필요한 각 단계를 개발자가 직접 정의하고 처리 규칙 및 방법도 직접 XML에 정의해서 사용하는데 비해 메이븐은 모두 내부적으로 정의되어 있기 때문에 모든 프로젝트마다 반복적으로 작성하고 설정하는 노력 없이 바로 사용할 수 있다. 그래서 기능을 구현하는 것보다는 실제 환경에서 자주 사용하는 기능과 넥서스를 이용한 저장소 관리, 플러그인 개발 방법을 주로 다루었다.

이 장을 끝으로 ANT와 메이븐으로 대표되는 빌드 프로세스에 대한 설명을 마무리한다. 필자는 메이븐과 ANT의 기능적인 측면보다는 어떻게 하면 빌드 프로세스를 유연하게 잘 만들 수 있을까를 고민하는 것이 더 중요하다고 생각한다. 빌드 프로세스는 정의할 수도 없고 예측하기도 어려운 것이기 때문에 오랜 경험과 시행 착오를 통해 자신의 사용 목적에 맞게 사전에 고려 사항을 정의하고 작성해 나가는 것이 좋다.

개인적으로는 빌드 도구로 ANT보다는 메이븐 사용을 권장한다. 현재 많은 개발 프로젝트가 메이븐 기반으로 이루어지고 있으며 비교적 정형화된 규칙을 가지고 쉽게 적용해 나갈 수 있기 때문이다. 하지만 필자는 여전히 ANT를 매우 좋아한다. ANT는 단순한 빌드 도구가 아니라 셸 스크립트 프로그램을 자바 기반으로 대체할 때 유용하게 사용할 수 있으며, 자유롭고 유연하게 기능을 확장할 수 있어(비록 그 때문에 복잡한 경향이 있더라도) 큰 의미가 있다. 그러므로 두 도구를 단순한 빌드 도구로만 이해하지 말고 좀 더 넓은 의미로 사용할 것을 권하며 모두 친숙하게 사용할 수 있도록 자주 사용하고 배워 나가는 것이 좋다.

메이븐은 단순히 빌드 도구로만 생각하기에는 그 기능이 매우 폭넓다. 실제로 메이븐을 만든 개발자는 "메이븐은 프로젝트 관리 도구"라고 정의했다. 이 책의 지면 관계상 메이븐의 모든 것을 설명하지는 못했지만 메이븐을 시작하는 데 충분히 좋은 시작점을 제공했다고 생각한다. 좀 더 깊이 있게 사용하면서 나만의 메이븐 구조를 정의해 보는 것도 좋겠다.

5장

그레이들을 이용한 빌드

5.1 들어가며

그레이들(Gradle)은 자바 진영에서 새롭게 각광받기 시작하고 있는 빌드 도구로, ANT의 유연성과 메이븐의 편리성을 결합하여 편리하면서도 빌드 요건을 쉽게 충족시키는 것을 목표로 개발되었다.

아직까지는 ANT와 메이븐에 비해서 사용률이나 인지도가 떨어지지만 많은 오픈 소스 진영에서는 메이븐 대신 그레이들을 표준 빌드 도구로 사용하는 추세이다. 특히 개발자들에게 거의 표준처럼 자리 잡고 있는 스프링 프레임워크가 소스 코드 빌드 관리를 그레이들로 하면서 유명세를 타기 시작하였다.

이번 장에서는 다음 순서에 맞춰 그레이들이 왜 메이븐에 이어 빌드 도구로 주목받기 시작했는지 이해하고 그레이들을 이용해서 빌드하는 방법을 알아볼 것이다.

- 그레이들 개요
- 그레이들 설치 및 기본 구조 이해
- 그레이들 스크립트 이해
- 자바 프로그램 빌드
- 다른 도구와 연계

이번 장은 그레이들의 공식 홈페이지인 *http://gradle.org*와 공식 문서 페이지인 *https://docs.gradle.org*를 참조했으며 책에서 설명하지 않은 내용들은 해당 홈페이지에 접속하면 좀 더 상세한 내용을 확인할 수 있다.

5.2 그레이들 개요

개발자들은 빌드와 프로젝트 관리 자동화를 위해 그동안 많은 노력을 기울였고 또한 많은 요구사항을 접하게 된다. 메이븐 이후 새로운 빌드 도구의 필요성을 느끼고 메이븐에 ANT 스크립트를 포함시키거나 메이븐의 플러그인 기능을 통해서 좀 더 확장된 기능들을 적용하기도 했다. 하지만 이 방식으로는 한계가 있었고 이런 요구에 맞춰 나온 새로운 자바 빌드 도구가 바로 그레이들이다.

다음은 그레이들이 메이븐을 대체할 수 있게 된 요건을 정리한 것으로 주로 메이븐의 표준 구조 및 절차를 좀 더 유연하게 확장하고 변경할 수 있는 방안을 제공하는 것이 주된 목적이다.

- 표준 프로젝트 구조 및 생명 주기를 제공하지만 프로젝트의 상황과 환경에 맞게 수정하고 변경할 수 있는 기능
- 커스텀 로직을 구현하기 위한 표준 방안 및 절차
- 여러 프로젝트를 동시에 관리할 수 있는 기능(자바 프로젝트 여러 개가 상호 연관되어서 개발될 경우 필요)
- 기존에 사용하고 있는 ANT 및 메이븐 스크립트를 재사용하거나 연동할 수 있는 구조
- 대형 프로젝트를 위한 빠른 빌드 성능

결론적으로 그레이들은 메이븐의 표준화와 간편함 그리고 라이브러리 관리 기능을 갖추고 있고, 더불어 ANT의 유연한 확장성과 프로그래밍적으로 빌드 스크립트를 작성할 수 있는 기능을 포함하면서 복잡한 XML 대신 그루비(Groovy)에 기반한 DSL(Domain Specific Language)[1] 기능을 이용해서 빌드 스크립트를 작성할 수 있는 빌드 도구이다.

여기서 중요한 부분 중 하나가 빌드 스크립트를 XML이 아닌 그루비로 작성한다는 점이다. ANT의 빌드 스크립트를 작성하기 위해 비효율적인 XML 태그들을 작성한 경험이 있거나 메이븐의 표준 절차를 변경하기 위해 플러그인을 개발하고 이를 pom.xml에 반영하느라 고생했던 경험이 있는 개발자들은 빌드 프로세스를 XML로 작성하는 것이 얼마나 무모한 일인지 이해할 것이다. 그레이들

---

1 DSL(Domain Specific Language)은 특정한 목적으로만 사용하는 컴퓨터 언어를 의미한다. 웹 페이지를 위한 HTML이 대표적이다. 반대로 범용적으로 사용하는 컴퓨터 언어를 GPL(General Purpose Language)이라 하며 대표적으로 C/C++, 자바 등이 있다.

은 XML을 사용하지 않는 대신 그루비를 사용한다. 그루비는 자바 가상 머신에서 실행되는 스크립트 언어로 매우 유연하고 상력한 스크립트 기능을 제공하며 언어 차원에서 빌드 스크립트를 작성할 수 있게 해준다. 하지만 그루비를 사용할 줄 모르면 절대 그레이들 스크립트 사용이 자유로울 수가 없다. 결국 새로운 문법을 배우고 사용법을 이해해야 하며, 이 점이 그레이들을 프로젝트에 적용할 때 가장 큰 난관일 수 있다.

5.3 그레이들 설치 및 기본 구조 이해

그럼 이제부터 그레이들을 설치하고 환경 설정을 마친 다음 그레이들 구조를 알아보자.

5.3.1 그레이들 설치 및 환경 설정

설치는 다른 자바 빌드 도구와 마찬가지로 배포판을 다운받아서 압축을 해제하는 것으로 충분하다. 추가적으로 PATH 환경 변수에 그레이들을 추가해서 어느 디렉터리에서나 명령이 실행되도록 하면 설치 및 환경 설정이 끝난다. 또한 대부분의 리눅스 배포판이 패키지 관리 명령(yum, apt-get)을 이용해서 손쉽게 설치가 가능하도록 지원하고 있다.

설치 시 고려할 것은 그레이들도 자바로 개발되었기 때문에 실행하고자 하는 서버에 반드시 JDK가 설치되어 있어야 하며, 이 책을 쓰는 시점의 최신 그레이들 버전인 2.6의 경우 JDK 6 이상이 필요하다. 여기에서는 JDK는 이미 사전에 설치되어 있고 PATH 환경 변수에 추가되어 있다고 전제하고 진행한다.

그레이들 최신 버전은 *http://gradle.org/gradle-download*에서 다운로드할 수 있으며 다음 3가지 형태로 다운받을 수 있다.

- 완전 배포판: 소스 코드와 바이너리 그리고 각종 문서들이 모두 포함된 버전이다.
- 바이너리 배포판: 바이너리 파일만 제공되는 버전으로 다운로드 파일 크기가 작다.
- 소스 코드 배포판: 소스 코드만 제공되고 있으며 다운로드 후 별도의 컴파일 과정을 거쳐야 한다.

이 책에서는 전체 정보가 포함되어 있는 배포판을 사용할 것이다. 파일을 다운로드한 다음 압축을 해제하고 운영체제의 PATH 환경 변수에 그레이들 설치 디렉터리 하위의 bin을 추가하면 설치가 완료된다. 필자의 경우 /system/tools/gradle-2.6 디렉터리에 압축을 해제했다.

제대로 설치된 것이 맞는지 확인하기 위해 gradle -v 명령을 실행하면 다음과 같은 실행 결과 화면을 확인할 수 있다(그림 5-1).

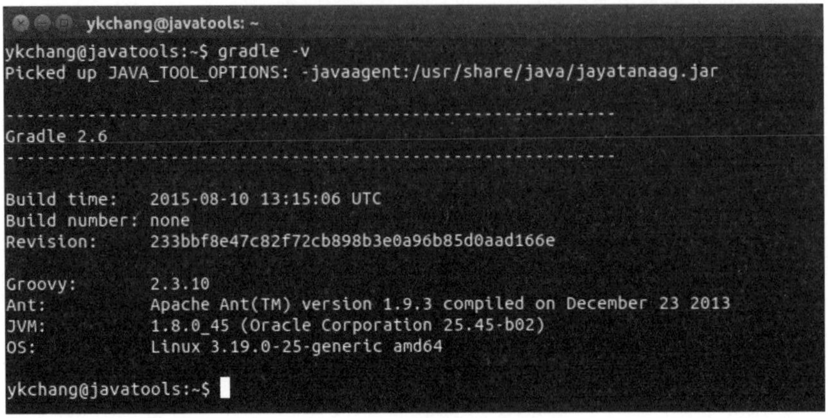

그림 5-1 그레이들 실행 결과 화면

반드시 필요한 것은 아니지만 관습적으로 그레이들 홈 디렉터리는 환경 변수 GRADLE_HOME에 등록한다.

앞서 다운로드해서 압축을 해제한 디렉터리를 보면 그레이들을 실행하기 위한 엔진 영역과 PDF, HTML로 되어 있는 사용자 가이드, 자바를 사용하기 위한 Java API 문서, 그루비 관련 API 문서 등이 제공된다. 사용자 문서가 상당히 자세히 잘 정리되어 있어서 그레이들을 익히고 사용하는 데에 많은 도움이 된다.

그레이들도 ANT, 메이븐과 마찬가지로 실행을 위한 많은 옵션들을 제공하고 있고 해당 옵션을 응용해서 프로젝트에 사용할 일이 많이 생긴다. 표 5-1은 gradle --help 명령을 실행하면 나오는 gradle 2.6 버전의 실행 파라미터를 정리한 것이다.

항목	내용
-?, -h, --help	• 그레이들 명령과 관련된 파라미터 목록을 출력한다.
-a, --no-rebuild	• 프로젝트와 연관된 것을 다시 빌드하지 않는다. 대량의 프로젝트를 컴파일할 때 이 옵션을 사용하면 빌드 속도를 높일 수 있다.

-b, --build-file	• 빌드 파일명을 지정한다. 이 값을 지정하지 않으면 기본 빌드 파일인 build.gradle를 사용한다.
-c, --settings-file	• 빌드와 관련된 설정 파일을 지정한다.
--configure-on-demand	• 빌드 작업 시 관련 프로젝트만 설정한다. 대량의 프로젝트를 빌드할 때 속도를 높일 수 있다.
--console	• 콘솔로 출력되는 로그 내용을 지정할 때 사용한다. 기본값은 auto이며 이외에 plain, rich를 선택할 수 있다.
--continue	• 특정 작업이 실패하더라도 계속 빌드 작업을 진행시킨다.
-D, --system-prop	• 자바 가상 머신을 실행할 때 사용할 파라미터를 지정한다.
-d, --debug	• 디버그 모드로 실행시킨다. 이 옵션을 사용하면 그레이들이 내부적으로 처리하고 있는 좀 더 많은 정보를 로그에 출력한다.
--daemon	• 데몬 형태로 실행시킨다.
--foreground	• 데몬을 백그라운드가 아닌 포그라운드로 실행시킬 때 사용한다. 아직 테스트 상태(incubating)이므로 가급적 사용하지 않는 것이 좋다.
-g, --gradle-user-home	• 그레이들 사용자의 홈 디렉터리를 지정한다.
--gui	• GUI 모드로 실행시킨다. 윈도우 혹은 X-윈도우가 실행되어 있는 환경에서만 적용 가능하다.
-I, --init-script	• 초기화 스크립트를 지정한다.
-i, --info	• 빌드 실행 시의 로그 레벨을 info 수준으로 설정한다. 그레이들의 로그 레벨[2]은 매우 낮아서 이 옵션을 적용하면 좀 더 많은 로그가 발생한다.
-m, --dry-run	• 그레이들의 모든 태스크를 실행시킨다.
--max-workers	• 동시에 작업할 수 있는 작업자 수를 지정한다.
--no-daemon	• 빌드 실행 시 데몬 형태를 사용하지 않는다.
--offline	• 빌드 실행 시 네트워크에 접속하지 않은 상태에서 실행한다. 그레이들은 빌드 시 연관된 라이브러리를 원격 저장소에서 다운로드하는데, 라이브러리 다운로드가 되지 않은 상태에서 이 옵션을 사용하면 빌드 에러가 발생한다.
-P, --project-prop	• 빌드 실행 시 프로젝트(빌드 스크립트)에서 참조할 속성값들을 지정한다.
-p, --project-dir	• 빌드 실행 시 참조할 시작 디렉터리를 지정한다. 기본값으로 그레이들을 실행시킨 현재 디렉터리를 사용한다.
--parallel	• 병렬 형태로 빌드를 실행시킨다. 이 옵션을 적용하면 그레이들이 시스템 상황을 판단해서 여러 개의 스레드를 이용해서 빌드를 수행한다.

---

2 로그를 파일 혹은 화면에 출력할 때 지정하는 레벨을 의미한다. 일반적으로 FATAL, ERROR, WARNING, INFO, DEBUG 등으로 구분하고 로그 프레임워크(대표적으로 log4j)에 따라 용어가 상이하다.

--parallel-threads	• parallel 옵션과 동일하지만 사용할 스레드 수를 지정할 수 있다.
--profile	• 빌드 시간을 분석하고 <build_dir>/reports/profile 디렉터리에 관련 리포트를 저장한다.
--project-cache-dir	• 특정 프로젝트에서 사용할 캐싱 디렉터리를 지정한다. 기본값으로 프로젝트 디렉터리에 .gradle을 생성해서 사용한다.
-q, --quiet	• 태스크가 에러가 났을 때만 로그를 남기고 나머지는 무시한다.
--recompile-scripts	• 빌드 스크립트를 강제로 재컴파일한다.
--refresh-dependencies	• 프로젝트의 의존성 정보를 재구성한다. 주로 의존성 정보가 변경이 되었지만 해당 내용이 반영되지 않았다고 판단하면 옵션을 적용한다.
--rerun-tasks	• 이전에 캐시된 작업의 실행 결과를 무시한다.
-S, --full-stacktrace	• 모든 작업 실행 시의 스택 트레이스 정보 전체를 로그에 출력한다. 주로 빌드 에러 발생 시 자바의 스택 트레이스 정보를 확인할 때 사용한다.
-s, --stacktrace	• 모든 작업 실행 시의 스택 트레이스 정보를 출력한다. 앞서 full-stacktrace보다는 적은 스택 트레이스 값을 얻을 수 있다.
--stop	• 데몬이 현재 실행 중이면 해당 데몬을 종료시킨다
-t, --continuous	• 빌드가 종료되더라도 그레이들이 계속 계속 실행 상태에 있다가 다시 실행할 수 있도록 한다.
-u, --no-search-upward	• 그레이들 설정 파일인 setting.gradle 파일을 프로젝트의 상위 폴더에서 찾지 않는다.
-v, --version	• 버전을 출력한다.
-x, --exclude-task	• 빌드 실행 시 특정 작업을 제외시킨다.

표 5-1 그레이들 실행 옵션

위의 표에 정리한 파라미터가 많은 것 같지만 빌드 프로세스의 복잡도가 커지면 디버깅 혹은 성능 개선을 위해서 옵션들을 실제로 모두 사용한다. 그러므로 빌드 스크립트 작성뿐만 아니라 빌드 실행 시의 파라미터도 잘 이해해서 프로젝트 환경에 맞는 파라미터 값과 환경을 설정하는 것이 좋다.

5.3.2 그레이들 데몬

앞서 그레이들 실행의 파라미터를 설명하면서 데몬과 관련된 옵션이 많이 있는 것을 보았다. 이는 ANT 혹은 메이븐에는 없는 그레이들의 차별화된 특징이므로 해당 기능에 대해서 잘 이해하고 넘어갈 필요가 있다.

최근 자바 기반 애플리케이션 개발 주기를 보면, 지속적인 단위 테스트와 코드 검증을 통해 소프트웨어 품질을 높이고 변경된 내용을 빠르게 서비스에 반영하는 애자일 방법론을 선호하고 있다. 또한 잦은 소스 코드의 변경과 연관된 자원의 변경은 너무 잦은 빌드 작업을 수반하는데 이때 빠르게 빌드가 되고 그 결과를 확인할 수 있어야 한다.

메이븐과 마찬가지로 그레이들도 빌드를 시작하면 빌드 스크립트를 파싱해서 분석하고 연관된 라이브러리를 확인한 다음 로컬 저장소에 라이브러리가 없으면 네트워크를 통해서 다운받고, 컴파일 및 실행을 위해 해당 라이브러리를 클래스로더에 로딩하는 등 많은 작업을 수행하게 된다. 한마디로 빌드를 위한 준비 단계와 분석 단계가 그레이들 내부적으로 많이 발생하게 되는데, 데몬 형태로 그레이들을 실행시키면 이러한 반복 작업을 최소화하여 빌드 속도를 높일 수 있다.

그레이들을 실행시킬 때 --daemon 옵션을 주면 데몬 형태로 실행이 되고 이후 다시 동일한 빌드 스크립트 실행 요청이 오면 앞서 설명한 준비 단계를 거치지 않고 바로 빌드 작업이 실행된다.

데몬이 실행된 상태에서 데몬 모드가 아닌 형태로 빌드를 수행하려면 –no-daemon 옵션을 지정하면 되고 데몬을 종료하려면 gradle --stop을 실행하면 된다.

5.4 그레이들 스크립트 이해

앞서 그레이들을 설치하고 실행하는 방법에 대해서 알아보았다. 이제부터는 그레이들 기반으로 빌드 스크립트를 작성하고 실행시키는 방법을 알아보자. 이 절에서는 우선 명령행 기반으로 그레이들을 실행하고 그 결과를 확인할 것이다. 스크립트에 대해 어느 정도 이해하고 나면 개발 도구 혹은 다른 빌드 도구와 연계해서 사용하는 방법에 대해 알아볼 것이다.

그레이들은 그루비를 기반으로 빌드 스크립트를 작성하는 구조이다. 그루비를 선택하게 된 이유는 복잡하고 다양한 빌드 프로세스를 ANT와 메이븐처럼 XML로 표현하는 것이 불가능하다고 판단했기 때문이다. 또한 빌드 스크립트를 작성하는 개발자에게 좀 더 유연하고 다양한 표현 방식을 제공하기 위해서이다.[3]

그래서 처음 그레이들의 빌드 스크립트를 보면 ANT와 메이븐과는 다르게 다소 생소하고 낯선 느낌이 들 것이다. 하지만 그루비를 깊이 있게 이해하지 못하

---

3 ANT와 메이븐이 개발된 당시에는 XML이 사람이 읽기에 가독성이 좋고 표현력도 좋은 포맷이라 생각했지만 빌드 스크립트 용도로는 적당하지 않다는 것이 현재 공감을 사고 있다.

더라도 필요한 만큼의 그레이들 스크립트는 충분히 작성할 수 있다. 그렇긴 하지만 난이도 높은 프로젝트 환경의 빌드 스크립트를 만들기 위해서는 그루비에 대한 폭넓은 이해가 반드시 필요하다.

그레이들의 가장 기본이 되는 개념은 프로젝트와 태스크이다. 모든 그레이들 빌드 파일은 하나 이상의 프로젝트로 구성되어 있다. 여기서 프로젝트라 함은 빌드 개발자가 구성하기에 따라 매우 다양한데 라이브러리 단위부터 복잡한 웹 애플리케이션까지 하나의 프로젝트로 정의할 수 있다. 또한 여러 프로젝트가 결합돼서 하나의 큰 프로젝트를 구성할 수도 있다.

그리고 각각의 프로젝트는 다시 여러 개의 태스크를 포함하고 있다. 그리고 태스크는 빌드 프로세스에서 실제로 실행되는 단위이다. 즉 태스크에는 자바 소스 코드를 컴파일하거나 JAR 파일로 패키징하거나 문서를 생성하고 배포하는 등의 작업들이 정의되어 있다.

우선 태스크에 대해서 정의하는 방법과 이를 어떻게 그레이들에서 실행하는지 알아보기 위해 다음 코드를 작성해 보자(소스 5-1).

소스 5-1 helloWorld.gradle

```
task helloWorld {
    doLast {
        println 'hello, world'
    }
}
```

위의 코드는 처음 그레이들을 입문할 때 반드시 작성해 보는 빌드 스크립트이다. 다소 황당하게도 빌드 스크립트인데 컴파일이나 소스 코드 관리와 관련된 내용이 전혀 없다. 그저 문자열을 명령행에 출력하는 기능만이 존재한다. 또한 그레이들의 기본 파일명은 build.gradle로 별도의 파일을 지정하지 않으면 명령어를 실행한 디렉터리에서 기본값인 build.gradle 파일을 찾아서 실행한다. 다음 명령을 이용해서 빌드 스크립트를 실행시켜 보자.

```
gradle -b helloWorld.gradle -q helloWorld
```

실행을 시키면 다음 그림과 같이 명령행에서 hello, world 문장을 확인할 수 있다.

```
ykchang@javatools: ~/gradle
ykchang@javatools:~/gradle$ gradle -b helloWorld.gradle -q helloWorld
hello, world
ykchang@javatools:~/gradle$ 
```

그림 5-2 그레이들 태스크 실행 결과

빌드를 실행시키는 명령어를 통해서 알 수 있는 것은 그레이들의 실행 단위는 태스크(task)라는 사실이다. 앞서 소스 코드에서 `task helloWorld`라고 지정한 부분이 바로 그레이들의 실행 단위인 태스크 이름을 정의한 것이며 ANT의 target과 메이븐의 골(Goal)과 동일한 단위로 생각하면 된다. 또한 하나의 빌드 파일에 여러 개의 태스크를 정의해서 사용할 수도 있다.

앞서 작성한 소스 코드를 좀 더 축약시키면 소스 5-2와 같이 작성할 수 있으며 실행해 보면 동일한 결과를 확인할 수 있다. 또한 대부분의 그레이들 빌드 파일의 태스크 정의는 아래와 같은 축약된 형태를 주로 이용한다.

소스 5-2 helloWorld.gradle

```
task helloWorld << {
    println 'hello, world'
}
```

하나의 빌드 파일에 여러 개의 태스크를 정의할 수 있으며 태스크 간의 관계를 정의할 수 있다. ANT에 익숙한 개발자라면 ANT 타깃과 타깃 간의 연관 관계를 depends 속성으로 정의하는 것과 동일한 개념임을 바로 알 수 있을 것이다. 그레이들의 태스크 연관 관계는 dependsOn 파라미터를 이용한다. 소스 5-3은 하나의 빌드 파일에 2개의 태스크를 정의하고 태스크 간의 연관 관계를 정의한 것이다.

소스 5-3 goodMorning.gradle

```
task good << {
    print 'Good '
}

task morning(dependsOn: good) << {
    println 'Morning ~'
}
```

위의 소스 코드를 다음 명령을 이용해서 실행시켜 보자.

```
gradle -b goodMorning.gradle -q morning
```

이 명령의 실행 결과는 그림 5-3과 같다. morning이라는 태스크를 실행시켰지만 dependsOn 속성의 good에 의해 good이 먼저 실행되고 morning이 나중에 실행된 것을 볼 수 있다.

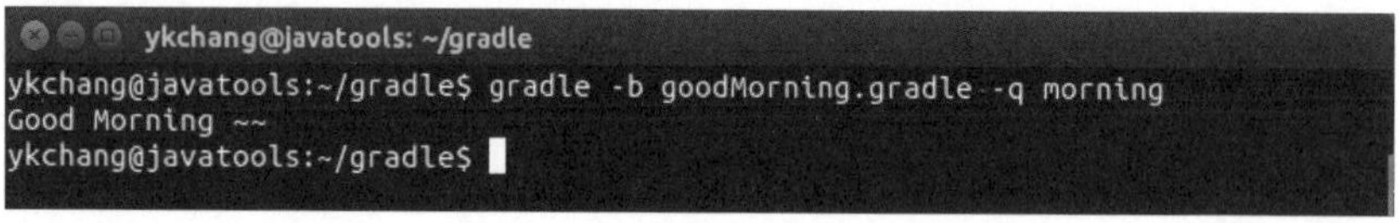

그림 **5-3** 그레이들 태스크 연관 관계

빌드 스크립트 작성에서는 빌드와 관련된 작업들이 순차적으로 정의되어 있으며 상호 연관성이 매우 높은 특징을 가지고 있다. 그러므로 그레이들의 태스크에 dependsOn 속성은 매우 유용하다.

그레이들 빌드 스크립트의 또 다른 특징은 하나의 태스크를 계속 확장해 나갈 수 있다는 점이다. 심지어 기존 태스크가 어떻게 정의되어 있는지 모르더라도 해당 태스크에 추가적인 내용을 반영할 수 있는데, 이러한 기능 덕분에 다양한 빌드 프로세스를 손쉽게 구현할 수 있다.

앞서 작성한 helloWorld.gradle 파일을 소스 5-4와 같이 수정한 후에 동일하게 실행시켜 보자.

소스 **5-4** helloWorld.gradle: 태스크 확장

```
task helloWorld << {
    println 'hello, world'
}

helloWorld.doFirst {
    println 'Hello Venus'
}

helloWorld.doLast {
    println 'Hello Mars'
}

helloWorld << {
    println 'Hello Jupiter'
}
```

gradle –b helloWorld.gradle –q helloWorld 명령으로 실행시키면 그림 5-4와 같은 결과가 나온다.

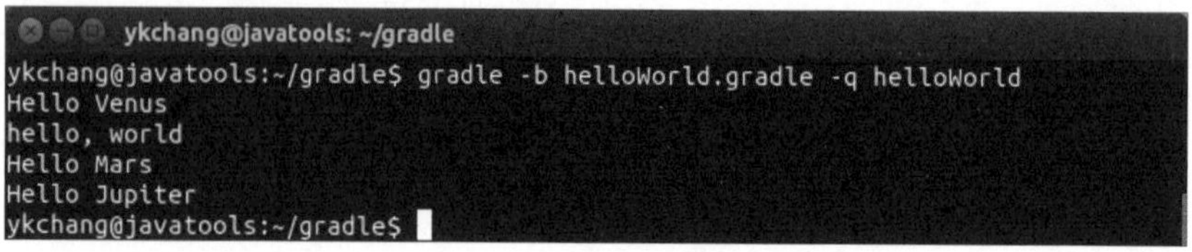

그림 **5-4** Gradle 태스크 확장

여기서 중요하게 볼 것은 실행 결과가 아니라 빌드 파일에서 기존 태스크를 확장한 부분이다. 그레이들에서 "task helloWorld"라는 명령을 통해 helloWorld 태스크를 생성했는데, 모든 태스크는 그레이들에서 제공하는 DefaultTask를 상속받았다. 그리고 DefaultTask에는 많은 속성들이 제공되고 있는데 그중 doFirst와 doLast에 로직을 추가한 것이다.

속성명에서도 알 수 있듯이 doFirst는 태스크 실행 전에 실행이 되고 doLast는 태스크가 실행된 후에 최종적으로 실행된다.

또한 소스 5-4의 제일 마지막에 보면 기존 helloWorld 태스크를 추가로 코딩한 것이 보인다. 이렇게 기존 태스크에 코드를 추가하면 태스크가 재정의되는 것이 아니라 추가한 만큼 기능이 확장된다. 이러한 내용을 이해해고 실행 결과를 보면 그레이들이 어떤 순서로 처리했는지 알 수 있다. 그림 5-5는 위의 예제 실행 순서를 그림으로 표현한 것이다.

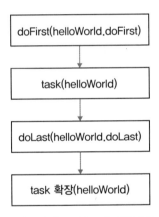

그림 5-5 helloWorld.gradle 실행 순서

이 모든 내용이 DefaultTask에 정의되어 있는 것으로 DefaultTask에 대한 상세 설명은 *https://docs.gradle.org/current/javadoc/org/gradle/api/DefaultTask.html*에서 확인할 수 있다.

다음으로 알아볼 내용은 그레이들 빌드 스크립트 내에서 속성 정보를 처리하는 방법이다. 소스 5-5는 빌드 스크립트 속성을 성의하고 사용하는 대표적인 에이다.

소스 5-5 helloProp.gradle: 속성 정의

```
task helloProp {
    ext.myProperty = "My Property"
}
```

```
task printTaskProperty {
    println helloProp.myProperty
}
```

태스크 정의부에 'ext.속성명'으로 속성을 정의하고 값을 부여할 수 있다. 이렇게 정의한 속성은 다른 태스크에서 '태스크명.속성명'으로 사용할 수 있다.

gradle -b helloProp.gradle -q printTaskProperty 명령을 통해 그 결과를 확인할 수 있다.

이상으로 그레이들의 빌드 스크립트에 대해서 간략하게나마 알아봤다. 그레이들은 그루비로 작성하게 되는데 여기서 그루비의 모든 문법 및 사용 방법을 설명하기에는 양이 너무나 많고 이 책의 범위를 넘어서게 된다. 만일 그루비에 대해 관심이 있고 좀 더 깊이 있는 그레이들 빌드 스크립트를 작성하기 원한다면 *http://www.groovy-lang.org*에서 상세한 내용을 확인할 수 있다.

5.5 자바 프로그램 빌드

앞서 배운 예제는 명령행에 문자열을 출력하는 단순한 스크립트로 그레이들에 익숙해지고 친근해질 수 있는 예제로 구성하였다. 하지만 대부분 그레이들을 사용하는 목적은 자바 애플리케이션을 빌드하기 위해서이다. 이러한 기능을 가능하도록 하는 것이 그레이들의 자바 플러그인이다.

자바 플러그인을 사용하면 그레이들을 이용해서 자바와 관련된 많은 작업을 수행할 수 있다. 여기서는 그레이들을 배우는 진짜 목적인 자바 애플리케이션을 컴파일하고 관리하는 방법에 대해서 알아보자.

5.5.1 자바 플러그인

그레이들은 특정 언어를 위한 빌드 도구는 아니지만 자바 진영에서 호평을 받으면서 유명해졌다. 때문에 자바 소스를 컴파일, 패키징, 테스트, 배포하기 위한 자바 플러그인이 내장되어 있다.

그레이들에서는 이처럼 동일한 작업을 반복적으로 수행할 수 있도록 기능을 추가하고 확장할 수 있는 구조를 제공하는데 이를 플러그인이라 한다. 또한 그레이들은 많은 플러그인을 내장하고 있는데 자바 플러그인도 포함되어 있다.[4]

---

4   그레이들에서 제공하는 표준 플러그인 목록은 *https://docs.gradle.org/current/userguide/standard_plugins.html*에서 확인할 수 있다.

그레이들에서 제공하고 있는 기본 자바 플러그인은 메이븐과 구조가 매우 유사해서 메이븐의 골(Goal)과 자바 플러그인이 태스크가 거의 유사하게 겹친다. 또한 그레이들에서 요구하는 자바 프로젝트 구조 역시 메이븐의 프로젝트 구조와 거의 동일하다. 그럼 이번 절에서는 자바 플러그인 기반으로 자바를 빌드하는 방법에 대해서 알아보겠다.

가장 먼저 할 일은 랩퍼(wrapper)를 만드는 것으로, 이 기능은 별도의 그레이들 설치나 환경 설정 없이도 그레이들을 사용할 수 있도록 해준다. 필자는 우분투 서버에 first_java 디렉터리를 만든 후 다음 명령을 실행하였다.

```
cd first_java
gradle wrapper
```

위의 명령을 실행하면 :wrapper 태스크가 성공적으로 실행되었음을 확인할 수 있다(그림 5-6).

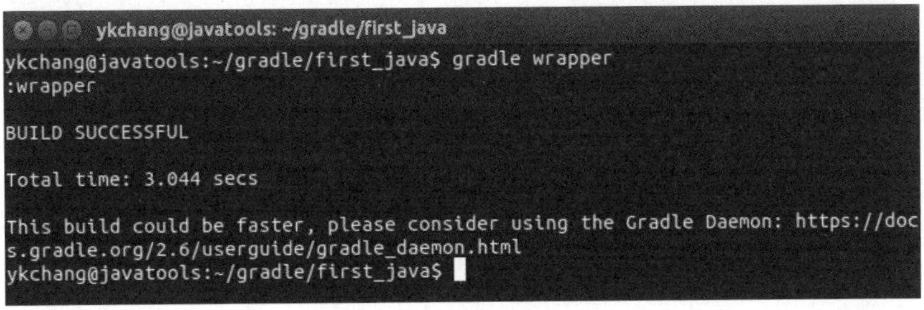

그림 5-6 gradle wrapper 실행 결과

그리고 해당 디렉터리에 2개의 파일과 2개의 디렉터리가 생성된 것을 볼 수 있다(그림 5-7).

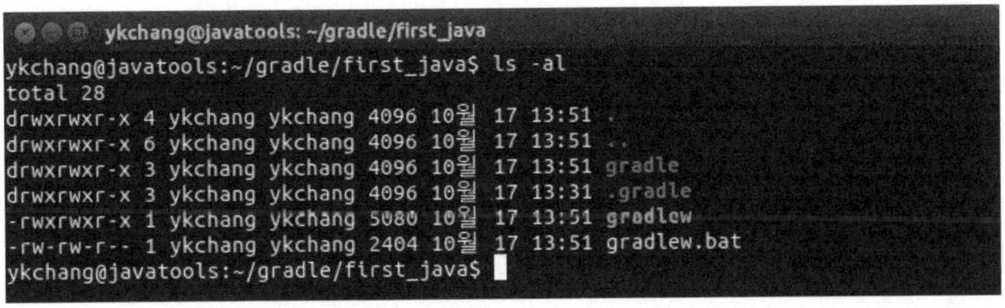

그림 5-7 gradle wrapper 생성 파일 목록

gradlew와 gradlew.bat 파일은 그레이들을 실행시키는 파일로, 서버 혹은 PC에 그레이들이 설치되어 있지 않아도 그레이들을 실행할 수 있도록 해준다(그레이

들 프로젝트 내부에 그레이들 엔진이 포함되어 있는 것으로 이해하면 쉽다). 또한 gradlew 명령을 실행시키면 그레이들 엔진과 컴파일을 위해 필요한 관련 라이브러리 등을 .gradle 디렉터리에 다운받아서 관리한다.

다음으로 할 일은 다음 명령을 이용해서 그레이들을 사용하기 위한 초기 빌드 파일을 자동 생성하는 것이다.

```
gradle init
```

이 명령을 실행한 결과는 그림 5-8과 같다. 여기에 출력된 로그 메시지를 살펴보자. gradle init 명령을 실행시키면 gradle wrapper도 같이 실행하는 것을 볼 수 있다. 다시 말해 gradle init 명령을 실행시키면 앞서 알아본 gradle wrapper 명령은 따로 실행시키지 않아도 자동으로 실행된다.

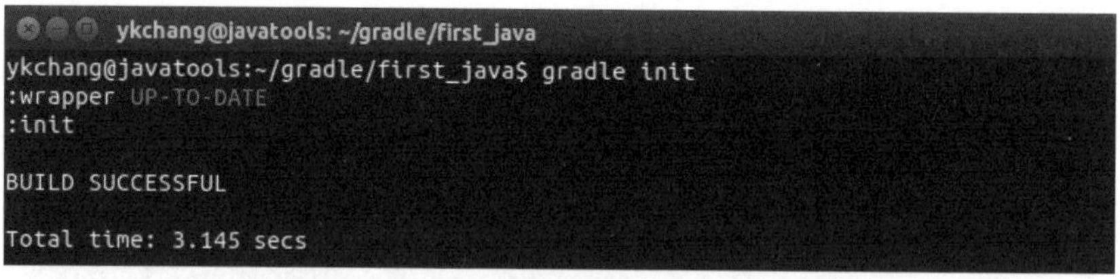

```
😕🔵 ykchang@javatools: ~/gradle/first_java
ykchang@javatools:~/gradle/first_java$ gradle init
:wrapper UP-TO-DATE
:init

BUILD SUCCESSFUL

Total time: 3.145 secs
```

그림 5-8 gradle init 실행 결과

이렇게 gradle init 명령으로 gradle wrapper까지 실행된 것은 자바 플러그인에 두 태스크 간의 연간 관계가 사전에 정의되어 있기 때문이다. 그러므로 엄밀히 말하면 앞서 설명한 gradle wrapper를 별도로 실행할 일은 별로 없다. 또 하나 위의 그림에서 살펴볼 것은 :wrapper 옆에 UP-TO-DATE라는 표현이다. 이는 이미 사전에 최신 상태로 실행이 되어 있으며 변경 사항이 없다는 것을 의미한다.

gradle init 명령은 가장 기본이 되는 그레이들 파일들을 생성해 주고 디렉터리 구조도 만들어 준다. 이 명령이 실행된 디렉터리 이름이 프로젝트 이름이 된다. 예를 들어 firstGradle이라는 디렉터리에서 명령을 실행했다면 프로젝트명 역시 firstGradle이 적용된다.

gradle init 명령을 실행하면 핵심적인 파일 2개가 생기는데 그 내용은 다음과 같다.

- build.gradle: 빌드 내용을 정의하는 스크립트 파일이다. gradle init을 하면 파일 내에 기본 Gradle 구조가 생성된다.
- settings.gradle: 싱글 프로젝트 구성인지 아니면 복잡한 구조로 인해 여러 프

로젝트가 결합해서 진행하는 멀티 프로젝트 구성인지를 정의한다.

기본 생성된 build.gradle을 보면 소스 5-6과 같다.

소스 5-6 build.gradle

```
/*
 * This build file was auto generated by running the Gradle 'init' task
 * by 'ykchang' at '10/17/15 1:31 PM' with Gradle 2.6
 *
 * This generated file contains a commented-out sample Java project to get you started.
 * For more details take a look at the Java Quickstart chapter in the Gradle
 * user guide available at https://docs.gradle.org/2.6/userguide/tutorial_java_
   projects.html
 */

/* --> 이 부분의 주석을 반드시 삭제한다.
// Apply the java plugin to add support for Java
apply plugin: 'java'

// In this section you declare where to find the dependencies of your project
repositories {
    // Use 'jcenter' for resolving your dependencies.
    // You can declare any Maven/Ivy/file repository here.
    jcenter()
}

// In this section you declare the dependencies for your production and test code
dependencies {
    // The production code uses the SLF4J logging API at compile time
        compile 'org.slf4j:slf4j-api:1.7.12'

    // Declare the dependency for your favourite test framework
        you want to use in your tests.
    // TestNG is also supported by the Gradle Test task. Just change the
    // testCompile dependency to testCompile 'org.testng:testng:6.8.1' and add
    // 'test.useTestNG()' to your build script.
        testCompile 'junit:junit:4.12'
}
/* --> 이 부분의 주석을 반드시 삭제한다.
```

위의 코드에서 가장 위에 있는 **apply plugin**은 사전에 정의해 놓은 플러그인을 현재 빌드 파일에 적용한다는 의미이며, 기본값으로 자바 플러그인을 적용했다.

repositories 정의는 메이븐 혹은 Ivy[5]에서 라이브러리 관리 저장소 정보를 의미하며 기본값은 메이븐의 중앙 저장소이다. 만일 로컬 저장소나 넥서스 같은 사설 저장소를 이용하려면 여기에 정보를 입력해 주면 된다.

---

5   Ivy는 Apache ANT의 하위 프로젝트로 ANT에서 자바 라이브러리의 의존성을 관리하는 기능을 제공한다. 메이븐의 라이브러리 의존성 관리 기능과 유사하다.

그리고 무엇보다도 빌드 파일을 사용하기 위해 주석을 제거해야 한다. 위의 build.gradle 파일에서 굵은 글씨로 표시한 것과 같이 전체가 주석으로 묶여 있다. 그러므로 이 주석을 해제해야만 제대로 동작한다.

gradle.build와 함께 생성된 settings.gradle 파일도 살펴보자(소스 5-7).

소스 5-7 settings.gradle

```
/*
 * This settings file was auto generated by the Gradle buildInit task
 * by 'ykchang' at '10/17/15 1:58 PM' with Gradle 2.6
 *
 * The settings file is used to specify which projects to include in your build.
 * In a single project build this file can be empty or even removed.
 *
 * Detailed information about configuring a multi-project build in Gradle can be found
 * in the user guide at https://docs.gradle.org/2.6/userguide/multi_project_builds.html
 */

/*
// To declare projects as part of a multi-project build use the 'include' method
include 'shared'
include 'api'
include 'services:webservice'
*/

rootProject.name = 'first_java'
```

settings.gradle 파일은 그레이들을 실행하기 위한 설정 파일로 최상위 프로젝트 명칭을 rootProject.name 속성에 지정한다. 이 파일을 gradle init 명령으로 자동 생성했기 때문에 프로젝트명이 gradle init 명령을 실행한 디렉터리명을 사용하였다.

또한 그레이들의 빌드 파일은 여러 프로젝트를 조합해서 관리할 수 있는데 이를 위해 include 속성들을 제공하고 있다. include 속성은 앞서 ANT에서 배운 import 기능과 동일하며 다른 빌드 파일에 정의되어 있는 빌드 내용을 현재 빌드에 포함시키는 기능이다. 그레이들의 빌드 파일이 커지거나 빌드 파일을 공통화해서 여러 빌드 파일에서 재사용하길 원할 때 유용하게 사용할 수 있으며 여러 개의 프로젝트에서 사용하는 빌드 파일을 한번에 관리하길 원할 경우에도 사용한다.

그럼 이제 자바 소스 코드를 작성해서 컴파일하고 JAR로 패키징하는 방법을 알아보자. 아쉽게도 메이븐의 archtype:generate와 같이 프로젝트 기본 구조를 자동으로 생성하는 기능이 그레이들에는 없다. 그러므로 개발자가 그레이들의 기본 구조를 이해한 상태에서 직접 구조를 만들어야 한다. 그레이들의 프로젝트 구조는 그림 5-9와 같다.

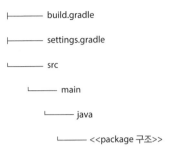

├────── build.gradle

├────── settings.gradle

└────── src

　　└────── main

　　　　└────── java

　　　　　　└────── <<package 구조>>

그림 5-9 그레이들 프로젝트 구조

여기서 제일 중요한 것은 자바 소스 코드의 위치로, build.gradle 파일을 기준으로 src/main/java 디렉터리 하위에 자바 패키지 구조로 디렉터리를 생성한 다음 자바 소스 코드를 위치시켜야 한다.

　그럼 여기서는 앞서 ANT에서 예제로 사용한 자바 소스 코드를 이 규칙에 따라 디렉터리를 만들어서 저장한 다음 그레이들을 이용해서 컴파일해보자.

소스 5-8 HelloWorld.java

```java
package com.javatools;

public class HelloWorld {

    public static void main(String[] args) {
        System.out.println("Hello World");
    }
}
```

소스 5-8은 com.javatools 패키지이기 때문에 다음과 같이 디렉터리 표준 구조에 맞게 자바 파일을 저장해야 한다. 그레이들의 디렉터리 구조는 메이븐과 거의 동일하며 표 5-2에 정리해 놓았다.

디렉터리	내용
src/main/java	메인 자바 코드 위치
src/main/resources	메인 자바 코드와 연관된 자원들의 위치
src/test/java	테스트를 위한 자바 코드 위치
src/test/resources	테스트 자바 코드와 연관된 자원들의 위치

build/classes	컴파일 결과인 클래스 파일의 위치
build/libs	라이브러리 위치
build/tmp	임시적으로 사용하는 템포러리 디렉터리

표 5-2 그레이들 디렉터리 구조

이러한 디렉터리 구조에 맞게 작성한 자바 소스 코드를 다음 디렉터리에 저장한다.

```
<<gradle_project>> - src - main - java - com - javatools - HelloWorld.java
```

gradle init으로 생성한 기본 build.gradle 파일의 주석만 해제하고 나머지 값은 수정하지 않고 그대로 사용할 것이다. 상세한 태스크를 알아보기 전에 먼저 다음 명령을 실행시키면 build.gradle 하위에 있는 src/main/java/com/javatools/ HelloWorld.java 파일이 컴파일된 것을 build/classes/main에서 확인할 수 있다.

```
gradle build⁶
```

이 명령을 실행시키면 그림 5-10과 같은 결과를 확인할 수 있다. 여기서 주목해야 할 것은 gradle 명령이 실행되면서 src 디렉터리와는 별도로 여러 개의 디렉터리가 생긴다는 것이다.

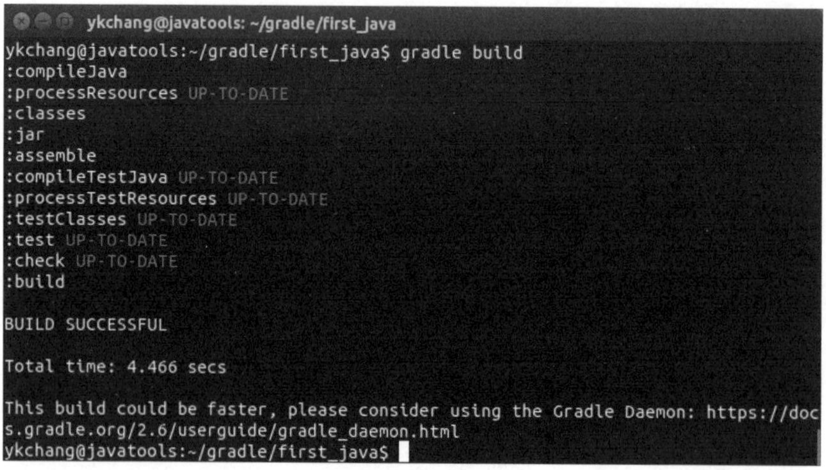

그림 5-10 그레이들 빌드 결과

---

6 gradle init으로 생성된 build.gradle은 전체가 주석으로 감싸져 있으므로 사용하기 전에 반드시 주석을 삭제하고 참조해야 한다.

자동으로 생성된 build 하위 디렉터리로 이동하면 HelloWorld.java가 컴파일된 classes 파일, 연관 라이브러리가 지정되는 libs 등이 생성된 것을 볼 수 있다(그림 5-11).

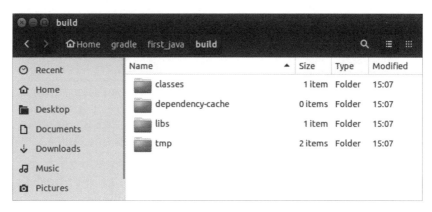

그림 5-11 build 하위 디렉터리

메이븐 프로젝트에 익숙하다면 그레이들의 빌드 결과 구조가 매우 유사하다는 것을 알 수 있을 것이다. 내용 역시 비슷한 용어와 디렉터리 체계를 가져가는 것이므로 이해하는 데 큰 문제는 없을 것이다. 또한 특별한 설정이나 내용을 정의하지 않았는데 빌드에 대한 디렉터리 구조가 생성된 것을 확인할 수 있다. 이처럼 build.gradle 파일에 주석을 해제한 것만으로도 작업이 자동으로 이루어진다.

또 하나 확인할 것은, 우리는 Gradle의 실행을 위해서 gradle build 명령을 사용했는데 그림 5-9에서 명령행의 내용을 주의 깊게 보면 gradle build 명령이 10개의 단계를 걸쳐서 진행된 것을 알 수 있다. 그 이유는 gradle.build 파일에 적용한 자바 플러그인 태스크에 상호 연관 관계가 정의되어 있기 때문이다.

표 5-3은 그레이들에 자바 플러그인을 적용했을 때 추가로 사용할 수 있는 그레이들 태스크 목록을 정리한 것이다.

태스크	연관 내용	유형	설명
compileJava	compile 설정에 따라 연관 작업이 정의된다.	JavaCompile	javac 명령을 이용해서 프로젝트에 참조되어 있는 자바 소스 코드를 컴파일한다. 이때 테스트용 소스 코드는 컴파일되지 않는다.
processResources	-	Copy	빌드할 때 참조하는 자원들을 클래스 디렉터리에 저장한다.
classes	compileJava processResources	Task	배포용 클래스 파일과 자원들을 조합하는 태스크로 컴파일된 클래스 파일과 클래스 패스에 추가해야 할 자원들을 합치는 작업이다.
compileTestJava	compile	JavaCompile	javac 명령을 이용해서 테스트용 자바 파일(Junit 혹은 TestNG)을 컴파일한다.
processTestResources	-	Copy	test resource 디렉터리에 있는 자원을 컴파일한 test classes 디렉터리 영역으로 복사한다.
testClasses	compileTestJava processTestResources	Task	test classes 디렉터리를 조합하는 태스크로 컴파일된 클래스 파일과 클래스 패스에 추가해야 할 자원들을 합치는 작업이다.
jar	compile	Jar	Jar 파일을 만든다.
javadoc	compile	Javadoc	javadoc 명령을 이용해서 배포용 자바 소스 코드에 기술되어 있는 자바 API 문서를 생성한다.
test	compile compileTest	Test	JUnit이나 TestNG로 정의된 단위 테스트를 실행한다.
uploadArchives	-	Upload	Gradle에 의해서 생성된 JAR와 같은 압축 파일을 업로드한다.
clean	-	Delete	프로젝트의 build 디렉터리 전체를 삭제하고 초기화한다.
cleanTaskName	-	Delete	특정한 태스크를 실행할 때 생성되는 파일들을 삭제한다. 예를 들어 cleanJar는 jar 태스크에서 생성된 JAR 파일을 삭제하며 cleanTest는 test 태스크의 결과물인 단위 테스트 작업 결과를 삭제한다.

표 5-3 그레이들 자바 플러그인 태스크

또한 위의 표에서 정리한 태스크들은 그림 5-12와 같은 연관 관계가 있다.

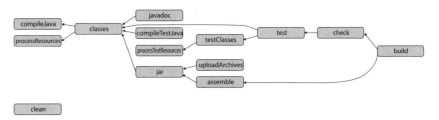

그림 5-12 자바 플러그인 태스크 연관 관계

그레이들의 장점은 메이븐과 유사하게 사전에 정의된 태스크를 그대로 활용할 수 있다는 점이다. 복잡한 요건이 없는 대다수의 중/소규모 프로젝트는 대부분 해당 태스크만으로도 충분하지만 추가적으로 다음과 같은 작업도 가능하다.

- 태스크와 태스크 사이에 사용자 정의된 태스크를 추가할 수 있다.
- 태스크가 실행 전/후에 처리해야 할 작업을 정의할 수 있다.
- 태스크 자체를 오버라이드해서 재정의할 수 있다.

사실 위의 3가지는 메이븐과 비교해서 그레이들을 사용할 때 얻을 수 있는 가장 큰 장점이자 특징으로, 그루비 문법으로 프로그래밍하듯이 쉽게 정의하고 대체할 수 있다.

gradle init 명령과 build.gradle의 주석을 해제하기만 하면 이 모든 것을 사용할 수 있다. 물론 그레이들이 자바만을 위한 빌드 도구는 아니지만 자바 빌드를 위한 많은 기능들을 제공하고 있으며 추가적으로 그루비를 이해하고 있다면 더욱 활용도가 높아진다.

5.5.2 의존성 관리

지금까지는 그레이들을 이해하고 빌드 프로세스를 어떻게 정의하고 활용하는지 알아봤다. 이번 절에서는 메이븐에서 프로젝트 라이브러리 관리 기능을 그레이들 측면에서 정리하도록 하겠다.

의존성을 관리한다는 측면은 다음과 같이 3가지로 정의할 수 있다.

- 프로젝트와 라이브러리의 관계: 하나의 프로젝트에서 사용하는 라이브러리를 관리하는 기능
- 라이브러리와 라이브러리의 관계: 프로젝트에서 특정 라이브러리를 사용할 경우 해당 라이브러리가 또 다른 라이브러리의 의존 관계인 경우

- 빌드 도구와 라이브러리의 관계: 빌드 도구를 실행하고 운영하고 테스트하는 라이브러리인 경우

앞서 자바 플러그인을 배우면서 자동으로 만들었던 build.gradle 파일을 다시 한번 기억해 보자. 설명은 하지 않았지만 소스 5-9를 통해 필요 라이브러리를 선 언했다.

소스 5-9 그레이들 의존성 선언

```
apply plugin: 'java'

repositories {
    mavenCentral()
}

dependencies {
    compile group: 'org.hibernate', name: 'hibernate-core', version:
'3.6.7.Final'
    testCompile group: 'junit', name: 'junit', version: '4.+'
}
```

소스 5-9와 같이 의존성 선언은 repositories에 접속할 저장소 정보, dependencies 속성에서 필요로 하는 라이브러리 목록을 나열하면 된다. 메이븐에서 의존성을 추가할 때와 마찬가지로 그레이들에서도 추가하는 라이브러리를 식별하기 위한 명명 패턴을 가지고 있다. 그리고 이 명명 패턴을 찾기 위해서 웹 페이지를 제공 하고 있다. *http://www.mvnrepository.com*에서 원하는 라이브러리를 검색하고 선 택하면 기본적으로 메이븐을 위한 XML 정보가 나오는데 [Gradle] 탭을 선택하면 build.gradle의 dependencies에 추가할 수 있는 문장이 나온다(그림 5-13).

repositories 속성을 보면 라이브러리 앞에 compile이라고 선언되어 있는데, 이것은 해당 라이브러리가 사용되는 범위를 의미한다. 그레이들의 자바 플러그 인은 다음과 같은 4가지 범위를 가지고 있다.

- compile: 프로젝트의 제품 소스 코드를 컴파일할 때 사용한다.
- runtime: 프로젝트의 제품 클래스 파일을 실행할 때 사용한다. 이 옵션을 적 용하면 compile 의존성도 포함된다.
- testCompile: 프로젝트의 테스트 소스 코드를 컴파일할 때 사용한다. 이 옵션 을 적용하면 compile 의존성과 runtime 의존성도 포함된다.
- testRuntime: 테스트를 실행할 때 사용한다. 이 옵션을 적용하면 compile, runetime, testCompile이 모두 포함된다.

그림 5-13 그레이들 라이브러리 조회

라이브러리의 scope를 결정한 다음 group, name, version 정보를 기술하였다. 외부 라이브러리 의존성을 선언하는 방법은 매우 다양한데 예를 들어 하이버네이트(hibernate)를 사용하기 위해 라이브러리를 정석대로 선언하면 다음과 같다.

```
compile group: 'org.hibernate', name: 'hibernate-core', version: '3.6.7.Final'
```

하지만 축약형으로 다음과 같이 각 항목별로 이름은 생략하고 ':'으로 구분해서 선언해도 위의 선언과 동일한 결과를 가진다.

```
compile 'org.hibernate:hibernate-core:3.6.7.Final'
```

참고로 mvnrepository.com에서 검색한 결과는 축약형을 사용하며 별도로 항목의 이름을 사용하지 않는다.

마지막으로 참조할 저장소에 대해서 알아보자. 저장소 정보는 repositories 속성에 정의한다. 그레이들은 저장소와 관련해서 기본값을 제공하지 않고 의존성 라이브러리를 선언할 때 반드시 원하는 저장소를 지정한다. 일반적으로 mavenCentral()을 사용하며, 메이븐의 중앙 저장소를 사용하겠다는 뜻이다.

만일 메이븐 중앙 저장소가 아닌 다른 저장소를 원할 경우 다음과 같이 접속

URL을 기술하면 된다.

```
repositories {
    maven {
        url "http://repo.mycompany.com/maven2"
    }
}
```

메이븐 저장소가 아닌 Ivy 저장소를 사용하고자 하면 저장소 정보를 다음과 같이 기술해도 된다.

```
repositories {
    ivy {
        url " http://repo.mycompany.com/repo"
    }
}
```

URL을 사용하는 방법도 있지만 로컬 파일 시스템을 지정하는 방법도 있다. 메이븐과 ivy 모두 사용이 가능하며 url "/somedirectory/local-repo" 형태로 HTTP URL을 대체하면 된다. 또한 프로젝트에서 여러 개의 원격 저장소를 사용할 경우, repositories 속성에 여러 개의 저장소 목록을 지정하면 선언한 순서대로 찾아서 참조한다.

5.6 다른 도구와 연계

빌드 도구는 많은 도구 및 환경과 연계해서 실행되기 때문에 타 시스템과의 연계성이 매우 중요하다. 특히 그레이들은 ANT와 메이븐에 비해서 뒤늦게 빌드 소프트웨어로 참여했기 때문에 기존 빌드 소프트웨어와 관련된 연계성이 요구되고 있다.

이 절에서는 우선 이클립스 기반으로 그레이들을 사용하는 방법에 대해서 알아보고 계속해서 ANT 및 메이븐과 연계하는 방법도 설명하겠다. 인텔리제이 IDEA와 연계하는 방법은 13장 '인텔리제이 IDEA를 이용한 연계'에서 알아볼 것이다.

5.6.1 이클립스와 그레이들

이클립스와 그레이들은 통합 자바 개발 도구와 빌드 프로세스라는 측면에서 반드시 연계되어야 하는 부분이다. 각각 플러그인을 통해 상호 연동하는 기능을 제공하는데, 이클립스에서는 그레이들 기능을 사용하기 위한 플러그인을 제공하고 있고 그레이들은 이클립스 기반으로 프로젝트를 만들어내는 플러그인을 제공하고 있다. 이 2가지 경우의 플러그인에 대해서 모두 알아보자.

5.6.1.1 이클립스 그레이들 플러그인

그레이들이 아직 기본 빌드 도구로 널리 사용되지 않고 있어서 이클립스와 같은 개발 도구 역시 그레이들을 기본 지원하지는 않는다. 그레이들을 사용하기 위해서는 이클립스에서 별도의 플러그인을 설치해야 한다.

이클립스의 [Help]-[Eclipse Marketplace…] 메뉴를 선택한 후 'Gradle'로 검색하면 그레이들 플러그인을 설치할 수 있는 화면이 나온다. 이 중에서 'Buildship Gradle Integration 1.0'을 선택하고 [Install Now] 버튼을 클릭하면 설치가 시작된다 (그림 5-14).

그림 5-14 그레이들 이클립스 플러그인

플러그인을 설치하고 나면 이클립스에서 그레이들 프로젝트를 선택해서 생성할 수 있게 된다. 또한 기존 프로젝트에 그레이들의 빌드 파일인 build.gradle 파일을 추가해서 그레이들과 연동할 수 있다(그림 5-15).

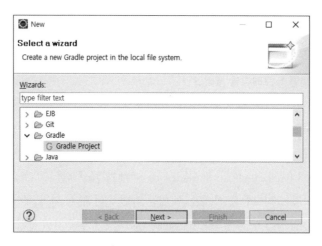

그림 5-15 그레이들 프로젝트 생성

[Gradle Project]를 선택하고 프로젝트명을 입력하고 나면 그레이들을 사용하기 위한 라이브러리 등이 다운로드되어, 프로젝트를 생성한 것만으로 이클립스에서 그레이들을 사용할 수 있는 환경이 자동으로 마련된다(최초 생성 시에는 다운로드에 시간이 많이 걸린다).

5.6.1.2 그레이들 이클립스 플러그인

앞에서 자바 개발자 입장에서는 핵심이 되는, 자바 빌드를 위한 플러그인을 설명했다. 그레이들에서는 자바 플러그인뿐만 아니라 이클립스와 연동하기 위한 플러그인을 기본 제공하고 있다.

이클립스 플러그인은 이클립스에서 바로 프로젝트를 임포트해서 사용할 수 있는 프로젝트 구조와 이클립스 프로젝트 속성 파일(.project)을 생성해 준다. 특히 이클립스 플러그인은 그레이들에서 제공하는 기본 플러그인인 자바, 그루비, Scala, War, Ear 플러그인과 같이 동작한다.

이클립스 플러그인을 사용하기 위해서는 build.gradle 파일에 다음 문장을 추가해야 한다.

```
apply plugin: 'eclipse'
```

특별히 이클립스의 WTP(Web Tools Platform) 기반의 프로젝트를 생성하려면 다음과 같이 문장을 추가해 주면 된다.

```
apply plugin: 'eclipse-wtp'
```

eclipse-wtp 플러그인은 eclipse 플러그인을 포함하고 있으므로 2개의 플러그인을 모두 추가할 필요는 없다. 이 플러그인들을 추가하면 이클립스 관련 작업을 할 수 있는 태스크를 사용할 수 있는데 많이 사용하는 태스크는 다음 2가지이다.

- eclipse: 이클립스 관련 설정 파일을 생성하는 태스크이다.
- cleanEclipse: 생성한 이클립스 관련 설정 파일을 삭제하는 태스크이다.

제일 처음에 만들었던 first_java 프로젝트의 build.gradle에 add plugin: 'eclipse'를 추가한 후 gradle eclipse 명령으로 이클립스 설정 파일을 생성하면 그림 5-16과 같은 결과 화면이 나온다.

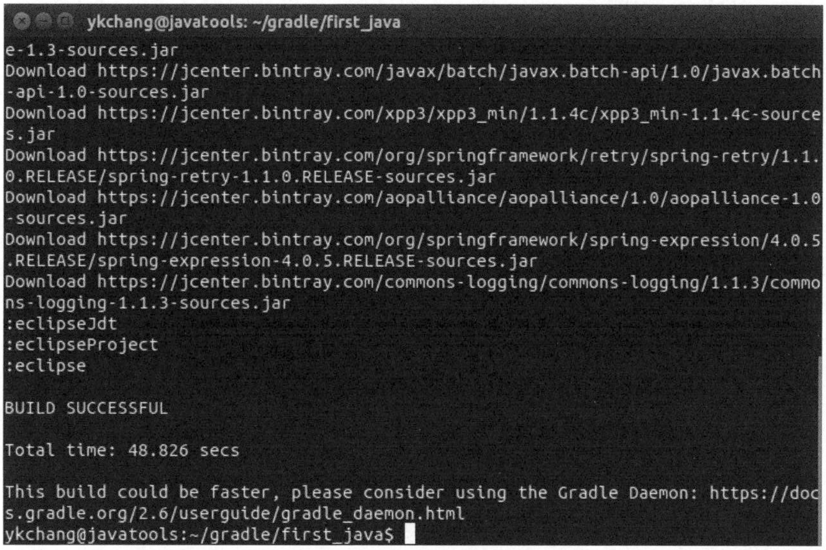

그림 5-16 이클립스 설정 파일 생성

그림 5-16을 보면 이클립스 관련 작업을 위한 라이브러리를 다운로드한 후에 최종적으로 :eclipse 태스크가 성공적으로 수행된 것을 확인할 수 있다. 명령을 실행한 후 다시 파일 목록을 확인해 보면 그림 5-17처럼 .classpath, .project 파일과 .settings 디렉터리가 생성된 것을 확인할 수 있다. 이클립스 메뉴의 [File]-[Import]-[General]-[Existing Projects into Workspace] 메뉴를 통해 이클립스로 가져올 수 있다.

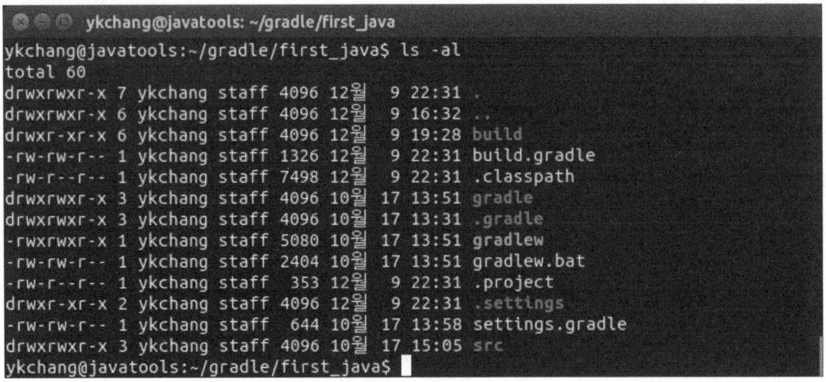

그림 5-17 이클립스 플러그인 실행 결과

5.6.2 ANT와 그레이들

ANT는 매우 오랜 역사를 가지고 있고 아직까지도 다른 소프트웨어나 솔루션과
연동했을 때 가장 호환성이 높은 빌드 도구다. 단순히 빌드의 목적만이 아니라
훌륭한 파일 처리 기능과 태스크 정의 기능 등으로 인해 빌드 외에도 다양한 분
야에서 활용하고 있다.

그레이들은 ANT를 호출하고 활용할 수 있는 기능을 제공하고 있으며 내부적
으로 ANT가 포함되어 있어서 ANT를 이용하기 위해 별도의 설치 작업이나 설정
작업조차 필요 없다.

이러한 기능은 기존에 ANT로 만들어 놓은 빌드 파일을 그레이들에서 별도의
수정 작업 없이 재사용할 수 있도록 해주며 기존 빌드 스크립트를 그레이들로
마이그레이션할 때도 유용하게 사용할 수 있다.

그레이들에서 ANT 기능을 사용할 수 있는 경우는 다음 2가지이다.

- ANT build.xml 파일을 그레이들에서 임포트해서 ANT 빌드 파일에 정의해
  놓은 target을 호출한다.
- build.xml 파일과는 무관하게 ANT에서 제공하는 기본 태스크들을 호출한
  다. 대표적으로 ANT의 javac, copy 등의 기능을 사용할 수 있다.

이번 절에서는 위의 2가지 경우에 해당하는 ANT와 그레이들의 연계에 대해서
알아보겠다.

그레이들의 빌드 파일에서는 ant 객체를 제공하고 있는데 이것을 통해서 ant
에서 제공하는 태스크와 속성 들에 접근이 가능하다.

소스 5-10 그레이들에서 ANT 호출 1

```
task hello << {
    String greeting = 'hello from Ant'
    ant.echo(message: greeting)
}
```

소스 5-10의 빌드 파일을 실행하면 그림 5-18과 같은 결과를 확인할 수 있다.

　이 예제 파일은 그레이들의 ant 객체를 통해서 ANT의 기본 태스크인 echo를 호출한 것이며, echo 태스크에 파라미터로 문자열을 전달하기 위한 방법도 나와 있다.

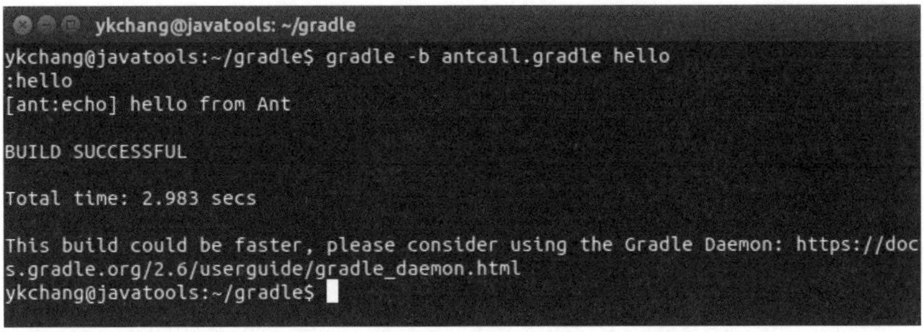

```
ykchang@javatools: ~/gradle
ykchang@javatools:~/gradle$ gradle -b antcall.gradle hello
:hello
[ant:echo] hello from Ant

BUILD SUCCESSFUL

Total time: 2.983 secs

This build could be faster, please consider using the Gradle Daemon: https://doc
s.gradle.org/2.6/userguide/gradle_daemon.html
ykchang@javatools:~/gradle$
```

그림 5-18 ANT 호출 결과

ANT 태스크는 많은 속성을 가지고 있으며 그 속성에 값을 전달해서 세밀하게 태스크의 실행을 통제하도록 되어 있다. 위의 소스에서 echo 메서드에 파라미터를 전달하기 위해 message: greeting이라고 한 것은 message가 echo 태스크의 속성 이름 중 하나이기 때문이다. 물론 위의 코드 기준으로 문자열 파라미터는 다음과 같이 처리해도 동일한 결과가 나온다.

```
ant.echo(greeting)
ant.echo('hello from Ant')
```

소스 5-11은 ANT 태스크 중 좀 더 많은 속성과 서브 태스크가 제공되고 있는 zip 태스크를 호출한 예제다.

소스 5-11 그레이들에서 ANT 호출 2

```
task zip << {
    ant.zip(destfile: 'archive.zip') {
        fileset(dir: 'src') {
            include(name: '**.xml')
            exclude(name: '**.java')
        }
    }
}
```

소스 5-11을 보면 보면 ANT에서 XML로 태스크를 정의한 것보다 훨씬 쉽고 간결하게 정의되어 있는 것을 알 수 있다.

이 외에도 ANT의 기본 태스크 외에 커스텀 태스크들 역시 그대로 선언해서 사용할 수 있다. 다만 ANT 커스텀 태스크를 사용하기 위해서는 ANT의 build.xml에서 **taskdef** 태그로 커스텀 태그를 선언해준 것처럼 그레이들에서도 작업을 해야 한다(소스 5-12).

소스 5-12 그레이들에서 ANT 호출 3

```
task check << {
    ant.taskdef(resource: 'checkstyletask.properties') {
        classpath {
            fileset(dir: 'libs', includes: '*.jar')
        }
    }

    ant.checkstyle(config: 'checkstyle.xml') {
        fileset(dir: 'src')
    }
}
```

지금까지 그레이들의 build.gradle에서 ANT 태스크를 호출하는 방법을 알아봤는데, 사실 이것 외에도 훨씬 다양하게 활용할 수 있다. 심지어 ANT에서 build.xml을 작성하는 것보다 그레이들에서 작성하는 것이 훨씬 편할 정도로 좋은 기능들을 많이 제공하고 있다.

그럼 이제 마지막으로 ANT의 build.xml에 있는 **target**을 그레이들에서 호출하는 방법을 알아보자. 그레이들에서 ANT 빌드 파일은 **ant.importBuild** 메서드를 이용해서 임포트해올 수 있으며, 임포트한 ANT의 **target**은 그레이들의 태스크와 동일한 레벨로 인식한다.

사실 이 부분이 굉장히 중요한데 그레이들 내에서 ANT의 **target**은 그레이들의 태스크로 인식이 되어서 태스크 간에 연관 관계를 정의할 수도 있고 기능 확장도 가능하다.

소스 5-13 ANT 빌드 파일

```
<project>
    <target name="hello">
        <echo>Hello, from Ant</echo>
    </target>
</project>
```

소스 5-13은 아주 간단한 ANT 빌드 파일로 **hello** 타깃을 실행시키면 "Hello,

from Ant" 메시지를 출력한다. 이 빌드 파일을 그레이들에서 호출해서 활용하는 다양한 방법을 알아보자. 소스 5-14는 그레이들에서 ANT를 호출하는 예이다.

소스 5-14 그레이들에서 ANT 호출 4

```
ant.importBuild 'build.xml'

hello << {
    println 'Hello, from Gradle'
}

task intro(dependsOn: hello) << {
    println 'Hello, from Gradle'
}
```

이제 다음과 같이 gradle 명령을 이용해서 위의 빌드 파일을 호출해 보자.

```
gradle -b antbuild.gradle hello
gradle -b antbuild.gradle intro
```

위의 명령을 각각 실행시킨 결과는 그림 5-19와 같다.

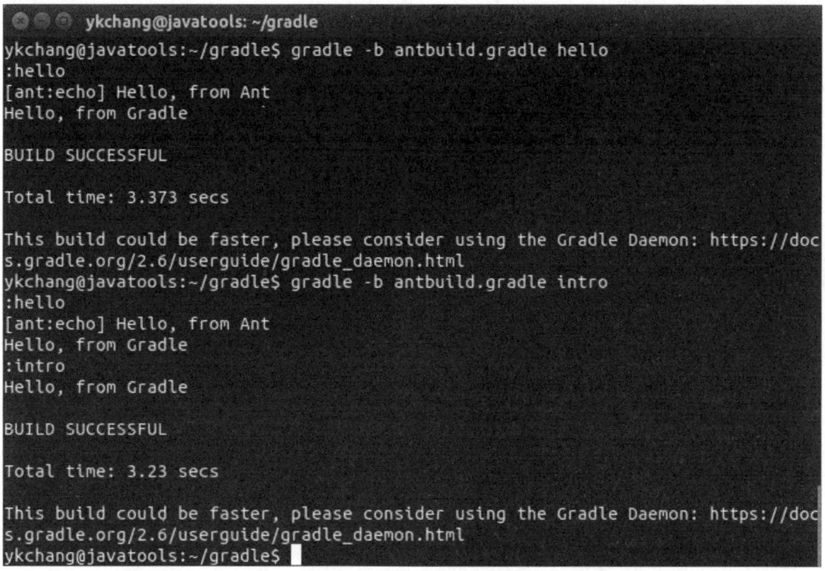

그림 5-19 그레이들 실행 결과

이 코드가 매우 흥미로운 이유는 gradle hello로 실행했는데 hello가 정확히는 ANT의 타깃이라는 점이다. 즉, 그레이들에서 ANT 타깃도 독립적인 태스크로 인식된다는 것을 확인할 수 있다.

또한 그레이들 빌드 소스에 ANT의 hello 타깃을 추가 확장해서 Hello, from Gradle을 출력하도록 했으며 dependsOn 속성을 통해 ANT 타깃과 그레이들 태스크 간의 상관관계도 정의하였다.

이상으로 그레이들에서 ANT를 활용하는 방법에 대해서 알아봤는데 필자의 경우 그레이들을 사용하면서 가장 매력적인 기능 중 하나가 바로 이 부분이었다. ANT보다 더 쉽게 ANT 기능을 사용할 수 있는 방법을 제공해 줌으로써 ANT의 좋은 기능도 활용하고 그레이들의 좋은 기능도 활용할 수 있다.

5.6.3 메이븐과 그레이들

많은 사람이 그레이들이 메이븐의 후속 버전에 해당하는 빌드 소프트웨어라고 생각하지만, 사실 개념이 유사할 뿐 후속 버전이라고 말하기에는 큰 차이가 있다. 또한 그레이들 진영에서는 메이븐을 단점이 많은 빌드 도구로 인식하고 있다. 그레이들에서 메이븐과 비교한 자료를 살펴보면 더욱 더 그런 점을 느낄 수 있다.[7]

또한 앞에서 그레이들과 ANT의 연동 기능을 보면서 메이븐과도 동일한 수준의 연동을 기대할 수 있겠지만 그 정도 수준의 연계는 아직 제공하지 않는다. 그레이들에서 제공하는 메이븐과의 연동은 메이븐 저장소와 연계하는 것과 그레이들 프로젝트를 메이븐 형태의 프로젝트로 변경해 주는 기능이다. 그리고 이러한 기능은 그레이들의 메이븐 플러그인을 통해서 사용이 가능하다.

소스 5-15 메이븐 생성

```
apply plugin: 'java'
apply plugin: 'maven'

group = 'com.changconsulting.javabooks'
archivesBaseName = 'gradle_maven01'
version = '0.0.1-SNAPSHOT'
description = 'The sample of gradle maven plugin'
```

소스 5-15를 보면 메이븐에서 사용하는 라이브러리를 식별하기 위한 3가지 항목이 모두 표시되어 있지만 용어상 다소 차이가 있다. 메이븐과 그레이들의 용어 차이는 표 5-4에 정리하였다.

---

7 *http://gradle.org/maven_vs_gradle*

메이븐	그레이들	그레이들 기본값
groupId	group	공백
artifactId	name 혹은 archivesBaseName	프로젝트 디렉터리명
version	version	기본값 없음
name	-	-
description	description	null

표 5-4 메이븐과 그레이들 매핑

소스 5-15를 작성한 후 다음 명령을 실행하면 메이븐을 위한 pom.xml이 생성이된다.

```
gradle -b maven.gradle install
```

위의 명령의 실행 결과는 그림 5-20과 같으며 빌드가 성공하면 pom.xml이 그레이들을 실행시킨 디렉터리 기준으로 build/poms/pom-default.xml로 생성된 것을 확인할 수 있다.

```
ykchang@javatools: ~/gradle/first_java
ykchang@javatools:~/gradle/first_java$ gradle -b maven.gradle install
:compileJava UP-TO-DATE
:processResources UP-TO-DATE
:classes UP-TO-DATE
:jar
:install

BUILD SUCCESSFUL

Total time: 5.447 secs

This build could be faster, please consider using the Gradle Daemon: https://doc
s.gradle.org/2.6/userguide/gradle_daemon.html
ykchang@javatools:~/gradle/first_java$
```

그림 5-20 pom.xml 생성 결과

생성이 완료되었으면 생성된 파일인 build/poms/pom-default.xml 파일을 확인해 보자(소스 5-16).

소스 5-16 pom-default.xml

```xml
<?xml version="1.0" encoding="UTF-8"?>
<project
    xsi:schemaLocation="http://maven.apache.org/POM/4.0.0
    http://maven.apache.org/xsd/maven-4.0.0.xsd"
    xmlns="http://maven.apache.org/POM/4.0.0"
    xmlns:xsi="http://www.w3.org/2001/XMLSchema-instance">
```

```xml
  <modelVersion>4.0.0</modelVersion>
  <groupId>com.changconsulting.javabooks</groupId>
  <artifactId>gradle_maven01</artifactId>
  <version>0.0.1-SNAPSHOT</version>
</project>
```

그레이들의 빌드 파일에 메이븐 POM을 생성하기 위한 필수 설정 정보만 추가 했기 때문에 별다른 내용이 생성되지는 않았다.

또한 install 태스크는 POM 파일을 생성하고 로컬 저장소에 빌드 산출물을 등록시킨다. 로컬 저장소를 찾아서 확인해 보면 install 태스크의 수행 결과로 메이븐 라이브러리가 등록된 것을 볼 수 있다(그림 5-21). 디렉터리 위치는 메이 븐의 conf/settings.xml 파일의 localRepository 속성에 따라 결정되며 아무것 도 지정하지 않았다면 사용자의 홈 디렉터리에 있는 .m2 디렉터리에 생성된다.

```
ykchang@javatools: ~/.m2/repository/com/changconsulting/javabooks/gradle_maven01
ykchang@javatools:~/.m2/repository/com/changconsulting/javabooks/gradle_maven01$ ls -
al
total 16
drwxr-xr-x 3 ykchang staff 4096 12월 10 16:58 .
drwxr-xr-x 3 ykchang staff 4096 12월 10 16:58 ..
drwxr-xr-x 2 ykchang staff 4096 12월 10 16:58 0.0.1-SNAPSHOT
-rw-r--r-- 1 ykchang staff  303 12월 10 16:58 maven-metadata-local.xml
ykchang@javatools:~/.m2/repository/com/changconsulting/javabooks/gradle_maven01$
```

그림 5-21 메이븐 로컬 저장소 결과

그럼 앞서 작성한 그레이들 빌드 파일을 추가하도록 하자(소스 5-17). 이렇게 추 가작업을 하게 되면 원격 저장소에 반영할 수 있다.

소스 5-17 메이븐 저장소에 업로드

```
apply plugin: 'java'
apply plugin: 'maven'

group = 'com.changconsulting.javabooks'
archivesBaseName = 'gradle_maven01'
version = '0.0.1-SNAPSHOT'
description = 'The sample of gradle maven plugin'

uploadArchives {
    repositories {
        mavenDeployer {
            repository(url: "file:///home/ykchang/.m2/repository")
        }
    }
}
```

소스 5-17은 저장소가 로컬 파일 시스템일 경우 사용이 가능하지만 원격 저장소
에 업로드할 때는 넥서스와 같은 사설 서상소에 업로드하는 경우가 내부분이다.
만일 넥서스에 업로드를 원한다면 위의 소스 코드를 다음과 같이 변경하면 된다
(소스 5-18).

소스 5-18 넥서스 저장소에 업로드

```
apply plugin: 'java'
apply plugin: 'maven'

group = 'com.changconsulting.javabooks'
archivesBaseName = 'gradle_maven01'
version = '0.0.1-SNAPSHOT'
description = 'The sample of gradle maven plugin'

configurations {
    deployerJars
}

repositories {
    mavenCentral()
}

dependencies {
    deployerJars "org.apache.maven.wagon:wagon-http:2.2"
}

uploadArchives {
    repositories.mavenDeployer {
        configuration = configurations.deployerJars
        repository(
            url: "http://192.168.0.15:8081/nexus/content/repositories/snapshots"
        )
    }
}
```

소스 5-18과 같이 uploadArchives 태스크를 상속받아서 정의하고 다음과 같이
실행시키면 원격의 저장소에 반영되며 이 명령은 mvn deploy와 동일한 동작을
한다.

```
gradle -b maven.gradle uploadArchives
```

라이브러리를 메이븐 저장소에 반영하기 위해 file과 http 프로토콜을 이용하는
방법을 알아봤다. 업로드하는 프로토콜에 따라 연관된 라이브러리가 다른데 그
내용을 정리한 것이 표 5-5이다.

프로토콜	라이브러리
http	org.apache.maven.wagon:wagon-http:2.2
ssh	org.apache.maven.wagon:wagon-ssh:2.2
ssh-external	org.apache.maven.wagon:wagon-ssh-external:2.2
ftp	org.apache.maven.wagon:wagon-ftp:2.2
webdav	org.apache.maven.wagon:wagon-webdav:1.0-beta-2
file	-

표 5-5 메이븐 저장소 업로드 프로토콜

그레이들에서 메이븐과 연동해서 사용하는 방법에 대해서 알아보았는데 메이븐은 ANT와는 달리 그레이들과의 연동을 위한 많은 기능을 제공하지는 않는다. 그리고 그 기능이나 개념이 많이 중복되어서, 혼용해서 사용하기 애매한 부분도 많이 있다. 둘을 혼용해서 사용하기보다는 하나의 빌드 도구를 결정해서 사용하는 것이 더 현명하다.

5.7 요약

지금까지 그레이들을 이용해서 자바 애플리케이션을 빌드하고 다른 도구들과 연동하는 방법에 대해서 알아봤다. 특히 기존 자바 빌드의 대표적인 도구인 ANT, 메이븐과 연동하는 방법에 대해서 알아봤는데 이러한 연동 기능을 통해서 기존에 만들어 놓은 ANT 스크립트와 메이븐의 pom.xml을 활용할 수도 있다.

그레이들의 가장 큰 장점은 ANT처럼 복잡하지 않으며 단순 반복 작업을 하지 않아도 된다는 점과 메이븐처럼 빌드 프로세스 요건의 추가 확장을 위해 많은 노력을 기울이지 않아도 그루비(Groovy) 스크립트로 손쉽게 변경할 수 있다는 점이다. 그레이들에 대한 관심이 점차 커지고 있지만 메이븐에 비해 사용률이 높지 않고 ANT처럼 열렬한 팬들이 많은 것도 아니어서 빌드 도구로 확산되는 데는 다소 시간이 필요할 것으로 보인다.

그렇지만 이번 장에서 알아본 것처럼 그레이들은 사용하면 사용할수록 매력적이고, 편리함을 경험해보면 다른 빌드 도구로 돌아갈 수 없을 정도로 훌륭한 빌드 도구이다. 필자의 예측으로는 메이븐에서 그레이들로 빌드 도구의 유행이 이동하는 것은 시간 문제라 생각한다.

6장

JUnit을 이용한 단위 테스트

6.1 들어가며

소프트웨어 개발을 할 때 흔히 "분석-설계-개발-테스트-운영"으로 개발 절차를 밟는데 이 중 가장 쉽게 간과하는 부분이 바로 테스트 단계이다. 테스트가 철저하지 못하고 테스트를 자주 하지 못하게 되면 그만큼 소프트웨어의 완성도는 떨어질 수밖에 없다. 소프트웨어는 사람이 만드는 것이라 실수가 있을 수밖에 없기 때문이다.

　이러한 이유로 현대의 많은 개발 방법론, 특히 애자일 방법론에서는 테스트를 강조하고 있고 이터레이션을 통해 반복적으로 절차를 수행하며 효율적인 테스트를 위한 테스트 자동화에도 깊은 관심을 가지고 있다.

　이번 장에서는 자바의 테스트 관련 도구 중 가장 널리 사용되고 있는 JUnit을 중심으로 단위 테스트를 수행하는 방법에 대해서 알아보겠다.

- JUnit 기본 이해
- 어노테이션을 이용한 테스트 정의
- 유용한 기능들
- JUnit 연계

6.2 JUnit 기본 이해

자바 애플리케이션을 개발할 때 가장 유명한 단위 테스트 도구는 JUnit[1]이다. JUnit은 소프트웨어 분야에서 유명한 에릭 감마(Erich Gamma)와 켄트 백(Kent Beck)이 최초로 개발했고, 이제는 전 세계 자바 개발자들에게 표준 단위 테스트 프레임워크로 자리 잡았다. 특히 메이븐으로 프로젝트를 관리할 경우 표준 디렉터리 구성이 개발 영역과 테스트 영역으로 나뉘는데, 테스트 영역이 JUnit을 기반으로 하고 있다. 이처럼 널리 알려지고 사용되고 있지만 한편으로는 개발 작업에서 형식적으로 사용되는 경우도 많고 일정에 쫓기는 개발자에게는 굉장히 귀찮은 작업으로 인식되기도 한다. 이렇게 형식적으로 단위 테스트 개발을 하는 이유는 JUnit에 익숙하지 않거나 설령 알더라도 제대로 활용해 보지 않았기 때문이다.

이번 장에서는 JUnit을 이용해서 애플리케이션 단위 테스트를 하는 방법과 프로젝트에 JUnit을 어떻게 적용해서 어떻게 도움을 받을 것인지에 대해서 알아볼 것이다.

6.2.1 JUnit 설치 및 환경 설정

JUnit은 다른 유틸리티 소프트웨어와는 다르게 특별한 실행 스크립트나 환경 설정 파일 등을 제공하지 않고 오직 JUnit을 사용할 수 있는 자바 라이브러리만을 제공한다.

일반 자바 애플리케이션에서 JUnit 4.x 버전을 사용하기 위해서는 다음 2개의 라이브러리가 필요하다.

- junit.jar
- hamcrest-core.jar

버전에 따라서 라이브러리 뒤에 버전 이름이 같이 붙어있는데 최신 버전은 JUnit 홈페이지에서 쉽게 다운로드할 수 있다.

만일 메이븐에서 사용하려면 메이븐의 의존성 설정 부분에 JUnit을 추가하면 된다(소스 6-1).

---

1 *http://junit.org*

소스 6-1 메이븐 연동

```
<dependency>
  <groupId>junit</groupId>
  <artifactId>junit</artifactId>
  <version>4.12</version>
  <scope>test</scope>
</dependency>
```

메이븐 외에도 앞에서 설명한 그레이들에서 JUnit을 사용하려면 build.gradle에 추가하면 된다(소스 6-2).

소스 6-2 그레이들 연동

```
apply plugin: 'java'

dependencies {
  testCompile 'junit:junit:4.12'
}
```

JUnit은 라이브러리 기반이기 때문에 ANT나 자바 애플리케이션에서 사용할 때는 라이브러리를 다운받아서 클래스 패스에 추가하면 되고, 메이븐이나 그레이들에서 사용하려면 빌드 파일에 의존성 추가를 해주면 된다.

6.2.2 JUnit 기본 구조

이 책을 쓰는 시점에서 JUnit 최신 버전은 4.12[2]이며 최신 버전을 기준으로 설명하겠다.

JUnit의 4.x 버전은 이전 버전인 3.x에 비해 많은 변화가 있었다. 그러나 3.x 버전의 영향이 너무나 컸고 샘플이나 프로젝트 가이드 문서, 관련 서적 들이 3.x 버전을 기반으로 많이 나와 있기 때문에 대부분의 단위 테스트 개발 업무들이 라이브러리는 4.x 버전을 사용하지만 3.x 버전과 유사하게 사용한다. 일반적으로 통용되는 JUnit 관련 내용을 정리하면 다음과 같다.

- TestCase 클래스를 상속받아야 한다.
- 테스트 케이스 클래스에서 테스트로 사용할 메서드는 반드시 이름이 test로 시작해야 한다.
- 테스트 메서드의 리턴 타입은 void이며 메서드에 파라미터를 사용할 수 없다.

---

2 JUnit의 버전 체계는 다른 소프트웨어에 비해 독특한 면이 있는데 4.12 버전이 4.9보다 높은 버전이다. 특정 자릿수를 기준으로 숫자의 높음을 고려하지 않고 소수점 이하의 전체 숫자로 버전 정보를 나타낸다.

- 테스트 케이스 클래스명은 Test로 끝나야 한다.

이러한 규칙을 가지고 만든 테스트 케이스의 예는 소스 6-3과 같다.

소스 6-3 FirstTest.java

```java
package com.javatools.junit;

import junit.framework.TestCase;

public class FirstTest extends TestCase {
    public void testCalculateDivide() {
        double resultOfDivide = 10/5;
        assertEquals("10나누기 5는 2? ", 2, resultOfDivide, 0);
    }
}
```

위의 소스 코드를 보면 앞서 테스트 케이스를 작성할 때 준수해야 하는 규칙들을 잘 보여주고 있다. 특히 명명 규칙을 잘 이해하고 그 기준으로 작성해야 한다.

JUnit에서 테스트가 성공했는지의 여부는 테스트 케이스 메서드 내에 있는 assert 메서드의 결과를 가지고 판단한다. 위의 소스 코드는 assertEquals를 이용했는데, 이 메서드는 주어진 파라미터 값이 동일할 경우 성공값을 리턴한다. 이 외에도 많은 assert 메서드들이 JUnit의 TestCase 클래스에서 제공되고 있다.

앞서 간단히 언급한 JavaUtilTest.java 파일의 경우 JUnit 3.x 버전에서 주로 사용하던 코딩 방식으로, 4.x 버전에서도 호환성을 보장하고 있다. 하지만 4.x 버전으로 업그레이드되면서 기존에 사용하던 API의 불편함을 줄여주고 테스트 코드를 좀 더 작성하기 쉽게 해주었는데, 바로 어노테이션 기능을 통해서 기존에 제약이 있던 명명 규칙에 좀 더 유연성을 제공한 것이다.

소스 6-4 SecondTest.java

```java
package com.javatools.junit;

import org.junit.Test;
import static org.junit.Assert.*;

public class SecondTest {

    @Test
    public void testCalculateDivide() {
        double resultOfDivide = 10/5;
        assertEquals("10 나누기 5는 2? ", 2, resultOfDivide, 0);
    }
}
```

소스 6-4는 3.x 버전의 단위 테스트 코드를 4.x 버전으로 변경한 것으로 그 결과는 동일히지만 코드를 작성히는 입장에서 다음과 같은 큰 차이전이 있다.

- TestCase 클래스를 상속 받지 않았다.
- 테스트 메서드임을 알려주기 위해서 메서드의 시작을 test로 하지 않고 @Test 어노테이션으로 인지할 수 있도록 하였다.

클래스 상속에 대한 제약을 제거해서 단위 테스트 코드 작성 시 상속을 하지 않거나 혹은 개발 작업 시 반드시 필요한 업무 클래스를 상속 받을 수 있게 되었다. 그리고 무엇보다도 테스트 메서드를 test로 시작하지 않아도 되기 때문에 메서드를 실제 사용하는 애플리케이션의 메서드와 동일하게 사용하거나 유사한 이름을 사용할 수 있게 되었다. 이러한 변화는 JUnit의 아성에 도전하고 있는 TestNG의 영향을 받았다. TestNG에 대해서는 JUnit을 설명한 이후에 자세히 설명할 것이다.

하지만 여전히 테스트 메서드는 반드시 void 형으로 리턴 코드가 없어야 하고 메서드에 파라미터를 전달할 수 없는 제약이 있다.

그리고 TestCase를 상속해서 assert 메서드를 호출하는 대신 org.junit.Assert 클래스에서 제공하는 assert 메서드를 이용하여 단위 테스트의 성공 여부를 작성하도록 하였다. Assert 클래스는 기존에 TestCase 클래스에서 제공되던 메서드를 그대로 포함하고 있다.

6.3 어노테이션

JUnit 4에서의 가장 큰 변화는 바로 어노테이션을 도입한 것이다. 기존 명명 규칙에 대한 제약과 특정 클래스를 반드시 상속해야 하는 제약을 제거하였다. 이러한 제약이 해결될 수 있었던 이유는 자바 5부터 언어적인 개선이 이루어진 점도 한몫했다. 그래서 JUnit 4.0 버전부터는 반드시 자바 5 이상에서만 동작이 이루어진다. 그럼 JUnit 4.0 버전부터 제공하는 어노테이션에 대해서 알아보자.

6.3.1 어노테이션을 이용한 코드 작성

대부분의 테스트 작업에서는 테스트 실행 전후에 해야 할 작업들이 있다. 예를 들어, 테스트 실행 전 데이터를 초기화하고 실행 후에는 결과를 저장하는 작업을 수행하는데 일부 프로젝트의 경우 단위 테스트 기능에서 테스트가 실제로 이루어졌는지를 확인하기 위하여 테스트 전후 작업에서 데이터베이스에 기록을 남기기도 하고 파일에 로그를 남기기도 한다.

이러한 작업을 편리하게 정의하기 위해서 다음 2개의 어노테이션을 제공하고 있다.

- @Before: @Test 어노테이션이 정의되어 있는 메서드가 실행되기 전에 반드시 실행해야 하는 메서드를 의미한다.
- @After: @Test 어노테이션이 정의되어 있는 메서드가 실행된 후에 실행하는 메서드를 의미한다.

위 두 개의 어노테이션은 옵션 사항으로 코드에서 생략할 수 있고, 둘 중에 하나만 작성할 수도 있다. JUnit에서 어노테이션이 정의된 메서드의 실행 순서는 다음과 같다.

```
@Before - @Test - @After
```

만일 하나의 자바 소스 코드 내에 여러 개의 @Test 메서드가 제공된다면 @Before와 @After 메서드 역시 같이 반복적으로 호출이 된다.

어노테이션의 정의에 따라 실행되는 결과를 확인해 보기 위해 소스 6-5를 작성한 후 실행해 보자.

소스 6-5 AnnotationFlow.java

```java
package com.javatools.junit;

import static org.junit.Assert.assertTrue;

import org.junit.After;
import org.junit.Before;
import org.junit.Test;

public class AnnotationFlow {

    @Before
    public void initialize() {
        System.out.println("Initialize ...");
    }

    @Test
    public void calculateFirst() {
        System.out.println("Caclulate First");
        assertTrue(true);
    }

    @Test
    public void calculateSecond() {
```

```
        System.out.println("Caclulate Second");
        assertTrue(true);
    }

    @After
    public void finalize() {
        System.out.println("Finalize...");
    }
}
```

이제 작성한 소스 코드를 실행해야 한다. 이클립스와 같은 통합 개발 환경에서
는 이클립스가 알아서 실행시켜 주지만 통합 개발 환경을 사용할 수 없는 서버
환경에서는 JUnit 기반의 테스트 클래스를 실행할 수 있는 방법을 알아두는 것
이 좋다

JUnit 소스 코드를 보면 알겠지만 명령창에서 실행할 수 있는 main 메서드가
제공되지 않는다. 그래서 작성한 테스트 클래스를 실행시켜 주는 메인 프로그램
이 JUnit에서 제공되는데 바로 org.junit.runner.JUnitCore이다. 그리고 이 클래
스는 junit.jar 파일에 포함되어 있다. 앞서 작성한 테스트 케이스를 실행하기 위
해서는 다음과 같이 하면 된다.

```
java -cp .:./lib/junit-4.12.jar:./lib/hamcrest-core-1.3.jar
org.junit.runner.JUnitCore com.javatools.junit.AnnotationFlow
```

위의 명령을 실행하면 그림 6-1과 같이 JUnit 테스트 케이스가 실행된 것을 확인
할 수 있다.

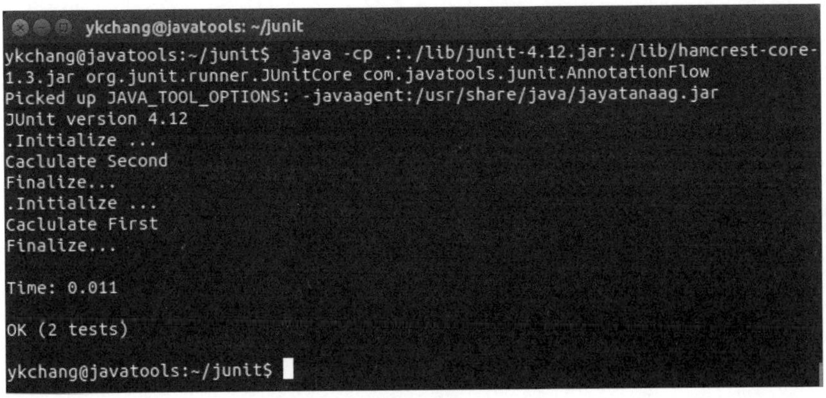

그림 6-1 명령행에서 JUnit 실행 결과

관련된 클래스 패스도 많고 추후 테스트 케이스가 많아지면 명령창에서 작동시
키기가 굉장히 어려워진다. 따라서 이러한 작업을 쉽게 하기 위해 통합 개발 환

경을 이용하거나 ANT 혹은 메이븐 같은 빌드 도구를 이용해서 실행하는 것이 효율적이다. 또한 9장에서 살펴볼 지속적 통합 도구에서도 JUnit을 편리하게 실행할 수 있는 환경을 제공한다.

JUnit의 실행 결과를 다시 살펴보면 다음과 같다.

```
Initialize ...
Caclulate Second
Finalize...
Initialize ...
Caclulate First
Finalize...
```

결과를 통해서 알 수 있듯이 2개의 Test 메서드가 실행될 때마다 Before 메서드와 After 메서드가 각각 실행되었다. 이러한 특성을 고려해서 테스트 코드를 작성할 필요가 있다.

JUnit에서는 @Before와 @After 어노테이션 외에도 @BeforeClass와 @AfterClass 어노테이션을 제공하는데 이 2개의 어노테이션을 잘 활용하면 테스트 케이스를 좀 더 효율적으로 작성할 수 있다. 위의 Before와 After는 각 Test가 실행될 때마다 반복적으로 실행되지만 BeforeClass와 AfterClass는 메서드 수와는 상관 없이 테스트 케이스가 실행될 때 한 번씩만 실행된다.

이러한 흐름을 이해하기 위해 앞서 작성한 코드를 소스 6-6과 같이 추가한 후 실행 결과를 확인해 보자.

소스 6-6 AnnotationAdvancedFlow.java

```java
package com.javatools.junit;

import static org.junit.Assert.assertTrue;

import org.junit.After;
import org.junit.AfterClass;
import org.junit.Before;
import org.junit.BeforeClass;
import org.junit.Test;

public class AnnotationAdvancedFlow {
    //static 메서드여야 한다.
    @BeforeClass
    public static void doBefore() {
        System.out.println("Starting test...");
    }

    //static 메서드여야 한다.
    @AfterClass
    public static void doAfter() {
```

```
        System.out.println("Shutdown test...");
    }

    @Before
    public void initialize() {
        System.out.println("Initialize test...");
    }

    @After
    public void finalize() {
        System.out.println("Finalize test...");
    }

    @Test
    public void calculateFirst() {
        System.out.println("Caclulate First");
        assertTrue(true);
    }

    @Test
    public void calculateSecond() {
        System.out.println("Caclulate Second");
        assertTrue(true);
    }
}
```

이제 이 코드를 실행시키면 다음과 같은 결과를 확인할 수 있다.

```
Starting test...
Initialize test...
Caclulate Second
Finalize test...
Initialize test...
Caclulate First
Finalize test...
Shutdown test...
```

예상한 것처럼 BeforeClass와 AfterClass는 테스트 클래스가 시작되기 전과 완료된 후에 실행된다. 한가지 유의할 것은 @BeforeClass와 @AfterClass의 메서드는 반드시 static이어야 한다는 점이다. 만일 static으로 정의하지 않으면 테스트 클래스 실행이 실패하는데 이때 잘못된 구문으로 실패한 것이 아니라 진짜 내가 하고자 하는 테스트가 실패한 것으로 착각할 수 있기 때문이다.

앞서 JUnit을 명령행에서 실행하기 위해서 org.junit.runner.JUnitCore 클래스를 이용했는데 명령행뿐만 아니라 다른 자바 프로그램에서 JUnit의 테스트 클래스를 직접 실행시킬 경우에도 필요하다. 주로 JUnit을 활용하여 개발 도구를 만들거나 직접 단위 테스트를 통제하고자 할 때 사용한다. 이러한 경우 다음과 같이 자바에서 직접 호출할 수 있다.

```
org.junit.runner.JUnitCore.runClasses(TestClass1.class, ...);
```

6.3.2 어노테이션 고급 기능

지금까지 5개의 어노테이션을 통해서 메서드의 의미와 순서를 제어하는 방법을 알아봤다. 이 외에 추가적으로 유용한 기능이 바로 테스트 메서드의 실행 주기를 제한하는 방법이다. 예를 들어 특정 테스트 케이스의 경우 반드시 10초 안에 끝나야 하며 10초가 넘어가면 테스트가 실패한 것으로 간주할 수 있다. 과거에는 이를 위해 테스트 메서드 내에서 타이머를 이용해서 일정 시간이 넘어가면 강제로 에러 처리를 하는 로직을 집어 넣었지만 JUnit 4에서는 @Test 어노테이션에 제한 시간을 정의할 수 있도록 하였다(소스 6-7).

소스 6-7 AnnotationTimeout.java

```java
package com.javatools.junit;

import static org.junit.Assert.assertTrue;

import org.junit.AfterClass;
import org.junit.BeforeClass;
import org.junit.Test;

public class AnnotationTimeout {
    public static long startTime = 0;
    public static long endTime = 0;

    @BeforeClass
    public static void doBefore() {
        startTime = System.currentTimeMillis();
        System.out.println("Starting test...");
    }

    @AfterClass
    public static void doAfter() {
        endTime = System.currentTimeMillis();
        long elapsedTime = endTime - startTime;
        System.out.println("Shutdown test. Elapsed time is "
            + (elapsedTime / 1000) + " seconds");
    }

    @Test(timeout=10000)
    public void calculateFirst() throws Exception {
        Thread.sleep(20000);
        System.out.println("Caclulate First");
        assertTrue(true);
    }
}
```

위의 소스 코드에서 @Test(timeout=10000)의 의미는 10초가 지나도 끝나지 않으면 해당 메서드의 테스트는 실패한 것으로 인식하겠다는 것으로 이클립스에서 JUnit 실행 결과는 그림 6-2와 같다.

그림 6-2 JUnit 실행 결과

위의 그림에서 우리가 관심을 가져야 하는 부분은 테스트가 10초가 넘어가면서 실패했다는 점과 그것에 대한 예외 클래스가 TestTimeOutException이라는 점이다.

소프트웨어를 개발할 때 하나의 기능이 처리해야 할 목표 시간을 설정하게 되는데, 테스트 케이스에 목표 시간을 설정해서 정의하면 성능 도달 여부도 확인할 수 있어 유용하다. 여기서는 간단히 Test 어노테이션에 밀리초 단위로 값을 지정했지만 각 기능마다 목표 시간이 차이가 있을 수 있기 때문에 이를 상수화해서 정의하고, 필요하다면 목표 시간을 조정해 가면서 테스트하는 것도 좋은 접근 방법이다. 다만 처음부터 시간 설정을 하게 되면 진짜 필요로 하는 기능 검증에 문제가 있을 수 있기 때문에 적용 시점은 각 프로젝트 요건에 맞게 적용하는 것이 좋다.

Test 어노테이션에 파라미터로 정의할 수 있는 것에는 timeout 외에도 expected가 있다. expected의 역할은 자바에 예외가 발생할 것을 예상하고 해당 예외가 발생하면 테스트는 성공한 것으로, 예외가 발생하지 않으면 에러로 판단하는 것이다.

이러한 테스트 기법은 특정한 테스트 조건에서 원하는 에러가 발생하는지 여부를 검증할 때 사용하는데 소스 6-8을 보면 쉽게 이해할 수 있다.

소스 6-8 AnnotationExpected.java

```java
package com.javatools.junit;

import static org.junit.Assert.assertTrue;

import org.junit.Test;

public class AnnotationExpected {
```

```java
@Test(expected = java.lang.ArithmeticException.class)
public void calculateFirst() {
    int amountOfApple = 100;
    int peoples = 0;
    int applePerPeople = amountOfApple / peoples;
    System.out.println(applePerPeople);
    assertTrue(true);
}
}
```

위의 코드를 보면 100을 0으로 나누었기 때문에 ArithemticException이 발생하게 되지만 expected 파라미터로 java.lang.ArithmeticException.class를 정의하였기 때문에 해당 예외가 발생을 해야 테스트 케이스가 성공한 것으로 간주한다.

이 테스트 파라미터는 많이 사용되지는 않지만 앞서 설명한 것처럼 개발한 소프트웨어의 기능이 특정한 에러 조건에 도달했을 때 정상적으로 예외가 발생하는지를 확인할 때 유용하다. 과거 JUnit 3 버전에서는 이러한 예외가 정상적으로 발생하는지를 확인하기 위해서 번거로운 작업을 해야 했다. 특히 JUnit을 사용하지 않고 테스트할 경우에는 매우 까다로운 단위 테스트 작업이 진행되는데 JUnit 4.0에서는 비교적 쉽게 이를 검증할 수 있다.

6.4 유용한 기능들

JUnit은 버전이 올라가면서 수많은 단위 테스트 요구에 대응하기 위해서 기능들이 계속 늘어나고 있으며 각 기능들이 유기적으로 융합되어서 우리가 원하는 대부분의 단위 테스트 시나리오를 충족할 수 있게 되었다.

이번 절에서는 JUnit을 이용한 단위 테스트 중 유용한 것들을 알아보자.

6.4.1 파라미터 테스트

테스트는 실제 발생할 수 있는 모든 경우의 수를 따져 테스트를 많이 할수록 소프트웨어의 품질이 높아진다. 특히 특정한 데이터의 조건에 따라 테스트의 성공 여부가 달라질 수 있다면 최대한 경우의 수를 추출해서 단위 테스트 시 활용해야 한다.

JUnit에서는 동일한 단위 테스트에 여러 가지 데이터를 활용해서 실행할 수 있는 기능을 제공하는데 이러한 테스트를 파라미터 테스트(Parameterized Tests)라고 한다. 파라미터 테스트를 사용하면 개발자가 작성해야 하는 테스트 케이스를 혁신적으로 줄일 수 있다.

소스 6-9는 배열로 사용해야 할 테스트 데이터를 정의하고 이를 JUnit에서 사용하는 샘플 프로그램이다.

소스 6-9 AnnotationExpected.java

```java
package com.javatools.junit;

import java.util.Arrays;
import java.util.Collection;

import static org.junit.Assert.assertTrue;

import org.junit.Test;
import org.junit.runner.RunWith;
import org.junit.runners.Parameterized;
import org.junit.runners.Parameterized.Parameters;

@RunWith(Parameterized.class)
public class ParameterizedTest {
    private String parameterName;
    private String parameterValue;

    @Parameters
    public static Collection data() {
        return Arrays.asList(new Object[][]{
            { "Parameter1", "Value1" },
            { "Parameter2", "Value2" },
            { "Parameter3", "Value3" },
            { "Parameter4", "Value4" },
            { "Parameter5", "Value5" },
            { "Parameter6", "Value6" },
            { "Parameter7", "Value7" }
        });
    }

    // Parameter를 받아줄 클래스 생성자. 배열 컬럼수 및 데이터 형과 일치해야 한다.
    public ParameterizedTest(String parameterName, String parameterValue) {
        System.out.println("Test case is started");
        this.parameterName = parameterName;
        this.parameterValue = parameterValue;
    }

    @Test
    public void printParameters() {
        System.out.println("Parameter Name : " + parameterName + ",
            Parameter Value : " + parameterValue);
        assertTrue(true);
    }
}
```

소스 6-9를 보면 파라미터를 통해 테스트 케이스가 수행될 때 테스트 케이스 클래스 내에서 테스트 메서드가 여러 번 실행되는 것이 아니라 테스트 케이스 클

래스 자체가 여러 번 생성되고 실행되는 형태이다. 위의 소스 코드에서는 파라
미터로 7개의 데이터를 사용했기 때문에 7번 컴파일된 클래스가 실행된다.

소스 6-9에서 주의 깊게 볼 곳은 소스 코드의 클래스명 위에 @RunWith
(Parameterized.class) 어노테이션 코드를 추가한 부분이다. 이 어노테이션을
추가해야만 테스트가 파라미터 형태로 실행된다.

다음으로 @Parameters 어노테이션을 이용해서 Collection 데이터를 만들어 내
는데, 2차원 배열을 이용하게 되며 배열의 수만큼 반복 실행된다. 또한 테스트
케이스가 호출될 때 여기서 정의한 배열값을 클래스 생성자에게 파라미터 형태
로 넘기게 되는데, 이를 고려해서 테스트 케이스의 생성자도 만들어야 한다. 위
의 코드에서는 ParameterizedTest 생성자와 테스트에 사용할 배열과 동일한 크
기를 가진다.

여기서 작성한 테스트 케이스를 실행시키면 다음과 같은 결과를 확인할 수
있다.

```
Test case is started
Parameter Name : Parameter1, Parameter Value : Value1
Test case is started
Parameter Name : Parameter2, Parameter Value : Value2
Test case is started
Parameter Name : Parameter3, Parameter Value : Value3
Test case is started
Parameter Name : Parameter4, Parameter Value : Value4
Test case is started
Parameter Name : Parameter5, Parameter Value : Value5
Test case is started
Parameter Name : Parameter6, Parameter Value : Value6
Test case is started
Parameter Name : Parameter7, Parameter Value : Value7
```

여기서는 단순히 배열로 정의하고 소스 코드 내에 테스트 데이터를 하드 코딩해
서 반영했는데 이는 좋은 샘플은 아니다. 가급적 외부에서 정의한 파일을 읽어
서 테스트할 파라미터를 반영하면 매우 편리하게 사용할 수 있다. 또한 텍스트
파일 외에 엑셀이나 XML을 이용한 테스트도 고려할 필요가 있다.

6.4.2 Assert 클래스

앞서 JUnit을 설명하기 위해 사용한 자바 소스 코드는 테스트 케이스의 흐름을
이해하기 위한 것일 뿐이다. 실제 프로젝트에서는 이보다 훨씬 복잡하기 때문에
자동화할 수 있는 부분을 공통화하는 노력을 해야 한다. 특히 JUnit 테스트의 성

공/실패를 판단하게 되는 assert 메서드가 많이 있고 파라미터 역시 쉽게 감이 안 오지만 그 개념과 내용을 이해해 두는 것이 좋다.

JUnit 4.x 버전으로 오면서 모든 assert 메서드는 org.junit.Assert 클래스에 static 형태로 정의되어 있어서 테스트 케이스 클래스에서 사용하기 위해서는 Assert 클래스 메서드들을 import 영역에 선언해야 한다. 많은 메서드가 있고 파라미터에 따라 동일한 이름의 메서드가 여러 개 오버로딩되어 있긴 하지만 그 내용을 정리하면 표 6-1과 같다.

항목	내용
assertArrayEquals	파라미터로 전달되는 2개의 배열값이 동일할 경우 성공을 반환한다. 전달할 수 있는 파라미터는 1차원 배열이다.
assertEquals	파라미터로 전달되는 2개의 변수 객체의 값이 같을 경우 성공을 반환한다. 주의: assertSame
assertFalse	파라미터로 전달된 boolean 값이 false일 경우 성공을, true일 경우 실패를 반환한다.
assertNotEquals	파라미터로 전달되는 2개의 변수 객체의 값이 틀릴 경우 성공을 반환한다. 주의: assertNotSame
assertNotNull	변수가 Null이 아닌 객체를 참조할 경우 성공을 반환한다.
assertNotSame	파라미터로 전달되는 2개의 변수가 동일한 객체를 참조하지 않으면 성공을 반환하며 이에 대한 메시지를 남길 수도 있다
assertNull	변수가 Null 값을 참조할 경우 성공을 반환한다.
assertSame	파라미터로 전달되는 2개의 변수가 동일한 객체를 참조하고 있으면 성공을 반환하며 이에 대한 메시지를 남길 수도 있다.
assertThat	JUnit 4.4부터 적용된 메서드로 기존 assert 메서드의 파라미터들이 가독성이 높지 않은 점을 개선하기 위해 추가되었다.
assertTrue	테스트의 성공 실패 여부를 boolean 형으로 설정한다. 여기에 따른 메시지도 남길 수 있다. 주로 테스트하는 메서드의 응답값이 boolean 형태일 때 사용할 수 있으며 초기 테스트 케이스 작성 시 성공 여부를 임의로 정의할 때 사용한다.
fail	테스트를 실패 처리한다. 테스트 케이스 내부의 코드에서 오류가 발생하거나 정지가 필요할 때 사용한다. 파라미터로 실패에 대한 메시지를 남기는 메서드도 있다.

표 6-1 org.junit.Assert 주요 메서드

메서드의 종류가 다양하지만 이 중에서 많이 사용되는 메서드는 다음 3개이다.

• assertEquals: 테스트 시 기대하는 결과와 실제 실행된 결과를 비교해서 성공 여부를 확인할 때 사용하며 가장 많이 사용되는 비교 방법이다.

- assertThat: assertEquals와 같은 메서드의 복잡성을 개선해서 쉽게 식별할 수 있도록 만든 메서드이다. JUnit 4.4 이상의 버전과 Hamcrest 라이브러리가 필요하다.
- assertTrue: 성공/실패를 boolean 값으로 처리할 경우 사용한다. 테스트 결과를 assertEquals로 판단하기 어려워 여러 비즈니스 로직이 필요하거나 테스트할 메서드의 결과가 boolean일 경우에 사용한다.

이 절에서는 특별히 assertThat 메서드에 대해서 좀 더 알아보자. 앞서 언급한 것과 같이 4.4 버전 이후부터 사용할 수 있고 실행 시 다음 2개의 라이브러리가 필요하다.

- junit.jar
- hamcrest-core.jar[3]

이 외에도 메이븐의 pom.xml 파일에 소스 6-10과 같이 기술하면 hamcrest-core.jar 파일 역시 로컬 저장소에 저장된다.

소스 6-10 메이븐에서 JUnit 정의

```
<dependency>
    <groupId>junit</groupId>
    <artifactId>junit</artifactId>
    <version>4.12</version>
    <scope>test</scope>
</dependency>
```

기존에 assertThat 메서드가 없을 때 assertEquals로 처리하는 것과 비교해서 코딩 시의 편의성과 차이점에 대해서 이해해 보자.

예를 들어 보험료를 계산하는 API의 리턴값과 기대값을 비교하는 테스트 케이스를 다음과 같이 작성했다고 하자.

```
InsuranceCalculator insuCalc = new InsuranceCalculator();
long insuranceFee = insuCacl.getInsuranceFee(custonerNumber, contractNumber);
assertEquals(670000, insurnaceFee)
```

위의 코드를 assertThat을 이용해서 동일한 로직이 실행되도록 정의해 보면 다음과 같다.

---

3 Hamcrest는 다양한 연산 조건을 이용해서 객체를 비교해주는 라이브러리이다. 처음에는 자바 언어만 지원했으나 현재는 파이썬, 루비 등도 지원한다. *http://hamcrest.org*에서 자세한 정보를 확인할 수 있다.

```
InsuranceCalculator insuCalc = new InsuranceCalculator();
long insuranceFee = insuCacl.getInsuranceFee(custonerNumber, contractNumber);
assertThat(insurnaceFee, is(equalsTo(670000)));
```

두 개의 메서드를 비교하면 큰 차이는 없어 보이지만 assertThat 메서드는 하나의 메서드에서 is, not, equals, equalTo 등의 조합을 통해 좀 더 다양한 조건문을 만들 수 있다. 반면에 assertXXX 형태의 메서드는 메서드가 가지고 있는 특정한 조건에 한정해서 확인할 수 있고, 여러 개를 조합해서 조건을 만들기 위해서는 assert 메서드 외부에서 계산을 한 후 최종적으로 비교를 해야 한다. 이러한 assertThat 메서드의 장점을 정리해 보면 다음과 같다.

- 가독성이 증가한다: 기존 assert 메서드는 기대값을 첫 번째 파라미터로, 비교하기 위해 계산한 값을 두 번째 파라미터로 기입한다. assert 메서드를 많이 사용해본 개발자라면 상관없지만 이 순서가 반대로 되어 있어서 많은 개발자들이 혼란스러워하고 불편해한다. 또한 수많은 assertEquals, assertTrue, assertFalse 등이 테스트 로직을 실행할 때 가독성을 떨어트린다.
- 에러 메시지를 이해하기가 쉽다: assert 메서드를 통해 테스트에 실패하였을 경우 나오는 에러 메시지보다 assertThat의 경우가 더 상세해서 개발자가 더 쉽게 인식할 수 있다.
- 컴파일 오류를 쉽게 찾을 수 있다: assertXXX 메서드들은 파라미터로 Object 형을 허용하기 때문에 서로 다른 타입으로 코딩을 하더라도 정상적으로 컴파일이 되지만 실행할 때 에러가 발생한다. 하지만 assertThat 메서드는 이러한 잘못된 코딩을 컴파일 단계에서 걸러낼 수 있다.
- 유연성이 높다: assertThat 메서드에서는 비교 처리를 할 때 is, not, anyOf, allOf, or 등 다양한 조합이 가능해서 좀 더 현실에 맞는 비교 구문을 만들 수 있다.
- 호환성이 높다: assertThat 메서드는 hamcrest 라이브러리를 기반으로 하고 있으며, 이 라이브러리는 JUnit뿐만 아니라 TestNG 같은 테스팅 프레임워크에서도 사용된다.

특히 유연성 면에서 테스트 케이스의 성공 여부 판단이 복잡해질수록 assertThat이 뛰어난 기능과 가독성을 제공한다. 예를 들어 프린터 제품을 검색하는 로직을 테스트할 경우 그 결과가 'Printer A'와 'Printer B' 모두 테스트에 성공해야 하는 것이라면 다음과 같이 작성할 수 있다.

```
assertThat("The result of search", printer, anyOf(is("Printer A"), is("Printer
B")));
```

사실 assertThat 메서드는 JUnit이 hamcrest 라이브러리를 이용해서 제공하는
기능으로, 테스트를 위한 조건에 대해서는 JUnit 매뉴얼보다는 *http://hamcrest.*
*org/JavaHamcrest*에서 org.hamcrest.Matcher 클래스의 정보를 참조하는 것이
훨씬 도움이 된다.

소스 6-11은 assert 메서드들에 대한 사용법을 하나의 자바 소스 코드에 표현
한 것으로 해당 소스 코드만 잘 읽어봐도 JUnit에서 언제 어떤 경우에 assert 메
서드를 사용하면 좋은지 이해할 수 있다.

소스 6-11 JUnit Assert 클래스 예제

```java
package com.javatools.junit;

import static org.hamcrest.CoreMatchers.allOf;
import static org.hamcrest.CoreMatchers.anyOf;
import static org.hamcrest.CoreMatchers.equalTo;
import static org.hamcrest.CoreMatchers.not;
import static org.hamcrest.CoreMatchers.sameInstance;
import static org.hamcrest.CoreMatchers.startsWith;
import static org.junit.Assert.assertThat;
import static org.junit.matchers.JUnitMatchers.both;
import static org.junit.matchers.JUnitMatchers.containsString;
import static org.junit.matchers.JUnitMatchers.everyItem;
import static org.junit.matchers.JUnitMatchers.hasItems;
import org.junit.Assert;

import java.util.Arrays;

import org.hamcrest.core.CombinableMatcher;
import org.junit.Test;

public class AssertExample {
    @Test
    public void testAssertArrayEquals() {
        byte[] expected = "trial".getBytes();
        byte[] actual = "trial".getBytes();
        Assert.assertArrayEquals("failure - byte arrays not same",
                                 expected, actual);
    }

    @Test
    public void testAssertEquals() {
        Assert.assertEquals("failure - strings are not equal", "text", "text");
    }

    @Test
    public void testAssertFalse() {
        Assert.assertFalse("failure - should be false", false);
```

```java
    }

    @Test
    public void testAssertNotNull() {
        Assert.assertNotNull("should not be null", new Object());
    }

    @Test
    public void testAssertNotSame() {
        Assert.assertNotSame("should not be same Object", new Object(), new
Object());
    }

    @Test
    public void testAssertNull() {
        Assert.assertNull("should be null", null);
    }

    @Test
    public void testAssertSame() {
        Integer aNumber = Integer.valueOf(768);
        Assert.assertSame("should be same", aNumber, aNumber);
    }

    // JUnit Matchers의 assertThat 메서드
    @Test
    public void testAssertThatBothContainsString() {
        Assert.assertThat("albumen",
                            both(containsString("a")).and(containsString("b")));
    }

    @Test
    public void testAssertThathasItemsContainsString() {
        Assert.assertThat(Arrays.asList("one", "two", "three"),
                            hasItems("one", "three"));
    }
    @Test
    public void testAssertThatEveryItemContainsString() {
        Assert.assertThat(Arrays.asList(new String[] { "fun", "ban", "net" }),
                everyItem(containsString("n")));
    }

    // JUnit의 assertThat 메서드와 Hamcrest의 Matchers 조합한 형태
    @Test
    public void testAssertThatHamcrestCoreMatchers() {
        assertThat("good", allOf(equalTo("good"), startsWith("good")));
        assertThat("good", not(allOf(equalTo("bad"), equalTo("good"))));
        assertThat("good", anyOf(equalTo("bad"), equalTo("good")));
        assertThat(7, not(CombinableMatcher.<Integer either(equalTo(3)).
or(equalTo(4)))));
        assertThat(new Object(), not(sameInstance(new Object())));
    }

    @Test
    public void testAssertTrue() {
```

```
        Assert.assertTrue("failure - should be true", true);
    }
}
```

6.4.3 JUnit 스위트

JUnit의 스위트(suite) 테스트 기능은 여러 개의 JUnit 단위 테스트를 모아서 테스트를 수행할 때 사용한다. 하나의 소프트웨어는 여러 개의 컴포넌트로 구성되고 다시 하나의 컴포넌트는 여러 개의 기능으로 구성되는데 단위 테스트는 기능 테스트라고 볼 수 있고 스위트 테스트는 컴포넌트 테스트로 볼 수 있다.

소스 6-12는 이 책에서 지금까지 사용한 단위 테스트를 묶어서 실행할 수 있도록 구성한 예이다.

소스 6-12 TestSuiteTest.java

```java
package com.javatools.junit;

import org.junit.runner.RunWith;
import org.junit.runners.Suite;

@RunWith(Suite.class)
@Suite.SuiteClasses({
    AnnotationExpected.class,
    AnnotationFlow.class
})
public class TestSuiteTest {

}
```

이 단위 테스트를 이클립스에서 실행시키면 그림 6-3처럼 하나의 JUnit 테스트에 2개의 테스트 클래스가 실행된 것을 확인할 수 있다.

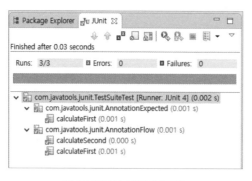

그림 6-3 테스트 스위트 실행 결과

테스트 스위트는 클래스에 @RunWith(Suite.class) 어노테이션을 선언하고 다시

@Suite.SuiteClasses 어노테이션에 원하는 단위 테스트 클래스를 기술하기만 하면 간단히 구성할 수 있다. 위의 소스는 단위 테스트가 같은 패키지 레벨이었기 때문에 클래스만 지정했는데 만일 패키지 구조가 다르다면 패키지까지 명시적으로 기술해야 한다.

과거 JUnit 3.x 버전에서 이러한 기능을 구현하기 위해서는 suite() 메서드를 이용해서 테스트들을 기술해야 했지만 JUnit 4.x 버전부터는 어노테이션 기반으로 쉽게 설정할 수 있다.

또한 이 예제를 다음과 같이 확장할 수 있는데, 앞서 어노테이션에서 배운 @BeforeClass와 @AfterClass를 적용할 수도 있다(소스 6-13).

소스 6-13 TestSuiteTest.java

```java
package com.javatools.junit;

import org.junit.AfterClass;
import org.junit.BeforeClass;
import org.junit.runner.RunWith;
import org.junit.runners.Suite;

@RunWith(Suite.class)
@Suite.SuiteClasses({
    AnnotationExpected.class,
    AnnotationFlow.class
})
public class TestSuiteTest {
    @BeforeClass
    public static void doBeforeSuite() {
        System.out.println("Starting test suite");
    }

    @AfterClass
    public static void doAfterSuite() {
        System.out.println("Finishing test suite");
    }
}
```

테스트 클래스뿐만 아니라 여러 개의 테스트 스위트 클래스를 다시 하나의 테스트 스위트로 묶을 수도 있는데 TestSuiteA.class와 TestSuiteB.class가 있다면 다음과 같이 단위 테스트를 조합할 때와 동일하게 할수 있다.

```java
@RunWith(Suite.class)
@Suite.SuiteClasses({
    TestSuiteA.class,
    TestSuiteB.class
})
```

이렇게 테스트 스위트는 단위 테스트뿐만 아니라 테스트 스위트도 포함시킬 수 있기 때문에 다양하게 테스트 케이스를 정의하고 그루핑해서 실행시킬 수 있다.

6.5 다른 도구와 연계

JUnit과 같은 단위 테스트 도구는 소프트웨어의 기능을 만들어 내는 것이 아니라 소프트웨어를 개발하는 데 도움을 주는 도구이기 때문에 단독으로 사용되기보다는 많은 도구들과 연동해서 사용된다. 여기서는 JUnit을 다른 도구들과 연계하는 방법을 알아보자.

6.5.1 이클립스 화면 추가

이클립스는 별도의 다운로드 없이도 JUnit 플러그인이 기본적으로 설치되어 있기 때문에 특별히 설정을 하거나 작업을 할 필요는 없다.

　이클립스를 실행하고 자바 프로젝트를 생성한 다음 [File]-[New]-[Other..] 메뉴를 선택하고 검색 창에서 'JUnit'을 검색해 보면 그림 6-4와 같은 화면이 나타난다.

그림 6-4 JUnit 테스트 케이스 생성

테스트 케이스를 작성한 다음 작성된 테스트 케이스를 선택하고 마우스 오른쪽 버튼을 클릭하면 메뉴가 나타난다. [Run As]-[JUnit Test]를 선택하면 작성한 테스트 케이스가 실행된다(그림 6-5).

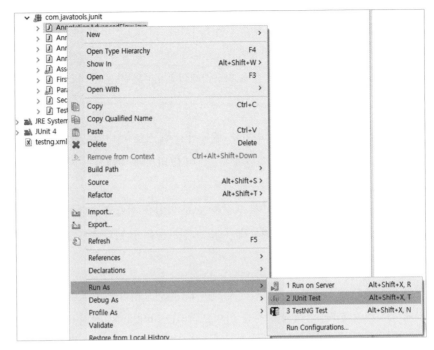

그림 6-5 JUnit 테스트 케이스

이클립스 [JUnit Test] 실행 기능을 이용해서 실행하면 테스트 결과를 확인할 수 있다(그림 6-6).

그림 6-6 이클립스에서 JUnit 실행 결과 확인

단위 테스트 케이스뿐만 아니라 테스트 스위트도 이클립스에서 생성해서 사용할 수 있다.

JUnit과 개발 도구를 연계하고 그 결과를 GUI 기반으로 확인하는 것이 주된 목적이다. 그러한 테스트를 통해 오류가 난 부분이 어디인지 확인하고 해당 소스 코드를 빠르게 수정한 후 다시 테스트 케이스를 실행할 수 있도록 해야 한다.

6.5.2 ANT 연계

ANT가 JUnit 4.x 버전을 지원한 것은 얼마 되지 않았다. 기존에는 3.x 버전의 JUnit을 활용하거나 별도의 ANT 태스크를 작성해서 JUnit 4.x 를 호출하도록 하고, 그 결과를 캡처하는 형태로 작업이 이루어졌다. ANT 1.7 버전부터 JUnit 4.x 버전을 지원하기 시작했지만 제약이 있는 것도 사실이다. 이 책을 쓰는 시점에 최신 버전인 ANT 1.9.6 버전의 경우 다음 2개의 JUnit 관련 공식 태스크를 제공한다.[4]

- JUnit: JUnit 테스트 프레임워크로 만들어진 테스트 시나리오를 실행시킨다. JUnit 3.x와 4.x 버전을 지원하며 3.0 이전 버전에 대해서는 지원하지 않는다.
- JUnitReport: JUnit을 실행한 후 생성한 XML 파일을 취합해 준다. XML 파일을 취합해서 HTML 형태로 변환해 주고 그 결과물은 웹 브라우저에서 확인할 수 있다.

위의 두 태스크를 사용하기 위해서는 먼저 JUnit 라이브러리를 ANT의 라이브러리에 등록해야 한다. 등록해야 하는 라이브러리는 junit.jar와 ant-junit.jar이며 ANT가 설치된 ANT_HOME/lib 디렉터리에 복사하면 된다.

ANT의 컴파일 태스크로 JUnit 소스 코드를 컴파일하고 다음 태스크를 수행하면 컴파일한 JUnit 테스트 케이스를 실행할 수 있다(소스 6-14).

소스 6-14 ANT JUnit 예제 1

```
<junit>
    <test name="com.javatools.junit.AnnotationFlow "/>
</junit>
```

위의 코드 형태로 실행을 시키면 특별한 메시지가 출력되지 않으며 ANT를 실행한 자바 가상 머신 내에서 실행된다. 그러므로 대량의 테스트를 하거나 메모리 소모가 많은 테스트를 할 때는 별도의 자바 가상 머신에서 실행되도록 해야 하며 테스트 중인 내용을 확인할 필요도 있다. 소스 6-15가 이러한 요구를 반영한 예제이다.

---

[4] *https://ant.apache.org/manual*에서 JUnit과 JUnitReport 태스크에 대한 설명을 볼 수 있다.

소스 6-15 ANT JUnit 예제 2

```
<junit printsummary="yes" fork="yes" haltonfailure="yes">
    <formatter type="plain"/>
    <test name="com.javatools.junit.AnnotationFlow "/>
</junit>
```

위의 소스 코드는 ANT와 별개로 자바 가상 머신을 실행시켜서 테스트를 수행하고, 테스트가 종료되면 테스트 결과에 대한 요약 정보를 출력한다.

6.5.3 메이븐 연계

메이븐은 1.x 버전 이후부터 JUnit 3.x와 4.x 버전을 기본적으로 제공하고 있다. 메이븐 프로젝트를 생성하면 프로젝트 구조는 크게 두 영역, 소프트웨어를 개발하는 영역과 JUnit을 기반으로 테스트할 수 있는 영역으로 나뉘어 생성된다.

또한 메이븐 프로젝트의 pom.xml 파일이 있는 디렉터리에서 다음 명령을 수행하면 테스트 영역에 작성한 테스트 케이스들이 메이븐을 자동으로 인지해서 모두 실행시키고 그 결과를 확인할 수 있다(소스 6-16).

소스 6-16 JUnit 설정 추가

```
<dependency>
  <groupId>junit</groupId>
  <artifactId>junit</artifactId>
  <version>4.12</version>
  <scope>test</scope>
</dependency>
```

소스 6-16은 JUnit 4.12 버전을 사용하기 위해서 pom.xml 파일에 추가한 것이다. JUnit의 경우 일반적으로 소프트웨어 배포나 실행 시 사용하지 않고 대부분 테스트 시에 사용하기 때문에 scope 태그가 test로 제한되어 있다.

테스트를 수행하려면 다음과 같이 메이븐의 test 골을 실행시키면 된다.

```
mvn test
```

mvn test 명령을 실행하고 나면 메이븐 프로젝트 구조에 따라 test 디렉터리 영역에 작성되어 있는 테스트 케이스를 실행할 수 있다.

6.5.4 그레이들 연계

그레이들도 메이븐과 마찬가지로 프로젝트 구조를 생성할 때 테스트 영역이 별
도로 구별되도록 하고 있으며, 기본 자바 테스트 프레임워크로 JUnit을 사용하
고 있다.

앞에서 설명한 바와 같이 그레이들에서 자바를 사용하기 위해서는 자바 플러
그인을 적용해야 한다. 그리고 자바 플러그인에는 여러 가지 태스크가 정의되어
있는데 여기에 테스트와 연관된 태스크가 제공되고 있다. 또한 테스트 태스크의
경우 JUnit뿐만 아니라 다음 장에서 설명할 TestNG도 모두 동일한 태스크에서
관련 속성만 변경해서 사용할 수 있어서 매우 편리하게 테스트 프레임워크를 정
의하고 사용할 수 있다.

테스트 태스크는 프로젝트에 포함되어 있는 JUnit 클래스를 자동으로 인식해
서 이를 실행시킬 수 있으며 테스트가 종료되면 이에 대한 결과 리포트 파일을
생성시킬 수도 있다. 이러한 그레이들의 "Test" 태스크는 다음과 같은 특징을 가
진다.

- 테스트 태스크는 그레이들 빌드를 실행하는 자바 가상 머신과 분리된 별도의
  자바 가상 머신에서 실행된다.
- 테스트 태스크에서 제공하는 API를 통해서 테스트를 제어할 수 있다.
- 테스트 태스크에서 정의한 테스트 프로세스 시작 방법을 옵션을 이용해서 제
  어할 수 있다. 여기서 제공되는 옵션들은 시스템 속성, JVM 속성 등이다.
- 병렬 테스트를 제어할 수 있으며 얼마나 많은 스레드를 이용해서 동시에 테
  스트할 것인지 지정할 수 있다.
- 이 외에도 에러 처리와 반복 처리, 테스트 클래스의 지정 및 제외 등의 기능이
  제공된다.

위에서 언급한 내용은 그레이들에서 제공하는 테스트 태스크 중 일부를 설명한
것이다. 그레이들 빌드 파일에 이에 대한 정보를 상세하게, 그리고 여러 가지 옵
션을 조합해서 설정하고 제어할 수 있다.

그럼 예제를 통해서 그레이들에서 JUnit을 호출하는 방법에 대해서 알아보자.

소스 6-17 그레이들에서 JUnit 설정

```
apply plugin: 'java'

repositories {
mavenCentral()
}

dependencies {
testCompile "junit:junit:4.11"
}
```

소스 6-17과 같이 자바 플러그인을 적용하고 JUnit 라이브러리를 사용하기 위해 dependencies 태스크에 JUnit을 추가하면 모든 설정이 끝난다.

이 상태에서 gradle test 명령을 실행하면 프로젝트 내에 포함되어 있는 테스트 클래스들을 실행시킨다.

6.6 요약

이상으로 JUnit을 이용한 단위 테스트 작성 방법과 실행 방법에 대해서 알아봤다. JUnit은 단독으로 실행되기보다는 ANT, 메이븐, 그레이들과 연동되거나 통합 개발 환경에서 실행시키는 경우가 대부분이기 때문에 다른 도구와의 연계에 대해서도 잘 알아두는 것이 좋다.

특히 이번 단원에서는 다음 2가지를 기억해야 한다.

• 어노테이션 기반의 테스트 케이스 작성: 많은 문서와 웹사이트에서 아직까지 3.x 버전대의 예제가 많이 나와 있고 많은 개발자가 여전히 3.x 버전을 익숙해 하지만 4.x 버전의 테스트 케이스 작성에 익숙해질 필요가 있다.
• 테스트 기법: 파라미터를 이용한 테스트, 타임아웃 설정 등 현실적인 테스트 케이스 반영을 위한 기법을 익혀야 한다.

3.x 버전의 JUnit 테스트가 아직까지 정상적으로 동작하고 관련 자료도 많지만 4.x 버전으로 업그레이드되면서 기존의 단점과 반복적인 작업을 많이 줄였고 다양한 단위 테스트 요건을 충족시킬 수 있게 기능도 발전했으니 4.x 버전에 익숙해지길 바란다.

JUnit은 최근 들어 많은 단위 테스트 프레임워크와 소프트웨어의 거센 도전을 받고 있지만 아직까지는 단위 테스트의 표준 프레임워크로 자리 잡고 있으며 그 위치가 쉽게 변하지 않을 것으로 보인다.

## 7장

P r a c t i c a l   *J a v a   U t i l i t y*

TestNG를 이용한 단위 테스트

7.1 들어가며

소프트웨어의 품질에 대한 요구가 강화되면서 과거에 비해서 많은 사람들이 테스트의 중요성을 이해하게 되었고 자연스럽게 각 기술별 단위 테스트와 통합 테스트를 할 수 있는 프레임워크도 많은 주목을 받고 있다.

앞 장에서 배운 JUnit처럼 업계 표준으로 자리 잡은 테스트 프레임워크가 있지만 다양한 요건과 유연성을 제공하기 위해 좀 더 좋은 기능을 내세우는 테스트 프레임워크가 나타났는데 이 중 주목받고 있는 자바 테스트 프레임워크가 바로 TestNG다.

이 단원에서는 표준 단위 테스트 프레임워크로 빠르게 자리 잡고 있는 TestNG (Test Next Generation)[1]에 대해서 알아보고 JUnit과 비교해 어떤 강점이 있고 테스트 방법은 어떻게 다른지 살펴보자.

- TestNG 기본 이해
- TestNG 테스트 수행
- TestNG 연계

---

1 *http://testng.org*

7.2 TestNG 기본 이해

TestNG는 JUnit과 NUnit[2]의 개념을 참조하여 개발된 자바 테스트 프레임워크로 JUnit 3.0의 단점을 보완하는 한편 JUnit에서 널리 사용하고 있는 용어와 기능을 수용해서 빠른 시간에 자바 기반의 단위 테스트 프레임워크로 성장했다.

TestNG는 JUnit 4.x이 기존 버전의 단점을 개선하고 새로운 기능을 제공하는 데 큰 역할을 하였으며, JUnit 4.x 버전에서도 아직 제공하지 않는 뛰어난 기능들을 제공한다.

TestNG가 다른 단위 테스트 프레임워크(예: JUnit)와 차별되는 기능을 정리하면 다음과 같다.

- TestNG의 영향을 받아 JUnit 4.x에서 새로이 어노테이션 기능을 도입했을 정도로 TestNG의 어노테이션 기능은 뛰어나며 상대적으로 훨씬 다양한 어노테이션을 제공하고 있다.
- 멀티스레드 기반의 테스트를 실행할 수 있다.
- 멀티스레드에 안전한 구조로 코드를 테스트할 수 있다.
- 유연한 테스트 설정 기능을 제공한다. 테스트 케이스에 대한 조합을 XML로 할 수 있으며 파라미터로 이를 조정할 수 있다.
- 데이터 기반 테스팅을 지원한다(@DataProvider 어노테이션 이용).
- 파라미터를 지원한다.
- 강력한 실행 모델을 지원한다.
- 다양한 도구와 플러그인을 지원한다(이클립스, 인텔리제이 IDEA, 메이븐 등).
- 런타임과 로깅을 위해 JDK의 기본 기능을 사용하였다(추가 디펜던시가 없다).
- 애플리케이션 서버 기반 테스트를 위해 관련된 방법을 제공한다.

일부 최신 JUnit에서 추가적으로 제공하는 기능이 있긴 하지만, TestNG의 강력한 기능과 확장 가능한 기술들은 여전히 사용하면 사용할수록 매력적이고 단위 테스트를 설계하는 개발자 입장에서 굉장히 높은 유연성을 제공한다.

다소 오래된 자료이긴 하지만 *http://www.mkyong.com/unittest/junit−4−vs−testng−comparison*에 JUnit과 TestNG를 잘 비교/정리해 놓은 자료가 있다. 두 단위 테스트의 기능뿐만 아니라 지원되는 어노테이션 등을 다양한 각도에서 객관적으로 비교하고 있으며, 두 도구의 설명을 위한 참조 정보도 잘 정리되어 있다.

2 NUnit은 닷넷 기반의 테스트 프레임워크이다. *http://www.nunit.org*

시간이 된다면 한 번 방문해서 읽어볼 만한 좋은 자료다.

또한 위키피니아의 단위 테스트 프레임워크(Unit testing framework) 항목에도 프로그래밍 언어별 테스트 프레임워크를 잘 정리해 놓았으며 이 중 자바 기반 테스트 프레임워크의 종류와 내용이 정리되어 있다.[3]

그럼 JUnit의 대안으로 고려되고 있는 TestNG에 대해서 본격적으로 알아보겠다.

7.2.1 TestNG 설치 및 환경 설정

TestNG를 사용하기 위해서는 설치 작업을 진행해야 하는데 최근 오픈 소스 프로젝트의 추세에 맞게 별도의 바이너리를 제공하지 않고 GitHub와 메이븐 저장소, 자바 개발 도구를 위한 플러그인 형태로 제공하고 있다.[4]

GitHub를 이용하여 패키징하기 위해서는 Git과 메이븐이 서버 혹은 PC에 설치되어 있어야 하며 다음 명령어를 순서대로 실행해야 한다.

```
git clone git://github.com/cbeust/testng.git
cd testng
mvn package
```

위의 명령 3개를 수행하면 GitHub에서 소스 코드를 다운받고 메이븐에서 컴파일 및 패키징을 하면서 연관된 많은 라이브러리를 메이븐 로컬 저장소로 다운로드하는 과정을 밟는다. 비록 직접 다운받는 과정이 없어서 불편할 수 있지만 항상 최신 버전을 사용할 수 있고 한번 개발 환경을 설정하고 나면 몇 번의 명령어 실행만으로 쉽게 설치해서 사용할 수 있다.

패키징을 하고 나면 target 디렉터리에서 TestNG 라이브러리 파일과 자바 API 문서 등을 볼 수 있으며, 이 중 testng-6.9.5-SNAPSHOT.jar 라이브러리를 이용하면 된다(그림 7-1).

이제 testng-6.9.5-SNAPSHOT.jar 파일을 클래스 패스에 추가한 후 다음 명령어를 이용해서 실행하면 설정한 TestNG XML 파일(기본값은 testng.xml이다)에 기술되어 있는 단위 테스트들이 실행된다.

```
java org.testng.TestNG testng.xml
```

---

3 *https://en.wikipedia.org/wiki/List_of_unit_testing_frameworks*

4 다운로드와 관련된 정보는 *http://testng.org/doc/download.html*에서 확인할 수 있으며 가장 일반적인 방식은 GitHub에서 소스 코드를 복제한 후 메이븐을 이용해서 패키징을 하는 것이다.

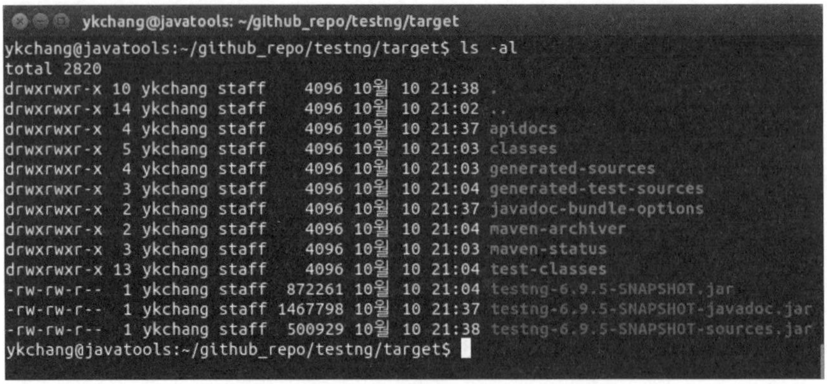

그림 7-1 TestNG 빌드 결과

위의 실행 명령은 하나의 TestNG XML 파일을 지정했는데 다음과 같이 여러 개의 XML 파일을 나열해서 한번에 여러 개의 테스트를 실행시킬 수도 있다.

```
java org.testng.TestNG testng1.xml testng2.xml testng3.xml testng4.xml
```

TestNG의 메인 클래스 파일인 **org.testng.TestNG** 클래스를 실행시킬 때에는 옵션을 설정해서 테스트를 제어할 수 있다. 주요하게 사용하거나 유용한 옵션은 표 7-1과 같다.

옵션	설명
-configfailurepolicy	@Before* 어노테이션이 실패했을 경우 테스트를 계속 실행할지 혹은 취소할지 결정한다. 기본값은 취소이다.
-d	리포트 파일을 생성할 디렉터리를 지정한다. 기본값은 test-output이다.
-dataproviderthreadcount	데이터 프로바이더를 이용해서 병렬 테스트를 수행할 경우 사용할 최대 스레드 개수를 지정한다. 병렬 실행이 아닐 경우는 이 옵션은 무시된다.
-excludegroups	실행 시 제외시킬 그룹 목록을 지정한다. 쉼표를 구분자로 그룹 목록을 나열할 수 있다.
-groups	실행시킬 그룹 목록을 지정한다. 쉼표를 구분자로 그룹 목록을 나열할 수 있다.
-listener	org.testng.ITestListener를 구현한 테스트 리스너를 지정할 수 있다. 쉼표를 구분자로 목록을 나열할 수 있다.
-methods	테스트를 원하는 특정 메서드를 지정할 수 있다. 값은 패키지명, 클래스명과 같이 지정해야 한다. 쉼표를 구분자로 메서드 목록을 나열할 수 있다.
-parallel	테스트 실행 시 병렬로 수행한다. 병렬 처리 단위를 메서드, 테스트, 클래스로 지정할 수 있다.

-testclass	테스트가 포함되어 있는 클래스 목록을 지정한다. 클래스들은 클래스 패스에 포함되어 있어야 한다. 쉼표를 구분자로 클래스 목록을 나열할 수 있다.
-testjar	테스트 클래스가 포함되어 있는 JAR 파일을 지정한다. 또한 JAR 내의 최상위 루트 영역에 testng.xml 파일이 있다면 이것을 기본으로 실행한다.
-threadcount	병렬로 테스트를 실행할 때 사용할 최대 스레드 개수를 지정한다. 이 옵션은 -parallel 옵션과 같이 사용할 때 유효하고 그렇지 않을 경우 무시된다.

표 7-1 TestNG 명령행 파라미터

표 7-1에 정리한 옵션들이 중요한 이유는 TestNG XML 파일 중 특정한 테스트 케이스를 실행하도록 제어할 수 있기 때문이다. 설정값 역시 명령행 값을 우선으로 사용하기 때문에 사전에 이미 XML 파일에 정의되어 있더라도 파일을 수정하지 않고 값을 변경해서 실행할 수 있다.

TestNG 실행은 명령행 외에도 다음 2가지 방법을 추가로 선택할 수 있다.

- 자바 통합 개발 환경: 이클립스 및 인텔리제이 IDEA와 같은 개발 도구
- 빌드 도구: ANT, 메이븐, 그레이들

가장 쉬운 방법은 이클립스 혹은 인텔리제이 IDEA에 TestNG용 플러그인을 설치해서 실행하는 방법으로, 플러그인을 설치하면 TestNG 라이브러리가 개발 도구와 같이 설치된다. 현재 ANT, 메이븐, 그레이들에서 TestNG를 실행할 수 있어서 자바 기반의 프로젝트 환경에서는 대부분 TestNG를 활용할 수 있다.

7.2.2 TestNG 기본 구조

앞서 6장에서 설명한 JUnit을 이해했다면 TestNG도 그 구조만 이해하면 쉽게 응용해서 테스트 케이스를 만들 수 있을 정도로 유사한 점이 굉장히 많다. 그러므로 JUnit을 이해한다면 TestNG 역시 쉽게 사용할 수 있다. 여기서는 빨리 새로운 테스트 프레임워크에 익숙해질 수 있도록 상세한 내용을 설명하기 전에 전체적인 구조를 알아보겠다.

TestNG는 우선 어노테이션 기반으로 작성되며 별도의 클래스 파일을 상속받지 않고 메서드나 클래스명에 대한 특별한 명명 규칙을 따를 필요도 없어서, 테스트 케이스를 작성하는 개발자 입장에서는 구조가 매우 유연하다.

다음은 개발자가 TestNG를 이용해서 개발할 때 일반적으로 거치는 3가지 단계이다.

1. 소프트웨어에서 처리해야 할 비즈니스 로직을 작성하고 해당 로직을 테스트할 수 있는 테스트 애플리케이션을 작성한다. 그리고 해당 메서드에 TestNG 어노테이션을 추가한다.
2. 클래스명, 테스트에서 확인하고자 하는 기능 등 테스트에 대한 정보를 testing.xml 파일에 추가하거나 build.xml 파일에 추가한다.
3. TestNG 애플리케이션을 실행시킨다.

먼저 가장 기본적인 TestNG 소스 코드는 소스 7-1과 같다.

소스 7-1 TestNG 시작

```
package com.javatools.testng;

import org.testng.annotations.Test;

public class FirstTestNGTest {

    @Test
    public void firstTest() {
        System.out.println("First TestNG code");
    }
}
```

위의 코드를 보면 임포트한 패키지만 다를 뿐 나머지는 JUnit 4.x 버전과 매우 유사함을 알 수 있다.

TestNG에서는 자바 클래스를 생성한 후에 테스트하고자 하는 메서드에 @Test 어노테이션을 기술하고, 이 메서드가 테스트를 위한 메서드임을 TestNG 프레임 워크에 알려 준다. 이 부분은 JUnit 4.x와 동일하다. 한 가지 차이점은 테스트 메서드 내에서 값 검증을 위한 메서드는 JDK 5부터 지원되는 assert 기능을 이용한다는 점이다. 이 외에도 JUnit 4.x에서 제공하는 대부분의 assert 메서드를 제공한다. 소스 7-2는 위의 소스 코드에 assert 메서드를 추가한 것이다.

소스 7-2 TestNG에서 assert 메서드를 호출하는 방법 1

```
package com.javatools.testng;

import static org.testng.Assert.*;
import org.testng.annotations.Test;

public class FirstTestNGTest {

    @Test
    public void firstTest() {
        System.out.println("First TestNG code");
```

```
        assertTrue(true);
    }
}
```

위의 코드는 TestNG의 Assert 클래스에 있는 메서드들을 static으로 임포트해서 바로 메서드를 호출할 수 있도록 코딩한 것이다. 하지만 이러한 내용이 혼동스럽다면 소스 7-3과 같이 해도 무방하다.[5]

소스 7-3 TestNG에서 assert 메서드를 호출하는 방법 2

```
package com.javatools.testng;

import org.testng.Assert;
import org.testng.annotations.Test;

public class FirstTestNGTest {

    @Test
    public void firstTest () {
        System.out.println("First TestNG code");
        Assert.assertTrue(true);
    }
}
```

@Test 어노테이션 외에도 TestNG에는 테스트 라이프 사이클 관리를 위해 다양한 어노테이션을 제공하고 있다. 어노테이션은 주로 테스트 메서드가 실행 전 처리를 위한 @BeforeMethod, 실행 후 처리를 위한 @AfterMethod 어노테이션을 많이 사용한다.

소스 7-4 TestNG Before / After

```
package com.javatools.testng;

import java.text.SimpleDateFormat;
import java.util.Date;

import org.testng.Assert;
import org.testng.annotations.AfterMethod;
import org.testng.annotations.BeforeMethod;
import org.testng.annotations.Test;

public class InsuracneInvoice {
    SimpleDateFormat sformat = new SimpleDateFormat("yyyy-MM-dd HH:mm:ss");
    //테스트 메서드 실행 전에 실행된다.
    @BeforeMethod
    public void init() {
```

---

5 엄밀히 말하면 Assert 기능은 어떠한 것을 사용해도 무방하다. JDK 1.4부터 기본 제공하는 Assertion 기능, TestNG 기능, JUnit 기능 모두 성공 여부에 따라 실패하면 에러를 처리하는 구조이기 때문이다.

```
        System.out.println("Starting Invoice Test : " + sformat.format(new Date()));
    }

    @Test
    public void calculateInvoice() {
        //...
        double invoiceAmount = 1000000.0;
        //...
        Assert.assertEquals(invoiceAmount, 2000000.0, 0.0, "Total amount");
    }
    //테스트 메서드 실행 전에 실행된다.
    @AfterMethod
    public void finalize() {
        System.out.println("Finishing Invoice Test : " + sformat.format(new Date()));
    }
}
```

위의 코드는 JUnit의 어노테이션을 설명할 때 테스트 시작 전과 종료 후에 처리하는 기능을 정의한 예제와 동일한 형태를 가진다. 가장 일반적으로 사용하는 TestNG의 코드 구조이며 JUnit 개발자도 쉽게 이해할 수 있다. 기본 구조가 JUnit과 매우 유사한 형태이고 코딩 방식이나 실행되는 형태 그리고 사용하는 명명 규칙이 흡사함을 알 수 있다

7.2.3 TestNG 테스트 스위트 정의

JUnit에서는 단위 테스트를 조합해서 테스트를 구성하기 위한 테스트 스위트 기능을 제공하고 있다. 그런데 이를 자바 클래스에 어노테이션으로 구성하다 보니 추가, 변경, 제거를 위해서는 소스 코드를 수정하고 컴파일을 다시 해야 하는 불편함이 있었다.

이에 비해서 TestNG는 테스트 스위트 XML 파일에 단위 테스트에 대한 정보를 기술하고, 이를 조합하여 다양한 형태로 단위 테스트를 그루핑하고 실행할수 있는 기능을 제공한다. 물론 반드시 이러한 XML 파일을 만들어야만 TestNG를 실행할 수 있는 것은 아니지만, 관리가 용이하고 소스 코드를 수정하지 않고 단위 테스트를 관리할 수 있는 등 다양한 기능을 제공하기 때문에 반드시 이용하는 것이 좋다. 또한 단위 테스트를 ANT와 메이븐 등과 연계할 때도 여기서 정의한 XML 파일을 이용해서 연계할 수 있다.[6]

TestNG의 단위 테스트 설정 파일명은 testng.xml이며 소스 7-5는 가장 단순한 TestNG XML 파일로, 테스트할 자바 클래스 파일 목록을 기술한 것이다. 여

---

6 XML이 아닌 자바 소스 코드를 이용해서도 테스트 스위트를 만들 수 있지만 일반적이지는 않다.

기서 실행 단위는 특별히 지정하지 않으면 suite 태그 안에 기술되어 있는 전체 단위 테스트가 실행되며 특정 test 태그를 지정할 수도 있다.

소스 7-5 testng1.xml – 클래스 단위 조합

```xml
<!DOCTYPE suite SYSTEM "http://testng.org/testng-1.0.dtd" >
<suite name="TestSuite1" verbose="1" >
    <test name="FirstTest" >
        <classes>
            <class name="com.javatools.testng.FirstTest" />
        </classes>
    </test>

    <test name="SecondTest">
        <classes>
            <class name="com.javatools.testng.SecondTest" />
            <class name="com.javatools.testng.ThirdTest" />
        </classes>
    </test>
</suite>
```

또한 하나의 test 태그 내에 여러 개의 자바 클래스를 지정할 수 있으며, 해당 자바 클래스에는 다시 여러 개의 @Test 어노테이션으로 지정된 여러 개의 메서드를 지정할 수 있다. 이처럼 TestNG XML 파일의 역할은 단위 테스트 조합을 하나의 자바 클래스 파일로 제한하는 것이 아니라 원하는 목적과 목표에 따라 조합할 수 있는 기능을 제공한다.

소스 7-6은 특정 패키지 단위로 단위 테스트를 조합한 예제로, 지정한 패키지에 포함되어 있는 모든 TestNG 테스트 클래스 파일을 실행시킨다. 단, 제약 조건으로는 기술한 패키지에 포함된 클래스만을 찾으며 하위 패키지까지 찾지는 않는다. 또한 클래스 파일은 반드시 TestNG 어노테이션을 포함하고 있어야 한다.

소스 7-6 testng2.xml – 패키지 단위 조합

```xml
<!DOCTYPE suite SYSTEM "http://testng.org/testng-1.0.dtd" >
<suite name="TestSuite2" verbose="1">
    <test name="PackageLevel">
        <packages>
            <package name="com.javatools.testng" />
        </packages>
    </test>
</suite>
```

뒤의 예제에서 좀 더 살펴보겠지만 TestNG의 @Test 어노테이션에는 파라미터로 그룹 정보를 기술할 수 있는데, 이렇게 기술된 그룹 정보를 기반으로 실행을 제어할 수 있다. 소스 7-7은 그룹을 지정하고 실행할 메서드와 제외시킬 메서드를 지정한 예제다.

소스 7-7 testng3.xml – 그룹 단위 테스트

```
<!DOCTYPE suite SYSTEM "http://testng.org/testng-1.0.dtd" >
<suite name="TestSuite1" verbose="1" >
    <test name="GroupTest">
        <groups>
            <run>
                <exclude name="temporaryTests"  />
                <include name="productionTests"  />
            </run>
        </groups>

        <classes>
            <class name="com.javatools.testng">
                <methods>
                    <include name="test" />
                </methods>
            </class>
        </classes>
    </test>
</suite>
```

위의 group 태그는 다양한 옵션을 제공하고 있다. 대표적으로 여러 개의 테스트를 병렬로 실행시키거나 테스트에 사용할 스레드 개수를 지정할 수 있다.

TestNG의 XML 파일은 다양하게 응용할 수 있고, 이를 통해 작성한 자바 파일을 기반으로 내가 원하는 테스트 실행 단위를 정의하고 응용할 수 있다. 단위 테스트를 위해서 클래스 파일을 직접 실행하는 것보다 XML 파일을 이용해서 실행하는 것이 훨씬 편리하다. 처음에는 자바 소스 코드를 작성하고 이것을 XML 파일에 옮겨서 정의하는 작업이 귀찮고 이해하기 어려울 수 있지만, 사용하면 할수록 그 매력과 장점에 빠져들게 될 것이다. 지금까지 TestNG의 구조와 사용법을 간단하게 알아보았다. 이후에 TestNG의 자바 소스 코드 작성 방법과 TestNG의 XML 파일 작성 방법도 자세히 알아볼 것이다.

7.2.4 테스트 생명 주기 관리

앞서 TestNG 예제에서 @BeforeMethod와 @AfterMethod 어노테이션이 @Test 어노테이션 앞뒤에서 테스트 전후에 처리해야 할 일을 정의한다고 설명했다.

TestNG에는 이 2개의 어노테이션 외에도 실행을 제어하기 위한 추가적인 어노테이션이 있다. 그 어노테이션을 순서대로 기술하면 다음과 같다.

- @BeforeTest: 테스트가 실행되기 전에 수행된다.
- @BeforeSuite: 테스트 스위트가 실행되기 진에 수행된다.
- @BeforeClass: 하나의 자바 클래스가 실행되기 전에 실행된다. 자바 클래스 내에 여러 개의 테스트 메서드가 존재하더라도 처음 한 번만 실행된다.
- @BeforeMethod: 테스트 메서드가 실행되기 전에 실행된다. 하나의 자바 클래스 내에 여러 개의 테스트 메서드가 존재하면 반복적으로 실행된다.
- @Test: 실질적인 테스트 내용이 정의되어 있고 테스트의 성공과 실패를 판단한다.
- @AfterMethod: 테스트 메서드가 실행된 후에 실행된다. 하나의 자바 클래스 내에 여러 개의 테스트 메서드가 존재하면 반복적으로 실행된다.
- @AfterClass: 테스트를 위한 자바 클래스가 종료될 때 실행된다. 하나의 자바 클래스의 모든 테스트 메서드와 @AfterMethod가 종료한 이후에 실행된다.
- @AfterSuite: 모든 테스트 스위트가 실행된 후에 실행된다.
- @AfterTest: 모든 테스트가 완료된 후에 실행된다.

위에 나열한 것 중 @Test 어노테이션이 가장 핵심이며 이 어노테이션이 기술되어 있는 메서드 단위로 테스트가 실행된다. 또한 @Test 어노테이션 전후에 실행해야 할 작업들을 정의할 필요가 있으며 메서드 단위, 클래스 단위, 테스트 스위트 단위로 선행 작업과 후행 작업을 각각 정의할 수 있다.

이러한 테스트 어노테이션 간의 상관 관계와 테스트 실행 시의 전처리와 후처리를 테스트의 라이프 사이클이라고 하며 TestNG뿐만 아니라 앞서 배운 JUnit에서도 이와 비슷한 개념이 있다.

그럼 예제를 통해 각 어노테이션이 어떠한 순서로 실행되는지 확인해 보자.

소스 7-8 TestNGLifeCycle.java

```
package com.javatools.testng;

import org.testng.Assert;
import org.testng.annotations.AfterClass;
import org.testng.annotations.AfterTest;
import org.testng.annotations.BeforeClass;
import org.testng.annotations.BeforeTest;
import org.testng.annotations.Test;

public class TestNGLifeCycle {

    @BeforeClass
    public void beforeClass() {
```

```
            System.out.println("Before Class");
        }

        @BeforeTest
        public void beforeTest() {
            System.out.println("Before Test");
        }

        @Test
        public void doTest1() {
            System.out.println("Testing... #1");
            Assert.assertTrue(true);
        }

        @Test
        public void doTest2() {
            System.out.println("Testing... #2");
        }

        @AfterTest
        public void afterTest() {
            System.out.println("After Test");
        }

        @AfterClass
        public void afterClass() {
            System.out.println("Before Class");
        }
    }
```

소스 7-8은 전적으로 어노테이션이 어떻게 동작하는지 확인할 목적으로 작성된 것이다. 작성한 소스 코드를 자바 클래스 단위로 실행시키면 다음과 같은 결과 가 콘솔에 출력된다.

```
[TestNG] Running:
  C:\Users\yoonchan\AppData\Local\Temp\testng-eclipse--2107353402\testng-
customsuite.xml

Before Test
Before Class
Before Method
Testing... #1
Before Method
Before Method
Testing... #2
Before Method
Before Class
After Test
PASSED: doTest1
PASSED: doTest2


===========================================
    Default test
```

```
    Tests run: 2, Failures: 0, Skips: 0
===============================================


===============================================
Default suite
Total tests run: 2, Failures: 0, Skips: 0
===============================================

[TestNG] Time taken by org.testng.reporters.JUnitReportReporter@39ed3c8d: 21 ms
[TestNG] Time taken by [FailedReporter passed=0 failed=0 skipped=0]: 1 ms
[TestNG] Time taken by org.testng.reporters.EmailableReporter2@762efe5d: 9 ms
[TestNG] Time taken by org.testng.reporters.SuiteHTMLReporter@75a1cd57: 145 ms
[TestNG] Time taken by org.testng.reporters.jq.Main@6504e3b2: 84 ms
[TestNG] Time taken by org.testng.reporters.XMLReporter@182decdb: 11 ms
```

모든 테스트는 당연히 성공할 수밖에 없는 비즈니스 로직을 가지고 있다. 이 결과에서 봐야 할 것은 콘솔에 찍힌 어노테이션 메서드들의 실행 단위이다. 특히 @BeforeMethod와 @AfterMethod는 테스트 메서드가 실행될 때마다 실행되었다. 또한 기억할 것은 자주 사용하지는 않지만 그래도 단위 테스트의 공통화를 위해서 종종 사용하는 @BeforeTest와 @AfterTest이다. 이 어노테이션은 단위 테스트 생명 주기에서 처음과 마지막에 실행되는 것으로 하나의 클래스 내에 정의해서 사용되는 경우는 거의 없다.

하나의 자바 클래스 내에서 실행을 통제할 때 유용하게 사용하는 것은 @BeforeClass와 @AfterClass이다. 이 어노테이션으로 정의한 메서드들은 주로 자바 클래스의 데이터를 초기화하거나 초기 데이터 적재를 수행하며 최종적으로 테스트에 사용한 자원이나 데이터를 해제하거나 제거하는 역할을 한다.

여기서 또 한가지 고려할 것은 여러 개의 @Test 메서드가 하나의 자바 클래스에 존재할 경우 어떤 순서로 실행되는가이다. 일반적으로 단위 테스트는 메서드 단위이기 때문에 메서드 간의 상관 관계를 가지고 테스트 코드를 작성하는 것은 별로 좋은 습관이 아니다. 다만 TestNG에서는 메서드명을 기준으로 내림차순으로 정렬하여 순서대로 실행한다. 그리고 후에 배울 의존성 관리 부분에서 명시적으로 순서를 지정할 수도 있다.

7.3 TestNG 테스트 수행

앞 절에서 TestNG를 위해서 자바 소스 기반의 테스트 케이스를 작성하는 방법을 알아봤다. 이번 절에서는 작성한 테스트 코드와 XML 파일을 이용해서 테스트를 수행하는 방법을 알아볼 것이다.

7.3.1 테스트 그룹 사용하기

TestNG를 사용하면서 다른 단위 테스트 프레임워크에 비해 큰 장점으로 느끼는 부분이 바로 XML을 이용한 테스트 스위트 정의 기능과 그룹 테스트 기능이다. 여기서는 단위 테스트를 그루핑해서 관리하는 방법을 알아보자.

그룹 테스트 기능은 자바 클래스에서 @Test 어노테이션으로 지정한 단위 테스트를 그룹으로 지정하고 이를 통제할 수 있게 해주는 것으로, 기존에는 자바 소스 코드에서 그룹을 지정하기 위해 코딩을 해야 했지만 이를 XML 파일에서 관리할 수 있도록 해준다.

TestNG에서는 @Test 어노테이션에 파라미터로 하나 이상의 그룹 정보를 기술할 수 있으며 다음과 같은 형태를 가진다(소스 7-9).

소스 7-9 TestNGGroup.java

```java
package com.javatools.testng;

import org.testng.Assert;
import org.testng.annotations.Test;

@Test(groups = {"command"}) // default test group
public class TestNGGroup {

    @Test(groups = "Windows")
    public void executeRemoteDesktop() {
        System.out.println("execute Remote Desktop");
        Assert.assertTrue(true);
    }

    @Test(groups = "Linux")
    public void executeBashShell() {
        System.out.println("execute Bash Shell");
        Assert.assertTrue(true);
    }

    @Test(groups = {"Windows", "Linux"})
    public void executeJava() {
        System.out.println("execute Java App");
        Assert.assertTrue(true);
    }
}
```

위의 소스를 보면 @Test 어노테이션에 groups 속성을 선언하고 여기에 사용할 그룹명을 나열하면 된다. 위의 소스에는 총 3개의 메서드에 Windows와 Linux 그룹을 각각 경우에 맞게 배치하였다. 또한 TestNG의 그룹에는 하나의 메서드에 여러 개를 지정할 수 있는데 다음과 같은 문법을 이용한다.

```
@Test(groups = {"Windows", "Linux"}) // 배열 형태로 입력
```

class 선언부 위에 정의되어 있는 @Test 어노테이션도 눈여겨보아야 한다. 대부분의 단위 테스트 메서드에는 공통적인 그룹명 혹은 기본 그룹명을 지정하는 것이 좋다. 그래야 그룹 테스트 시 테스트 메서드를 빠지지 않고 실행시킬 수 있다. 이때 @Test 어노테이션을 class 단위로 지정하면 모든 메서드에 내용이 적용된다.

그럼 이제 XML 파일을 이용해서 그룹별로 실행하는 내용을 작성해 보면 소스 7-10과 같다.

소스 7-10 testngGroup.xml

```xml
<!DOCTYPE suite SYSTEM "http://testng.org/testng-1.0.dtd" >

<suite name="Suite1" verbose="1" >
    <test name="Regression1">
        <groups>
            <run>
                <exclude name="Windows"  />
                <include name="Linux"  />
            </run>
        </groups>
        <classes>
            <class name="com.javatools.testng.TestNGGroup">
            </class>
        </classes>
    </test>
</suite>
```

이 테스트 스위트의 내용은 앞서 작성한 클래스 파일 중에 Linux 그룹은 포함시키고 Windows 그룹은 제외시킨다는 것이다. 이제 테스트를 실행시키면 다음과 같은 결과가 나온다.

```
[TestNG] Running:
  C:\Users\yoonchan\workspace\testng_sample\testngGroup.xml

execute Bash Shell

===========================================
Suite1
Total tests run: 1, Failures: 0, Skips: 0
===========================================
```

이 결과를 보면 흥미롭게도 오직 하나의 메서드만이 실행되었다. 앞서 소스 코드를 보면 executeJava 메서드는 Windows 그룹과 Linux 그룹 모두에 포함되었다. 하지만 XML 파일에서 Windows는 제외시키고 Linux는 포함시켰는데 결

과적으로 실행은 되지 않았다. TestNG에서는 테스트에서 제외시키는 문장인 exclude가 include보다 우선하기 때문에 제외와 포함이 둘 다 포함된 메서드의 경우 제외가 우선 적용된 것이다.

XML에서 exclude 명령을 제거하고 실행시키면 다음과 같은 결과를 확인할 수 있다.

```
[TestNG] Running:
  C:\Users\yoonchan\workspace\testng_sample\testngGroup.xml

execute Bash Shell
execute Java App

===========================================
Suite1
Total tests run: 2, Failures: 0, Skips: 0
===========================================
```

앞서 단위 테스트에서 정의한 2개의 Linux 그룹에 포함된 메서드가 모두 실행된 것을 확인할 수 있다.

그룹 기능과 관련해서 추가적으로 사용할 수 있는 것이 @BeforeGroups와 @AfterGroups 어노테이션이다. 어노테이션의 이름만 봐도 그 쓰임을 이해할 수 있을 텐데 그룹의 시작 전과 종료 후에 실행되는 메서드를 지정할 수 있다. 위의 자바 코드를 소스 7-11과 같이 수정한 후 다시 실행해 보자.

소스 7-11 TestNGGroup2.java

```java
package com.javatools.testng;

import org.testng.Assert;
import org.testng.annotations.AfterGroups;
import org.testng.annotations.BeforeGroups;
import org.testng.annotations.Test;

public class TestNGGroup2 {

    @BeforeGroups("Linux")
    public void doBeforeGroup() {
        System.out.println("before Group");
    }

    @Test(groups = "Windows")
    public void executeRemoteDesktop() {
        System.out.println("execute Remote Desktop");
        Assert.assertTrue(true);
    }

    @Test(groups = "Linux")
```

```
    public void executeBashShell() {
        System.out.println("execute Bash Shell");
        Assert.assertTrue(true);
    }

    @Test(groups = {"Windows", "Linux"})
    public void executeJava() {
        System.out.println("execute Java App");
        Assert.assertTrue(true);
    }

    @AfterGroups("Linux")
    public void doAferGroup() {
        System.out.println("after Group");
    }
}
```

위의 소스는 Linux 그룹의 테스트에 대해서 시작 전과 시작 후에 관련 메서드를 호출하도록 작성한 것이다. 직접 XML을 작성한 다음 Linux 그룹으로 실행해 보면 @BeforeGroups와 @AfterGroups가 정상적으로 동작한 것을 확인할 수 있다.

7.3.2 테스트 연관성 관리

TestNG에서 디펜던시란 단위 테스트 간의 연관 관계를 의미한다. 소프트웨어의 기능이 많아질수록 기능 간의 연관 관계가 생길 수밖에 없고, 그러한 기능 간의 연관성을 단위 테스트에도 반영해야 할 필요가 있다. 이러한 요건에 대응하기 위한 것이 바로 디펜던시 관리 기능이다.

디펜던시 정의는 먼저 실행되길 원하는 메서드들을 @Test 어노테이션의 dependsOnMethods 속성에 기술하면 된다. 만일 여러 개의 메서드를 순차적으로 호출하기 원하면 속성에 배열 형태로 정의하면 된다. 또한 메서드 단위가 아니라 그룹 단위로 정의하길 원하면 dependsOnGroup 속성을 이용하면 된다.

소스 7-12는 그룹과 메서드에 대한 연관성을 정의한 예제이다.

소스 7-12 TestNGDependencies.java

```
package com.javatools.testng;
package com.javatools.testng;

import org.testng.annotations.Test;

public class TestNGDependencies {

    @Test(groups="initial")
    public void loadFromDB() {
        System.out.println("loadFromDB");
    }
```

```
@Test(groups="initial", dependsOnMethods="loadFromDB")
public void checkLoadingDataValidation() {
    System.out.println("checkLoadingDataValidation");
}

@Test(dependsOnGroups={"initial"})
public void executeTransaction1() {
    System.out.println("executeTransaction1");
}

@Test(dependsOnGroups={"initial"})
public void executeTransaction2() {
    System.out.println("executeTransaction2");
}
}
```

위의 소스 코드를 작성한 후 이클립스에서 실행하면 다음과 같은 결과가 나온다. 이러한 결과를 통해서 연관성을 정의한 메서드와 그룹이 어떻게 상호 동작하는지 이해할 필요가 있다.

```
[TestNG] Running:
  C:\Users\ykchang\AppData\Local\Temp\testng-eclipse--468667438\testng-
customsuite.xml

loadFromDB
checkLoadingDataValidation
executeTransaction1
executeTransaction2
PASSED: loadFromDB
PASSED: checkLoadingDataValidation
PASSED: executeTransaction1
PASSED: executeTransaction2


===============================================
  Default test
  Tests run: 4, Failures: 0, Skips: 0
===============================================



===============================================
Default suite
Total tests run: 4, Failures: 0, Skips: 0
===============================================

[TestNG] Time taken by org.testng.reporters.SuiteHTMLReporter@626b2d4a: 86 ms
[TestNG] Time taken by org.testng.reporters.jq.Main@cac736f: 119 ms
[TestNG] Time taken by org.testng.reporters.EmailableReporter2@123772c4: 13 ms
[TestNG] Time taken by org.testng.reporters.JUnitReportReporter@73a28541: 10 ms
[TestNG] Time taken by [FailedReporter passed=0 failed=0 skipped=0]: 1 ms
[TestNG] Time taken by org.testng.reporters.XMLReporter@4926097b: 21 ms
```

위의 결과에서 중요한 것은 dependsOnMethod와 dependsOnGroup 속성을 이용해
서 메서드 간의 상관관계뿐만 아니라 메서드와 그룹 간의 상관관계도 정의할 수
있다는 점이다.

다만, 연관성을 정의할 때 너무 많은 연관성을 정의하면 그 내용을 확인하기
가 어렵고 반복적으로 상호 연관이 되어 단위 테스트가 끝나지 않을 수도 있으
니 신중을 기할 필요가 있다. 그러므로 가급적 단순한 구조로 연관성을 정의하
는 것이 좋다.

7.3.3 병렬 테스트

병렬 테스트란 여러 개의 스레드를 이용해서 소프트웨어 기능을 동시에 테스트
하는 것을 의미한다. 하지만 여기서 오해하지 말아야 할 것은 병렬 테스트 단위
는 특정한 메서드를 정의한 횟수만큼 반복적으로 실행하는 것을 의미한다.

그러므로 병렬 테스트를 한다고 해서 기술되어 있는 단위 테스트를 동시에 빠
르게 실행시킬 수 있는 것은 아니라는 점을 기억해야 한다.

소스 7-13은 TestNG에서 병렬 테스트를 하기 위한 가장 기본적인 코드이다.

소스 7-13 TestNGParallel.java

```
package com.javatools.testng;

import org.testng.annotations.Test;

public class TestNGParallel {

    @Test(threadPoolSize = 10, invocationCount = 10,  timeOut = 2000)
    public void parallelTestMethod() {
        // ...
        System.out.println("Parallel Test");;
    }
}
```

위의 소스 코드는 TestNG의 @Test 어노테이션에 병렬 처리 관련 정의를 한 것
으로 threadPoolSize와 invocationCount를 이용하였다. 두 속성의 의미는 다음
과 같다.

- threadPoolSize: 단위 테스트 시 사용할 스레드 개수
- invocationCount: 스레드당 실행할 단위 테스트 수. 예를 들어 threadPool
  Size가 5이고 invocationCount가 5이면 총 단위 테스트는 25번 실행

병렬 테스트를 통해 작성한 기능이 멀티스레드 환경에서 안전하게 동작하는지 확인할 수 있으며 동시 데이터 처리 시 데드락이 걸리거나 원하는 결과가 나오는지 여부를 확인할 수 있다.

7.3.4 파라미터 및 데이터 지향 테스트

단위 테스트 프레임워크에서 단위 테스트를 위한 데이터를 얼마나 다양하게 준비해서 처리할 수 있느냐는 개발 생산성과 단위 테스트 생산성에 직결되는 문제이다. 여기서는 TestNG에서 파라미터를 이용하여 여러 데이터를 처리하는 방법에 대해서 알아보겠다.

여러 데이터를 단위 테스트에서 반복해서 사용하기 위해서 먼저 할 일은 TestNG에서 사용할 데이터 제공자(Data Provider)를 정의하는 것으로, 2차원 배열 형태를 가진다. 그리고 해당 2차원 배열이 데이터 제공자임을 표시하기 위하여 @DataProvider 어노테이션을 사용한다. 소스 7-14는 데이터 제공자를 사용하는 예이다.

소스 7-14 TestNGDataProvider.java

```java
package com.javatools.testng;

import org.testng.annotations.DataProvider;
import org.testng.annotations.Test;

public class TestNGDataProvider {

    @DataProvider(name="car-brands")
    public Object[][] fetchCityData() {
        return new Object[][] {
            new Object[] { "Hyundai" },
            new Object[] { "KIA" },
            new Object[] { "GM" },
            new Object[] { "Toyota" },
            new Object[] { "Porsche" }
        };
    }

    @Test(dataProvider="car-brands")
    public void findHotelsInCity(String brand) {
        // ...
        System.out.println("My best car : " + brand);
    }
}
```

이렇게 설정하고 실행해 보면 데이터 제공자에서 정의한 값을 테스트 메서드의 파라미터로 설정해서 반복 실행하는 것을 확인할 수 있다.

```
[TestNG] Running:
  C:\Users\ykchang\AppData\Local\Temp\testng-eclipse--2136008304\testng-
customsuite.xml

My best car : Hyundai
My best car : KIA
My best car : GM
My best car : Toyota
My best car : Porsche
PASSED: findHotelsInCity("Hyundai")
PASSED: findHotelsInCity("KIA")
PASSED: findHotelsInCity("GM")
PASSED: findHotelsInCity("Toyota")
PASSED: findHotelsInCity("Porsche")

===============================================
    Default test
    Tests run: 5, Failures: 0, Skips: 0
===============================================


===============================================
Default suite
Total tests run: 5, Failures: 0, Skips: 0
===============================================

[TestNG] Time taken by org.testng.reporters.SuiteHTMLReporter@626b2d4a: 56 ms
[TestNG] Time taken by org.testng.reporters.jq.Main@cac736f: 91 ms
[TestNG] Time taken by org.testng.reporters.EmailableReporter2@123772c4: 11 ms
[TestNG] Time taken by org.testng.reporters.JUnitReportReporter@73a28541: 5 ms
[TestNG] Time taken by [FailedReporter passed=0 failed=0 skipped=0]: 0 ms
[TestNG] Time taken by org.testng.reporters.XMLReporter@4926097b: 5 ms
```

위의 실행 결과를 보면 정의한 데이터 프로바이더의 배열 수만큼 테스트 메서드
가 실행된 것을 볼 수 있으며 로그 메시지에도 해당 배열 정보가 전달된 내역이
나타난다.

7.3.5 에러 및 예외 처리

단위 테스트를 할 때 모든 명령과 서비스가 정상적으로 수행되는지 확인하는 것
도 중요하지만, 반대로 특정 조건에서 정상적으로 에러를 잘 발생시키는지 확인
해야 하는 경우도 있다. 이러한 조건에서는 에러가 나는 것이 단위 테스트 성공
이 된다.

TestNG에서는 @Test 어노테이션에 expectedExceptions 파라미터로 예상되는
예외 클래스를 지정할 수 있다. 이에 대한 예제는 소스 7-15와 같다.

소스 7-15 TestNGExceptions.java

```java
package com.javatools.testng;

import org.testng.annotations.Test;

public class TestNGExceptions {

    @Test(expectedExceptions = ArithmeticException.class)
    public void calculateInvoice() {
        // ...

        long calculateResult = 10/0;
        System.out.println("Calculate invoice data : " + calculateResult);
    }
}
```

소스 7-15는 일부러 연산 오류를 발생시키기 위해 값을 0으로 나누었고 그로 인해 ArithmeticException이 발생하였다. 그리고 실행해보면 예외가 발생해서 단위 테스트가 성공했다고 결과가 나온다. 실패가 나오는 것을 확인하기 위해서 0이 아닌 다른 값으로 나눠 보면 예외가 발생하지 않았음에도 테스트는 실패로 나온다.

7.4 TestNG 연계

대용량의 개발 프로젝트 혹은 서비스 환경에서는 테스트를 자동화하고 반복적으로 수행할 수 있는 환경을 마련하는 것이 중요하다. 그중에서도 빌드 도구를 이용한 자동화는 매우 중요한 개발 항목 중 하나이고 이는 TestNG도 마찬가지이다. 대표적으로 연동해서 사용하는 도구가 ANT와 메이븐이고 최근 중요하게 강조되고 있는 또 다른 도구가 그레이들(Gradle)이다.

JUnit과 마찬가지로 TestNG도 단독으로 동작하는 소프트웨어가 아니고 다른 도구들과 연계해서 사용해야 큰 효과를 얻을 수 있다. 이번 절에서는 TestNG와 이클립스, ANT, 메이븐, 그레이들과 연계하는 방법에 대해서 알아보자.

7.4.1 이클립스 연계

단위 테스트 검증은 서버에서 일괄 실행해서 그 결과를 주기적으로 확인할 수도 있지만, 가장 보편적으로 실행하는 방식은 로컬 PC에 설치되어 있는 이클립스, 인텔리제이 IDEA 같은 자바 통합 개발 환경에서 실행하는 것이다. 실제로 통합 개발 환경에서 실행하는 것이 서버에서 명령행 형태로 실행하는 것보다 훨씬 편리하고 결과도 직관적으로 확인할 수 있다.

이클립스는 JUnit과 달리 TestNG를 위한 플러그인이 기본으로 적용되어 있지는 않으며 별도의 외부 플러그인을 설치해야 한다.[7]

이클립스 TestNG 플러그인의 설치 URL은 *http://beust.com/eclipse*이며 이클립스의 [Help]-[Install New Software] 메뉴에서 해당 URL을 이용해 설치 작업을 진행할 수 있다. 이클립스 마켓 플레이스인 [Help]-[Eclipse Marketplace]에서 TestNG로 검색해서 설치할 수도 있다. 만일 이클립스 마켓 플레이스가 제공되는 이클립스를 사용하고 있다면 마켓 플레이스를 이용하는 것이 가장 쉬운 설치 방법이다(그림 7-2).

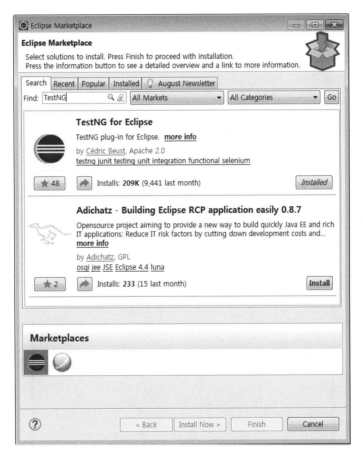

그림 7-2 TestNG 플러그인 설치

플러그인을 설치한 후에 자바 프로젝트를 생성하고 TestNG 소스 코드를 작성하면 TestNG 프로그램을 이클립스에서 실행할 수 있게 된다. 이때 테스트 클래스

---

7 *http://testng.org/doc/eclipse.html*에서 이클립스용 TestNG 플러그인 설치 정보를 확인할 수 있다.

를 선택하면 클래스 내에 선언되어 있는 모든 테스트 메서드가 실행되고 특별히 테스트 메서드만 선택해서 실행시킬 수도 있다.

또한 TestNG의 가장 큰 특징 중 하나인 XML 설정 파일을 기반으로 실행하면 해당 설정에 기술되어 있는 정책과 연관된 단위 테스트들이 실행된다. 이 모든 것이 이클립스 플러그인을 설치하면 가능해지기 때문에 매우 효과적이고 편리하다.

그림 7-3 TestNG 실행

이클립스에서는 실행 설정 기능을 제공하고 있고 이클립스에서 실행할 수 있는 모든 단위에 대해서 제어할 수 있다. TestNG도 최소 1회 이상 실행하면 선택 메뉴가 활성화된다. 이클립스에서 [Run]-[Run Configuration] 메뉴를 선택하고 좀 더 다양한 옵션을 적용해서 관리할 수 있다.

그림 7-4 Eclipse Run configuration 창

그림 7-4를 보면 TestNG 실행 시 사용할 클래스, 메서드, 그룹, 패키지, XML 스위트 등을 지정할 수 있고, JVM 옵션들을 지정할 수도 있다.

7.4.2 ANT 연계

ANT에서 TestNG를 사용하기 위해서는 ANT 실행 환경의 클래스 패스에 TestNG 라이브러리를 추가하고, TestNG용 ANT 태스크를 사용할 수 있도록 설정해야 한다. 앞서 4장에서 GitHub에서 다운로드하여 메이븐으로 패키징한 testng-6.9.5-SNAPSHOT.jar를 사용할 것이다.

ANT에서 TestNG를 사용하기 위해서는 build.xml 파일에 다음 문장을 추가 하여 ANT가 TestNG의 태스크와 라이브러리를 인식하도록 해야 한다.

```
<taskdef resource="testngtasks" classpath="testng-6.9.5-SNAPSHOT.jar"/>
```

위의 코드를 build.xml 파일에 추가시키면 testng 태스크를 ANT에서 사용할 수 있다. TestNG 역시 자바 라이브러리이기 때문에 자바 가상머신에서 실행이 되 는데 TestNG에서 ANT를 호출하면 별도의 신규 자바 가상 머신이 실행되고 여 기서 ANT가 처리된다. 흔히 이를 ANT에서는 'fork' 형태로 실행된다고 한다.

TestNG용 ANT 태스크는 많은 속성을 제공하고 있으며 속성 이름은 TestNG 를 명령행에서 실행할 때 사용하는 옵션과 동일하다. 이 중 ANT 호출 시 많이 사용하는 속성을 정리하면 표 7-2와 같다.

속성	설명
classpath	테스트에 실행할 클래스 파일 혹은 JAR 파일을 클래스 패스에 추가한다.
classpathref	클래스 패스를 ANT의 파일 태스크를 이용해서 정의한 후 이를 참조하도록 한다.
configFailurePolicy	@Before 계열 메서드 실행 에러 시 계속 단위 테스트를 진행할 것인지 결정한다.
dataProvider ThreadCount	데이터 프로바이더를 이용해서 병렬 테스트 시 사용할 스레드 개수를 지정한다.
failureProperty	ANT에 특화된 속성으로 테스트 결과인 성공 여부를 지정한 속성에 저장해서 전달한다. 여기서 전달된 에러 속성을 확인해서 다른 ANT 태스크의 실행 여부 혹은 분기 작업 등을 할 수 있다.
haltonfailure	테스트 실행 중에 단위 테스트 오류가 발생할 경우 작업을 종료시킨다.
haltonskipped	취소된 테스트가 있을 경우 작업을 종료시킨다.
groups	테스트할 그룹을 지정한다. 쉼표를 구분자로 여러 그룹을 나열할 수 있다.
excludedgroups	테스트에서 제외시킬 그룹을 지정할 수 있으며 쉼표를 구분자로 여러 그룹을 나열할 수 있다.
methods	테스트할 메서드 목록을 쉼표로 구분하여 나열한다.
parallel	병렬 모드로 테스트를 할 때 사용한다.

suitename	테스트 스위트로 사용할 xml 파일을 지정한다. 기본 파일명과 다른 파일을 사용할 때 지정한다.
testJar	테스트 클래스와 XML 파일이 저장되어 있는 jar 파일을 이용할 경우 지정한다.
threadCount	병렬 모드로 동작할 때 사용할 병렬 스레드의 개수를 지정한다.
timeOut	테스트 최대 실행 시간을 지정하며 단위는 밀리초이다. 만일 해당 시간을 넘어가게 되면 테스트는 실패 처리되고 종료된다.
xmlPathInJar	testJar로 테스트에 사용할 JAR 파일을 지정한 후 JAR 파일 내에 포함되어 있는 TestNG XML 파일의 위치와 파일명을 지정한다.

표 7-2 ANT TestNG 태스크 속성

위의 속성은 ANT를 이용할 때 많이 사용하는 속성만 골라서 정리한 것이다. 제공하는 속성이 굉장히 많지만 이 속성들이 모두 사용되는 것은 아니다. 하지만 TestNG 테스트 스위트에 정의된 정보를 바탕으로 다양하게 응용할 수 있기 때문에 해당 속성들을 한 번씩은 사용할 일이 생긴다.

많은 속성과 하위 태스크가 제공되는 만큼 개발자 입장에서는 ANT를 이용해서 TestNG 기반의 단위 테스트 작업을 효율적으로 관리하고 제어할 수 있게 된다.

이제 위의 속성과 태스크를 이용하여 TestNG를 제어하는 ANT 빌드 파일을 만들어 보자(소스 7-16).

소스 7-16 ANT에서 TestNG 호출

```
<testng classpathref="run.cp"
        outputDir="${testng.report.dir}"
        haltOnFailure="true"M verbose="2">
    <classfileset dir="${test.build.dir}" includes="**/*.class" />
</testng>
```

7.4.3 메이븐 연계

메이븐 1.x 버전에서 TestNG를 사용하기 위해서는 별도의 메이븐 플러그인을 이용해야 했지만 메이븐 2.x 버전부터는 공식적으로 지원되기 시작하여 별도의 플러그인 없이 바로 사용할 수 있다. 공식적으로 권장하는 메이븐 버전은 2.4 이상이다. TestNG 홈페이지에는 메이븐 2에 대한 지원 정보만 나와 있지만 메이븐의 공식 홈페이지를 보면 3.x 버전에서도 TestNG를 공식적으로 지원하고 있음을 알 수 있다.[8]

---

8 http://maven.apache.org/surefire/maven-surefire-plugin/examples/testng.html

7.4.3.1 메이븐에 TestNG 선언

메이븐 기반의 프로젝트에서 TestNG를 사용하려면 pom.xml 파일에 TestNG 사용을 위한 저장소 정보를 추가하고 연관 목록에 추가해야 하며, 최신 버전의 TestNG인 6.9.5를 사용하기 위해서는 다음과 같이 pom.xml을 작성하면 된다 (소스 7-17).

소스 7-17 TestNG를 위한 pom.xml

```
<repositories>
    <repository>
        <id>central</id>
        <name>bintray</name>
        <url>http://jcenter.bintray.com</url>
    </repository>
</repositories>

<dependency>
    <groupId>org.testng</groupId>
    <artifactId>testng</artifactId>
    <version>6.9.5</version>
    <scope>test</scope>
</dependency>
```

회사 표준 정책, 하위 소프트웨어의 버전 문제 등의 이유로 5.11 버전 이하를 사용할 필요가 있다면 JDK도 버전을 낮춰서 사용하기 위해 pom.xml 파일에 다음과 같이 정의해야 한다(소스 7-18).

소스 7-18 TestNG 5.11 이하를 위한 pom.xml

```
<dependency>
    <groupId>org.testng</groupId>
    <artifactId>testng</artifactId>
    <version>5.11</version>
    <scope>test</scope>
    <classifier>jdk15</classifier>
</dependency>
```

사실 메이븐은 TestNG와 잘 결합되어 있어서, 메이븐에서 TestNG를 사용하기 위한 작업은 위와 같이 pom.xml에 연관성 정보를 추가하는 것으로 끝이다. 그외에 추가적인 작업은 필요하지 않다. 그리고 메이븐의 프로젝트 구조에 따라 src/test/java 폴더에 TestNG 소스 코드들을 작성하면 된다.

> 한가지 기억할 것은, 메이븐에서는 관습적으로 테스트와 연관된 (TestNG 혹은 JUnit) 소스 코드의 명명 규칙을 *Test.java 형태로 가져가고 있기 때문에 TestNG를 작성할 때도 비록 명명 규칙에 대한 제약은 없더라도 동일한 명명 규칙 형태를 가져가는 것이 좋다.

7.4.3.2 테스트 스위트 XML 사용

TestNG는 JUnit과는 다르게 주로 TestNG Suite XML 파일에 테스트에 대한 정책을 정의하고 실행시킨다. 메이븐에서도 이와 같은 방식으로 구동시킬 수 있는데 여기서는 plugins 태그에 다음 내용을 추가해야 한다(소스 7-19).

소스 7-19 메이븐에서 TestNG 테스트 스위트 XML 파일 사용

```xml
<plugin>
    <groupId>org.apache.maven.plugins</groupId>
    <artifactId>maven-surefire-plugin</artifactId>
    <version>2.18.1</version>
    <configuration>
        <suiteXmlFiles>
            <suiteXmlFile>testng.xml</suiteXmlFile>
        </suiteXmlFiles>
    </configuration>
</plugin>
```

7.4.3.3 Test 파라미터 지정

TestNG의 @Parameters 어노테이션은 테스트 시 사용할 데이터를 외부에서 입력 받아서 활용할 수 있는 기능으로, 메이븐에서 사용하기 위해서 plugin 정보를 추가하고 여기에 원하는 파라미터의 이름과 값을 기술하면 된다(소스 7-20).

소스 7-20 메이븐에서 Test Parameter 사용

```xml
<plugin>
    <groupId>org.apache.maven.plugins</groupId>
    <artifactId>maven-surefire-plugin</artifactId>
    <version>2.18.1</version>
    <configuration>
        <systemPropertyVariables>
            <propertyName>firefox</propertyName>
        </systemPropertyVariables>
    </configuration>
</plugin>
```

7.4.3.4 Group 기능 사용

TestNG는 작성한 단위 테스트를 그루핑해서 테스트를 수행하는 기능을 제공하는데 메이븐에서도 사용이 가능하다. 이것을 사용하기 위해서는 소스 7-21과 같이 plugin 정보를 추가하고 테스트에 사용할 그룹명을 기술하면 된다. 여러 개의 그룹을 실행하려면 ','로 구분해서 나열하면 된다.

소스 7-21 메이븐에서 Group 기능 사용

```
<plugin>
    <groupId>org.apache.maven.plugins</groupId>
    <artifactId>maven-surefire-plugin</artifactId>
    <version>2.18.1</version>
    <configuration>
        <groups>functest,perftest</groups>
    </configuration>
</plugin>
```

7.4.3.5 병렬 테스트 실행

TestNG는 단위 테스트를 순차대로 실행하는 것이 아니라 병렬로 지정해서 동시에 실행시킬 수 있는 기능을 제공하는데 메이븐에서 이를 사용하기 위해서는 다음과 같이 plugin 정보를 추가하면 된다(소스 7-22).

소스 7-22 메이븐에서 병렬 기능 사용

```
<plugin>
    <groupId>org.apache.maven.plugins</groupId>
    <artifactId>maven-surefire-plugin</artifactId>
    <version>2.18.1</version>
    <configuration>
        <parallel>methods</parallel>
        <threadCount>10</threadCount>
    </configuration>
</plugin>
```

병렬 처리 기능을 사용하면 장시간 순차적으로 실행되는 단위 테스트 시간을 단축할 수 있다. 하지만 이러한 병렬 처리도 하드웨어의 사양이 충분하고 여러 개의 코어가 적용된 경우에만 가능하고, 사양이 낮은 하드웨어에서 병렬 처리 작업을 하면 오히려 더 오래 걸릴 수도 있다.

7.4.3.6 커스텀 리스너 및 리포터 사용

TestNG는 커스텀 리스너와 리포터를 적용할 수 있는데 이 기능은 다음과 같이 plugin 정보를 추가하면 된다(소스 7-23).

소스 7-23 메이븐에서 커스텀 리스너와 리포터 기능 사용

```
<plugin>
    <groupId>org.apache.maven.plugins</groupId>
    <artifactId>maven-surefire-plugin</artifactId>
    <version>2.18.1</version>
    <configuration>
    <properties>
        <property>
            <name>usedefaultlisteners</name>
```

```
        <value>false</value <!-- disabling default listeners is optional -->
      </property>
      <property>
        <name>listener</name>
        <value>com.mycompany.MyResultListener,
              com.mycompany.MyAnnotationTransformer,
              com.mycompany.MyMethodInterceptor</value>
      </property>
      <property>
        <name>reporter</name>
        <value>listenReport.Reporter</value>
      </property>
    </properties>
  </configuration>
</plugin>
```

ANT와는 다르게 메이븐에서 TestNG를 사용하기 위해서는 plugin 태그에 설정 정보를 추가하고 변경하기만 하면 바로 활용할 수 있으며 필요한 라이브러리 역시 별도의 다운로드와 빌드 과정 없이 바로 사용할 수 있어서 매우 편리하다.

7.4.4 그레이들 연계

빌드 도구인 그레이들은 공식적으로 TestNG를 호출할 수 있는 플러그인을 제공하고는 있지만 많은 인터넷 자료나 저서에서 제대로 언급되지 않아서 자료를 찾기가 어려운 단점이 있다.[9]

그레이들 홈페이지에서 테스트 관련 문법, 특히 TestNG와의 연계를 위한 방법을 확인할 수 있다.[10] 상세한 문법적 API 내용은 해당 문서를 확인하도록 하고 여기서는 꼭 필요한 부분 위주로 설명하겠다.

먼저 그레이들에서 TestNG를 호출하는 방법은 그레이들의 자바 플러그인에서 TestNG용 태스크를 추가하면 쉽게 호출하고 사용할 수 있다.

소스 7-24 그레이들에서 TestNG 호출 소스 코드

```
apply plugin: 'java' // 자바 플러그인 추가

test {
    // TestNG 사용하여 테스트하도록 설정
    useTestNG()

    // 테스트 JVM에서 사용할 시스템 파라미터 설정
    systemProperty '이름', '값'

    // 포함시키거나 제외시킬 클래스 파일의 패턴
```

---

9   https://docs.gradle.org/current/dsl/org.gradle.api.tasks.testing.Test.html에서 자세한 정보를 얻을 수 있다.
10 https://docs.gradle.org/current/dsl/org.gradle.api.tasks.testing.Test.html

```
include 'org/foo/**'
exclude 'org/boo/**'

// 테스트 JVM에서 로그 출력하도록 설정 (STDOUT임)
testLogging.showStandardStreams = true

// 테스트 JVM의 힙 사이즈 지정
minHeapSize = "128m"
maxHeapSize = "512m"

// 테스트 JVM에 전달할 값 지정
jvmArgs '-XX:MaxPermSize=256m'

// 테스트 실행 전 실행할 내용 정의
beforeTest { descriptor ->
    logger.lifecycle("Running test: " + descriptor)
}

// 테스트 JVM의 표준 출력 및 에러를 감지
onOutput { descriptor, event ->
    logger.lifecycle("Test: " + descriptor + " produced standard out/err: "
+ event.message )
    }
}
```

소스 7-24는 TestNG를 실행하기 위해 gradle.build 파일에 정의해야 하는 내용의 예이다. 이보다 훨씬 많은 속성과 기능들을 제공하고 있지만 위의 예제가 가장 기본이 되는 내용이다.

여기서 중요한 부분은 useTestNG() 명령으로, 이 명령을 정의하지 않으면 JUnit 방식으로 테스트가 실행된다. 그리고 테스트에 포함시킬 클래스 파일의 패턴을 exclude 명령과 include 명령으로 지정하면 그레이들에서 TestNG를 실행시킬 수 있다.

7.5 요약

지금까지 TestNG를 이용해서 단위 테스트를 수행하는 방법에 대해서 알아보았다. 단위 테스트가 가져다 주는 장점은 굉장히 많지만 그중에서 가장 큰 장점은 바로 반복 작업을 없애 주는 것이다. 테스트를 많이 할수록 더 좋은 품질이 소프트웨어를 만들어낼 수 있고 기능을 변경하고 추가했을 때 그에 대한 테스트 역시 자동화할 수 있다.

그럼에도 대부분의 프로젝트가 시간에 쫓긴다는 이유로 단위 테스트 작업에 시간을 투자하지 않는다.

처음에는 진행이 다소 더딘 것 같더라도 단위 테스트 기능을 충분히 잘 만들어 놓으면 단순 반복으로 인한 시간 소모를 줄일 수 있기 때문에 오히려 큰 이득이 된다. 이러한 점을 고려해서 프로젝트에 단위 테스트 프로그래밍을 포함시켜 시간을 할당하는 것이 좋다.

여기에서 설명한 TestNG가 최선의 단위 테스트 도구라고 단언할 수는 없다. 지금도 많은 테스트 도구들이 새로이 탄생하고 있다. 하지만 현재까지는 기능적이나 호환성 측면에서 가장 실패 확률이 적은 도구임은 확실하다.

8장

트랙을 이용한 버그 트래킹

8.1 들어가며

버그 트래킹 도구(Bug Tracking Tool)[1]는 전통적으로 자바 기반 개발뿐만 아니라 모든 소프트웨어 프로젝트에서 사용되고 있는 도구로, 버그의 이력 정보와 처리 결과 정보 등을 관리하는 것이 목적이다. 처음에는 단순히 게시판과 유사한 형태로 기능을 제공했지만 소프트웨어 개발 방법론이 발전하고 이를 지원하기 위한 많은 소프트웨어가 나오면서 다양한 소프트웨어와의 연동을 통한 버그 트래킹이 이루어지고 있다.

버그 트래킹 도구는 대부분 웹 기반의 소프트웨어이며 빠르고 편리하게 제품을 개발하고 업그레이드하기 위해서 그 당시 유행하는 웹 애플리케이션 개발 기술을 이용한다. 대표적으로 버그질라(Bugzilla)의 경우 펄(Perl), 이번 장에서 알아볼 트랙(Trac)은 파이썬으로 되어 있다. 이 외에도 많이 사용하고 있는 레드마인(Redmine)은 루비, 맨티스(Mantis)는 PHP로 개발했다. 버그 트래킹 도구가 꼭 자바 기반 소프트웨어 개발을 위한 것은 아니지만 자바의 통합 개발 환경과 잘 연계되고 자바 애플리케이션 개발에 활용하면 좋은 시너지 효과를 얻을 수 있다.

이번 장에서는 다음 순서에 맞춰 최근에 버그 트래킹 도구로 많이 사용되고 있는 트랙을 알아볼 것이다.

- 버그 트래킹 이해
- 트랙 설치 및 환경 설정

---

1   이슈 트래킹 도구(Issue Tracking Tool)라고도 부른다.

- 트랙을 이용한 버그 트래킹

여기서는 트랙을 이용하지만 대부분의 버그 트래킹 도구가 비슷한 개념과 기능들을 제공하고 있기 때문에 한 제품의 개념을 이해하면 다른 버그 트래킹 제품들도 쉽게 프로젝트에 적용해서 사용할 수 있다.

8.2 버그 트래킹 이해

세상의 그 어떤 소프트웨어도 버그가 없을 수 없으며 기능이 많으면 많을수록 버그 역시 많이 생길 수밖에 없다. 하지만 좋은 소프트웨어는 버그가 발견되었을 때 버그 수정을 신속하게 제품에 반영하고 그 이력과 내용을 관리하는 반면에 좋지 못한 소프트웨어는 버그가 발생해도 수정하기 어렵고 수정하면 또 다른 문제점이 발생한다.

그러므로 소프트웨어 개발에서 버그 관리는 매우 중요한 부분이고 소프트웨어 선정 시 고려해야 할 중요 기준이면서 서비스와 기업, 그리고 소프트웨어의 신뢰성 확보를 위한 매우 중요한 활동이다.

8.2.1 태스크 관리

버그 트래킹 도구에서 말하는 버그나 이슈는 모두 프로젝트 관리 측면에서 하나의 태스크라고 정의할 수 있다.

결국 프로젝트는 주어진 예산과 일정을 가지고 목표를 성취하기 위해 나아가는 활동이며 이 모든 것이 여러 종류의 태스크들이 서로 연관되어서 진행된다. 그러므로 프로젝트의 성공은 태스크를 잘 관리하고 태스크가 목표한 대로 진행되는지 모니터링하고 관리하는 데에 있으며 이러한 태스크 관리에 버그 트래킹 도구를 사용할 수 있다.

태스크 관리는 다음과 같이 크게 6개의 속성과 상태를 가지고 처리가 되며 이를 태스크의 생명 주기라고 표현하기도 한다.

- 태스크 정의(Task Determiniation): 태스크에 대한 정의 단계로 태스크명, 태스크 설명을 기술한다.
- 의존성 관리(Dependency Management): 모든 작업은 상호 연관성 혹은 의존성을 가지는데 현재 정의한 태스크가 어떤 태스크와 선행/후행 관계를 가지는지 정의한다.

- 자원 관리(Resource Management): 프로젝트에서 자원이라 하면 하드웨어, 소프트웨어 같은 자원뿐만 아니라 소스 코드, 이미지 파일과 같이 서비스를 이루는 단위도 자원으로 정의한다. 또한 사람과 지원, 조직 등도 자원으로 정의하는데 태스크와 연관된 이러한 자원들을 정의한다.

- 일정(Scheduling): 태스크의 일정을 정의하는 단계로 주로 태스크를 완료해야 하는 시점을 기술한다. 때로는 해당 태스크가 일정 주기로 반복 실행되어야 한다면 수행해야 하는 주기를 기술하기도 한다.

- 실행(Task Execution): 정의한 태스크를 바탕으로 실제 비즈니스적으로 처리하는 단계를 의미한다.

- 결과 검토(Review): 태스크 최종 실행 결과를 확인하고 태스크를 종료할지 아니면 별도의 태스크를 생성할지 결정한다. 태스크를 종료하려고 한다면 다른 태스크와의 연관성도 함께 검토하여 그 영향도를 확인해야 한다.

위의 6가지 항목이 태스크를 정의하고 실행할 때 가장 기본이 되는 항목이지만 다음 3가지 역시 추가로 고려할 필요가 있다.

- 우선순위: 현대 소프트웨어 개발 프로젝트는 애자일 방법론의 개념을 많이 채용하면서 기존 폭포수 모델 같은 전통적인 개발 방법론에 비해 더 많은 단계와 태스크가 있고, 이것이 이터레이션이라는 개념으로 계속 반복되기 때문에 태스크 간의 연관성뿐만 아니라 우선순위에 대한 관리도 중요하다. 중요하지 않은 태스크가 없겠지만 적은 자원을 효율적으로 활용하기 위해서는 일의 우선순위를 설정해서 태스크를 관리해야 한다.

- 시간 관리: 앞서 일정 관리가 태스크의 시간을 관리한다고 생각할 수 있지만 시간이라는 것이 다소 모호한 경우가 있다. 예를 들어 2월 말까지 해당 태스크가 완료되어야 한다면 "말"이라는 기준이 사람마다 다르고 팀마다 다르기 때문이다. 그래서 모호한 기준보다는 일 단위는 매일 18시, 주 단위는 매주 금요일 18시, 월 단위는 매월 마지막 날짜(30일 혹은 31일)의 18시와 같이 명확한 기준을 정의하는 것이 좋다.

- 의사소통: 혼자 하는 프로젝트라면 문제가 되지 않겠지만 참여하는 사람이 두 명만 돼도 의사소통에 문제가 발생하고 잘못된 의사 전달로 문제가 발생하기도 한다. 그러므로 태스크를 기반으로 참여자들이 상호 의사소통하고 협의할 수 있는 환경이 마련되어야 한다.

태스크 관리는 태스크의 정의부터 관련된 자원 및 태스크를 연계하고 최종적으로 실행될 때까지 진행 상태와 변경 상태를 모니터링하고 관리하는 것으로 이것이 바로 버그 트래킹 도구의 주된 역할이다.

특히 트랙을 버그 트래킹 솔루션이라고 부르는 이유는, 버그와 이슈 등을 정의해서 등록하면 이에 대한 처리 상태를 체계적으로 모니터링하고 이력을 남기기 위한 노력에서 시작되었기 때문이다. 오늘날 프로젝트에서는 단순히 버그와 이슈 관리뿐만 아니라 프로젝트 태스크를 관리하기 위한 프로젝트 관리 도구로 자리잡고 있다.

그러므로 버그 트래킹 솔루션/소프트웨어의 범위는 과거 버그를 리포팅하고 결과를 확인하는 것에서 벗어나 프로젝트 관리 소프트웨어로 범위를 늘리고 있고 실제로 그렇게 사용하고 있다.

8.2.2 도구 선정

버그 트래킹의 시작은 역시 어떤 버그 트래킹 소프트웨어를 사용할지 결정하는 것부터다. 버그 트래킹의 고전과도 같은 버그질라(Bugzilla)부터 맨티스(mantis)와 트랙(trac)도 여전히 인기를 유지하고 있고 상용 소프트웨어로 가장 널리 인정받고 있는 지라(Jira)까지 많은 도구가 있어서 도구를 선정하는 데도 많은 시간이 필요할 정도이다.[2]

어떤 것을 선택할지는 본인의 환경과 성향에 따라 다르기 때문에 정답은 없다. 또 최근에는 형상 관리 도구, 지속적 통합 도구, 버그 트래킹 도구가 점차 영역을 넓혀 가면서 서로 통합되는 특징도 보이고 있다.

이번 장에서는 트랙을 이용해서 버그 트래킹하는 방법을 설명할 것이다. 이 책에서 트랙을 설명하는 이유는 오픈 소스인 데다 무료이고, 업계에서 요구하는 대부분의 요건을 충족시키고 있어 널리 사용되기 때문이다. 또한 설치와 활용이 복잡하지 않아서 한번 설치해 놓으면 쉽게 활용할 수 있다.

실제 프로젝트를 진행하다 보면, 트랙은 경량화를 목표로 개발된 소프트웨어라서 다른 버그 트래킹 도구에 비해 기능이 부족하거나 다소 아쉬운 점들이 느껴질 것이다. 트랙에 플러그인을 추가해서 기능을 확장하는 방식도 고려해 볼 수 있지만 트랙용 플러그인이 그리 많지는 않다. 그 때문에 트랙을 사용하다 레

---

2 다소 시간이 지난 자료이긴 하지만 다음 위키백과에 버그 트래킹 도구에 대해서 잘 비교해 놓은 자료가 있다. *http://en.wikipedia.org/wiki/Comparison_of_issue-tracking_systems*

드마인이나 맨티스로 옮기는 경우도 있고 지라와 같은 상용 도구를 고려하는 경우도 많다.

8.3 트랙 설치 및 환경 설정

트랙은 엣지월(Edgewall)[3]에서 개발, 관리하고 있고 웹 브라우저 기반의 버그 트래킹 기능 및 위키 기능을 제공하며, 웹 기반의 가볍고 간결한 프로젝트를 표방하고 있다. 때문에 사용하기 편리하고 꼭 필요한 기능들만 제공해서 규모가 작고, 빠르게 버그 트래킹 프로세스를 수립하고자 하는 팀에 적합한 소프트웨어이다.

특히 트랙은 형상 관리 도구로 많이 사용하고 있는 서브버전이나 Git과의 연계 기능을 제공하고 있어서 해당 소프트웨어를 기반으로 소스 관리와 개발을 진행하는 팀에게 적합하다.

8.3.1 리눅스 환경에서 트랙 설치

먼저 트랙을 설치하기 위해 트랙의 공식 홈페이지[4]에서 다운받아야 한다. 이 책을 쓰는 시점에 안정화 버전은 1.0.8이고 개발 버전으로 1.1이 제공되고 있다. 이 책에서는 1.0.8 버전을 기준으로 설명하겠다.

트랙은 파이썬 기반이기 때문에 설치 이전에 다음 항목들이 설치되어 있어야 한다.

- 파이썬 2.5, 2.6 혹은 2.7(그 외의 버전은 지원하지 않음)
- Genshi 0.7: 파이썬 기반의 웹 개발 툴킷으로 HTML, XML 등의 텍스트 컨텐츠를 처리하는 라이브러리다.
- setuptools 0.6 이상: 파이썬 패키지의 다운로드, 빌드, 설치, 업그레이드, 제거를 쉽게 해주는 도구다.
- Babel 1.3: 다국어 지원을 위한 파이썬 라이브러리로 필수로 설치해야 하는 것은 아니다.
- 데이터베이스: MySQL, PostgreSQL, SQLite 중에 하나가 필요하다. 트랙에서 관리하는 데이터를 저장하는 용도로 사용한다.

---

3 *http://www.edgewall.org*
4 *http://trac.edgewall.org*

이 외에도 옵션으로 아파치 웹서버와 연동하기 위한 부분도 있으나, 트랙 자체에 웹서버 기능이 포함되어 있어서 반드시 아파치 웹서버를 필요로 하지는 않는다. 위의 소프트웨어 설치에 대한 내용은 각각의 매뉴얼을 참조하도록 하고 여기서는 트랙 설치에 대해서만 알아보자.[5]

이번 설치는 리눅스 배포판인 우분투를 기준으로 할 것이다. 윈도우에서 사용하길 원한다면 뒤에 설명할 '윈도우 환경에서 설치(TOW)'를 참고하기 바란다.

우분투에는 파이썬 2가 설치되어 있지 않기 때문에 다음 명령을 이용해서 파이썬 2를 설치해야 하며 파이썬 외에 향후 Genshi 설치를 위해 PIP[6]도 함께 설치하자.

```
sudo apt-get install python
sudo apt-get install python-babel
sudo apt-get install python-pip
sudo apt-get install python-dev
sudo apt-get install python-mysqldb
```

파이썬과 PIP 그리고 연관된 라이브러리까지 설치가 완료되었으면 python 명령을 통해 정상적으로 설치가 완료되었는지 확인해야 한다. python 명령 실행 시 그림 8-1과 같은 화면이 나타나면 정상적으로 설치된 것이다.

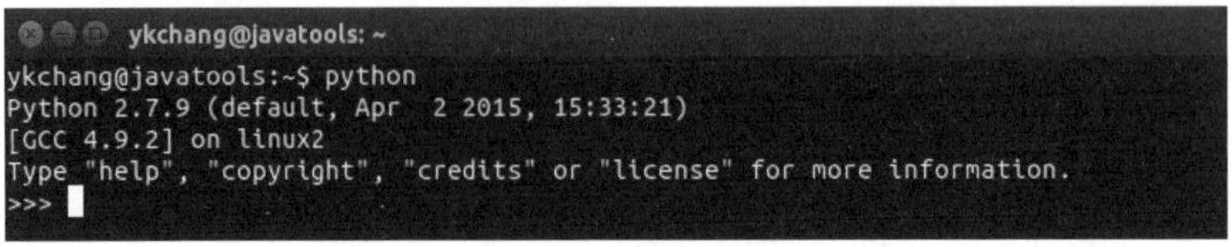

```
ykchang@javatools: ~
ykchang@javatools:~$ python
Python 2.7.9 (default, Apr  2 2015, 15:33:21)
[GCC 4.9.2] on linux2
Type "help", "copyright", "credits" or "license" for more information.
>>>
```

그림 8-1 파이썬 설치 후 확인

파이썬 설치를 완료한 다음 setuptools와 Genshi를 설치해야 하지만, 우분투 기준으로 트랙을 설치하면 두 개의 라이브러리가 같이 설치된다. 다음 명령을 실행하면 연관된 파이썬 라이브러리가 모두 설치된다.

```
sudo apt-get install trac
```

---

5   파이썬에 익숙하지 않은 개발자라면 파이썬 및 관련 도구를 설치하는 데 어려움이 있을 수 있으니 관련 문서 및 내용을 꼼꼼히 읽어보자. *https://trac.edgewall.org/wiki/TracInstall*에 있는 공식 설치 문서가 가장 훌륭한 안내가 될 것이다. 내용을 잘 이해해 두는 것이 좋다.

6   PIP는 파이썬 관련 패키지를 설치할 때 가장 많이 사용하는 도구이며 관련 정보는 *https://pypi.python.org/pypi/pip*에서 확인할 수 있다.

> ☑ 이 책에서는 트랙을 MySQL 데이터베이스 기반으로 실행할 것이다. 그러므로 사전에 MySQL 서버와 클라이언트가 모두 설치되어 있어야 한다. MySQL 내신 마리아DB로도 대체 가능하다. 특히 MySQL을 설치할 때 다음을 이용해서 설치하는 것이 좋다. 그렇지 않을 경우 트랙을 설치할 때 컴파일 에러가 발생할 수 있다.
> ```
> sudo apt-get install mysql-server
> sudo apt-get install libmysqlclient-dev
> ```

각종 트랙 설치 가이드가 다소 복잡하고 친절하게 나와 있지 않지만 apt-get 명령을 이용하면 쉽게 설치가 되며 만일 레드햇 계열의 리눅스를 사용한다면 yum으로 동일하게 설치할 수 있다. 레드햇 계열의 경우 sudo yum install trac과 sudo yum install mod_python 명령으로 손쉽게 트랙을 설치할 수 있다.

파이썬에 익숙하지 않은 개발자라면 초기 설치 과정이 좀 까다롭게 느껴질 수도 있다. 특히 우분투처럼 패키지 명령으로 설치할 수 없거나 서버가 인터넷에 연결되어 있지 않은 경우에는 더더욱 설치가 어려워진다. 이 책에서 설명한 것 외에 직접 바이너리 혹은 소스 코드를 다운받아서 컴파일하고 설치하는 방법도 알아두는 것이 좋다.[7]

8.3.2 윈도우 환경에서 설치(TOW)

윈도우에서는 이 모든 것을 하나의 설치본으로 제공하고 있어서 리눅스/유닉스에 비해서 다소 쉽게 설치할 수 있지만 이것이 공식 설치 버전이 아님을 주의해야 한다. *http://sourceforge.net/projects/traconwindows*에 접속하면 TOW(Track On Windows)를 다운로드할 수 있다. 또한 해당 페이지에 설치 문서가 제공되니 참고하자.

다운로드 완료 후 C 드라이브에 압축 파일을 해제하면 모든 설치가 완료된다.

TOW는 공식 버전이 아니기 때문에 여러 가지 제약이 있는데 대표적으로 반드시 C:\TOW로 압축을 해제해야 한다. 만일 다른 디렉터리에 압축을 해제하고 싶다면 TOW 디렉터리에 있는 set-tow.bat 파일과 아파치 웹서버의 httpd.conf를 수정해야 한다. 해당 파일을 텍스트 에디터로 열고 이 중에서 set TOW_HOME 정보를 원하는 디렉터리 위치로 변경을 한다. 예를 들어 C:\tools\TOW에 설치했다면 소스 8-1과 같이 수정해야 한다.

---

[7] 설치에 대한 공식 문서는 *http://trac.edgewall.org/wiki/TracInstall*을 참고하자.

소스 8-1 set-tow.bat

```
@echo off

set TOW_HOME=C:\tools\TOW
set TOW_NAME=TOW (TracOnWindows)
set TOW_VERSION=0.3.0 alpha 1
rem en, ko
set TOW_LANG=en
rem base, std
set TOW_PACKAGE=base
set TOW_AUTHOR=Jinwoo Min (yeoupooh at gmail dot com)
set TOW_SITE=http://sourceforge.net/projects/traconwindows
set TOW_LICENSE=http://creativecommons.org/licenses/by-sa/2.0/

call lang

set SVN_HOME=%TOW_HOME%\Subversion
set APR_ICONV_PATH=%SVN_HOME%\iconv
set PYTHON_HOME=%TOW_HOME%\Python
set PYTHONPATH=%PYTHON_HOME%;%PYTHON_HOME%\DLLs;%PYTHON_HOME%\Scripts;%PYTHON_
HOME%\Lib;
rem additional python path (not used)
rem set PYTHONPATH=%PYTHONPATH%;%PYTHON_HOME%\Lib\lib-tk;%PYTHON_HOME%\Lib\site-
packages;%PYTHON_HOME%\Lib\site-packages\mod_python
set APACHE_HOME=%TOW_HOME%\Apache

…
```

위의 설정 파일을 수정한 후 TOW\Apache\conf 디렉터리에 있는 httpd.conf 중
ServerRoot, DocumentRoot, <Directory>, ScriptAlias 등 TOW 디렉터리 정보와
관련된 모든 항목들을 수정해야 한다. 대표적으로 수정해야 하는 항목은 소스
8-2와 같다.

소스 8-2 httpd.conf

```
#
# ServerRoot: The top of the directory tree under which the server's
# configuration, error, and log files are kept.
#
# Do not add a slash at the end of the directory path.  If you point
# ServerRoot at a non-local disk, be sure to point the LockFile directive
# at a local disk.  If you wish to share the same ServerRoot for multiple
# httpd daemons, you will need to change at least LockFile and PidFile.
#
ServerRoot "C:/tools/TOW/Apache"

#
# DocumentRoot: The directory out of which you will serve your
# documents. By default, all requests are taken from this directory, but
# symbolic links and aliases may be used to point to other locations.
#
```

```
DocumentRoot "C:/tools/TOW/Apache/htdocs"

#
# This should be changed to whatever you set DocumentRoot to.
#
<Directory "C:/tools/TOW/Apache/htdocs">
    #
    # Possible values for the Options directive are "None", "All",
    # or any combination of:
    #   Indexes Includes FollowSymLinks SymLinksifOwnerMatch ExecCGI MultiViews
    #
    # Note that "MultiViews" must be named *explicitly* --- "Options All"
    # doesn't give it to you.
    #
    # The Options directive is both complicated and important.  Please see
    # http://httpd.apache.org/docs/2.2/mod/core.html#options
    # for more information.
    #
    Options Indexes FollowSymLinks

    #
    # AllowOverride controls what directives may be placed in .htaccess files.
    # It can be "All", "None", or any combination of the keywords:
    #   Options FileInfo AuthConfig Limit
    #
    AllowOverride None

    #
    # Controls who can get stuff from this server.
    #
    Order allow,deny
    Allow from all
</Directory>
```

디렉터리를 변경해서 설치하려면 과정이 번거로우니 TOW를 사용하길 원한다
면 C 드라이브에 바로 압축 해제하는 것이 좋다. 설정을 완료한 다음 start-tow.
bat를 실행했을 때 그림 8-2와 같은 화면이 나타나면 정상적으로 실행이 완료된
것이다.

정상적으로 실행된 것을 확인한 다음 *http://localhost:8080/projects*로 접속하면
기본 생성된 프로젝트인 HelloTOW가 나타난다. 이를 클릭하면 그림 8-3과 같
은 화면이 나타난다.

그림 8-2 TOW 실행 결과

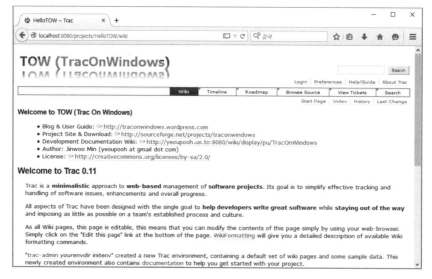

그림 8-3 TOW 실행 결과

TOW를 사용하면 설치도 쉽고 편리할 것 같지만 다른 사람이 만든 템플릿을 그대로 사용하는 것이라 제약이 많다. 또한 버전 역시 트랙 0.11 버전으로 다소 오래된 버전이다. 그러므로 트랙에 대해서 이해하기 위한 용도가 아니라면 공식적인 설치 과정을 통해 진행하는 것이 좋다. 트랙의 공식 다운로드 웹페이지인 *http://trac.edgewall.org/wiki/TracDownload*에 접속해서 윈도우 32비트/64비트 버

전 중 맞는 것을 다운로드하고 설치하면 된다. 이 책에서는 리눅스 버전을 기준
으로 설명할 것이다.

8.3.3 트랙 프로젝트 생성

트랙을 설치한 다음 할 일은 트랙에서 관리할 프로젝트를 생성하는 일이다. 트
랙은 프로젝트를 생성할 때 반드시 하나의 트랙 환경을 필요로 하며 이때 2가지
선택이 가능하다.

- 하나의 환경에서 하나의 프로젝트 관리: 이 방식은 초창기 버전의 트랙에서
  사용한 것으로 프로젝트를 추가하기 위해서는 추가적인 트랙 환경을 생성했
  다. 프로젝트를 완전히 분리하는 장점이 있지만, 관리자 입장에서는 프로젝
  트마다 설정 및 관리를 개별적으로 해야 하는 불편이 있다. 개발자 입장에서
  도 여러 프로젝트에 관여하고 있다면 매번 별도의 URL에 접속 후 로그인하여
  사용해야 한다.
- 하나의 환경에서 여러 프로젝트 관리: 트랙이 1.0으로 버전업되면서 추가된
  기능으로 하나의 환경에서 여러 개의 프로젝트를 관리할 수 있는 기능이다.
  관리자 입장에서도 편리하고 개발자 입장에서도 하나의 url에서 여러 프로젝
  트에 접속할 수 있어서 편리하게 사용할 수 있다.

여기에서는 두 번째 방식인 하나의 환경에 여러 프로젝트를 관리하는 방향으로
접근하려고 한다. 트랙에서는 모든 관리 작업은 trac-admin 명령어로 수행한다.
최초 환경과 프로젝트 역시 해당 명령을 이용해야 한다.

  우선 트랙 프로젝트를 관리할 디렉터리를 만들어야 한다. 필자의 경우 /opt/
trac[8]를 트랙 프로젝트의 홈으로 사용할 것이며, 해당 디렉터리 하위에 javatools
라는 디렉터리를 추가로 생성한 후 다음 명령을 이용해서 트랙에서 관리하는 프
로젝트 영역으로 지정했다.

```
trac-admin /opt/trac/javatools initenv
```

이 명령을 실행시키면 생성하고자 하는 프로젝트명과 접속할 데이터베이스 주
소를 물어본다. 다음을 고려해서 값을 입력하도록 하자.

---

8 트랙은 정보를 데이터베이스에서 관리하기 때문에 향후 디렉터리 위치를 변경하려면 원하는 디렉터리로 이
   동만 하면 된다. 그리고 트랙 실행 시 이동한 디렉터리를 지정해서 실행시키면 된다.

- Project Name: 프로젝트명은 트랙에서 관리하는 식별 단위이며 한번 설정한 이름은 다시 변경할 수 없다. 일반적으로 혼란을 피하기 위해 형상 관리에서 관리하는 프로젝트명과 일치시키는 것이 좋다. 아무 값도 입력하지 않고 엔터를 치게 되면 기본값으로 "My Project"가 설정된다.
- Database URL: 트랙에서 관리하는 데이터를 저장할 데이터베이스의 접속 URL을 입력하는 것으로 데이터베이스마다 URL이 상이하다. 아무 값도 입력하지 않고 엔터를 치면 트랙에 내장되어 있는 SQLite 데이터베이스를 이용하게 되는데, 소규모 프로젝트라면 상관 없지만 대규모의 데이터를 관리하는 데에는 한계가 있다.

가장 신경 써야 할 부분이 바로 데이터베이스 접속 정보로, 트랙은 기본 데이터베이스로 SQLite를 사용하며 그 외에 MySQL과 PostgreSQL을 사용할 수 있다. 이 책에서는 MySQL을 사용하기 때문에, 먼저 MySQL에 트랙이 사용할 데이터베이스를 생성하고 접속 가능한 계정을 생성해야 한다. 이 책에서는 MySQL 클라이언트를 이용해서 trac_db 데이터베이스와 trac_admin DB 계정을 다음과 같이 생성해서 사용했다. 데이터베이스를 생성할 때 주의할 점은, 트랙은 utf8과 utf8_bin을 사용하기 때문에 이를 고려하지 않으면 프로젝트 생성 시 오류가 발생한다. 필자의 PC 환경 기준으로 다음과 같이 MySQL 클라이언트에서 SQL을 실행하였다.

```
create database trac_db CHARACTER SET utf8 COLLATE utf8_bin;
create user 'trac_admin'@'localhost' identified by 'trac_admin';
grant all privileges on trac_db.* to 'trac_admin'@'localhost';
flush privileges;
```

이제 트랙 환경과 프로젝트를 생성할 때 MySQL에 대한 접속 URL 정보는 다음과 같이 입력하면 된다.[9]

```
mysql://trac_admin:trac_admin@localhost:3306/trac_db
```

생성이 완료되면 앞서 트랙 저장소로 사용할 위치에 다음 그림과 같이 여러 가지 파일들이 생성된 것을 볼 수 있다(그림 8-4).

---

9 각 데이터베이스별 접속 URL은 *http://trac.edgewall.org/wiki/0.11/TracEnvironment*를 참조하도록 하자.

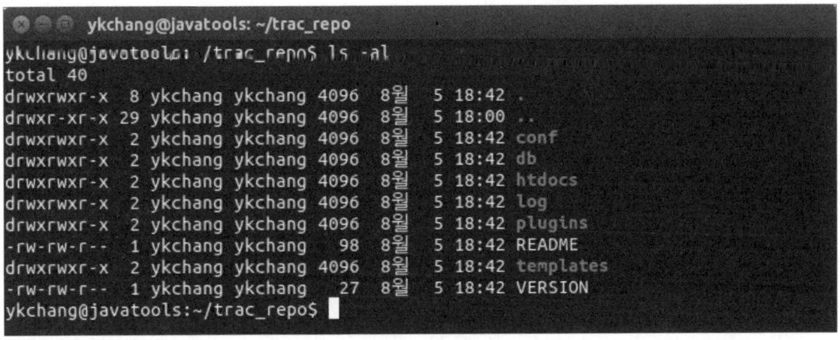

그림 8-4 트랙 환경 생성 결과

트랙 환경과 프로젝트를 생성했다면 이제 트랙을 실행해야 한다. 트랙을 실행하는 방법은 아파치 웹서버와 연동하는 방법과 트랙에서 자체 제공하는 웹서버를 사용하는 방법이 있다. 먼저 트랙에서 제공하는 데몬을 이용하기 위해서는 다음과 같이 명령어를 이용하면 된다. 여기서는 포트 번호를 8000번으로 하고 앞서 생성한 트랙 저장소 디렉터리를 지정하면 된다.

```
tracd --port=8000 /opt/trac/javatools[10]
```

위의 명령이 정상적으로 실행되면 그림 8-5와 같이 8000번 포트로 HTTP 서비스를 시작한다는 메시지를 볼 수 있다.

그림 8-5 트랙 웹서버 실행 결과

실행이 완료된 후 웹 브라우저에서 *http://localhost:8000*으로 접속하면 앞서 생성한 프로젝트 이름을 확인할 수 있고 해당 링크를 클릭하면 트랙의 최초 화면을 볼 수 있다.

여기서는 하나의 트랙 프로젝트를 생성했지만 추가적으로 여러 개의 트랙 프로젝트를 관리할 필요가 있다. 만일 트랙 프로젝트가 여러 개일 경우 다음과 같이 트랙 저장소 정보를 나열한 다음 tracd 데몬을 실행시키면 된다.

---

10 실행 시 프로젝트 상위 디렉터리를 지정해도 된다. 이 책을 기준으로 /opt/trac을 지정하면 해당 디렉터리에 포함되어 있는 모든 프로젝트를 포함시킨다.

```
tracd --port=8000 /home/ykchang/project1 /home/ykchang/project2
```

위와 같이 실행하면 *http://localhost:8000*으로 접속해서 생성된 프로젝트를 선택할 수 있고 직접 *http://localhost:8000/project1*과 *http://localhost:8000/project2*로 접근이 가능하다.

8.3.4 아파치 웹서버 연계

안정적으로 트랙을 서비스하기 위해서는 트랙에서 제공하는 자체 웹서버보다는 아파치 웹서버와 연계해서 서비스하는 것이 훨씬 좋다. 또한 트랙은 자체적인 사용자 관리 기능이 없어서 웹서버 기능을 이용해서 처리하는데, 트랙 자체 웹서버를 사용할 때와 아파치 웹서버를 사용할 때의 설정 방법이 각각 다르다. 그러므로 추가적인 설정 작업을 진행하기 전에 아파치 웹서버 연계부터 진행하는 것이 좋다.[11]

트랙은 파이썬 기반이기 때문에 아파치 웹서버에서 파이썬을 호출할 수 있는 라이브러리(모듈)를 추가로 설치한 후 이를 이용해서 연계 작업을 해야 한다. 우분투의 경우 다음 명령을 이용해서 아파치 웹서버에서 파이썬을 실행시키기 위한 mod_python을 설치할 수 있다.

```
sudo apt-get install libapache2-mod-python
```

설치 완료 후 /etc/apache2/mod-enabled 디렉터리에 python.load가 존재하는지 확인하고 만약 존재하지 않는다면 정상적으로 설치가 됐는지 확인해야 한다. 우분투가 아닌 레드햇 계열은 yum을 이용해서, 윈도우 계열은 파이썬 웹 페이지에서 직접 다운로드해서 설치해야 한다.[12]

소스 8-3은 트랙과 관련된 디렉터리 정보를 /etc/apache2/apache2.conf 파일 제일 뒤에 추가한 것이다.

소스 8-3 apache2.conf 추가

```
<Location "/trac">
    SetHandler mod_python
    PythonInterpreter main_interpreter
    PythonHandler trac.web.modpython_frontend
```

---

[11] 트랙과 아파치 웹서버 연계는 *http://webplay.pro/linux/ubuntu/install-trac-1-1-2-dev-on-ubuntu-12-04.html*을 참조하였다.

[12] 다른 운영체제에서 아파치 웹서버와 트랙을 연결하려면 *https://trac.edgewall.org/wiki/TracModPython*를 참고해서 설치하면 된다.

```
    PythonOption TracEnvParentDir /opt/trac
    PythonOption TracUriRoot /trac
</Location>
```

위의 내용 중에서 `PythonOption TracEnvParentDir`은 트랙 프로젝트 환경의 상위 디렉터리를 의미한다. 앞서 /opt/trac/javatools에 트랙 환경을 만들었기 때문에 상위 디렉터리인 /opt/trac을 지정해야 한다. 이제 아파치 웹서버를 재시작하고 아파치의 기본 포트인 80 포트를 이용해서 접속하면 앞서 트랙 데몬으로 실행한 것과 동일한 화면을 확인할 수 있다.

8.3.5 사용자 관리 및 권한 관리

트랙은 프로젝트를 관리하고 버그 트래킹 기능을 제공하는 소프트웨어이기 때문에 사용자 관리와 권한 관리가 필요하며 권한에 따라 트랙에서 할 수 있는 일을 제한할 필요가 있다. 우선 계정 및 권한을 관리하기 위하여 /etc/apache2/apche2.conf 파일에 다음 내용을 추가해야 한다(소스 8-4).

소스 8-4 apache2.conf 추가

```
<LocationMatch "/trac/[^/]+/login">
 AuthType Basic
 AuthName "Trac"
 AuthUserFile /etc/apache2/dav_svn.passwd
 Require valid-user
</LocationMatch>
```

위의 내용을 보면 2.2.2에서 서브버전을 아파치 웹서버와 연계할 때 사용한 내용과 매우 유사하다. 사용자 관리 역시 아파치 웹서버에서 제공하는 htpasswd 파일을 이용하는데 서브버전에서 생성한 파일을 그대로 활용해도 된다. 서브버전과 동일한 htpasswd 파일을 사용하게 되면 서브버전과 트랙에 동일한 사용자와 비밀번호를 이용해서 로그인할 수 있다. 여기에서는 서브버전에서 사용한 파일을 그대로 이용하였다.

트랙에서 사용자 관리는 htpasswd 파일뿐만 아니라 트랙 자체에도 사용자를 추가해야 하며 이때 사용자에 대한 권한도 설정하게 된다. 이때 다음과 같은 내용을 고려해야 한다.

- htpasswd: 아파치 웹서버로 연계해서 트랙을 사용할 경우 사용자 인증 정보를 저장한다. 추가된 사용자는 반드시 `trac-admin` 명령으로 트랙에 추가해야 한다.

- trac-admin: htpasswd에서 계정을 추가하면 트랙 관리 명령으로 사용자를 추가해야 하며 이때 권한도 부여한다. 적용할 수 있는 권한은 trac-admin 명령을 통해 사전에 확인해야 한다.

앞서 서브버전을 설명할 때 htpasswd를 이용해서 이미 파일에 admin 사용자를 추가했다. 여기서는 다음과 같이 trac-admin 명령을 이용해서 admin 사용자가 트랙의 관리자 권한을 갖도록 하자.

```
sudo trac-admin /opt/trac/javatools permission add admin TRAC_ADMIN
```

설정을 완료한 후에 아파치 웹서버를 재시작하고 트랙에 접속하자. 화면 오른쪽 상단에 있는 [login] 버튼을 클릭하면 그림 8-6과 같이 ID와 비밀번호를 묻는 창이 나타난다.

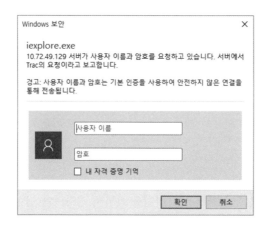

그림 8-6 트랙 로그인 화면

설정한 ID와 비밀번호를 입력하면 트랙 화면이 나타나고 생성한 계정인 admin이 TRAC_ADMIN 권한을 가지고 있기 때문에 트랙의 관리 화면이 활성화된 것을 볼 수 있다(그림 8-7).

그림 8-7 관리자 로그인 결과 화면

이제부터 필요한 사용자들은 별도의 명령어 없이 트랙의 관리 화면에서 추가하고 관리될 수 있다. 앞서 서브버전과 트랙이 같은 htpasswd 파일을 사용하기 때문에 트랙을 위해 추가한 사용자의 경우 서브버전에도 반영된다. 만일 동시에 반영되는 것을 원하지 않는다면 htpasswd 파일을 분리해서 관리해야 한다.

트랙에는 권한 관리를 할 수 있는 많은 항목이 제공되고 있는데 그 내용을 확인하고 싶다면 다음과 같이 trac-admin 명령을 실행시키면 된다.

```
sudo trac-admin /opt/trac/javatools permission list
```

이 명령을 실행시키면 다음과 같이 현재 사용자 정보와 보유하고 있는 권한, 그리고 트랙에서 사용할 수 있는 권한 항목들을 확인할 수 있다.

```
admin           TRAC_ADMIN
anonymous       BROWSER_VIEW
anonymous       CHANGESET_VIEW
anonymous       FILE_VIEW
anonymous       LOG_VIEW
anonymous       MILESTONE_VIEW
anonymous       REPORT_SQL_VIEW
anonymous       REPORT_VIEW
anonymous       ROADMAP_VIEW
anonymous       SEARCH_VIEW
anonymous       TICKET_VIEW
anonymous       TIMELINE_VIEW
anonymous       WIKI_VIEW
authenticated   TICKET_CREATE
authenticated   TICKET_MODIFY
authenticated   WIKI_CREATE
authenticated   WIKI_MODIFY

Available actions:
 BROWSER_VIEW, CHANGESET_VIEW, CONFIG_VIEW, EMAIL_VIEW, FILE_VIEW,
 LOG_VIEW, MILESTONE_ADMIN, MILESTONE_CREATE, MILESTONE_DELETE,
 MILESTONE_MODIFY, MILESTONE_VIEW, PERMISSION_ADMIN, PERMISSION_GRANT,
 PERMISSION_REVOKE, REPORT_ADMIN, REPORT_CREATE, REPORT_DELETE,
 REPORT_MODIFY, REPORT_SQL_VIEW, REPORT_VIEW, ROADMAP_ADMIN, ROADMAP_VIEW,
 SEARCH_VIEW, TICKET_ADMIN, TICKET_APPEND, TICKET_BATCH_MODIFY,
 TICKET_CHGPROP, TICKET_CREATE, TICKET_EDIT_CC, TICKET_EDIT_COMMENT,
 TICKET_EDIT_DESCRIPTION, TICKET_MODIFY, TICKET_VIEW, TIMELINE_VIEW,
 TRAC_ADMIN, VERSIONCONTROL_ADMIN, WIKI_ADMIN, WIKI_CREATE, WIKI_DELETE,
 WIKI_MODIFY, WIKI_RENAME, WIKI_VIEW
```

사용자별 권한 관리 기능은 trac-admin 명령뿐만 아니라 트랙 웹 페이지에 TRAC_ADMIN 권한이 있는 사용자로 로그인하면 오른쪽 상단에 있는 [admin]-[Permissions] 메뉴에서도 관리할 수 있다. 그림 8-8과 같이 사용자 및 그룹을 추가할 수 있으며 사용자와 그룹별로 권한을 부여하고 회수할 수 있다.

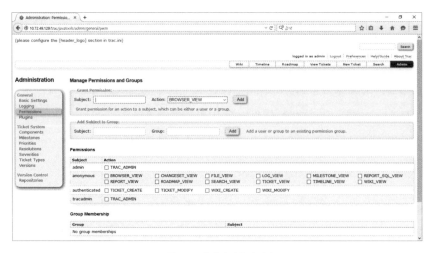

그림 8-8 트랙 화면 사용자 관리

8.3.6 형상 관리(서브버전) 연계

과거 트랙 0.x 버전에서는 프로젝트를 생성할 때 반드시 서브버전과 연계를 해야 했지만 1.0 버전부터는 프로젝트 생성 후에 서브버전 혹은 Git과 연결하도록 변경되었다. 지금부터 앞서 생성한 트랙 프로젝트에 서브버전을 연결해 보자. 트랙과 서브버전의 연계 시 가장 큰 제약은 다음 2가지이다.

- 반드시 트랙과 서브버전이 같은 서버에 설치되어 있어야 하며 원격의 서브버전에는 연결할 수 없다.
- 서브버전의 버전은 1.4 이상이어야 한다.

트랙과 서브버전을 연계하기 위해서는 먼저 다음 명령을 이용해서 파이썬의 서브버전 라이브러리를 설치해야 한다.

```
sudo apt-get install python-subversion
```

설치를 완료했다면 파이썬을 이용해서 정상적으로 서브버전과 연결이 가능한지 확인해야 한다. 명령을 실행해서 파이썬 인터프리터(python 명령 실행)로 들어간 후 연결할 서브버전의 버전을 확인한다.

```
from svn import core
(core.SVN_VER_MAJOR, core.SVN_VER_MINOR, core.SVN_VER_MICRO, core.SVN_VER_PATCH)
```

위 2개의 명령을 실행하면 다음과 같은 결과가 나온다. 필자의 우분투에는 서브버전 1.8.10이 설치되어 있어서 1L, 8L, 10L, 10L이 출력되었다.

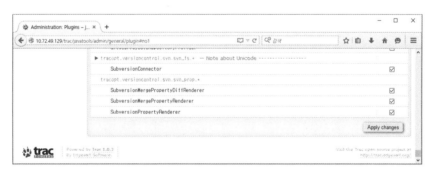

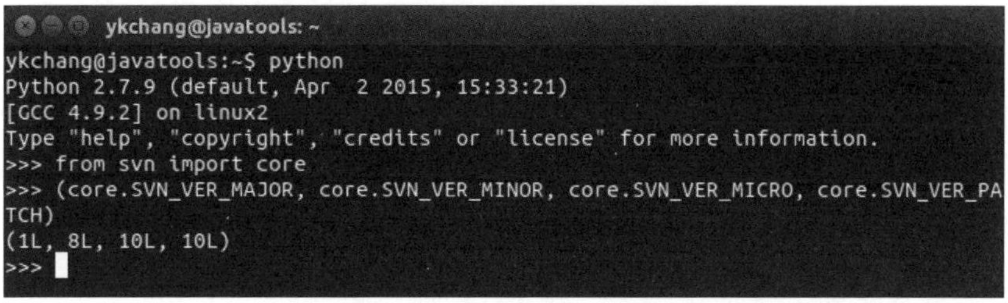
ykchang@javatools: ~
ykchang@javatools:~$ python
Python 2.7.9 (default, Apr 2 2015, 15:33:21)
[GCC 4.9.2] on linux2
Type "help", "copyright", "credits" or "license" for more information.
>>> from svn import core
>>> (core.SVN_VER_MAJOR, core.SVN_VER_MINOR, core.SVN_VER_MICRO, core.SVN_VER_PATCH)
(1L, 8L, 10L, 10L)
>>>

그림 8-9 파이썬으로 SVN 사용 확인

이제 트랙에 서브버전 정보를 지정하고 저장소를 동기화해주면 트랙의 웹 화면에서 서브버전의 내용을 볼 수 있다. 과거에는 이러한 설정 작업을 trac.ini 파일을 수정해서 진행했지만 1.0 버전부터는 관리 화면을 통해서도 가능하다.

트랙에 관리자로 로그인한 다음 [Admin]-[Plugins] 메뉴에서 'Trac 1.0.x'를 클릭하면 현재 사용 가능한 플러그인과 상태를 볼 수 있는데, 이 중 서브버전과 관련된 것을 모두 체크한 후 저장하도록 하자.

Administration: Plugins – j...
10.72.49.129/trac/javatools/admin/general/plugin#no1
tracopt.versioncontrol.svn.svn_fs.* – Note about Unicode
SubversionConnector
tracopt.versioncontrol.svn.svn_prop.*
SubversionMergePropertyDiffRenderer
SubversionMergePropertyRenderer
SubversionPropertyRenderer
Apply changes
trac

그림 8-10 서브 버전 플러그인 활성화

서브버전 기능을 활성화하고 다시 [Admin]-[Version Control : Repositories]를 선택한 다음 트랙에서 사용할 저장소명, 형상 관리 제품(SVN), 저장소 디렉터리 위치를 지정하고 저장한다(그림 8-11).

그림 8-11 형상 관리 저장소 추가

추가가 완료된 후에 다시 [Repositories] 화면을 보면 앞서 입력한 저장소 정보가 나온다. 저장소를 다시 선택한 후 상세 정보를 추가로 작성하면 트랙에서 서브버전과 연계할 모든 준비가 완료된다. 상세 정보를 작성할 때 서브버전의 접속 URL을 입력해야 하는데, 이때 반드시 localhost가 아닌 실제 IP를 기입해야 한다.

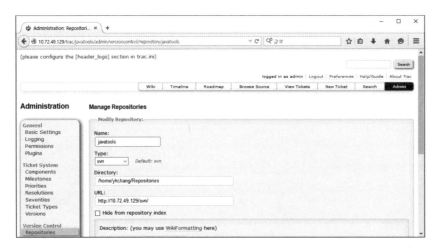

그림 8-12 서브버전 상세 정보 작성

트랙은 서브버전과 동기화 작업을 trac-admin 명령으로 실행시켜야만 트랙의 웹 화면에서 정상적으로 확인이 가능하다. 명령어 사용은 trac-admin <<트랙 환경 디렉터리>> repository resync <<저장소명>> 형태로 수행한다. 이 책에서 진행한 환경에서는 다음과 같이 명령어를 실행시키면 서브버전 정보가 동기화된다.

```
sudo trac-admin /opt/trac/javatools/ repository resync javatools
```

해당 명령이 정상적으로 수행되었다면 트랙의 웹 화면에서 [Browse Source] 탭을 클릭했을 때 다음과 같이 서브버전 내용을 확인할 수 있다(그림 8-13).

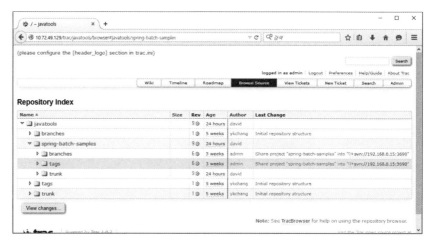

그림 8-13 서브버전 연동 결과

눈치 빠른 독자들은 알겠지만 트랙은 서브버전 저장소의 정보를 실시간으로 보여주지는 않고 trac-admin 명령으로 계속해서 동기화해야만 한다. 이러한 불편함을 해소하기 위해서 서브버전의 post-hook에 형상이 변경되면 trac-admin 명령을 실행하도록 위의 셸 스크립트를 추가해 주는 것도 좋은 방법이다.

지금까지 트랙을 설치하고 아파치 웹서버, 서브버전과 연계하는 방법을 알아봤다. 한번 해보고 나면 쉽지만 사실 윈도우에서 소프트웨어를 설치하는 데 익숙한 개발자들의 경우 다소 어렵게 느껴질 수도 있다. 일단 트랙을 설치하게 되면 사용자 추가 및 권한 관리 외에는 관리자가 추가적으로 할 일이 별로 없기 때문에 이후부터는 트랙의 좋은 기능들을 활용하기만 하면 된다.

8.4 트랙을 이용한 버그 트래킹

트랙의 상단 메뉴는 플러그인의 설치 여부 및 권한에 따라 다르긴 하지만 총 8개가 있으며 각각의 내용은 표 8-1과 같다.

메뉴명	내용
Wiki	위키 기능으로 게시판과 유사하다. 게시물 자체에 대한 버전 관리가 가능하며 트랙에서 관리하는 모든 데이터를 링크할 수 있다.

Timeline	트랙에서 발생하는 신규 추가 사항, 변경 사항 등의 내용을 표시하여 트랙 사용자들이 해당 프로젝트에서 어떠한 변화가 있는지 타임라인을 통해 확인할 수 있다.
Roadmap	프로젝트 일정을 등록하는 기능이다. 개발 방법론에 따라 단계별 프로세스와 날짜를 지정할 수 있다.
Browse Source	형상 관리와 연계된 저장소를 표시해 준다.
View Tickets	트랙 사용자가 등록한 티켓 목록을 볼 수 있으며 발행된 티켓의 처리 현황 및 분류도 확인 가능하다.
New Ticket	신규 티켓을 생성한다.
Search	트랙 내부에 저장되어 있는 위키, 티켓 등의 정보를 검색한다.
Admin	관리자 권한이 있는 사용자에게만 보이는 메뉴로 트랙의 환경을 설정할 수 있다.

표 8-1 트랙 상위 메뉴

트랙은 단순히 버그 트래킹 기능 외에도 프로젝트 관리와 위키 기능이 포함되어 있다. 이 절에서는 트랙에서 제공하는 8개의 기능 중 Admin 메뉴를 제외한 나머지에 대해서 설명하고 트랙 사용 방법을 알아볼 것이다.

8.4.1 타임라인 기능

타임라인(Timeline) 기능은 트랙에서 제공하는 히스토리를 보여주는 화면으로 하나의 화면에서 생성, 수정, 삭제된 내용을 확인할 수 있다.

트랙에서 발생하는 모든 이벤트를 날짜 및 시간순으로 표시해 주며 각 이벤트에 대한 간략한 설명도 볼 수 있어 트랙 사용자가 프로젝트의 변화 내용을 빠르게 이해하고 확인할 수 있도록 해준다.

타임라인에서는 다음 4가지 항목에 대한 정보를 표시해 주며 트랙에서 발생하는 거의 대부분의 내용을 포함하고 있다.

- 위키 페이지 이벤트: 위키가 생성되고 변경되면 표시해 준다.
- 티켓 이벤트: 티켓이 생성/종료될 때 티켓의 상태와 내용을 표시해 준다.
- 소스 코드 변경: 트랙에서 연계한 소스 코드의 형상에 변경이 있을 때 표시해 준다.
- 마일스톤: 로드맵상에 정의되어 있는 마일스톤이 완료될 때 표시해 준다.

타임라인에서 보여주는 이벤트들은 모두 링크가 걸려 있는데 링크를 클릭하면 해당 이벤트가 발생한 화면으로 이동해서 상세한 정보를 확인할 수 있다.

프로젝트가 커지고 변경 사항이 많아지면 타임라인에서 보여주는 모든 히스토리 이벤트를 확인하는 것도 어려워진다. 또한 자신에게 믿는 이벤드가 아닌 모든 이벤트를 보여주면 타임라인을 통한 정보 공유성이 떨어진다. 이러한 문제를 해결하기 위해서 타임라인에 보여줄 정보를 필터링하는 기능을 제공하고 있다. 다음은 트랙에서 적용 가능한 필터 목록이다.

- 표시 시작 일자(View changes from): 변경분을 표시할 시작 일자를 선택할 수 있다. 설정한 날짜 이후의 이력 정보를 표시한다.
- 표시 이전 일자(days back): 시작 일자가 아닌 현재일로부터 과거 며칠의 변경 데이터를 보여줄 것인지 설정할 수 있다.
- 사용자 지정(done by): 특정 사용자의 글만 표시하거나 특정 사용자의 글을 제외하고 표시할 수 있다.
- 저장소 지정(Repository changes): 만일 여러 개의 저장소를 사용하는 프로젝트라면 특정 저장소의 변경 정보를 표시하지 않도록 할 수 있다.
- 마일스톤(Milestones reached): 로드맵상 정의되어 있는 마일스톤별로 변경 정보를 표시하지 않도록 할 수 있다.
- 오픈 혹은 종료된 티켓(Tickets opened and closed): 오픈된 티켓이나 종료된 티켓을 보여주거나 보이지 않도록 할 수 있다.
- 위키 변경분(Wiki changes): 위키에서 변경된 내용을 보이지 않도록 할 수 있다.

위의 필터 옵션은 관리자로 로그인한 상태에서 [Timeline] 화면에 들어가면 옵션을 설정할 수 있는 창이 화면의 오른쪽에 나타난다(그림 8-14). 여기서 원하는 정보를 선택하면 필터링이 적용되어 변경 정보가 표시된다.

그림 8-14 타임라인 필터 기능

8.4.2 로드맵 기능

모든 프로젝트는 일정이 있고 목표한 시간이 있다. 프로젝트의 성공 여부는 품질 좋은 소프트웨어를 개발하는 것도 있지만 목표한 시간에 맞춰 소프트웨어 개발을 종료하고 이를 서비스하는 것이다. 때문에 프로젝트 관리에서 가장 중요하게 생각하는 항목 중 하나가 일정 관리이고 트랙에서는 이러한 일정 관리를 [Roadmap] 탭에서 수행한다.

현존하는 소프트웨어 개발 방법론 대부분이 전체 프로젝트를 어떤 단계를 거쳐 수행할 것인지 정의한다. 전통적인 폭포수 방법론부터 시작해서 애자일 방법론까지 용어나 표현의 차이는 있지만 단계별로 일정을 정의하고 이를 반복적으로 수행하도록 한다.

트랙에서 로드맵은 주로 티켓 관리와 연관되어 있으며, 각 마일스톤마다 티켓 생성 및 처리 결과를 보여주어서 향후 프로젝트의 계획 및 진행 상황을 판단할 수 있도록 도와준다. 트랙에서의 로드맵 기능은 매우 단순해서 단순히 일정별 단계 목록을 정의하고 보여준다. 단계별 상관 관계나 여러 단계가 병행해서 진행되는 일정 정의는 할 수 없다. 그러므로 세부적인 로드맵보다는 전체 프로젝트 일정에서 큰 의미의 단계만을 정의해야 한다. 로드맵에 마일스톤의 이름을 정의하고 여기에 대한 간략한 설명을 기술하는데, 이때에는 해당 마일스톤의 목표를 작성해서 프로젝트 사용자끼리 이를 공유할 수 있도록 하는 것이 좋다.

또한 날짜를 정의할 때 iCalendar 기능을 제공하는데 이를 애플 iCal, 구글 캘린더, 마이크로소프트 아웃룩 등과 연계할 수 있다.

각 마일스톤을 수정 혹은 정의하는 화면은 그림 8-15와 같은데 이때 반드시 정확한 'Due Date'를 입력하는 것이 좋다. 이 날짜를 기반으로 트랙이 프로젝트 진행 상황과 앞으로 남은 기간을 계산한다. 그리고 설명 부분에는 Wiki를 작성하는 문법과 동일하게 표현을 사용할 수 있으며 트랙에서 발생하는 모든 정보에 링크를 걸 수 있다. 그리고 프로젝트 팀원들이 참조할 만한 파일들을 첨부할 수도 있다.

기존에 있는 기본 마일스톤을 수정하고 필요 시 추가적으로 마일스톤을 지정하면 그림 8-16과 같은 화면이 나온다.

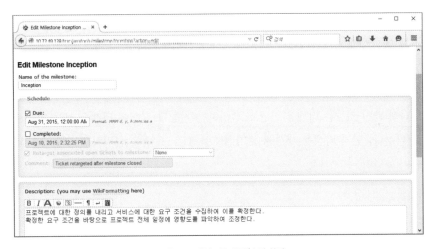

그림 8-15 마일스톤 입력/수정 화면

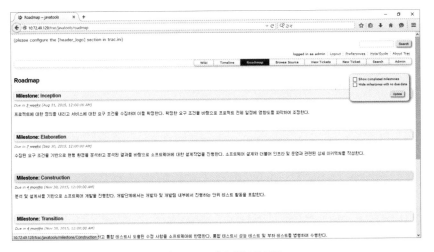

그림 8-16 로드맵의 마일스톤 정의

이 화면에서 보면 오른쪽에 화면을 표시하기 위한 2가지 옵션을 볼 수 있는데 이는 마일스톤에 대한 필터 기능을 제공하는 것으로 각 내용은 다음과 같다.

- 종료된 마일스톤 보이기(show completed milestones): 이 옵션을 이용해서 종료된 마일스톤을 보여주거나 숨길 수 있다.
- 종료 일자 없는 마일스톤 숨기기(hide milestones with no due date): 종료 일자가 설정되지 않은 마일스톤을 보여주거나 숨길 수 있다.

8.4.3 티켓 관리

버그 트래킹 소프트웨어에서 가장 중요하게 관리하는 항목이 바로 티켓 관리 기능이다. 모든 수정 요청, 버그 처리 요청, 기능 개선 요청이 티켓 기반으로 관리되고 있고 이를 기반으로 소프트웨어의 품질 및 로드맵을 측정하기 때문이다.

티켓 관련 기능은 티켓을 신규로 생성하는 기능과 생성된 티켓을 보는 기능으로 나뉜다. 먼저 티켓을 생성해 보자. [New Ticket] 탭을 클릭하면 그림 8-17과 같이 화면이 나타난다.

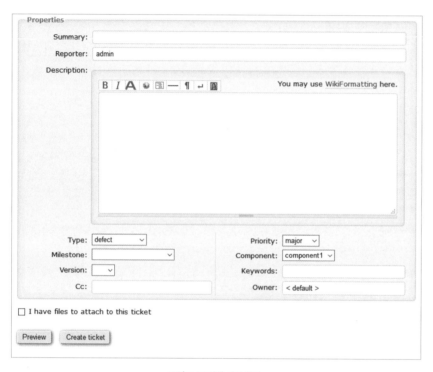

그림 8-17 티켓 생성 화면

티켓을 생성할 때 가급적이면 모든 옵션을 다 입력해서 생성하는 것이 좋은데 해당 옵션을 기반으로 향후 티켓의 상태나 결과를 리포트 형태로 볼 수 있기 때문이다. 각각의 항목이 의미하는 내용은 다음과 같다.

- Summary: 신규 생성할 티켓의 요약 정보를 기입한다.
- Reporter: 티켓을 생성한 사람의 아이디를 기입한다. 주로 로그인한 자기 자신을 의미하며 필요 시 다른 사람 아이디를 대신 기입할 수도 있다.

- Description: 티켓에 대한 상세한 설명을 기입하며 입력 방법은 위키 포맷을 따른다. 필요한 경우 위키 태그를 이용해서 트랙에서 관리하는 정보에 대하여 링크를 걸 수 있다.

- Type: 티켓의 유형을 지정하는 것으로 defect, enhancement, task를 선택할 수 있다. Defect는 소프트웨어에 대한 버그를 리포팅할 때, enhancement는 기능 개선을 요청할 때, task는 작업을 요청할 때 사용한다. 이 부분은 올리는 티켓의 유형을 판단하는 것으로 정확히 선택해서 기입해야 하며 사전에 각 항목이 의미하는 것을 프로젝트 내에서 정확히 정의하고 사용할 필요가 있다.

- Milestone: 생성할 티켓이 연관되어 있는 마일스톤을 지정한다.

- Version: 소프트웨어의 버전을 선택한다.

- Cc: 이 티켓을 참조할 사람을 지정하는 것으로, 여러 사람일 경우 쉼표로 구분해서 입력한다.

- Priority: 중요도를 설정한다. 다소 주관적인 항목이기 때문에 어떤 경우에 어떤 중요도를 선택해야 하는지 프로젝트에서 사전에 정의할 필요가 있다. 기본값은 blocker, critical, major, minor, trivial로 정의되어 있다.

- Component: 연관된 컴포넌트를 선택한다. 하나의 소프트웨어라 할지라도 여러 개의 컴포넌트 혹은 분류로 서비스가 제공되기 때문에 정확한 티켓 처리를 위해 사전에 정의된 컴포넌트를 선택하는 것이 중요하다. 컴포넌트 목록은 Admin 화면에서 관리할 수 있다.

- Keywords: 특별히 정의되어 있지는 않지만 티켓과 관련된 키워드를 입력할 수 있다.

위의 항목에서 설명한 내용을 기반으로 정보를 기입한 후 티켓을 생성하게 되면 [View Tickets] 탭에서 생성된 티켓 정보를 확인할 수 있다.

그림 8-18은 [View Tickets] 탭을 클릭할 때 나오는 화면으로, 현재 생성되어 있는 티켓을 8개의 유형으로 분류해서 볼 수 있다.

그림 8-18 티켓 보기 기능

이 외에도 [Custom Query] 기능을 이용해서 8가지 분류 외에 프로젝트에 특화된 분류 작업을 추가적으로 수행할 수 있다. 해당 버튼을 클릭하면 그림 8-19와 같은 화면이 나타나는데, 티켓을 생성할 때 입력한 정보를 기반으로 분류할 수 있다.

그림 8-19 티켓 분류 정의

기본 항목으로 티켓을 생성한 사용자 정보와 티켓의 상태(수용, 할당, 종료, 신규, 재시작)에 따라 조합할 수 있고, 그 외에 추가 조건을 걸기 위해서는 'And' 항목에 나타나는 15개의 항목을 추가하여 And 조건 혹은 Or 조건으로 정의가 가능하다. 해당 조건을 정의한 후에 [Update] 버튼을 클릭하면 이 조건에 맞는 티켓 목록을 표시해 주고 이를 활용할 수 있게 된다.

8.4.4 위키 관리

트랙에는 위키 엔진이 기본 탑재되어 있고 그 사용법 역시 다른 위키와 동일하다. 트랙의 위키 기능의 장점은 트랙에서 관리하는 모든 정보를 위키에 링크할 수 있다는 점으로 프로젝트의 공지, 매뉴얼, 팁&트릭 등 다양한 용도로 활용이 가능하다.

위키를 사용하기 위해서는 로그인한 사용자에게 WIKI_ADMIN, WIKI_CREATE, WIKI_DELETE, WIKI_MODIFY, WIKI_RENAME, WIKI_VIEW 등의 권한이 있어야 하며 이 중 WIKI_VIEW 권한은 모두에게 기본으로 할당하는 것이 좋다.

트랙의 첫 번째 탭인 [Wiki] 메뉴를 클릭하면 현재 설치된 트랙의 매뉴얼들이 위키에 등록되어 있다.

그럼 트랙의 매뉴얼만 있는 위키에 프로젝트를 위한 위키를 등록해 보자. 사실 등록할 때 그 어디에도 위키를 등록하거나 생성하는 메뉴가 존재하지 않기 때문에 처음에는 당황할 수 있다. 트랙 화면의 오른쪽 상단에 있는 조회 항목에 생성하고자 하는 위키 이름을 그림 8-20처럼 입력하고 [Search] 버튼을 클릭하면 기존에 이미 동일한 이름의 위키가 있는 경우는 해당 위키를 보여주고, 없으면 위키를 생성하는 페이지로 넘어간다.

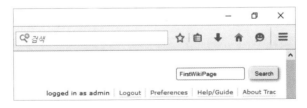

그림 8-20 위키 생성

그림 8-21은 위키를 생성하는 페이지이다. 여기서 반드시 지켜야 할 것은 위키 제목의 명명 규칙인데, 일반적으로 프로그래밍에서 자주 사용하는 카멜 표기법을 준수해야 한다. 단어 간 공백 없이 붙여쓰고 단어의 첫 글자는 대문자로 하는 게 원칙이다.

그림 8-21 트랙 위키 생성

위키가 대부분 웹 브라우저에서 표시되기 때문에 위키 작성 문법 역시 HTML을
표현하기 위한 것과 트랙 내의 다른 정보 링크로 구성되어 있다.

8.4.5 어떻게 사용할 것인가?

지금까지 트랙을 설치하고 사용하는 방법에 대해서 알아보았다. 트랙을 사용하
기 위한 설치는 다소 까다롭지만 사용하는 방법은 매우 쉽고 명확하다. 또한 기
능이 복잡하지 않기 때문에 상세한 매뉴얼 없이 몇 번의 테스트와 확인만으로도
쉽게 활용할 수 있다.

그러한 점에서 트랙을 포함한 대부분의 버그 트래킹 소프트웨어는 그 기능을
이해하는 것보다 현재 하고 있는 프로젝트에 어떻게 적용하고 어떤 식으로 응용
할 것인지 방법론을 정의하는 것이 더 중요하다.

8.5 요약

지금까지 트랙을 통해 버그 트래킹 방법에 대해서 알아보았다. 버그 트래킹 도
구는 이슈 트래킹 도구라고도 불리며 자바 프로젝트뿐만 아니라 범용으로 쓸 수
있는 소프트웨어다.

또한 버그 트래킹 도구는 이 책에서 알아본 트랙만이 아니라 버그질라
(Bugzilla), 맨티스(Mantis), 레드마인(Redmine) 등 오픈 소스로 제공되고 있는
소프트웨어부터 지라(Jira)와 같이 유명한 상용 소프트웨어까지 다양하게 선택
해서 사용할 수 있다. 그리고 각 도구들마다 약간의 차이는 있지만 비슷한 용어

와 절차를 제공하기 때문에 일단 하나에 익숙해지면 도구가 달라지더라도 쉽게 적응해서 사용할 수 있다.

그러므로 본인의 용도에 맞게 쉬운 제품부터 선정해서 활용해 보는 것도 좋은 접근이라 생각한다. 심지어 필자는 프로젝트 때 버그 트래킹 도구를 만들어서 사용하는 경우도 보았다. 개발자 두 명이 본인들의 프로젝트 환경에 맞게 만들었는데 프로젝트를 진행하는 데 큰 도움이 되었다.

트랙을 사용하다 보면 매우 쉽고 편리하게 사용할 수 있다는 장점이 있지만 파이썬을 기반으로 하고 있다는 단점이 있다. 다른 버그 트래킹 소프트웨어가 자바 혹은 PHP처럼 설치도 쉽고 이해하기 쉬운 웹 기반을 채용하고 있는데 비해 트랙은 파이썬을 기반으로 하다 보니 파이썬에 익숙하지 않은 개발자는 설치부터 애를 먹을 수 있다. 특히 플러그인을 다운로드 받아서 컴파일하고 배포하는 데 많은 시간이 걸린다. 이러한 점이 불편하다면 레드마인이나 맨티스를 이용하는 것을 고려해 보는 것도 좋다.

하나의 장으로 버그 트래킹에 대해서 모두 설명할 수는 없지만 어려운 기술이 아닌 만큼 자주 활용하고 사용하다 보면 운영하는 노하우가 쌓여서 협업과 생산성을 높이고 프로젝트 혹은 서비스의 이력을 관리하는 좋은 용도로 활용할 수 있게 될 것이다.

9장

젠킨스를 이용한
지속적 통합 구축

9.1 들어가며

지속적 통합이란 애플리케이션을 지속적으로 컴파일하고 단위 테스트를 해서 소프트웨어의 품질을 향상시킬 수 있는 환경을 마련하는 것이다. 또한 개발 프로세스의 각 단계를 자동화해서 얻는 각종 보고서 및 결과물들을 주기적으로 공유하고 확인할 수 있는 환경을 마련하는 것을 목표로 한다. 때문에 지속적 통합은 특정한 소프트웨어에 국한하기보다는 앞서 배운 여러 가지 환경들을 통합해서 프로세스화하는 것이 가장 중요하다.

이번 장에서는 오픈 소스 분야에서 지속적 통합 소프트웨어로 가장 인지도가 높은 젠킨스를 기반으로 지속적 통합에 대해서 알아보려 한다.

- 지속적 통합 이해
- 젠킨스 설치 및 환경 설정
- 젠킨스 작업 생성 및 실행
- 형상 관리 소프트웨어 연계
- 빌드 도구 연계

9.2 지속적 통합 이해

지속적 통합(Continuous Integration)은 UML의 창시자이자 갱 오브 포(Gang of Four)로 유명한 그래디 부치(Grady Booch)가 제안한 방법론의 이름에서 유래되었으며 익스트림 프로그래밍에서 중요한 성공 요인 중 하나라고 언급했다.

폭발적으로 유명해지기 시작한 것은 마틴 파울러(Martin Fowler)가 2006년 자신의 블로그에 올린 "Continuous Integration"이라는 글 덕분이었다. 이후 많은 지속적 통합 도구들이 오픈 소스로 등장하기 시작했고 소프트웨어 공학이나 개발 프로세스에 관심이 많은 사람들 사이에서 유명해지기 시작하였다. 이러한 과정을 통해서 지속적 통합은 과거에 비해서 많이 대중화되었고 그 중요함이 널리 인지되고 있어서 많은 프로젝트에서 프로젝트 시작 전에 지속적 통합 프로세스를 마련하고 소프트웨어를 도입해서 사용하고 있는 추세이다.

먼저 지속적 통합의 필요성에 대해서 이해하고 프로세스를 수립할 때 주의해야 할 내용에 대해서 알아보자.

9.2.1 지속적 통합의 필요성

소프트웨어 산업은 기존에 사람이 수작업으로 처리하던 일을 자동화하여 생산성을 높이면서 비약적으로 발전했으며 우리가 이전에는 생각할 수 없던 다양한 영역에서 삶의 질을 향상시켰다. 이렇게 소프트웨어 산업이 다른 어떤 산업보다 빠르게 발전한 것은 소프트웨어 개발자들의 눈에 보이지 않는 노력의 결과물임에는 틀림없는 사실이다.

소프트웨어 산업의 기여에 비해 소프트웨어 산업 종사자인 개발자들은 직업 만족도가 높지 않다. 남을 위한 자동화와 개선만 생각했지 정작 본인들의 일에 대한 자동화와 개선에는 투자할 시간적 여유가 없기 때문이다.

뿐만 아니라 소프트웨어 관리자, 기획자, 품질 관리자 등도 역시 개발자들과 마찬가지로 만족도가 높지 않다. 왜냐하면 소프트웨어 산업의 발전과 대중화로 고객의 눈높이는 상당히 올라가 있으며 더 빠르게 원하는 기능과 품질을 만족시켜 주지 못하면 해당 소프트웨어는 도태되거나 혹은 간신히 명맥만을 유지하는 상황이 발생하기 때문에 이로 인한 정신적 압박감은 대단히 크기 때문이다.

그렇다면 어떻게 해야 소프트웨어 산업에 종사하고 있는 사람들이 좀 더 행복해지고 삶의 질을 높일 수 있을까? 그것은 각 조직의 구성원과 소프트웨어 산업을 바라보고 있는 사람들의 입장에 따라서 차이가 있을 것이다.

먼저 소프트웨어 개발 프로젝트의 조직을 한번 생각해 보자. 현대 프로젝트의 추세는 분업화되고 전문화되면서 아무리 조그만 프로젝트일지라도 다양한 분야의 전문 인력들이 모여서 일하고 있다. 대표적인 조직 분류로 보면 프로젝트를 관리하는 PM, PM을 도와 프로젝트 전반을 관리하는 PMO, 구조를 잡아가는 아키텍트, 소프트웨어 설계자, 설계를 구현하는 개발자와 개발 리더, 그리고 소프트웨어의 모양을 아름답게 하고 인간 친화적인 모습으로 변화시켜 주는 디자이너 등이 내표직이다. 이 사람들의 역할과 함께 그들이 소프트웨어 분야에서 고민하고 있는 것을 정리하면 표 9-1과 같다.

역할	고민 사항
프로젝트 관리자(PM)	• 하루에도 수십 번 프로젝트 상황에 대해 보고를 받는다. • 많은 정보 취득을 위해 노력함에도 불구하고 프로젝트의 진행 상황을 한눈에 파악하기 어렵다. • 정확한 상황 파악이 어렵다 보니 프로젝트 조직원들이 야근을 해야만 일이 잘되고 있는 것으로 생각하는 경우가 많다.
프로젝트 관리 조직(PMO)	• 프로젝트를 성공시키기 위해 프로젝트 효율성을 높이고 정확한 진행 상태를 확인하길 원하지만 실무 조직에서 PMO에게 정확한 상황을 공유하기를 꺼려한다. • 프로젝트 관리자가 올바른 판단을 할 수 있도록 정확한 진행 상태를 보고해야 하나 쉽지 않다.
아키텍트	• 소프트웨어, 하드웨어, 데이터베이스의 구조와 각각의 연관 관계에 대해 설계한 아키텍처가 올바른지 검증하고 싶지만 정확한 검증이 어렵다. • 아키텍처가 잘못되었다는 것을 확인하는 데 너무 오랜 시간이 걸린다. • 아키텍처의 문제점을 발견하더라도 이것을 바로잡는 것이 상황상 불가능한 경우가 있고, 그 모든 책임을 아키텍트가 감당해야 하는 것에 대한 심리적 압박감이 있다.
설계자	• 소프트웨어 설계가 잘못된 부분이 있는지 확인하고 싶다. • 개발자로부터 설계상 문제점에 대해 빠르게 피드백을 받고 싶다.
개발 리더	• 개발의 진척 사항을 정확하게 확인하고 싶다. • 개발자들에게 올바른 개발 방향을 제시하고 잘못된 부분을 빠르게 찾고 해결하고 싶다.
개발자	• 모든 개발 과정이 어렵고 복잡하다. • 설계자와 개발 리더, 그리고 품질관리자 등과 함께 지속적으로 의사소통을 하며 내용을 확인해 가고 싶으나 그러한 환경이 제대로 마련되어 있지 않다. • 지적재산권, 보안 등의 강화로 개발 절차 및 환경의 통제가 점점 더 심해지고 있고 이를 처리하기 위해 반복적인 작업을 계속해야 한다. • 내가 개발하는 컴퓨터에서는 잘 동작하는데 다른 사람의 컴퓨터로 배포만 하면 동작하지 않는다.
품질 관리자	• 개발자가 개발한 소프트웨어를 빠르게 인수받아서 테스트할 수 있기를 원한다. • 한번 테스트해서 발견한 결함을 수정 조치하였으나 시간이 흐르면서 해당 결함이 다시 발견이 되는 경우가 있다. • 특정한 결함의 문제점을 개발팀에 전달해서 처리하면 잘 동작하던 다른 부분에서 결함이 발생한다. • 사용자로부터 지속적으로 품질에 대한 불만 사항을 들어야 한다.

사용자	• 버그가 없는 소프트웨어를 사용하고 싶지만 항상 새로운 버전의 소프트웨어는 버그가 많거나 기존에 동작하던 방식과 다른 경우가 있다. • 원하는 기능이 반영되는 시간이 매우 느리며 반영이 될 때까지 불편하지만 참아야 한다.

표 9-1 소프트웨어 분야 종사자와 직군별 고민 사항

위의 표에서 설명한 것 외에도 각 역할별로 더 많은 고민거리가 존재한다. 그리고 문제 사항이 지속적으로 발생하여 모두를 괴롭힌다. 이 모든 것이 결국에는 소프트웨어의 생산성을 떨어뜨리고 떨어진 생산성 때문에 소프트웨어 산업 종사자들은 더더욱 힘든 상황을 맞이하게 되며 이는 다시 소프트웨어의 생산성을 떨어트리는 악순환을 발생시킨다.

9.2.2 지속적 통합 정의

그림 9-1은 대부분의 소프트웨어 개발 프로젝트에서 사용하는 개발 생명 주기이다. 물론 요구사항 분석과 설계 등의 작업 그리고 마무리 작업과 유지 보수 작업이 있지만 순수하게 개발이라는 측면에서는 다음의 6가지 단계에서 크게 벗어나지 않을 것이다.

여기서 중요한 점은 이 6개의 단계가 계속적으로 반복된다는 것이다. 큰 의미에서는 처음부터 끝까지 한번의 작업으로 완료될 수 있지만 소프트웨어 업그레이드나 버그 수정을 위해 단계를 다시 시작해야 하는 경우가 계속해서 생긴다. 그리고 하나의 소프트웨어 내에 있는 각 라이브러리, 혹은 공통 API들의 경우는 소프트웨어 개발 전체 과정 중에서 반복적인 개발 주기를 가지게 되므로 생명 주기는 반복적으로 발생할 수밖에 없다. 이러한 반복 작업 속에서 사람들은 몇 가지 고민을 하기 시작했다.

• 6단계 정도면 단계가 짧은 것 같지만 각 단계별로 내부적인 절차나 처리해야 할 작업들이 생각보다 많고 복잡하다.
• 단계별 처리가 복잡하고 시간이 많이 소요되어 전체 절차를 자주 반복하는 것을 꺼려한다.
• 소프트웨어를 개발하는 데 소요하는 시간보다 각 절차를 진행하기 위한 행정적 절차를 처리하는 시간이 더 많이 걸리는 경우가 있다.

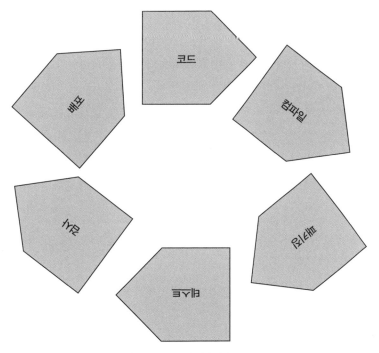

그림 9-1 소프트웨어 개발 생명 주기

그래서 이러한 문제를 해결하고자 개발 환경을 바꾸는 새로운 시도를 시작했다.

- 소스 코딩의 생산성을 높이기 위해서 통합 개발 환경을 도입했다.
- 소프트웨어 개발 생명 주기에 따른 절차를 자동화하기 위해 다양한 빌드, 배포 도구 등이 등장했고 이를 적극 활용하기 시작했다.
- 워크플로나 BPM과 같은 프로세스 관리 및 통합 도구를 이용하여 개발 프로세스에 대한 자동화를 시도했다.
- 개발 라이브러리에 대한 연관 관계를 개발자들이 직접 하는 것이 아니라 도구를 통해 자동화시킨다.

위와 같이 개발자를 위한 자동화를 시도하기 시작하였고 이를 통해 소프트웨어의 생산성을 높일 뿐만 아니라 소프트웨어의 결함을 줄이는 데 큰 도움이 되었다. 그리고 이전에는 시간 및 절차상 할 수 없었던 여러 가지 활동을 자동화 프로세스에 포함시킬 수 있게 되었다. 뿐만 아니라 개발 과정을 자동화함으로써 개발 생명 주기 절차를 더 많이 반복할 수 있게 되었고 그 결과 소프트웨어의 결함이나 문제점을 더 빠르게 찾아낼 수 있게 되었다.

이처럼 빈번하게 반복적으로 개발 주기를 진행하는 것을 지속적 통합[1]이라 한다. 여기서 우리가 주목할 점은 바로 지속적이라는 것이다. 사전적 의미의 '지속(持續)'은 어떠한 상태가 오랫동안 계속 유지되는 것을 의미하지만 지속적 통합에서의 지속적이라는 의미는 어떤 행동을 수시로 반복적으로 수행한다는 의미가 강하다. 실제로 지속적 통합 활동에서 강조하는 것 역시 소프트웨어에 대한 통합을 반복적으로, 그리고 수시로 수행하고 테스트하는 것을 의미한다.

그렇다면 개발이라는 측면에서 지속적 통합을 하지 않는 소프트웨어 프로젝트에서는 어떤 문제점이 있을까? 그 내용을 정리하면 다음과 같다.

- 전체 통합 시 컴파일 에러가 발생할 가능성이 높다
- 특정 분야별 테스트 때는 문제가 없었으나 통합하여 테스트하면 에러가 발생한다.
- 개발자의 PC에서는 정상 작동하였으나 서버에 배포하고 난 이후에는 동작하지 않는다.
- 특정한 환경에서는 정상 동작하지만 다른 환경에서는 동작하지 않는다.
- 공통 라이브러리 혹은 상호 연동되는 소스 코드의 변경으로 인해 전체 소프트웨어의 품질이 큰 영향을 받는다.
- 잘 동작하던 소프트웨어가 갑자기 성능상에 문제가 발생한다.
- 소프트웨어를 업그레이드했더니 잘 되던 기능에서 문제가 발생한다.

물론 위에서 언급한 모든 내용이 통합을 자주 하지 않아서 발생하는 문제라고 100% 단정할 수 없지만 최소한 지속적으로 통합하고 확인한다면 쉽게 확인할 수 있는 내용이다.

9.3 젠킨스 설치 및 이해

젠킨스는 다른 어떠한 개발 도구 및 소프트웨어보다 설치 및 환경 설정이 쉽다. 설치 전에 젠킨스를 어떠한 환경에서 사용할 것인지를 고려해서 전략을 만들어야 한다. 다음은 고려할 사항이다.

---

1 마틴 파울러가 지속적 통합(Continuous Integration)이라는 용어를 만들고 이에 대한 내용을 세상에 알리기 이전부터 이러한 개발 방법은 이미 산업에 적용되고 있었고 많은 사람들이 이전부터 고민하던 내용이다. 마틴 파울러의 글은 *http://martinfowler.com/articles/continuousIntegration.html*에서 확인할 수 있다.

- 사용자 규모: 개발자 및 관리자를 포함해서 얼마나 많은 사람이 젠킨스에 로그인해서 내용을 확인하고 작업할 것인가?
- 젠킨스 서비스 영향도: 젠킨스 서비스의 가용성은 어느 정도로 고려하고 있는가? 젠킨스가 다운되거나 장애가 발생했을 때 개발 업무 및 운영 업무에 영향도가 어느 정도 되는가?
- 통합 작업 수: 젠킨스를 통해서 얼마나 많은 지속적 통합 작업을 운영할 것인가?
- 향후 젠킨스를 확장해서 적용할 것을 고려하고 있는가?

위의 4가지 질문에 대해서 충분히 고려해 보고 다음 2가지 형태 중 하나로 젠킨스 설치 작업을 진행해야 한다. 젠킨스의 경우 작업과 관련된 데이터 및 모든 로그를 파일 기반으로 관리하므로 필요하면 설치 작업을 변경할 수 있기는 하지만 처음부터 제대로 된 설치 전략을 가지고 접근하는 것이 좋다.

분류	독립형 실행	개별 WAS에 배포해서 실행
내용	젠킨스에 내장된 서블릿 엔진을 이용해서 실행	별도의 서블릿 엔진(톰캣) 혹은 JEE 컨테이너 (JBoss, 웹로직, 웹스피어 등)에 배포해서 실행
장점	별도의 설치 작업 없이 바로 실행 가능 별도의 WAS에 배포하고 관리해야 하는 과정이 필요 없음	WAS에서 제공하는 클러스터링, 로드 밸런싱, 대량 업무 처리 등 엔터프라이즈급 서비스 제공 가능
단점	대량의 작업 처리에는 제약이 따름 WAS의 확장 기능과 연계해서 사용할 수 없음	별도의 WAS 설치 필요 WAS에 젠킨스 배포 및 관리 필요

표 9-2 젠킨스 설치 유형에 따른 장단점

비록 별도의 WAS 없이 젠킨스 자체를 실행시켜도 충분히 활용이 가능하지만 개인적인 테스트 용도가 아닌 이상 WAS에 배포해서 사용하는 것을 권한다. 이 책에서는 오픈 소스인 톰캣에 배포해서 사용하는 것을 전제로 하였다.

9.3.1 다운로드 및 설치

젠킨스[2]는 모든 운영체제 및 WAS에 설치할 수 있는 ZIP 버전과 특정 운영체제에 설치할 수 있도록 구성된 패키지를 모두 제공하고 있다. 여기서는 ZIP 버전을 이용하도록 하자.

2 http://jenkins-ci.org

별도의 서블릿 컨테이너의 도움없이 젠킨스를 사용하고 싶다면 다음과 같이 다운로드한 ZIP[3]을 이용해서 java 명령으로 실행시킬 수 있다.

```
java -jar Jenkins.zip
```

위의 명령을 실행시키면 명령행에서 젠킨스 내부에 포함되어 있는 서블릿 컨테이너 기반으로 젠킨스가 실행된다. 로그를 보면 Jetty가 내장된 것을 알 수 있다 (그림 9-2).

```
ykchang@javatools: /system
ykchang@javatools:/system$ java -jar jenkins.zip
Picked up JAVA_TOOL_OPTIONS: -javaagent:/usr/share/java/jayatanaag.jar
Running from: /system/jenkins.zip
webroot: $user.home/.jenkins
Jun 26, 2015 4:35:07 PM winstone.Logger logInternal
INFO: Beginning extraction from war file
Jun 26, 2015 4:35:09 PM org.eclipse.jetty.util.log.JavaUtilLog info
INFO: jetty-winstone-2.8
Jun 26, 2015 4:35:12 PM org.eclipse.jetty.util.log.JavaUtilLog info
INFO: NO JSP Support for , did not find org.apache.jasper.servlet.JspServlet
Jenkins home directory: /home/ykchang/.jenkins found at: $user.home/.jenkins
Jun 26, 2015 4:35:14 PM org.eclipse.jetty.util.log.JavaUtilLog info
INFO: Started SelectChannelConnector@0.0.0.0:8080
Jun 26, 2015 4:35:14 PM winstone.Logger logInternal
INFO: Winstone Servlet Engine v2.0 running: controlPort=disabled
```

그림 9-2 젠킨스 실행

Jetty가 비록 많이 알려진 서블릿 컨테이너이긴 하지만 다수의 사용자를 기반으로 안정적인 서비스를 수행하기 위해서는 Jetty보다는 톰캣 혹은 상용 컨테이너를 활용하는 것이 좋으며, 이를 위해서는 서블릿 컨테이너의 배포 방식에 따라 배포해 주어야 한다. 이 책에서는 톰캣을 이용한다.

가장 간단히 톰캣에 배포하는 방법은 톰캣의 webapps 디렉터리 밑에 jenkins 디렉터리를 생성하고 압축을 푸는 것이다. 만약 압축을 푸는 방식보다 WAR 방식을 원할 경우 ZIP 파일의 확장자명을 zip에서 war로 변경만 하면 된다.

톰캣을 실행한 후에 *http://192.168.0.15:8080/jenkins*로 접속을 하면 그림 9-4와 같이 젠킨스 화면을 확인할 수 있다. 이때 HTTP URL의 IP 주소는 독자들이 테스트하는 PC의 IP를 입력하면 된다.

---

3   젠킨스 파일은 약 60 MB 정도이지만 내부적으로 서블릿 컨테이너를 참조하기 때문에 용량이 큰 것이고 실제 크기가 크지는 않다.

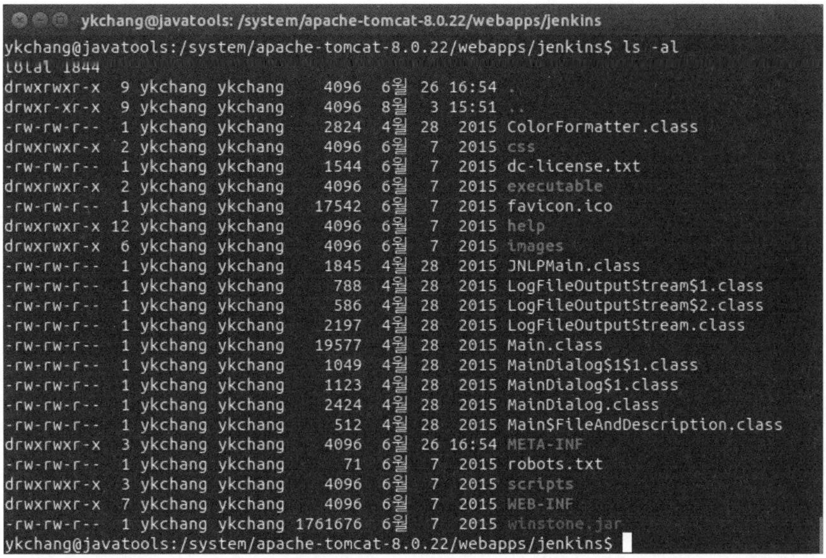

그림 9-3 톰캣 webapps에 압축 해제 결과

그림 9-4 젠킨스 최초 실행 화면

이로써 젠킨스를 톰캣 기반으로 설치하고 서비스를 기동했다.

9.3.2 홈 디렉터리 이해

젠킨스를 간단히 설치하고 실행시킬 수 있는 이유 중 가장 큰 요인은 바로 데이터베이스를 사용하지 않기 때문이다. 그러므로 서블릿 컨테이너에 배포하는 것만으로 설치가 끝난다. 대신 젠킨스는 파일 시스템에 각종 설정 정보를 저장하는데 이를 홈 디렉터리라고 한다.

기본적으로 젠킨스의 홈 디렉터리는 사용자의 홈 디렉터리에 .jenkins라는 디렉터리에 저장되는데 젠킨스 홈 디렉터리는 매우 중요한 정보들을 담고 있기 때문에 주기적으로 백업하고 관리할 필요가 있다. 그러므로 홈 디렉터리를 별도의 디렉터리 위치로 변경하는 것이 훨씬 효율적이다.

홈 디렉터리의 변경은 별도의 설정 없이 자바 명령을 실행시킬 때 다음 옵션을 적용하면 된다.

```
-DJEKINS_HOME=<홈 디렉터리 위치>
```

서블릿 컨테이너에 위의 파라미터를 추가할 수 없는 환경이라면 사용자의 프로파일 속성(유닉스/리눅스)이나 환경변수(윈도우)에 JENKINS_HOME 변수를 선언하고 원하는 디렉터리를 지정해 주면 된다. 필자의 경우 /opt/jenkins를 젠킨스 홈디렉터리로 사용하기 위해 다음과 같이 환경 변수를 추가했다.

```
export JENKINS_HOME=/opt/jenkins
```

환경 변수 방식과 서블릿 컨테이너의 파라미터로 홈 디렉터리를 지정하는 방법은 각각 장단점이 있다. 환경 변수 방식은 서블릿 컨테이너에 영향을 주지 않은 상태에서 값을 변경할 수 있다는 점이 장점이며 파라미터 방식은 서버에 하나이상의 젠킨스가 설치되어 있을 경우 서블릿 컨테이너마다 옵션을 다르게 해서 데이터가 꼬이는 것을 막을 수 있다.

9.4 젠킨스 환경 설정

젠킨스를 설치해서 초기 화면을 보면 "Welcome" 메시지와 몇 개의 메뉴만 보이고 아무런 내용도 없다. 굉장히 간단한 UI를 제공하고 있으며 심지어 별도의 사용자 로그인 페이지도 존재하지 않는다. 이러한 초기 상태로 젠킨스를 사용하게 되면 보안상 문제가 되기 때문에 반드시 환경 설정을 해야 한다.

초기 화면에서 [Manage Jenkins] 메뉴를 클릭하면 환경 설정을 할 수 있는 서브 메뉴들이 나타난다. 각 메뉴별 내용은 표 9-3과 같나.

메뉴명	내용
Configure System	• 글로벌 설정으로 모든 젠킨스 실행 환경과 작업이 여기에서 설정한 정보에 영향을 받는다. • 글로벌 설정 중 젠킨스 작업과 연관된 부분은 각 작업별로 재정의할 수 있다.
Configure Global Security	• 보안 관련 설정 작업을 할 수 있다.
Reload Configuration from Disk	• 젠킨스는 시작할 때 파일에 저장되어 있는 정보를 메모리에 로딩해서 사용한다. 화면이 아닌 XML 파일을 직접 수정해서 설정을 변경할 때는 변경된 XML은 젠킨스에 실시간으로 반영되지 않는다. 이 메뉴를 실행시키면 파일 기반으로 저장되어 있는 정보를 다시 메모리에 로딩시킬 수 있다. • 또 다른 경우에는 백업했던 홈 디렉터리를 다시 현재의 홈 디렉터리로 복구하였을 경우 백업된 설정 정보를 다시 읽어들일 때 사용한다. • 하지만 보안 관련 설정은 반드시 젠킨스를 재시작해야 한다.
Manage Plugin	• 젠킨스는 현재 알려진 것만 300개 이상의 플러그인을 제공하고 있다. 그리고 플러그인 기능이 젠킨스의 가장 강력한 장점 중 하나다. • 젠킨스에서 사용할 플러그인을 관리한다.
System Information	• 젠킨스가 실행되고 있는 운영체제의 시스템 환경 변수 정보를 보여준다. • 그 외에 젠킨스에 설치되어 있는 플러그인 목록도 보여준다.
System Log	• 젠킨스에서 출력하는 로그를 관리한다. 젠킨스에서 출력하는 로그 정보를 볼 수 있고 로그 레벨을 추가/변경할 수 있다.
Load Statistics	• 젠킨스 작업과 관련된 정보를 보여준다. 총 수행 작업 수, 대기 큐에 쌓여 있는 크기, 작업 실행자에 할당된 개수를 표시한다.
Hudson CLI	• 일반적으로 유닉스나 리눅스 환경에서는 텔넷이나 SSH로 접속해서 작업을 하는 경우가 많다. 또한 긴급 상황에서는 GUI 환경이 아닌 텍스트 모드로 작업을 관리할 필요가 있다. 젠킨스에서는 GUI 환경이 아닌 텍스트 기반의 커맨드로 관리할 수 있는 CLI를 제공한다.
Script Console	• 그루비(Groovy) 언어 기반의 스크립트를 실행시켜 젠킨스에서 제공하는 각종 정보를 확인할 수 있는 화면이다. 화면의 텍스트 필드에 그루비 스크립트를 입력해서 실행하는 형태이다.
Manage Nodes	• 젠킨스는 여러 개의 프로세스를 마스터와 슬레이브 개념으로 관리할 수 있는 기능이 제공된다. 이 메뉴에서는 그러한 프로세스들을 등록/수정/삭제할 수 있는 기능이 제공된다.
Prepare for shutdown	• 젠킨스를 종료하기 전에 실행시키는 명령이다. • 젠킨스를 종료하게 되면 수행 중인 각종 작업들이 비정상 종료될 수 있다. 이 메뉴를 이용하면 동작 중인 작업을 중지시켜 추가로 작업을 실행하지 못하도록 막을 수 있다.

표 9-3 젠킨스 환경 설정 메뉴

내용이 많아 보이지만 이 중에서 중요한 것은 Configure System, Configure Global Security, Manage Plugin이며 나머지는 내용을 보면 쉽게 이해가 가능한 수준이다.

또한 플러그인을 설치하게 되면 플러그인에 따라서 환경 설정을 위한 메뉴가 추가되는 것을 볼 수 있다. 대표적인 예로 메이븐 플러그인이 있다.

9.4.1 글로벌 설정이란

젠킨스 관리 메뉴 중 'Configure System'은 전체에 영향을 주기 때문에 '글로벌 환경 설정' 혹은 '글로벌 설정'이라는 용어를 사용한다. 이후부터 '글로벌 설정'으로 부를 것이다. 글로벌 환경 설정은 말 그대로 모든 영역에 걸쳐 영향을 미치는 설정을 의미하며 지속적 통합 서버가 갖추어야 할 가장 기본이 되는 사항들을 이 화면에서 관리하게 된다. 다음 4가지는 이 설정에서 중요하게 다루고 있는 항목이다.

- 보안 정보
- 형상 관리 서버 정보
- 빌드 도구 연계 정보
- 피드백 및 리포팅 정보

위의 4가지 설정을 글로벌 환경에서 정의하는 이유는 대부분의 기업과 프로젝트의 관리 패턴이 유사하고 사용되는 연계 시스템이 동일하기 때문이다. 물론 해당 설정을 전체에 반영하더라도 젠킨스의 각 작업에서 별도로 다시 정의할 수도 있다.

9.4.2 글로벌 보안 설정

젠킨스를 설치하고 일반 혹은 프로젝트에 오픈하기 전에 제일 먼저 할 일은 보안 설정이다. 왜냐하면 젠킨스를 설치한 직후에는 아무런 보안 관련 설정이 없어서 모든 사람이 젠킨스에 접속하여 원하는 작업할 수 있기 때문이다.

[Manage Jenkins]-[Configure Global Security]를 선택하고 화면에서 'Enable security' 옵션을 선택하면 다음과 같이 다소 복잡한 설정 화면이 나타난다.

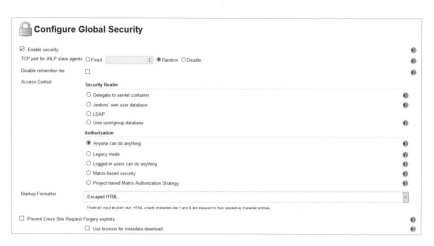

그림 9-5 젠킨스 보안 설정 화면

위의 화면에서 사용자 설정 및 권한 설정을 위한 메뉴는 [Access Control]이다. [Security Realm]과 [Authorization] 2개의 하위 메뉴가 있고 그 아래 세부 항목이 있다. 자세한 메뉴별 내용은 표 9-4와 같다.

분류	보안 설정	내용
Security Realm (로그인 인증)	Delegate to servlet container	서블릿 컨테이너의 사용자 관리 기능을 이용한다. 젠킨스가 배포되어 있는 서블릿 컨테이너에 따라 그 사용 방법이 다르다.
	Jenkins' own user database	젠킨스가 자체 보유하고 있는 사용자 정보를 이용한다.
	LDAP	LDAP의 사용자 정보와 연계해서 인증한다.
	Unix user/group database	유닉스/리눅스 계정과 그룹 정보를 이용하여 인증한다.
Authorization (권한)	Anyone can do anything	로그인하지 않은 사용자도 모든 작업을 할 수 있다. 기본값이며 보안을 전혀 적용하지 않은 상태이다.
	Legacy mode	과거 젠킨스 1.x 버전대의 권한 관리 방법으로 admin 권한이 있으면 모든 작업을, 그렇지 못하면 읽기 전용으로 사용한다.
	Logged-in users can do anything	로그인힌 사용지는 모든 작업을 할 수 있다.
	Matrix-based security	매트릭스(테이블) 기반으로 사용자에 따라 할 수 있는 작업을 설정한다.
	Project-based Matrix Authorization Strategy	Matrix-based security에 추가적으로 프로젝트별 사용자 권한을 설정한다.

표 9-4 젠킨스 접근 통제(Access Control) 옵션

젠킨스는 다양한 사용자 인증 방법을 제공하지만 일반적으로 적용하는 방식은 젠킨스 자체에서 사용자 정보를 관리하는 방식으로 [Security Realm]을 선택하면 된다. 톰캣과 같은 서블릿 컨테이너의 보안 설정을 이용하는 경우도 있지만 사용자 관리가 불편하고 설정을 변경하면 톰캣을 재시작해야 하는 불편함 때문에 잘 사용하지 않는다.

[Authorization]은 로그인한 사용자가 젠킨스에서 어떤 일을 할 수 있는지 정의하는 부분으로 기본값은 'Anyone can do anything'이다. 이 옵션은 로그인 여부와 상관 없이 모든 작업을 할 수 있도록 한다.

이 책에서는 'Jenkins' own user database'와 'Matrix-based security'를 선택해서 진행할 것이다. 나머지는 독자들이 직접 설정해 보기 바란다.

그럼 사용자 로그인 관리를 위해서 'Jenkins' own user database' 옵션을 체크한다. 그러면 하위에 'Allow users to sign up' 옵션이 나오는데 기본값 그대로 선택한 상태로 놔둔다. 옵션을 선택한 이후에 [Save] 버튼을 클릭해서 설정을 저장한다. 저장하고 나면 젠킨스 화면의 오른쪽 상단에 [Log in] 메뉴와 [Sign In] 메뉴가 활성화된 것을 볼 수 있

그림 9-6 사용자 인증 설정

다. 젠킨스를 처음 설치했을 때는 아무런 사용자 정보도 존재하지 않기 때문에 우선 [Sign in] 메뉴를 클릭해서 관리자를 등록하도록 하자(그림 9-7).

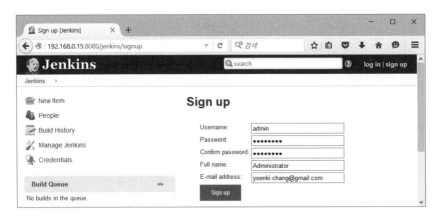

그림 9-7 사용자 등록 화면

입력을 완료한 후 [Sign up] 버튼을 클릭하면 사용자 정보가 저장된다. 저장을 완료하고 [Jenkins]-[People] 메뉴를 선택해 보면 그림 9-8과 같이 사용자가 추가

된 것을 볼 수 있다.

그림 9-8 사용자 정보

이제 사용자의 ID와 비밀번호를 입력해서 로그인할 수 있는 정보를 만들었다. 다음으로 사용자별 권한을 부여해야 한다. [Manage Jekins]-[Configure Global Security] 메뉴를 선택한 다음 [Authorization]에서 'Matrix-based security' 옵션을 선택하자.

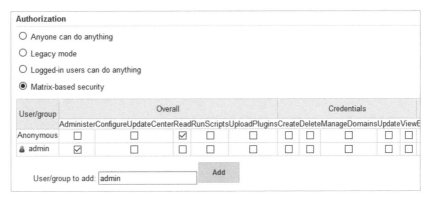

그림 9-9 사용자/그룹별 권한 설정 화면

이 옵션을 선택하면 그림 9-9와 같이 매트릭스 형태로 권한을 관리할 수 있는 화면이 나타난다. 이때 반드시 앞서 등록한 admin 사용자의 'Administer' 옵션을 체크하고 저장해야 한다. 그리고 'Anonymous' 사용자에 [Overall]의 'Read' 옵션을 선택해서 젠킨스 정보를 읽기만 가능하도록 변경한다. 만일 읽기도 막고 싶다면 'Read' 옵션도 체크하지 않으면 된다.

이제 젠킨스에서 오른쪽 상단의 로그아웃 메뉴를 통해 로그아웃한 후 젠킨스 메뉴를 보면 기존에 선택할 수 있던 메뉴가 사라지고 일부만 남아 있는 것을 확인할 수 있다. 그리고 다시 로그인 메뉴를 통해 admin 계정으로 로그인하면 모든 메뉴가 다시 보인다.

이후에는 추가한 사용자에게 'Matrix-based security' 기능을 이용해서 항목마다 개별적으로 생성, 수정, 삭제, 조회 등의 권한을 부여할 수 있다.

9.4.3 플러그인 관리

[Manage Jenkins] 메뉴를 클릭하면 화면 오른쪽에 [Updates], [Available], [Installed], [Advanced] 탭이 보이는데 각 탭의 기능은 다음과 같다.

- Updates: 현재 설치되어 있는 플러그인 중 버전 업데이트가 가능한 목록을 보여준다. 이 탭에서 기존에 설치되어 있는 플러그인을 업데이트할 수 있다.
- Available: 젠킨스에서 사용할 수 있는 플러그인 목록을 보여준다. 이 탭에서 필요한 플러그인을 검색해서 설치할 수 있다.
- Installed: 현재 젠킨스에 설치되어 있는 플러그인 목록을 보여준다. 이 탭에서 설치되어 있는 플러그인을 삭제할 수 있다.
- Advanced: 플러그인과 관련된 설정 정보를 입력할 수 있다. HTTP 프록시 설정이나 플러그인을 업로드하는 기능 등이 제공된다.

젠킨스를 설치하면 기본적으로 20여 개의 플러그인이 설치되어 있는데 대부분 우리가 많이 사용하는 ANT, 메이븐, 서브버전, JUnit 플러그인 등이다.

이 책에서 다룬 그레이들, TestNG, Git 등과 연계하기 위해서는 별도의 플러그인을 설치해야 한다. 이 책에서는 앞서 언급한 다음 두 개의 플러그인만 추가로 설치해서 사용하려고 한다.

- GIT plugin: GIT을 버전 관리 시스템으로 연계하기 위한 플러그인으로 공식 Git 클라이언트가 설치되어 있어야 한다.
- Gradle plugin: 그레이들의 빌드 스크립트를 실행시킬 수 있는 플러그인이다.

TestNG는 별도의 플러그인 설치 없이 메이븐 혹은 그레이들 빌드 스크립트와 연동해서 사용할 것이다.

해당 플러그인 2개를 체크한 다음 화면 하단에 있는 [Install without restart] 버튼을 클릭하면 플러그인이 설치된다. 설치 명령이 'Install without restart'이긴 하지만 일부 플러그인의 경우 재시작을 필요로 한다. 그러므로 플러그인을 설치한 다음에는 젠킨스를 재시작하는 것이 좋다.

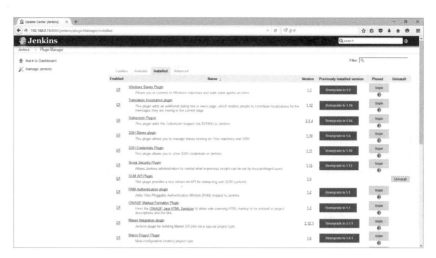

그림 9-10 젠킨스 플러그인 설치 결과

젠킨스의 경우 풍부한 플러그인이 제공되고 있어서 원하는 작업을 연동하는 데 큰 무리가 없으며 원하는 플러그인이 없을 경우 ANT, 메이븐, 그레이들을 통해서 연동 작업을 할 수도 있다. 또한 직접 플러그인을 개발해서 배포할 수도 있다.

9.5 젠킨스 작업 생성 및 실행

지속적 통합 도구에서 제일 중요한 것은 어떠한 프로세스를 이용해서 지속적 통합 활동을 할지 결정하고 정의한 프로세스에 따라 연관된 소프트웨어 혹은 서비스들과 연계하는 것이다. 때문에 지속적 통합에서 제일 처음 할 일은 프로세스를 설계하는 것으로, 젠킨스에서는 이를 '작업(Job)'이라고 한다.[4] 이번 절에서는 젠킨스에서 작업을 생성하고 실행하는 방법에 대해서 상세히 알아보겠다.

젠킨스에서 작업 정의 시 사용할 수 있는 설정 옵션들을 크게 정리하면 다음과 같다.

• 작업 설명: 작업 이름과 작업에 대한 상세 설명을 입력한다.
• 작업 속성: 작업의 실행 여부, 동시 실행 가능 여부 등 기본 속성을 정의한다.
• 고급 작업 옵션: 스케줄링 시 옵션, 오류 발생 시 재시도 횟수, 다른 작업과의

---

4 젠킨스 화면에는 일관되게 작업(Job)이라는 용어를 사용하고 있지만 문서상으로는 프로젝트(Project)라는 표현도 같이 사용하고 있다. 이 책뿐만 아니라 젠킨스 관련 문서에서 나오는 작업과 프로젝트는 같은 개념으로 보는 것이 올바르다. 이 책에서는 혼란을 피하기 위해 젠킨스에서 동작하는 실행 단위를 작업이라고 표현하겠다.

연관성 등을 정의할 수 있다.

- 소스 코드 관리: 형상 관리 시스템과 연계하기 위한 옵션을 제공한다. 서브버전, CVS, Git의 경우 기본 연계 기능을 제공한다.
- 빌드 트리거: 작업 시작 시점을 정의한다. 주로 형상 관리 서버의 변경 여부, 일정 주기로 실행시키기 위한 스케줄링 기능, 다른 작업과의 연관 등을 정의할 수 있다.
- 빌드: 유닉스/윈도우 명령어, ANT, 메이븐, 그레이들 등의 빌드를 위한 스크립트를 호출할 수 있다.
- 후속 작업: 작업이 끝난 후 추가적으로 해야 할 일을 지정한다. 이메일 연계, 결과 리포팅, 다른 작업 실행 등의 설정이 가능하다.

위의 옵션들을 응용하면 굉장히 다양한 작업 정의가 가능하며 작업과 작업 간의 연계도 여러 가지 경우의 수를 고려해서 정의할 수 있다. 이 책에서는 많은 옵션 중에서 필수적으로 젠킨스 작업을 정의할 때 사용하는 부분에 대해서만 설명할 것이다.

9.5.1 젠킨스 작업 정의

젠킨스를 이용해서 지속적 통합을 할 때 제일 먼저 생각해야 할 것은 지속적 통합 활동으로 무엇을 적용할 것인지 정의하는 일이다. 일반적인 작업 정의는 다음과 같다.

1. 형상 관리로부터 소스 다운로드
2. 컴파일
3. 패키징
4. 테스트 도구를 이용해서 기능 테스트, 성능 테스트 등 수행
5. 소프트웨어 배포
6. 결과 리포팅

젠킨스는 위의 작업을 진행하기 위해 내부적으로 템플릿을 제공하고 있으며 템플릿에 독자들의 개발 환경 정보를 반영하게 되면 지속적 통합에 대한 작업 정의가 완료된다.

젠킨스는 무료로 사용할 수 있는 소프트웨어임에도 작업을 정의하기 위한 다양한 방법과 매우 많은 설정 기능을 제공하고 있다. 게다가 기본적으로 제공하

는 기능 외에 플러그인을 추가하면 기본 제공되는 화면에 추가적인 입력 필드가 생성이 된다. 이 모든 설정 기능을 한번에 모두 이해하는 것은 매우 어려운 일이다. 우선 젠킨스에서 실행하기 위한 가장 기초적인 입력 항목과 옵션에 대해서 알아보고 어떻게 작업을 생성할 수 있는지 알아보자.

작업을 정의하기 위해서 초기 화면의 [New Item] 메뉴를 선택하면 그림 9-11 과 같은 화면을 볼 수 있다.

그림 9-11 작업 생성

[Item Name] 항목에는 작업 이름을 기술한다. 여기서 한 가지 주의할 점은 작업 명을 입력할 때 사용할 명명 규칙이다. 앞서 젠킨스는 UTF-8을 기반으로 하기 때문에 현존하는 거의 모든 문자를 작업명으로 사용할 수 있다. 하지만 영문과 숫자를 이용하고 한글이나 한자와 같은 영어 이외의 언어와 공백, 특수문자는 이용하지 않는 것이 좋다. 젠킨스는 각 작업의 자원에 HTTP URL로 접속할 수 있도록 하고 있는데 이때 한글이나 공백, 특수문자로 작업 이름을 지정하면 URL 인코딩 방식으로 주소를 기입해야 해서 매우 불편해진다. 그리고 작업 정보가 디렉터리와 파일 기반으로 생성이 되는데, 운영체제에서 디렉터리 생성으로 사용할 수 없는 문자 코드가 작업명에 포함되어 있으면 문제가 생긴다. 또한 일부 젠킨스 플러그인은 한글을 지원하지 않기 때문에 영문과 숫자 그리고 필요 시 '_'를 조합하는 방식이 가장 좋다. 카멜 표기법을 이용하는 경우도 있지만 윈도우 운영체제의 경우 대소문자를 가리지 않기 때문에 이 역시 좋은 대안은 아니다.

작업명을 기입한 다음에는 4개의 프로젝트 유형 중 하나를 선택해야 한다. 각 유형별 내용은 다음과 같다.

• Freestyle project: 젠킨스의 가장 기본이 되는 작업 정의 방법이다.

- Maven project: 메이븐 프로젝트를 정의할 때 사용한다 .
- External job: 외부에 정의되어 있는 작업과 연계해서 사용할 때 사용한다.
- Multi-configuration job: 여러 설정 작업을 정의하고 상황에 맞게 실행하도록 한다. 대표적으로 동일한 소프트웨어를 윈도우, 리눅스, 유닉스에서 테스트할 때 사용한다.

일반적으로 'Freestyle Project'를 선택하면 되며 이 책에서는 오직 Freestyle 옵션만을 이용할 것이다.

이 책에서는 작업명은 'WELCOME_JOB', 유형은 'Freestyle project'를 선택했다. 입력한 후 [OK] 버튼을 클릭하면 젠킨스 작업을 상세 정의할 수 있는 화면이 나타난다(그림 9-12).

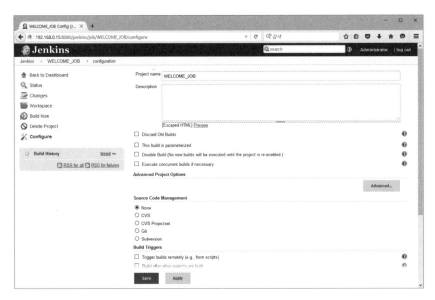

그림 9-12 젠킨스 작업 정의

그림 9-12는 생성할 작업에 대해 구체적인 내용을 정의하는 부분이다. 많은 설정 항목이 있지만 상세 설명은 다음으로 미루고 간단한 명령을 실행시키는 기능을 추가해 보겠다. 작업 정의 화면 하단에 보면 [Build] 항목에 [Add build step] 버튼이 있다. 이 버튼을 클릭해 보면 선택 리스트가 나타난다(그림 9-13).

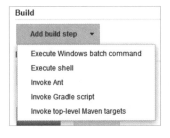

그림 9-13 빌드 유형 선택

여기서 보이는 추가 가능한 빌드 스텝들은 젠킨스 작업이 실행되었을 때 어떤 빌드 도구와 연계해서 작업을 실행할 것인지 설정하는 부분으로 매우 중요하고 핵심적인 정의 부분이다. 젠킨스에서는 총 5가지 빌드 도구[5]와 연계 방법을 제공하며 각각의 내용은 다음과 같다.

- Execute Windows batch program: 윈도우의 명령어를 실행시킬 수 있다. 단순히 명령어를 실행시키는 것을 넘어 윈도우 운영체제에서 제공하는 배치 커맨드 스크립트를 작성해서 실행시킬 수 있다.
- Execute shell: 유닉스, 리눅스, 맥 OS에서 실행되는 셸 스크립트를 실행시킬 수 있다.
- Invoke Ant: ANT 스크립트를 실행시킬 수 있다.
- Invoke Gradle script: 그레이들 플러그인을 설치하면 활성화되는 옵션으로 그레이들의 빌드 스크립트를 실행할 수 있다.
- Invoke top-level Maven targets: 메이븐의 최상위 골을 선택해서 실행할 수 있다.

선택 리스트에 보이는 이름을 통해서도 어떠한 도구와 연계시킬 수 있을지 충분히 유추가 가능하다. 여기서는 실행 여부를 간단히 확인하기 위해 [Execute shell]을 선택해 보자. 만일 젠킨스를 윈도우 환경에서 테스트하는 경우라면 [Execute Windows batch program]을 선택하면 된다.

그림 9-14는 [Execute shell]을 선택하면 나오는 유닉스/리눅스 명령어 입력 화면이다. 간단히 ls -al로 현재 디렉터리 정보를 출력하는 명령을 사용해 보자 (윈도우 사용자라면 dir c:\ 같은 윈도우에서 사용 가능한 명령어를 입력하자).

그림 9-14 유닉스/리눅스 명령어 입력

---

5   젠킨스 플러그인 추가 설치에 따라 선택할 수 있는 빌드 도구는 변경될 수 있다.

만일 한 번에 여러 개의 명령을 실행시키고 싶다면 텍스트 필드에 계속해서 추가적으로 입력하면 된다. 해당 명령을 입력한 다음 작업을 저장하면 젠킨스 초기 화면의 대시보드에 작업 목록이 나타난다(그림 9-15).

그림 9-15 작업 생성 결과

이제 할 일은 생성한 작업을 실행하는 것이다. 작업을 실행하는 방법은 자동으로 실행되도록 설정하는 방법과 사람이 수동으로 실행하는 방법 2가지가 있다. 자동화된 실행 방법도 여러 개가 있는데 여기서는 일단 수동으로 작업을 실행하는 방법에 대해서 알아보자.

대시보드 화면에서 실행할 작업 이름을 클릭하면 상세 화면으로 이동하게 되고 화면 왼쪽의 [Build Now] 메뉴를 클릭하면 선택한 작업이 바로 실행된다.

작업을 실행시키면 메뉴의 하단에 있는 [Build History]에 작업이 할당되고 실행 상태/실행 결과가 나타난다. 그림 9-16은 [Build Now] 메뉴를 클릭해서 실행된 결과 화면이다.

그림 9-16 젠킨스 작업 실행 결과

프로젝트 상세 화면은 이 외에도 많은 정보를 제공하고 있다. 특히 빌드 히스토리 테이블에서 실행된 이력을 클릭하면 상세한 작업 결과들을 확인할 수 있다.

특히 [trend] 메뉴를 통해 빌드 작업이 실행된 시간과 소요된 시간을 시간대별로 그래프로 확인할 수 있다. 각각의 메뉴는 직접 확인해 보면 어렵지 않게 기능을 확인할 수 있으니 상세한 설명은 생략하겠다.

앞서 젠킨스 설치를 설명하면서 진행한 모든 작업 정보와 실행 정보는 젠킨스 홈 디렉터리에 파일로 저장되며, 이 책에서는 홈 디렉터리 위치를 /opt/jenkins로 지정하였다. 젠킨스는 데이터베이스가 없는 환경에서 동작하기 때문에 모든 결과와 이력 정보가 모두 홈 디렉터리에 파일 형태로 저장된다.

우선 홈디렉터리인 /opt/jenkins에는 젠킨스 작업, 플러그인 등 젠킨스에서 제공하는 모든 정보들을 디렉터리로 분류해서 저장한다(그림 9-17).

```
ykchang@javatools: /opt/jenkins
ykchang@javatools:/opt/jenkins$ ls -al
total 80
drwxr-xr-x  9 ykchang staff 4096 12월 12 09:58 .
drwxr-xr-x  7 root    root  4096 12월 11 21:52 ..
-rw-r--r--  1 ykchang staff 1556 12월 12 09:58 config.xml
-rw-r--r--  1 ykchang staff    0 12월 12 09:12 Download metadata.log
-rw-r--r--  1 ykchang staff   21 12월 11 23:30 Fingerprint cleanup.log
-rw-r--r--  1 ykchang staff  159 12월 12 09:12 hudson.model.UpdateCenter.xml
-rw-r--r--  1 ykchang staff  371 12월 11 23:56 hudson.plugins.git.GitTool.xml
-rw-------  1 ykchang staff 1680 12월 11 21:57 identity.key.enc
-rw-r--r--  1 ykchang staff  138 12월 12 09:58 jenkins.model.DownloadSettings.xml
-rw-r--r--  1 ykchang staff  169 12월 12 09:58 jenkins.security.QueueItemAuthenticatorConfiguration.xml
drwxr-xr-x  3 ykchang staff 4096 12월 12 15:04 jobs
-rw-r--r--  1 ykchang staff  907 12월 12 09:12 nodeMonitors.xml
drwxr-xr-x  2 ykchang staff 4096 12월 11 21:57 nodes
-rw-r--r--  1 ykchang staff   50 12월 12 15:18 .owner
drwxr-xr-x 26 ykchang staff 4096 12월 12 09:12 plugins
-rw-r--r--  1 ykchang staff  129 12월 12 08:54 queue.xml.bak
-rw-r--r--  1 ykchang staff   64 12월 11 21:57 secret.key
-rw-r--r--  1 ykchang staff    0 12월 11 21:57 secret.key.not-so-secret
drwxr-xr-x  4 ykchang staff 4096 12월 12 15:41 secrets
drwxr-xr-x  2 ykchang staff 4096 12월 11 23:43 updates
drwxr-xr-x  2 ykchang staff 4096 12월 11 21:57 userContent
drwxr-xr-x  3 ykchang staff 4096 12월 12 09:50 users
ykchang@javatools:/opt/jenkins$
```

그림 9-17 젠킨스 홈 디렉터리 구성

이 중에서 jobs 디렉터리로 이동해 보면 방금 생성한 WELCOME_JOB 디렉터리가 생성된 것을 볼 수 있으며 해당 디렉터리에 실행된 작업마다 이력 정보와 로그 정보가 저장되어 있는 것을 확인할 수 있다(그림 9-18).

```
ykchang@javatools: /opt/jenkins/jobs/WELCOME_JOB
ykchang@javatools:/opt/jenkins/jobs/WELCOME_JOB$ ls -al
total 24
drwxr-xr-x 4 ykchang staff 4096 12월 12 15:40 .
drwxr-xr-x 3 ykchang staff 4096 12월 12 15:04 ..
drwxr-xr-x 4 ykchang staff 4096 12월 12 15:40 builds
-rw-r--r-- 1 ykchang staff  606 12월 12 15:37 config.xml
lrwxrwxrwx 1 ykchang staff   22 12월 12 15:40 lastStable -> builds/lastStableBuild
lrwxrwxrwx 1 ykchang staff   26 12월 12 15:40 lastSuccessful -> builds/lastSuccessfulBuild
-rw-r--r-- 1 ykchang staff    2 12월 12 15:40 nextBuildNumber
drwxr-xr-x 2 ykchang staff 4096 12월 12 15:40 workspace
ykchang@javatools:/opt/jenkins/jobs/WELCOME_JOB$
```

그림 9-18 WELCOME_JOB 디렉터리 정보

또한 각 작업별 디렉터리에는 builds 디렉터리가 있는데 여기에는 작업이 실행된 이력 정보가 날짜와 시간 조합으로 쌓여 있다.

젠킨스에서는 이러한 디렉터리 정보가 매우 중요하며 실수로 디렉터리를 삭제하면 젠킨스에 치명적인 문제가 발생할 수 있다. 그러므로 디렉터리를 제대로 이해하고 관리와 백업을 철저히 해야 한다.

표 9-5는 젠킨스 홈 디렉터리에 하위에 있는 디렉터리별 정보이다.

작업 구분	내용
/jenkins_home/jobs	jobs 디렉터리 하위에 있는 디렉터리는 젠킨스에서 관리하고 있는 작업 목록과 일치한다. '작업명'에 따라 디렉터리가 생성된 것을 볼 수 있다. 그러므로 반드시 작업을 정의할 때 작업명이 겹치지 않도록 해야 한다.
/jenkins_home/jobs/작업명	작업에 대한 설정 정보가 있다. config.xml 파일을 열어보면 젠킨스 작업 정의 화면에서 입력한 내용이 XML 형태로 저장되어 있는 것을 볼 수 있다. 설정 내용이 많을수록 XML에 많은 정보가 저장된다.
/jenkins_home/jobs/작업명/ builds	builds 디렉터리에는 작업이 실행된 이력 정보가 들어있다. 디렉터리에 저장되어 있는 build.xml 파일에 실행 작업의 성공 실패 여부와 실행 시간 정보가 저장되어 있다. Log 파일은 작업이 실행되면서 출력한 내용을 캡처해서 저장한 것이다. 앞서 젠킨스의 도스창 아이콘에서 확인한 로그 내용이 그대로 저장되어 있음을 확인할 수 있다. 이력 정보가 너무 많을 경우 디렉터리를 삭제하면 이력 정보가 없어진다.
/jenkins_home/jobs/작업명/ workspace	작업이 실행되면서 생성되는 각종 산출물들이 저장되는 곳이다. 특히 형상 관리와 연계할 때 체크아웃한 소스 파일들을 저장한다. 만일 형상 관리와 연계하지 않거나 빌드를 통해 발생하는 산출물들이 존재하지 않을 경우에는 아무런 데이터도 존재하지 않는다.

표 9-5 홈 디렉터리 구조

젠킨스 홈 디렉터리의 작업 정의 정보를 확인해 보면서 어떻게 홈 디렉터리를 관리해야 할지 감이 잡혔을 것이다. 특히 jobs 디렉터리에 포함되어 있는 정보는 젠킨스에서 실행되는 작업의 정의와 실행된 이력을 담고 있는 부분으로 제일 중점적으로 관리해야 하는 디렉터리다. 이 디렉터리를 삭제하거나 일부 파일이 유실될 경우 젠킨스에서는 해당 작업에 대한 정의와 이력 정보를 확인할 수 없게 된다.

이번 절에서 살펴본 작업 내용은 매우 간단한 경우로 어떠한 옵션도 적용하지 않고 리눅스 명령어만 연결해서 사용해 보았다. 여기서 살펴본 것과 같이 복잡한 설정 항목들도 있지만 대부분의 내용을 기본값으로 해서 빌드 도구를 추가하기만 하면 작업을 정의해서 사용할 수 있다.

9.5.2 작업 스케줄 관리

앞에서 젠킨스에서 할 수 있는 가장 간단한 작업을 정의해서 [Build Now]로 실행해 보았다. 하지만 좀 더 좋은 지속적 통합 프로세스를 완성하기 위해서는 사람이 수작업으로 실행하는 것보다는 주기적으로 특정한 조건에 따라 실행되도록 하는 것이 좋다.

자동화된 작업의 시작 시점을 정의하는 것을 젠킨스에서는 빌드 트리거(Build Triggers)라고 표현한다. 그림 9-19는 젠킨스의 작업을 설정할 때 선택할 수 있는 [Build Triggers] 옵션이다.

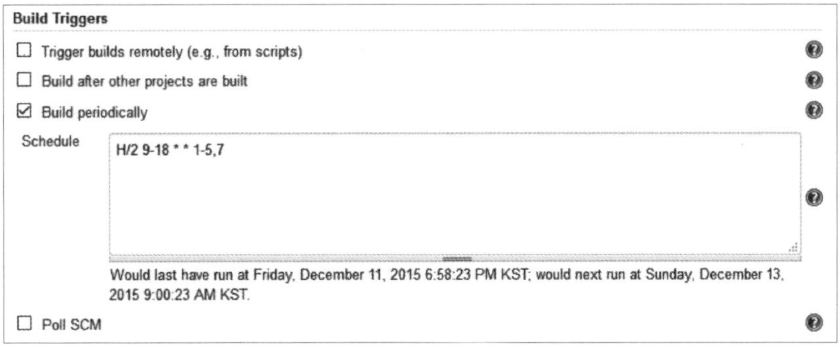

그림 9-19 젠킨스 트리거 옵션

젠킨스에서 기본 제공하는 빌드 트리거는 4가지이며 각각의 옵션을 선택하면 세부값을 입력할 수 있는 추가 항목이 나타난다. 이 중에서 가장 많이 사용하는 옵션은 다음 2가지이다.

* Build periodically: 일정한 시간 간격으로 작업을 실행시킨다. 시간 정보는 유닉스의 크론(cron) 스타일을 따른다.
* Poll SCM: 형상 관리 서버를 모니터링해서 변경이 있으면 작업을 실행시킨다.

형상 관리 모니터링 방법은 형상 관리 변경에 따라 바로 검증할 수 있다는 장점이 있지만 변경이 많이 발생하는 시스템이라면 오히려 역효과가 생길 수 있다. 그래서 가장 일반적으로 사용하는 방법이 'Build periodically' 옵션이다. 이 옵션을 선택하면 젠킨스 내부에 탑재되어 있는 스케줄러 엔진이 유닉스 크론 스타일의 시간 설정 방법으로 실행한다.

젠킨스에서 사용하고 있는 크론 스타일 문장은 다음 5가지 항목을 조합해서 사용한다.

분(MINUTE) 시(HOUR) 일(DOM) 월(MONTH) 요일(DOW)

위의 항목을 보면 크론 스타일의 스케줄 표현은 초 단위는 지원하지 않는다. 그리고 공휴일이나 기념일 같은 특정한 날짜를 제외시키는 기능도 제공하지 않는다. 오직 일률적으로 특정 분 단위 내에서 반복적으로 시간 개념을 적용할 수 있는 기능을 제공한다. 5가지 항목에 대한 정보 표현은 표 9-6과 같다.

설정 분류	내용
분	시간 중 분에 해당하는 정보이다. 0에서 59까지의 값을 가질 수 있다.
시	하루의 시간 중 시에 해당하는 정보이다. 0에서 23까지의 값을 가질 수 있다.
일	한 달을 기준으로 일자에 해당하는 정보이다. 1에서 31까지의 값을 가질 수 있다.
월	월에 해당하는 정보이다. 1에서 12까지의 값을 가질 수 있다.
요일	1주일 중 요일에 해당하는 정보이다. 0에서 7까지의 값을 가질 수 있다. 이 중 0과 7은 모두 일요일을 의미한다.

표 9-6 작업 스케줄 정의 항목

그리고 여기서 꼭 기억해야 할 것은 5가지 항목이 모두 AND 조건이라는 점이다. 정의 항목 자체가 어렵지는 않다. 모두 우리가 평소에 시간이라는 개념으로 자주 사용하는 정보이다. 다만 크론 스타일을 좀 더 잘 쓰기 위해서는 위의 5가지 항목을 표현하는 방법을 이해해야 한다. 크론의 항목에 대한 표현 방식은 4가지를 제공하고 있다(표 9-7).

설정 분류	내용
*	모든 값을 지정할 때 사용한다. 예를 들어 '분' 항목에 * 값을 지정하면 매분마다 실행된다는 것을 의미한다.
M-N	값의 범위를 지정할 때 사용한다. 예를 들어 '주' 항목에 1-5 값을 지정하면 월요일부터 금요일까지 실행된다는 것을 의미한다.
M-N/X 혹은 */X	주어진 값의 범위 중 X 값만큼 생략한다는 것을 의미한다. 예를 들어 '분' 정보에 */15 라고 입력하면 0분부터 시작해서 15분마다 실행됨을 의미한다. 다시 말해서 '0, 15, 30, 45' 분에 실행된다. 만일 1-6/2 라고 지정하게 되면 1-6분 사이에 2분 주기로 실행된다는 것을 의미하며 '1, 3, 5' 분에 실행된다.

A,B,C⋯Z	특정한 값을 지정할 때 사용한다. 예를 들어 '주' 항목에 '1, 2, 5' 값을 지정하면 월요일, 화요일, 금요일에 실행된다는 것을 의미한다.

표 9-7 크론 스타일 표현 방식

위의 표에서 지정한 방식 외에도 주석을 사용할 때 시작 부분에 '#'를 사용할 수 있으며 잘 사용하지 않지만 '@yearly', '@annually', '@monthly', '@weekly', '@daily', '@midnight', '@hourly'와 같은 예약어를 이용할 수도 있다.

여기서는 작업명을 'BUILD_TRIGGER'로 하고 'Build periodically' 항목에는 '*/2 9-18 * * 1-5,7'를 기입하였다. 작업을 정의하고 일정 시간 동안 관찰해 보면 작업의 실행 이력 항목에 2분마다 한 번씩 계속적으로 작업이 실행된 것을 볼 수 있으며 [Build Time Trend] 메뉴를 통해 그래프로 볼 수 있다(그림 9-20).

그림 9-20 스케줄러 설정 후 실행 결과

젠킨스에서 제공하는 크론 표현식은 유닉스에서 사용하는 크론 표현식과 동일하다. 그러므로 다양한 방법으로 시간 조합을 테스트해 보기 바란다. 생각보다 아주 많은 패턴을 정의할 수 있다.

일부 상용 지속적 통합 서버 중에는 스케줄을 좀 더 세분화해서 설정할 수 있는 제품들이 있다. 예를 들어 공휴일을 지정하거나 회사 창립기념일이나 선거일과 같은 임시 휴일을 지정할 수 있는 방법도 제공하며 글로벌 프로젝트를 위해 여러 국가의 휴일을 고려해서 적용하는 방법 등도 제공된다. 이러한 추가적인 부분에 대해서도 작업 스케줄링을 할 때 고려해야 한다.

9.5.3 작업과 작업 간 연계

빌드 프로세스를 정의하다 보면 하나의 빌드 작업으로 모든 것을 처리할 수 없는 경우가 많다. 물론 하나의 스크립트에 모든 절차를 다 포함시켜 정의할 수도 있지만 각 절차를 일정한 단위로 분리시킬 필요성이 있는 경우도 있다. 그 외에 작업의 시작 전과 종료 후에 전처리/후처리를 위한 작업이 필요한 경우도 있다. 이렇게 다양한 경우를 위해 젠킨스에서는 작업과 작업을 연계하는 기능을 제공한다.

작업과 작업을 연계하게 되면 하나의 작업 실행을 통해 연관된 모든 작업을 실행시킬 수 있으며 실행되는 상황을 모두 모니터링할 수도 있다. 젠킨스에서 작업을 연계하는 방식은 다음 2가지가 있다.

- 'Post build action'을 이용한 후속 작업 연계
- 'Build trigger'를 이용한 다른 작업 종료 모니터링

위의 2가지 방법 중 어느 것을 이용하더라도 연계 작업은 잘 이루어진다. 다만 선택 방법에 따라 고려할 부분이 있다.

'Post build action'은 젠킨스 작업이 끝난 이후 후속 처리를 정의하는 기능으로 젠킨스 작업 정의 화면에서 [Add post-build action] 버튼을 클릭하면 기능을 선택할 수 있다(그림 9-21).

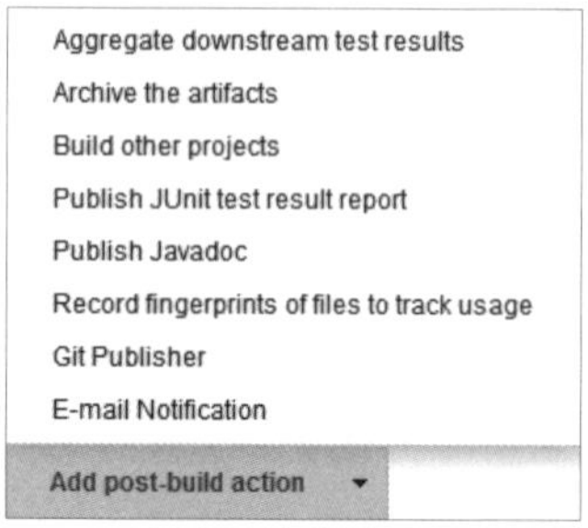

몇 가지 선택 사항이 있지만 여기서는 후속 작업 연계를 위해 [Build other projects]를 선택하고 그림 9-22처럼 실행할 작업 이름을 입력한다.

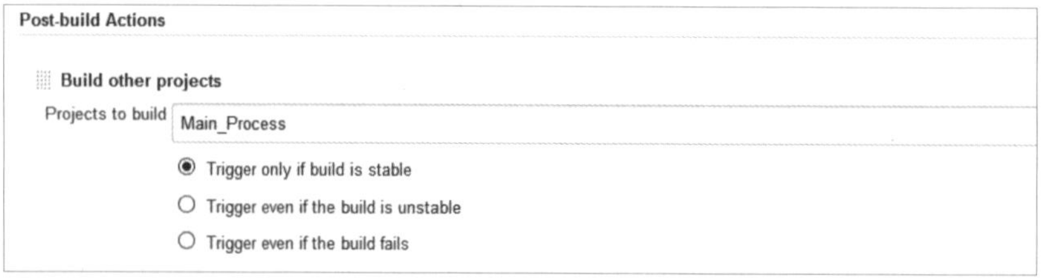

그림 9-21 작업 후속 처리

그림 9-22 후속 작업 지정

작업 간의 연계는 위와 같이 실행한 작업을 지정하는 것으로 끝이 난다.

필자의 경우 이 기능을 이용해서 3개의 작업을 정의하고 각각 순차적으로 호출하도록 실장하였다. 실장한 작업 및 순서는 Pre_Process → Main_Process → Post_Process이다. 여기서 Pre_Process 작업을 실행시킨 후 Main_Process 상세 실행 결과를 보면 그림 9-23과 같다.

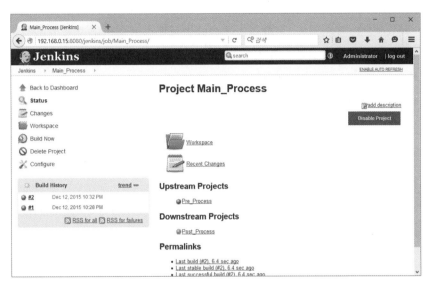

그림 9-23 프로세스 실행 결과

위의 그림에서 보는 것과 같이 [Upstream Projects]는 현재 프로세스를 실행시킨 이전 작업을 의미하며 [Downstream Projects]는 현재 작업 종료 후의 후속 작업을 의미한다. 이를 통해 작업 간의 연계뿐만 아니라 실행 후 연관 관계를 확인할 수 있다.

젠킨스에서는 이 방법 외에도 특정한 작업이 실행되는 것을 모니터링하다가 종료되면 작업을 실행시키는 방법을 제공하고 있다. 이 방법은 앞서 작업 스케줄링에서 배운 [Build Triggers] 설정에서 지정할 수 있다(그림 9-24).

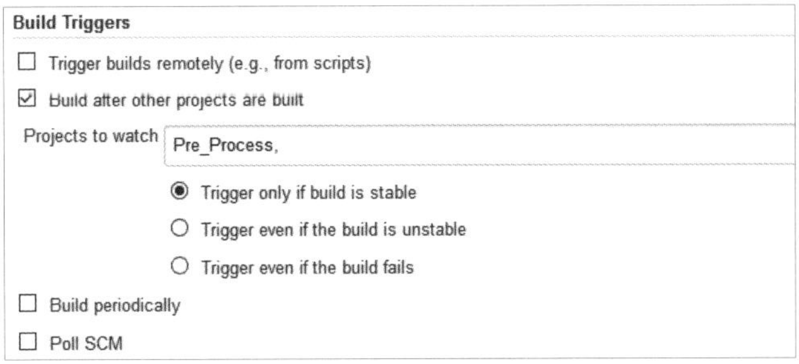

그림 9-24 트리거를 이용한 작업 연계

Post build action과 마찬가지로 쉼표를 구분자로 해서 모니터링할 작업을 나열할 수 있다.

지금까지 젠킨스에서 작업을 정의하는 방법에 대해서 알아 보았다. 이번 절에서 배운 것은 작업 정의와 작업 스케줄링, 그리고 작업과 작업 간의 연계 방법인데 젠킨스에서는 이 외에도 더 많은 작업 관련 설정들을 제공한다.

대표적으로 젠킨스는 하나의 작업이 멀티로 실행될 수 없는데, 이를 허용하도록 바꿀 수 있다. 그리고 작업 시작 전 기존 이력 정보가 일정 수준 이상 쌓이면 자동으로 삭제하도록 하는 설정, 그리고 작업 정보를 백업하는 등의 기능들이 제공된다. 이러한 기능에 대한 설명은 이 책에서 생략하겠다.[6]

9.6 형상 관리 소프트웨어 연계

젠킨스 작업의 시작은 형상 관리에서 시작된다고 말할 수 있을 정도로 젠킨스와 형상 관리 연계는 매우 중요한 항목이다. 이 절에서는 이 책에서 배운 Git과 서브버전을 젠킨스에서 연동하는 방법에 대해서 알아보자.

9.6.1 Git 연계

Git은 분산 관리에 강하고 기존 서브버전 등에 비해 브랜치와 머지 작업의 기능이 뛰어나 인기를 얻은 형상 관리 소프트웨어이다.

젠킨스 작업은 형상 관리 시스템으로부터 소스 코드를 다운로드 받아서 빌드 작업을 수행하고 이와 관련된 다양한 선/후행 작업을 수행하는 과정으로 진행된다. 한마디로 형상 관리 연계가 바로 젠킨스 작업의 시작이다.

젠킨스는 Git과 연계하기 위한 기능을 기본적으로 제공하고 있어서 별도의 설치 없이 사용할 수 있다. Git과 연동하기 위해 제일 먼저 해야 할 일은 [Manage Jenkins]-[Configure System]에서 Git에 대한 위치 정보를 정의해야 한다(그림 9-25). 만일 git 명령이 젠킨스가 실행 중인 서버에 PATH로 잡혀서 어느 곳에서나 호출이 가능하다면 이 설정은 하지 않아도 된다.

만일 서버에 Git이 설치되어 있지 않다면 'Install automatically' 옵션을 체크해서 자동 설치하도록 할 수 있다.

---

6 더 자세한 내용은 『허드슨을 이용한 지속적 통합』(장윤기 저, 2012, 인사이트)을 참고하자.

그림 9-25 Git 설치 위치 지정

위의 설정이 완료되면 젠킨스 작업이 생성된다. 그림 9-26과 같이 [Source Code Management]에서 'Git' 옵션을 선택하면 Git과 연계할 수 있는 설정 화면이 나타난다.

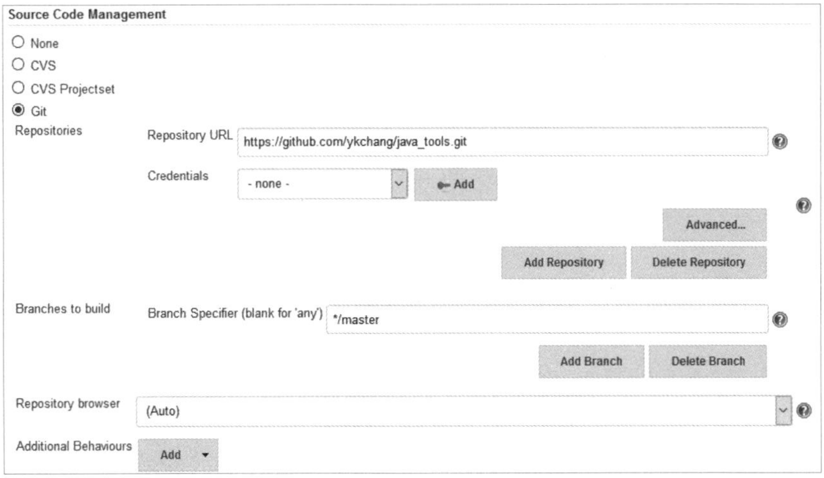

그림 9-26 Git 설정 화면

젠킨스에서 Git을 연결하는 설정은 다소 복잡하고 용어적으로도 까다로운 편이다. Git을 제대로 이해해야 이런 용어와 내용을 이해할 수 있다. 상세한 내용은 1장 '형상 관리와 Git'을 참조하도록 하고 여기서는 젠킨스에서 입력해야 할 정보들이 무엇인지 위주로 설명할 것이다.

제일 중요한 설정은 다음 2개로 Git 저장소에 접속해서 젠킨스의 로컬 파일 시스템에 복제를 하기 위한 정보이다.

- Repository URL: Git 저장소에 접속하기 위한 URL을 의미하며 Git에 연결할 수 있는 프로토콜을 이용하면 된다.
- Credentials: Git 저장소에 로그인하기 위한 아이디와 비밀번호를 정의한다. 만일 아이디와 패스워드 없이 Git 저장소에 접근이 가능하면 생략 가능하다.

위의 2개 값이 접속을 위한 기본값이며 나머지 브랜치 정보 등과 연계하기 위해서는 추가로 값을 입력하면 된다. 그럼 여기서는 앞에서 Git을 설명할 때 사용한 저장소를 이용해서 URL을 기술하고 젠킨스 작업을 실행시킨다. 그런 다음 작업의 [Output Console]을 확인하면 같이 Git 저장소로부터 복제한 것을 확인할 수 있다(그림 9-27).

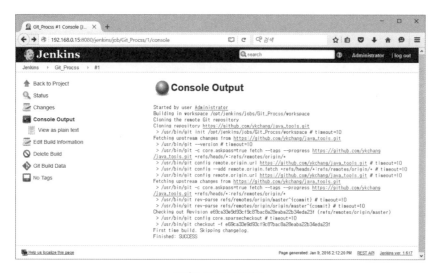

그림 9-27 Git 연계 결과

로그를 확인해 보면 Git 연계를 통해 복제한 디렉터리 위치와 복제한 파일 목록 등을 확인할 수 있다.

9.6.2 서브버전 연계

젠킨스에는 서브버전 플러그인이 기본 탑재되어 있기 때문에 서브버전 연계를 위해서 별도의 설치 작업이나 설정 작업은 필요 없고 오직 작업 연계 시 서브버전 연계를 위한 정보를 입력하면 된다.

서브버전 연계 작업을 위해 'Freestyle' 옵션을 선택한 다음 작업을 설정하기 위한 항목 중 [Source Code Management] 영역에서 연계할 버전 관리 소프트웨어의 목록을 확인할 수 있다. 여기서 'Subversion'을 선택하면 서브버전과 연결할 수 있는 접속 정보 입력 화면이 나타난다(그림 9-28).

몇 가지 중요한 속성들이 나와 있는데 각각의 내용은 다음과 같다.

- Repository URL: 서브버전 서버에 접근하기 위한 URL 정보를 의미한다. 일반적으로 svn 프로토콜이나 http, https 프로토콜을 사용한다. 서브버전은 하나의 저장소에 여러 개의 프로젝트를 생성할 수 있으며 특정한 규칙이 존재하지 않는다. 그러므로 허드슨에서 접근할 수 있는 정확한 URL 위치 정보를 지정해야 한다.

그림 9-28 서브버전 정보 입력

- Credentials: 서브버전에 접속할 사용자 아이디와 비밀번호를 입력하는 부분이다. [Add] 버튼을 클릭하면 현재 작업에만 정보를 반영할지 젠킨스 전체에 영향을 주는 설정으로 반영할지 선택할 수 있다.
- Local module directory: 형상 관리 자원을 체크아웃할 로컬 디렉터리 위치를 지정한다. 기본값은 허드슨 홈 디렉터리의 각 작업별 워크스페이스 디렉터리를 이용한다.
- Repository depth: 서브버전은 특징상 하나의 저장소에 생성할 수 있는 디렉터리 깊이에 대한 제약이 없다. 운영체제가 허락하는 한 계속적으로 깊이 있게 사용할 수 있다. 특히 자바 기반의 프로젝트는 일반적으로 패키지명을 디렉터리 구조로 잡기 때문에 그 깊이가 매우 깊어질 수 있다. 어느 정도의 깊이까지 체크아웃이나 업데이트를 할 것인지 결정한다.

- Ignore externals: 서브버전은 svn:externals 기능을 가지고 있는데 주로 설정 정보 등을 이용해서 자원을 체크아웃하거나 업데이트할 때 상세히 제어할 수 있다. 이 옵션을 사용할 것인지 여부를 선택하는 것이다.

옵션 중에서 접속을 위한 URL과 로그인 정보는 필수 입력 사항이다. 원하는 설정을 저장한 후 젠킨스 작업을 실행시키면 서브버전에서 젠킨스가 실행되고 있는 서버의 로컬 디스크로 소스 코드를 체크아웃한다.

서브버전은 최초에 소스 코드를 동기화해서 다운로드할 때는 체크아웃 명령을, 그 이후부터는 변경분을 동기화할 때는 업데이트 명령을 수행한다. 반면 젠킨스에서 서브버전과 연계할 때는 체크아웃을 할지 업데이트를 할지를 젠킨스 내부적으로 판단하며 별도로 구분해서 설정하지 않아도 된다.

설정을 완료하고 젠킨스 작업을 실행한 다음 결과를 확인하기 위해서 [Console Output] 메뉴를 클릭하면 서브버전에 존재하는 소스 코드를 다운로드한 로그를 확인할 수 있다(그림 9-29).

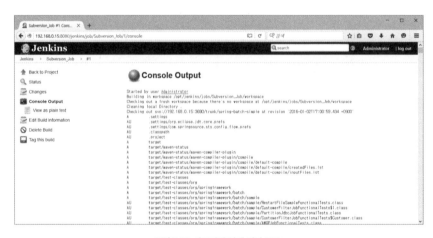

그림 9-29 서브버전 연계 결과 로그

위의 로그를 보면 젠킨스가 서브버전에서 다운로드한 파일 목록과 젠킨스 작업의 워킹 디렉터리 위치를 확인할 수 있다. 해당 디렉터리를 확인해 보면 다음과 같이 서브버전과 연관된 디렉터리가 생성되었고 소스 코드가 다운로드되어 있는 것을 볼 수 있다.

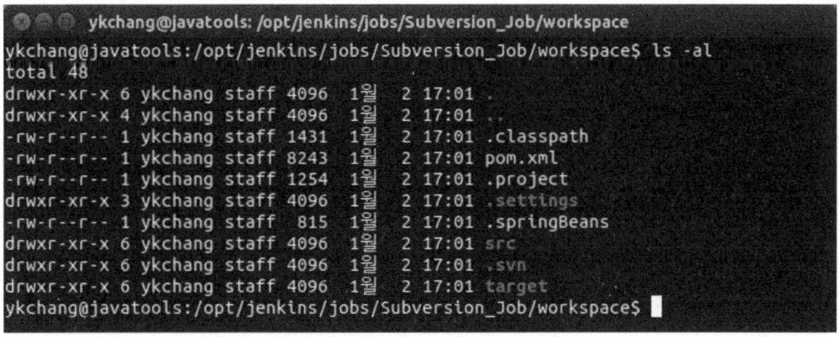

그림 9-30 서브버전 체크아웃 결과

9.7 빌드 도구 연계

지금까지 젠킨스를 이용해서 형상 관리 도구와 연계하는 방법에 대해서 알아보았다. 형상 관리 도구로부터 동기화한 소스 코드는 이후 빌드와 테스트 배포 등의 과정을 거치게 된다. 이 책에서는 빌드 도구로 ANT, 메이븐(Maven), 그레이들(Gradle)에 대해서 알아보았다. 이 3개의 빌드 도구들 모두 젠킨스에서 빌드 프로세스를 정의할 때 매우 중요하게 사용되는 연계 대상 도구이다. 이번 절에서는 젠킨스에서 빌드 도구와 연계하는 방법에 대해서 알아보겠다.

9.7.1 ANT 연계

젠킨스에서 ANT와의 연계를 위해 제일 먼저 할 일은 ANT가 설치되어 있는 위치를 지정해 주는 것으로 [Manage Jenkins]-[Configure System]에서 ANT 관련 설정을 해주어야 한다(그림 9-31).

그림 9-31 ANT 위치 설정

위의 그림에서는 이미 서버에 설치되어 있는 ANT의 위치를 지정했지만 별도로 설치하지 않았다면 'Install automatically' 옵션을 체크해서 ANT를 자동으로 설치하도록 하면 된다.

시스템 설정에서 ANT 설치 정보를 설정했다면 이제 각 젠킨스 작업에서 빌드 도구로 ANT를 사용할 수 있다. 젠킨스에서 ANT를 호출하는 방법은 2가지다.

- ANT 직접 호출: ANT 명령을 직접 호출하는 형태로 ANT 호출 시 필요한 라이브러리 정보 등의 각종 설정 정보도 젠킨스 작업에서 직접 설정해야 한다.
- 셸 스크립트를 통한 호출: ANT를 호출하는 셸 스크립트 혹은 윈도우 배치 스크립트를 작성하고 해당 셸 스크립트를 젠킨스에서 호출한다. ANT 호출 시 필요한 라이브러리 정보 등의 각종 설정 정보는 셸 스크립트 내부에 포함되어 있어서 젠킨스에서는 특별한 설정 없이 ANT 타깃 정보만을 이용할 수 있다.

콘솔에서 ANT를 실행시킬 때 스크립트가 복잡할수록 셸 스크립트로 호출하는 것이 일반적이다. 스크립트로 전달해야 할 설정들이 많아지고 연관된 내용들도 복잡해지기 때문이다. 하지만 셸 스크립트로 호출하게 되면 내부적으로는 속성이나 내용이 잘 파악되지 않는 단점도 있다. 때문에 젠킨스와 ANT를 연계할 때는 셸 스크립트를 호출하는 방법보다는 젠킨스에서 ANT 스크립트를 직접 호출하는 것이 훨씬 효율적이다.

젠킨스 작업에서 ANT를 호출하기 위해 작업을 생성한 후 설정 화면의 [Add build step]에서 [Invoke Ant]를 선택하면 그림 9-32와 같은 화면이 나타난다.

그림 9-32 ANT 빌드 옵션 입력

Invoke Ant에는 5개의 입력 항목이 있다. 다음은 5개 항목에 입력해야 할 정보를 정리한 것이다.

- Ant Version: 연계 시 사용할 ANT를 선택한다. 앞서 젠킨스 시스템 설정에서 추가한 ANT 이름을 목록에서 선택할 수 있다.
- Targets: 젠킨스에서 호출할 ANT 타깃을 지정한다. 타깃 정보를 입력하지 않으면 ANT의 빌드 스크립트에 있는 기본 타깃이 실행된다. 여러 개의 타깃을

실행하기 원하면 스페이스를 구분자로 해서 타깃을 나열하면 된다.

- Build File: 젠킨스는 각 작업별로 서버에 workspace 디렉터리를 만드는데, 이 속성을 지정하지 않으면 workspace에 있는 build.xml 파일을 찾아서 호출한다. 만일 디렉터리 위치가 다르고 ANT 빌드 파일명이 build.xml이 아닌 경우 여기에 반드시 입력해야 한다.
- Properties: ANT를 실행할 때 전달할 속성 정보를 입력한다. 입력 방법은 name=value 형태로 입력하고 만일 여러 속성이 필요하면 여러 줄에 걸쳐서 작성하면 된다. 이렇게 작성한 속성 정보는 ant 명령에 -D 옵션으로 전달된다. 주석이 필요한 경우 '#' 문자를 이용하면 된다.
- Java Options: ANT는 자바 기반으로 실행되는 스크립트 도구이기 때문에 자바 가상 머신의 옵션을 지정할 필요가 있다. 특히 대규모 빌드 작업이 필요한 경우 힙 메모리 옵션 등을 조정하기 위해 사용한다.

ANT 연계는 젠킨스의 시스템 설정과 각 작업의 빌드 스텝에서 [Invoke Ant]에 호출할 빌드 파일명과 타깃을 지정하는 것으로 끝난다. 결국 ANT와의 연계는 빌드 스크립트를 얼마나 잘 작성하는지에 달려 있고 젠킨스는 작성한 빌드 스크립트를 호출하는 것으로 끝난다.

9.7.2 메이븐 연계

메이븐 연계 역시 앞서 배운 ANT 연계와 마찬가지로 젠킨스의 시스템 설정에 메이븐 설치 정보를 등록하고 각 젠킨스 작업에서 연동할 메이븐의 위치 정보와 골 정보를 입력하면 된다.

결국 메이븐도 얼마나 POM을 잘 만드느냐에 따라 빌드 프로세스의 품질이 좌우되며 젠킨스는 메이븐의 골(Goal)을 호출하는 것으로 끝난다.

제킨스의 시스템 설정 메뉴에서 [Manage Jenkins]-[Configure System]을 선택하고 [Maven installations] 항목에 다음과 같이 값을 입력한다(그림 9-33).

그림 9-33 메이븐 설치 위치 지정

위의 그림과 같이 젠킨스가 설치되어 있는 서버에 메이븐이 설치되어 있다면 메이븐의 이름을 지정하고 설치 위치를 기술하면 된다. 만일 설치되어 있지 않다면 'Install automatically' 옵션을 체크해서 메이븐을 자동으로 설치하면 된다.

이제 메이븐을 본격적으로 사용하기 위해 젠킨스 작업에서 메이븐을 호출하도록 설정해야 한다. 이번에는 젠킨스 작업 정의에서 기존의 'Freestyle project'가 아니라 'Maven project'를 선택했다(그림 9-34).

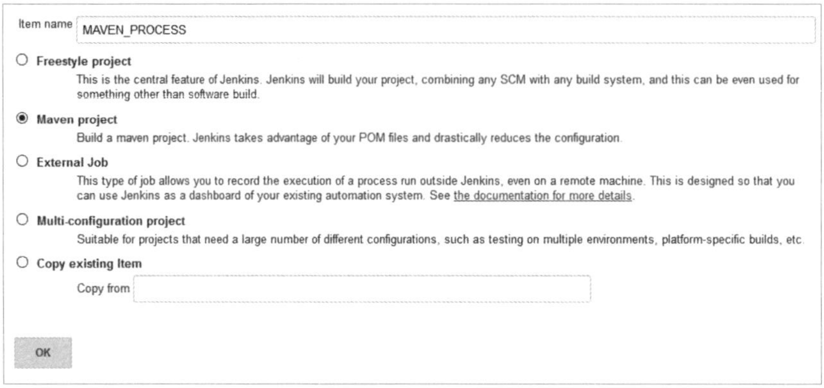

그림 9-34 메이븐 작업 생성

'Maven project' 옵션을 선택하고 젠킨스 작업을 생성하면 그림 9-35와 같은 화면이 나타난다.

그림 9-35 메이븐 작업 정의 화면

메이븐을 위한 작업이므로 빌드 작업은 오직 메이븐의 pom.xml을 선택할 수 있고 메이븐 작업 앞뒤로 [Pre Steps]와 [Post Steps]에 메이븐 외에 ANT, 유닉스 셸, 윈도우 배치 등을 추가해서 정의할 수 있다.

기본 화면에서는 메이븐 pom.xml 파일을 기본으로 지정하는데 이는 젠킨스 작업의 워크스페이스를 기준으로 하며, 만일 다른 위치에 있는 파일을 지정하려면 디렉터리 경로부터 파일명까지 기술하면 된다. 그리고 메이븐 POM 파일 중 실행을 원하는 골을 기술하면 작업 실행 시에 젠킨스에서 해당 POM 파일 기준의 골을 호출한다.

대부분 pom.xml 파일과 골을 지정하는 것으로 메이븐 연계가 끝나지만 필요하면 좀 더 세분화된 옵션 설정이 가능한데 이를 위해서는 [Advanced…] 버튼을 클릭하면 된다.

메이븐 프로젝트에서 생성한 산출물을 로컬 저장소 혹은 기업/프로젝트 내에서 운영하는 사설 저장소로 업로드해야 할 경우가 생기는데 젠킨스를 이용할 때는 2가지 방법을 선택할 수 있다.

- Build Action 이용: 메이븐의 mvn deploy 명령을 호출해서 결과 산출물을 업로드한다.
- Post Action 이용: 메이븐의 Build Action은 mvn package까지만 실행하고 이 작업이 성공하면 Post Action으로 메이븐 산출물이 등록되도록 한다.

첫 번째 방법인 빌드 작업에서 mvn deploy를 호출하는 것이 가장 일반적이고 쉬운 방법이지만 젠킨스의 후속 작업으로 분리하는 것도 고려할 필요가 있다.

젠킨스 작업 생성 시 'Maven project' 옵션을 선택했다면 [Post-build actions]에서 'Deploy artifacts to Maven repository'를 선택할 수 있다(그림 9-36).

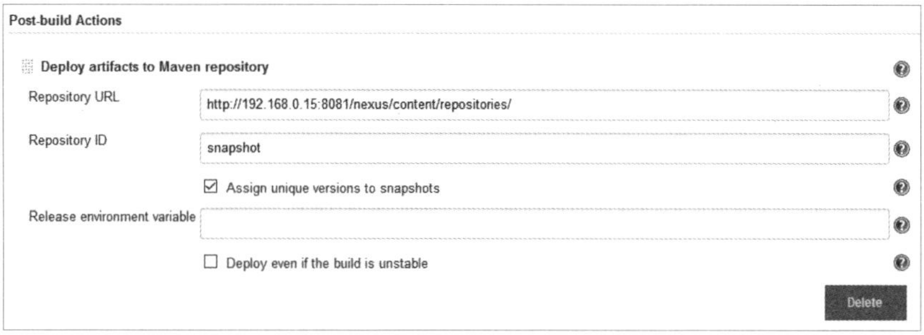

그림 9-36 네서스에 메이븐 프로젝트 배포

메이븐 역시 POM 파일을 지정하고 원하는 골을 선택하면 연계가 완성된다. mvn deploy를 이용해서 사설 저장소에 배포할지, 아니면 후속 작업에 이를 기술할 것인지는 젠킨스 작업을 정의하는 절차에 따라서 결정하면 된다.

9.7.3 그레이들 연계

ANT와 메이븐이 기본 플러그인으로 설치되어서 배포되는 것과 달리 젠킨스에서 그레이들과 연계하기 위해서는 별도의 플러그인을 설치해야 한다. ANT와 메이븐에 비해 그레이들은 아직 인지도가 높지 않고 널리 사용되지 못하고 있기 때문이다.

젠킨스에서 그레이들 플러그인을 제공하기 시작한 것은 젠킨스 프로젝트의 모태인 허드슨부터이다. 플러그인은 공식적으로 2008년도에 선보였고 지금까지 계속해서 버전업되면서 안정화되어 가고 있다.

플러그인 설치는 [Manage Jenkins]-[Manage Plugins]를 선택하면 [Available] 탭에서 'Gradle plugin'을 확인할 수 있다. 설치를 완료하고 나면 젠킨스 작업을 정의할 때 그림 9-37과 같이 [Add build step] 메뉴에 그레이들 스크립트와 연동할 수 있는 'Invoke Gradle script' 메뉴를 확인할 수 있다.

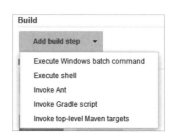

그림 9-37 그레이들 스크립트 정의 메뉴

'Invoke Gradle script' 메뉴를 클릭하면 그레이들 스크립트를 호출하기 위한 설정 화면이 나타나는데, 설정해야 하는 항목이 다소 많아 보이지만 주된 내용은 그레이들이 설치된 위치와 그레이들의 빌드 스크립트가 있는 디렉터리 위치와 파일명을 지정하는 것이 전부이다(그림 9-38).

그림 9-38 그레이들 설정 화면

위의 그림과 같이 젠킨스에서 그레이들을 호출하는 방식은 다음 2가지이며 반드시 둘 중 하나만을 선택해야 한다.

- Invoke Gradle: 젠킨스가 실행 중인 서버에 설치된 그레이들을 이용해서 그 레이들 스크립트를 실행시킬 경우 사용한다. 가장 일반적인 방법이며 사용을 위해서는 설치된 위치를 별도의 설정 화면에서 정의해야 한다.
- Use Gradle Wrapper: 그레이들은 그레이들의 설치 없이도 스크립트를 실행 시킬 수 있는데, 이때 반드시 그레이들 프로젝트 내에 Gradle Wrapper가 적 용되어 있어야 한다. gradle wrapper 명령을 이용해서 사전에 생성해야 하며 5장 '그레이들을 이용한 빌드'에서 상세히 설명했다.

이 단원에서는 'Invoke Gradle' 옵션을 이용하려고 한다. 이 옵션을 이용하기 위 해서는 젠킨스의 [Manage Jenkins]-[Configure System]에서 그레이들의 설치 위 치를 지정해야 한다(그림 9-39).

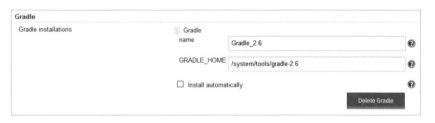

그림 9-39 그레이들 설치 위치 설정

만일 젠킨스 서버에 그레이들이 설치되어 있지 않다면 'Install automatically' 옵 션을 체크해서 자동으로 설치하도록 할 수 있다.

다시 젠킨스 작업 정의 화면으로 넘어가면 앞서 설정한 'Gradle_2.6'을 선택할 수 있다(그림 9-40).

그림 9-40 그레이들 설정 결과

위의 설정은 5장 '그레이들을 이용한 빌드'에서 사용했던 스크립트를 그대로 사용한 것으로 아래 명령과 동일하게 실행된다.

```
cd /home/ykchang/gradle/first_java
gradle uploadArchives -b maven.gradle
```

만일 [Root Build Script]와 [Build File]에 그레이들 프로젝트 위치와 빌드 파일명을 설정하지 않으면 기본값으로 젠킨스 작업의 워크스페이스에 있는 gradle.build 파일을 호출하게 되며, 만일 해당 파일이 존재하지 않으면 작업은 에러가 발생한다.

이제 작업을 저장하고 실행시킨 후 [Console Output] 결과를 확인하면 그림 9-41과 같이 그레이들 명령이 실행되고 로그 정보를 확인할 수 있다.

그림 9-41 그레이들 실행 결과

9.8 요약

이상으로 젠킨스를 이용한 지속적 통합에 대해서 알아봤다. 지속적 통합은 기능상의 구현보다는 지속적 통합 프로세스를 설계하고 이를 프로젝트에 적용해서 개선해 나가는 것이 더 중요하다. 그리고 설계한 프로세스를 계속 발전시켜서 적합한 절차와 방법을 찾아나가는 것이 지속적 통합 활동의 핵심이다. 그리고 이를 통해 소프트웨어의 품질을 높이는 것이 최종 목표이다.

　이번 장은 젠킨스를 이해하고 응용할 수 있는 기반을 마련하는 것이 목적이다. 좀 더 높은 수준의 지속적 통합 환경을 구축하기 위해서는 다음 내용들을 추가로 고려해야 한다.

- 분산 환경 구축: 젠킨스를 마스터와 슬레이브로 지정해서 분산된 시스템에서 프로세스를 실행하도록 구성할 수 있다. 서버 환경이 복잡하고 배포해야 하는 시스템이 대규모라면 이 구조를 이용해야 한다.
- 젠킨스 확장: 젠킨스는 자체적으로 플러그인 개발을 통해 확장할 수 있는 기술을 제공한다. 필요로 하는 특정 기능을 구현하기 위해서는 플러그인을 직접 만들어서 구현하면 된다.

젠킨스가 고가의 상용 도구가 대부분을 차지하고 있던 시장에서 시장 점유율을 빠르게 높일 수 있었던 이유는 무료라는 장점뿐만 아니라 프로세스를 다양하게 정의하고 다양한 개발/프로젝트 관리 소프트웨어와 연계할 수 있는 기능을 제공했기 때문이다. 아무쪼록 이번 장의 내용이 좋은 소프트웨어/서비스 개발의 바탕이 되고 더불어 개발자들의 반복적인 작업을 줄이는 데 도움이 되었으면 한다.

10장

Practical *Java* **Utility**

MyLyn을 이용한 협업 환경

10.1 들어가며

현대 소프트웨어 개발은 영역별로 전문화되고 규모가 거대해져서 한 명이 모든 것을 기획하고 개발하는 경우는 극히 드물다. 그러므로 최소 2명 이상의 개발자로 구성된 팀 형태로 소프트웨어 개발이 이루어지게 된다. 이렇게 팀으로 구성된 개발팀이 가장 먼저 정의해야 할 것은 각 구성원 간의 역할과 책임이 아니라 팀원 간에 원활한 소통과 자료 공유가 가능한 환경을 만들고 여기에 익숙해지는 것이다.

앞서 설명한 형상 관리 도구, 버그 트래킹 도구, 지속적 통합 역시 협업을 위한 훌륭한 소프트웨어들이다. 이번 장에서는 이클립스 기반의 협업 프레임워크인 MyLyn에 대해서 알아볼 것이다.

• MyLyn 이해
• MyLyn을 이용한 연동

10.2 MyLyn 이해

이클립스는 과거에 비해 혁신적인 기능이 그다지 추가되지 않고 버전도 잘 업그레이드되지 않는 데다 오랜 기간에 걸쳐 기능들이 하나둘 추가되면서 점점 무겁고 느린 개발 도구의 대명사처럼 여겨지고 있다. 하지만 다른 개발 도구에 비해서 정말 뛰어난 기능이 하나 있는데 바로 MyLyn이다. MyLyn이 처음 나온 시점에는 개발자를 위한 큰 선물이라고 표현할 정도로 개발자 입장에서는 매우 좋은 기능이었다.

여러 프로젝트에 참여하거나 다른 프로젝트를 참조할 때, 혹은 프로젝트를 관리/진행할 때 통합 개발 도구인 이클립스 프로젝트의 워크스페이스와 프로젝트, 그리고 워킹 세트는 점점 늘어나고 복잡해지기 마련인데 이러한 때일수록 MyLyn을 사용해야 한다.

사실 MyLyn이 제공하는 것은 태스크 리스트(Task List)와 태스크 저장소(Task Repositories) 뷰어 기능이 전부다. 여러 가지 MyLyn 관련 플러그인을 설치하더라도 매우 단순한 화면 하나가 개발 도구에 추가되는 것이 전부이지만 이 창 하나를 통해서 개발자 혼자만의 로컬 태스크를 관리할 수 있으며, 버그 트래킹 시스템과 연결하고 지속적 통합 시스템과 연동해서 모니터링할 수도 있다.

어떤 사람들은 MyLyn을 굉장히 복잡한 시스템이라고 생각해서 사용하지 않으려고 하지만 사실 우리 책상 주변에 널려 있는 메모지와 포스트-잇 그리고 수첩에 적어놓는 글들이 MyLyn을 통해서 개발 도구 안으로 옮겨진 것뿐이다.

MyLyn은 이클립스에서 제공하는 태스크 중심 프로그래밍을 위한 기술이며 이를 기반으로 정보를 상호 공유하고 필요한 각종 소프트웨어 및 솔루션과 연동할 수 있는 프레임워크를 제공한다. 자세한 내용은 MyLyn의 홈페이지인 *http://www.eclipse.org/mylyn*에서 확인할 수 있다.

10.2.1 MyLyn이란?

이클립스를 이용해서 개발 작업을 진행하다 보면 MyLyn이라는 용어를 어떤 식으로든 마주치게 되는데 사실 관심있게 보지 않으면 뭐하는 기능인지, 왜 필요한 것인지 전혀 알 수가 없다.

MyLyn은 태스크와 애플리케이션의 생명 주기(Application Lifecycle Management, ALM)를 관리하는 프레임워크로 이클립스를 기반으로 하고 있으며 다음과 같이 3가지 기능을 제공하고 있다.

• 태스크 기반의 인터페이스를 제공한다.
• 개발자를 위한 태스크 관리 도구를 제공한다.
• 애자일 및 ALM 시스템과의 연계성을 제공한다.

위의 내용을 보면 MyLyn은 태스크 위주의 통합과 협업을 제공하며 태스크의 진행 상황을 모니터링하고 개발자가 프로그래밍 작업에 집중할 수 있도록 도와준다.

이러한 협업 작업을 위해서 MyLyn은 코드 리뷰 도구인 Gerrit 커넥터, 허드슨/젠킨스 커넥터, 버그질라 커넥터 등을 제공하며 커넥터 개발이나 연계를 위한 프레임워크 API를 제공한다.

10.2.2 설치 및 환경 설정

과거에는 이클립스에서 MyLyn을 사용하기 위해서는 MyLyn 플러그인을 설치해야 했지만 이클립스 3.3 버전부터는 기본으로 설치되어 있기 때문에 손쉽게 사용할 수 있다. 기본으로 설치된 플러그인은 MyLyn Task List 플러그인으로, 태스크 관리 기능을 제공하며 추가적으로 버그 트래킹 도구나 지속적 통합 도구 등과의 연계를 위해서는 플러그인을 추가로 설치해야 한다.

이클립스의 [Help]-[Install New Software]을 선택하고 [Work with]에서 'Mylyn for Eclipse'를 선택하면 그림10-1과 같이 MyLyn과 관련된 플러그인 목록이 나타난다.

그림 10-1 MyLyn 플러그인

크게 3가지 분류가 있는데 주로 사용하는 것은 'MyLyn intergrations'로, 다른 솔루션들과 연계할 수 있는 기능을 제공하며 'MyLyn SDKs and Frameworks'는 MyLyn 기반의 플러그인을 개발하는 용도로 사용한다. 'MyLyn Features'는 기본 설치 플러그인으로 이 영역의 플러그인 설치는 필요 없다.

10.2.3 기본 사용법 이해

이클립스의 [Window]-[Show View]-[Task List]를 선택하면 그림 10-2와 같이 탭

이 이클립스 퍼스펙티브 내에 추가된다.

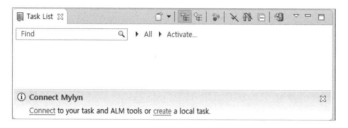

그림 10-2 MyLyn Task List 탭

위의 빈 공간에서 오른쪽 마우스 버튼을 클릭하고 [New]-[Task] 메뉴를 클릭하면 사용할 저장소를 선택하는 [New Task] 창이 나타난다.

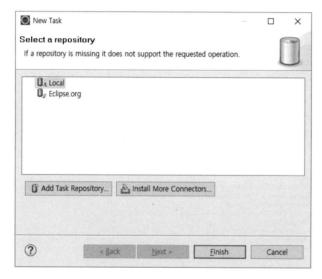

그림 10-3 MyLyn 저장소 선택

저장소를 신규로 생성하거나 추가 커넥터를 설치할 수 있는 기능이 제공되지만 여기서는 일단 [Local]을 선택하고 [Finish] 버튼을 클릭하자. 그러면 그림 10-4와 같이 신규 태스크 정보를 기술할 수 있는 화면이 나타난다. 다음의 속성들을 고려해서 값을 입력한다.

- Task 중요성: 태스크 이름을 입력하는 왼쪽의 선택 박스에서 현재 태스크의 중요도를 선택할 수 있다. 값은 Very High, High, Normal, Low, Very Low 의 5가지가 있다.

- Task 이름: 태스크로 사용할 이름을 기입하는 곳으로 가급적 제목을 통해 해당 태스크가 어떤 것을 의미하는지 기술하는 것이 좋다.
- Attributes: 분류 항목을 선택하고 참조할 만한 URL이 있으면 이를 기술하면 된다. 분류 항목의 기본값은 'Uncategorized'인데 [Task List] 창에서 마우스 오른쪽 버튼을 클릭하고 [Set Category]-[New Category]를 선택하면 카테고리 정보를 관리할 수 있다.
- Private: 외부에 공개되지는 않고 혼자만 알 수 있는 정보로, 이 태스크를 종료시켜야 하는 스케줄과 날짜를 선택하고 여기에 대한 설명을 기술할 수 있다. 이 영역의 정보는 타인과 공유되지 않는다.

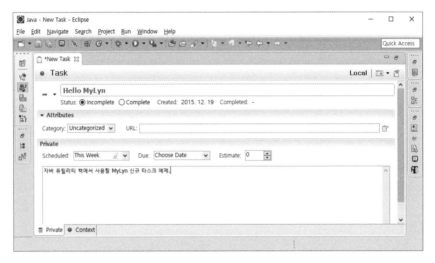

그림 10-4 신규 태스크 추가

원하는 태스크 내용을 기술하고 저장하면 [Task List] 탭에 저장한 결과가 나타난다.

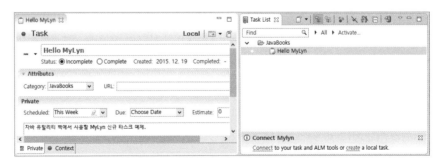

그림 10-5 태스크 저장 결과

10.2.4 태스크 컨텍스트 관리

이렇게 생성한 태스크는 이클립스 프로젝트의 자원과 연계할 수 있다. 태스크와 자원을 연계하게 되면 등록한 태스크의 작업이 어떠한 자바 소스 코드나 메서드 또는 어떠한 API와 연관되어 있는지를 관리할 수 있다.

또한 태스크별로 연관 자바 파일을 오픈할 수 있어서 여러 태스크의 개발을 동시에 진행할 때는 태스크에 연관된 자바 파일을 오픈시킴으로 쉽게 파일 관리까지 가능해진다.

태스크와 컨텍스트를 연결하는 방법은 다음과 같다. 태스크를 선택하고 마우스 오른쪽 버튼을 클릭한 다음 [Activate]를 선택하면 회색 아이콘이 진한 파랑색으로 바뀐다. 그리고 이 상태에서 소스 코드를 패키지 익스플로러나 내비게이터에서 오픈하면 오픈한 파일들이 태스크와 연관된 것으로 등록된다.

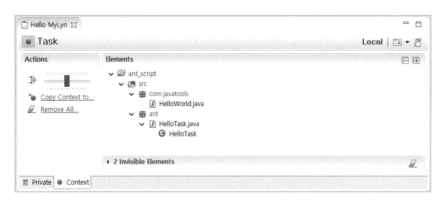

그림 10-6 태스크와 자바 소스 코드 연계

원하는 파일을 오픈하면 등록이 되고 다시 해당 태스크를 [Deactivate] 시키면 더 이상 파일이 추가되지 않는다. 이 기능을 이용하면 태스크와 연관된 소스 코드를 등록할 수 있고 이클립스의 많은 기능을 이용해서 좀 더 편하게 파일 목록을 관리할 수 있다.

대표적으로 [Package Explorer] 탭이나 내비게이터의 오른쪽 상단에 동그라미 모양의 아이콘(Focus on Active Task)이 있는데, 이를 클릭하면 현재 Activate 태스크와 연관된 파일만 표시된다. 이 외에도 여러 가지 장점이 있지만 자세한 사항은 직접 사용하면서 느껴보자.

여기까지 MyLyn의 태스크를 로컬 저장소를 이용해서 등록해 보았는데 매우 단순하지만 이를 통해 프로젝트에서 해야 할 태스크들을 관리할 수 있고 개발 도구 안에서 지속적으로 확인할 수 있어 장점이 크다.

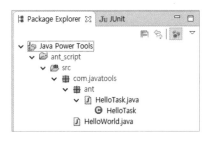

그림 10-7 태스크 관련 파일 필터링

하지만 MyLyn을 이용한 태스크 관리의 가장 큰 장점은 다른 사람과 공유하고 그 이력을 관리할 수 있다는 것이며 이를 위해서는 로컬 저장소가 아닌 원격의 저장소와 연동할 필요가 있다.

다음 절에서는 MyLyn을 다른 솔루션들과 연동해서 정보를 공유하는 방법을 알아보도자.

10.3 MyLyn을 이용한 연동

앞서 살펴본 로컬 저장소에서 태스크를 생성하고 관리하는 것의 가장 큰 단점은 생성한 태스크를 다른 개발자 혹은 관련된 사람과 공유할 수 없다는 점으로, 이 때문에 진정한 의미의 협업이라고 하기 어렵다. 결국 생성한 태스크를 원격의 저장소에 저장하고 이를 서로 공유할 수 있어야 하는데 태스크를 위한 대표적인 원격 저장소는 JIRA, 레드마인, 트랙과 같은 버그 트래킹 도구이다.

이 절에서는 MyLyn 커넥터를 이용해서 원격의 저장소와 연계하는 방법에 대해서 알아보자.

10.3.1 트랙 기반의 태스크 관리

트랙은 앞서 살펴본 것처럼 매우 쉽고 편리하게 이슈 관리를 할 수 있는 소프트웨어이며 이슈 관리뿐만 아니라 위키 등 프로젝트 개발 시 협업하고 정보를 공유할 수 있는 좋은 환경을 제공한다. MyLyn에서는 트랙을 저장소로 사용하기 위한 커넥터를 공식적으로 제공하고 있으며 이를 위해서는 추가 플러그인을 설치해야 한다. [Install New Software]-[MyLyn for Eclipse]를 선택한 다음 목록에서 'MyLyn Tasks Connector: Trac'에 체크하고 설치하면 된다(그림 10-8).

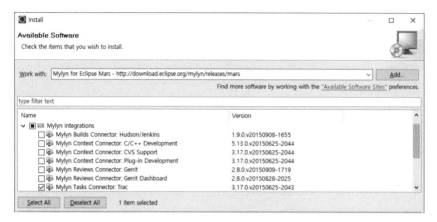

그림 10-8 트랙 커넥터 설치

이제 트랙 커넥터를 이용해서 MyLyn 저장소를 생성해야 한다. 저장소 생성 방법은 여러 가지가 있지만 [Windows]-[Show View]-[Other]-[Mylyn]을 선택하고 [Task Repositories] 탭에서 마우스 오른쪽 버튼을 클릭하면 그림 10-9와 같은 메뉴가 나타나는데 여기서 [Add Task Repository]를 선택한다.

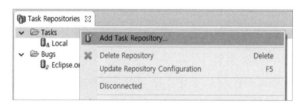

그림 10-9 MyLyn 저장소 생성

해당 메뉴를 클릭하면 MyLyn에서 태스크 관리 저장소로 사용할 수 있는 소프트웨어 목록이 나온다. 여기서는 'Trac'을 선택하고 [Next]를 클릭한다(그림 10-10).

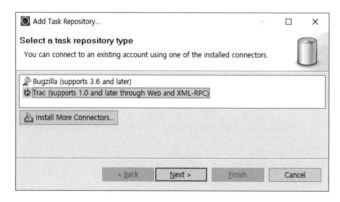

그림 10-10 트랙 커넥터 선택

트랙을 선택하면 트랙에 접속하기 위한 정보를 설정해야 한다. 일반적으로 트랙의 특성 프로젝트에 대한 접속 URL과 이름, 그리고 권한이 있는 아이디와 비밀번호를 설정하면 된다. 이 외에 많은 추가 속성이 있는데 특별히 필요한 경우를 제외하면 설정할 필요가 없다.

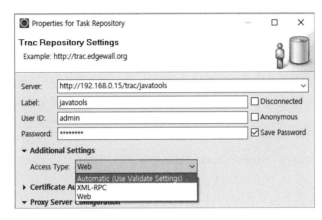

그림 10-11 트랙 연결 정보 설정

위의 설정 중에서 추가로 고려할 부분은 [Additional Settings]의 [Access Type] (연계 타입)인데 방식은 'Web'과 'XML-RPC' 방식이 있다. 두 방식의 차이를 정리하면 다음과 같다.

- Web: 웹 브라우저 접속 방식으로 이클립스에서 내부 웹 브라우저를 실행시켜서 트랙 화면을 호출하고 요청을 처리하는 방식이다. 기본값이며 트랙에 추가 설정 없이 사용할 수 있다.
- XML-RPC: SOAP 프로토콜을 이용하게 되며 입력 화면은 이클립스 트랙 커넥터 화면에서 처리한다. 웹 브라우저를 이용하는 것이 아니라 이클립스 화면에서 직접 트랙과 통신하기 때문에 UI적으로 통합된 환경을 사용할 수 있으며 트랙과 오프라인에서도 작업할 수 있다. 단, 이 방식을 사용하기 위해서는 트랙에 추가 설치 작업해야 한다.

Web 방식을 선택해도 상관없지만 XML-RPC 방식이 좀 더 사용하기 편리하고 통합성 측면에서도 좋으며 오프라인에서 사용할 수 있고 파일을 첨부할 수 있는 등 장점이 많다. 하지만 XML-RPC 방식을 사용하기 위해서는 기본 트랙 설치 외에 추가적인 설치 작업과 설정 작업이 필요하다.

XML-RPC 통신을 위한 플러그인은 trachacks 사이트에서 다운로드 및 설치 방법을 확인할 수 있다.[1] 여러 가지 방식이 있지만 가장 손쉬운 방법은 소스 코드를 직접 다운로드한 다음에 파이썬에 설치하는 것이다. *https://trac–hacks.org/browser/xmlrpcplugin?rev=15136&format=zip*으로 접속하면 직접 다운로드가 가능하다.

다운로드한 다음 압축을 해제하고 다음 명령을 실행시킨다.

```
python setup.py bdist_egg
```

이 명령을 실행시키면 dist 디렉터리 하위에 TracXMLRPC-1.1.5-py2.7.egg 파일이 생성된 것을 볼 수 있다. 이 파일을 트랙 프로젝트의 plugins 디렉터리에 복사하면 된다. 필자의 환경에서는 다음과 같이 실행된다.

```
cp ./dist/*.egg /opt/trac/javatools/plugins
```

라이브러리 설치를 완료하였으면 다음 명령을 이용해서 트랙 프로젝트에 XML-RPC 플러그인을 활성화시키고 트랙 사용자가 XML-RPC를 사용할 수 있도록 권한을 부여해야 한다.

```
trac-admin /opt/trac/javatools config set components tracrpc.* enabled
trac-admin /opt/trac/javatools permission add admin XML_RPC
```

첫 번째 명령은 트랙이 XML-RPC 플러그인을 사용하도록 활성화한 것이고 두 번째는 트랙 사용자에게 권한을 부여한 것이다. 현재 MyLyn 커넥터는 admin 계정으로 연결할 것이기 때문에 admin 사용자에게 권한을 부여했다.

모든 작업을 완료한 후 트랙을 재시작하고 트랙의 [Admin]-[General]-[Plugins] 메뉴를 선택하면 다음 그림과 같이 RPC 플러그인이 추가된 것을 볼 수 있다.

그림 10-12 플러그인 설치 결과

플러그인 설정이 완료되었으면 이클립스의 MyLyn 커넥터 설정으로 되돌아가서 [Access Type]을 [XML-RPC]로 선택한 다음 화면 하단에 있는 [Validate Settings]

---

[1] *https://trac–hacks.org/wiki/XmlRpcPlugin*

를 클릭해 보면 정상적으로 테스트가 이루어지는 것을 확인할 수 있다(그림 10-13).

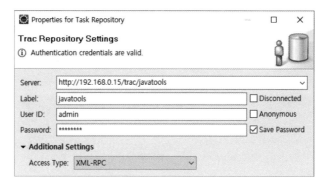

그림 10-13 연결 테스트 결과

설정을 저장하고 나면 앞서 사용한 [Task Repositories] 탭에서 트랙의 프로젝트 명으로 저장소가 생성된 것을 볼 수 있다. 이제 생성된 저장소를 선택하고 마우스 오른쪽 버튼을 클릭한 다음 [New Task]를 선택하면 트랙을 기반으로 태스크를 생성할 수 있는 화면이 나타난다(그림 10-14).

그림 10-14 MyLyn 커넥터를 이용한 트랙 태스크 생성

위의 화면 중에서 [Attributes] 영역은 트랙 관리자가 설정한 프로젝트 정보와 단계 정보 등을 리스트 형태로 표시한 것으로, 생성하는 태스크의 정보를 정의하는 데 사용한다. 그리고 [Description]에 태스크에 대한 정보를 상세히 기입하고

[Submit] 버튼을 클릭하면 된다.

이렇게 생성한 태스크는 이클립스의 [Task List] 탭에서도 확인이 가능하며 트랙의 [Ticket] 탭에서도 동일하게 확인이 가능하다. 또한 각 개발자들은 트랙 웹 브라우저 혹은 이클립스의 [Task List] 탭을 통해 내용을 공유하고 업데이트할 수 있다(그림 10-15).

그림 10-15 이클립스와 트랙 연결 결과

10.3.2 젠킨스 연계를 통한 빌드 결과 공유

9장 '젠킨스를 이용한 지속적 통합 구축'에서 젠킨스에 대해서 배웠다. 젠킨스 역시 플러그인을 통해서 이클립스와 연동하는 방법을 제공한다. 젠킨스에서 제공하는 플러그인 외에도 MyLyn을 이용해서 젠킨스와 연계하는 방법도 제공되는데 여기서는 그 방법에 대해서 알아보자.

앞서 살펴본 트랙과 마찬가지로 젠킨스와 연결하기 위해서는 [Task Repositories] 탭에서 마우스 오른쪽 버튼을 클릭한 다음 [Add Task Repository]를 선택해서 젠킨스 관련 저장소를 추가해야 한다. [Add Task Repository]에서 젠킨스용 플러그인을 설치하기 위해 [Install More Connectors] 버튼을 클릭하면 [Install Connectors] 창이 나타나는데 여기서 'Hudson/Jenkins'를 선택한다(그림 10-16).

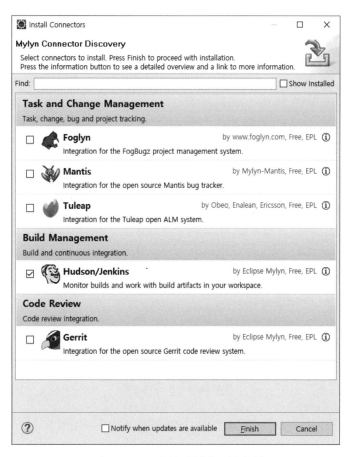

그림 10-16 MyLyn용 허드슨/젠킨스 커넥터 설치

[Finish] 버튼을 클릭하면 젠킨스와 연결하기 위한 커넥터의 설치가 진행된다. 설치 완료 후 이클립스를 재시작하고 이클립스의 [Window]-[Show View]-[Other]-[MyLyn]-[Builds]를 선택하면 그림 10-17과 같은 화면이 나타난다.

그림 10-17 이클립스 빌드 탭

위의 그림에서 [build server...]를 클릭하면 [New Build Server] 창이 나타난다. 여기서 연결하기 원하는 젠킨스 서버의 URL과 아이디, 비밀번호를 입력하면 MyLyn을 이용해서 젠킨스와 연계가 가능해진다(그림 10-18).

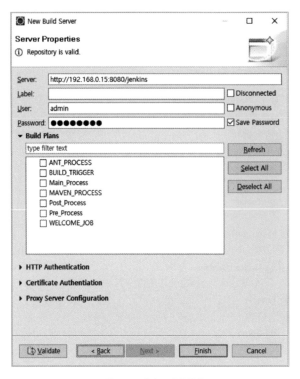

그림 10-18 젠킨스 연계 설정

설정이 완료되면 앞서 만들었던 젠킨스의 빌드 작업 등을 확인할 수 있다. 이클립스의 [Builds] 탭에서 빌드 목록과 마지막 빌드 작업, 각종 로그 정보를 볼 수 있으며 이클립스 창에서 직접 빌드를 실행시킬 수도 있다.

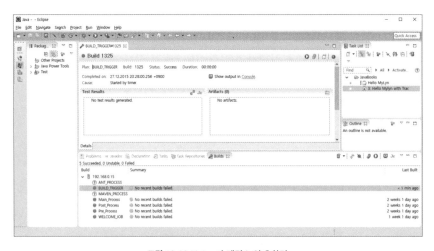

그림 10-19 MyLyn과 젠킨스 연계 화면

MyLyn을 이용해서 다른 소프트웨어와 연계할 때 대표적으로 유용하게 사용할 수 있는 트랙과 젠킨스에 내해서 알아봤다. 이 외에도 MyLyn은 많은 개발 소프트웨어와 연계가 가능하며 이를 통해 매우 생산적이면서 편리하게 사용할 수 있다.

10.4 요약

이 책에서 살펴본 Git, 서브버전부터 젠킨스까지 모두 여러 사람이 서로의 자원과 내용을 공유하고 이를 활용하기 위한 소프트웨어들이기 때문에 모두 협업 도구라 할 수 있다. MyLyn의 경우 공유를 위한 정보를 직접적으로 저장하고 있지 않아서 다소 성격은 다르지만 개발자 입장에서는 매우 중요한 협업 도구이기 때문에 별도의 단원으로 분리해서 설명했다.

MyLyn의 차별화된 특징은 여러 곳에 분산되어 있는 협업 정보를 하나의 개발 환경에 연동해서 그 내용을 공유할 수 있다는 점이다. 사용하는 관리 도구가 많으면 많을수록 개발 생산성이 높아질 것 같지만 사실은 그렇지가 못하다. 집중도가 떨어지고 정보가 그만큼 분산되기 때문이다. 그러므로 MyLyn처럼 흩어져 있는 정보를 개발자가 가장 많이 사용하는 통합 개발 환경에서 확인하고 사용할 수 있도록 해주는 도구가 중요한 이유이다.

MyLyn은 사용하면 할수록 매우 흥미로운 점이 많은 도구이다. 비록 최근 이클립스의 인기가 조금 떨어졌지만 다른 자바 개발 도구에 비해 월등히 비교되는 이클립스만의 장점 중 하나가 바로 MyLyn이 이클립스에 있다는 점이다.

## 11장

P r a c t i c a l *J a v a* *U t i l i t y*

JMeter를 이용한 성능 테스트

11.1 들어가며

소프트웨어 개발 초창기에는 기술을 습득하고 요구사항을 분석하고 이를 설계하고 구현하는 것만으로도 바쁘기 때문에 성능을 고려해서 개발하기가 쉽지 않았다. 당장 눈에 보이지 않고 개발 진척률 관리에 주요한 항목으로 올라가지 않는 이유도 있지만, 최근의 개발 환경이 스프링과 같은 개발 프레임워크 기반으로 많은 부분이 공통화되어 있기 때문에 성능과 관련해서 개발자가 직접 통제할 수 있는 영역이 매우 제한적이기 때문이기도 하다.

이러한 제약 사항과 패러다임의 변화에도 불구하고 성능은 소프트웨어나 서비스에 있어서 매우 중요한 요소이며 아무리 기능이 좋고 잘 만들었을지라도 원하는 성능이 나오지 않으면 서비스를 개통할 수 없게 되며 실제로 성능 문제가 발생해서 개통한 서비스를 다시 취소하는 경우도 많이 있다. 이러한 문제를 미연에 방지하기 위해서 충분한 성능 테스트와 부하 테스트를 수행해야 한다.

이번 장에서는 JMeter를 이용해서 성능을 테스트하는 방법에 대해서 알아볼 것이다.

- 성능 테스트 이해
- 성능 테스트 전략 수립
- 성능 테스트 환경 구축
- 아파치 JMeter를 이용한 테스트 설정
- 아파치 JMeter를 이용한 테스트 수행

이번 장은 이전 장들과는 다르게 기술적인 내용 외에 성능 테스트에 대한 이해와 전략 수립 부분에도 많은 부분을 할애했다. 이를 통해 성능 테스트에 대해서 이해하고 올바르게 JMeter를 사용하는 방법에 대해서 알아보자.

11.2 애플리케이션 성능 테스트 이해

성능 테스트는 여러 가지 의미가 복합적으로 포함되어 있고 그 범위도 광범위해서 한마디로 정의하기가 어렵다. 그럼에도 일반적으로 통용되는 기준으로 정의해 보면, 성능 테스트는 개발한 소프트웨어 혹은 서비스가 특정한 조건에서 얼마나 서비스의 수행이 가능한지를 확인하는 과정이라고 할 수 있다. 일부는 성능 테스트가 성능을 튜닝하는 행위와 같다고 생각할 수 있지만, 좀 더 정확히는 수치를 측정하는 테스트 작업으로 이해하는 것이 좋다.

우선 성능 테스트와 함께 고려할 것은 성능 튜닝과 부하 테스트이다. 같은 의미로 해석하는 경우도 있지만 사실은 굉장히 큰 차이가 있다. 각각의 내용을 비교해 보면 다음과 같다.

- 성능 테스트: 특정 업무 애플리케이션 혹은 특정 트랜잭션의 성능 수치를 측정한다. 트랜잭션별(주로 하나의 요청이 응답할 때까지의 단위) 진행되는 각 구간의 성능값을 측정한다. 편의상 부하 테스트의 의미를 포함하는 경우도 있다.
- 성능 튜닝: 성능 테스트에서 도출된 성능 병목 구간을 튜닝한다. 일반적으로 데이터베이스 튜닝, 애플리케이션 튜닝과 같이 개발된 코드를 개선하는 작업과 운영체제, 미들웨어, 데이터베이스 등 솔루션 관점의 파라미터 튜닝도 함께 진행한다. 이러한 튜닝 과정을 거치고 다시 성능 테스트를 수행해서 튜닝 전/후의 데이터를 비교하면서 개선해 나가는 활동이다.
- 부하 테스트: 부하 테스트는 성능 테스트와 성능 튜닝이 어느 정도 완성되면 해당 소프트웨어 혹은 서비스를 대표할 수 있는 기능을 선정하여 해당 하드웨어 및 네트워크 환경에서 얼마나 많은 사용자가 동시에 사용할 수 있는지 테스트하는 것이다. 간단히는 10분에서 1시간 정도 테스트해서 초당 평균 트랜잭션 수(TPS)와 하드웨어 및 네트워크 사용률을 분석한다. 추가적으로 1일에서 1주일 동안 지속적으로 부하를 발생시켜서 부하가 지속적으로 처리되는지도 확인한다. 장시간 부하 테스트 시 가용성 테스트를 병행한다.

성능 테스트, 성능 튜닝, 부하 테스트는 거의 맞물려서 진행되지만 소규모 프로

젝트의 경우 부하 테스트는 하지 않고 성능 테스트와 성능 튜닝 정도로 끝내는
경우도 많다. 이 책에서는 성능 테스트라는 의미에 부하 테스트노 포함시켜 설
명할 것이다.

이러한 성능 테스트를 수행할 경우 얻을 수 있는 장점은 다음과 같다.

- 개발한 소프트웨어가 특정한 하드웨어에서 얼마나 많은 트랜잭션 혹은 사용자의 요청에 대응할 수 있는지 확인할 수 있다.
- 성능 테스트를 통해 소프트웨어 혹은 하드웨어상에 존재하는 병목 구간과 문제 구간을 유추할 수 있다.
- 개발한 서비스를 개통할 때 얼마나 많은 사용자에게 서비스가 가능한지 사전에 예측하고 준비할 수 있다.
- 성능 테스트 시 발생하는 각종 로그 데이터, 업무 데이터, 파일 등의 발생량을 고려하여 시스템의 스토리지, 디스크, 데이터베이스, 메모리 등의 사용량을 예측할 수 있고 향후 서비스 운영 시 참조할 수 있는 기준값을 산출할 수 있다.
- 테스트 활동을 통해 서비스를 개발하는 개발자, 기획자 및 관리자에게 항상 성능을 고려해서 기획, 설계, 개발해야 한다는 인식을 심어줄 수 있다.

이 외에도 여러 가지 장점이 있지만 가장 큰 장점은 서비스가 얼마나 많은 처리를 할 수 있는지 유추할 수 있는 정량적인 부분과 프로젝트에 참여하는 사람들이 성능에 대한 경각심을 가지고 업무에 임할 수 있는 동기 부여가 가능하다는 정성적인 부분이 있다.

이러한 여러 가지 장점에도 불구하고 아직까지도 대규모 프로젝트를 제외하고 성능 테스트를 제대로 진행하지 못하는 이유는 다음과 같다.

- 성능을 테스트하고 관리할 전담 인력을 별도로 두기 어렵다. 이로 인해 비전문가가 테스트해서 문제를 발견하지 못하거나, 문제가 있더라도 해결하지 않고 넘어가는 경우가 생긴다.
- 프로젝트 일정이 빠듯해서 기능을 설계, 구현하고 테스트하는 것만으로도 벅차기 때문에 성능까지 고려할 여지가 많지 않다.
- 성능은 문제가 발생하면 향후 하드웨어 증설로 해결할 수 있을 것이라는 막연한 기대감을 가지고 심각하게 대처하지 않는 경우가 있다.
- 성능 테스트를 어떻게 해야 하는지 모르는 경우가 많고 설령 테스트를 수행하더라도 나온 결과의 신뢰성이 높지 않거나 결과를 해석할 수 있는 사람이 없는 경우가 많다.

이 외에도 여러 가지 이유가 있지만 가장 큰 이유는 예산이 없고 일정이 촉박하고 전담할 수 있는 사람이 없기 때문이다.

여기서는 성능 테스트를 위한 전략 수립과 시나리오 작업, 애플리케이션 개발에 꼭 필요한 범위 내에서 성능 테스트와 부하 테스트를 하는 방법을 알아보자.

11.3 성능 테스트 전략 수립

성능 테스트 전략 수립은 성능 테스트에 대한 목표를 정의하는 것부터 시작한다. 목표가 없는 테스트는 흐지부지 끝날 가능성이 많기 때문에 객관적인 기준에 따라 전략을 세우고 그 전략에 따라 지속적이고 반복적으로 성능 테스트를 하는 것이 중요하다.

11.3.1 목표 수립

성능 테스트 전략 수립 단계 중 가장 핵심은 바로 서비스할 소프트웨어에 대한 명확한 목표를 수립하는 것이다. 이 목표를 달성하기 위해 성능 테스트와 부하 테스트를 수행하고 튜닝 작업을 진행한다. 만일 튜닝을 해도 목표를 달성하지 못한다면 하드웨어 증설이나 아키텍처 변경을 고려해 볼 필요가 있다.

표 11-1은 성능 테스트 계획을 수립할 때 반드시 사전 정의해야 할 내용이다.

항목	내용
목적	• 성능 테스트의 목적을 명확하게 기술한다(예: 새로 구축하는 소프트웨어가 목표로 하는 부하 상황에서 원활하게 작동하는지를 확인하거나 신규 도입하는 하드웨어가 개발된 소프트웨어를 기반으로 최대 어느 정도까지 서비스가 가능한지 확인한다).
목표	• 목적이 정의되었다면 목적에 기반한 목표를 정의한다. • 목표는 매우 상세하게 기록하는 것이 좋은데 동시 사용자 수, 동시 사용자가 발생시키는 요청 수 등의 예측치를 기술하는 것이 좋다(예: 화면 로그인의 최대 피크 타임을 오전 8시부터 9시 사이로 예상한다면 해당 시간 동안 초당 100번의 SSO 서비스가 가능해야 한다).
대상	• 성능 테스트는 가능한 한 모든 서비스에 대해서 최대한 많이 하면 좋지만, 시간이 많이 들고 노력도 많이 필요한 작업이다. 때문에 성능 테스트의 목적과 목표를 검증할 수 있는 대표 서비스를 도출해서 수행하는 것이 좋다. • 소프트웨어에서 제공하는 서비스 중 대표적으로 많이 사용하는 것과 반드시 검증해야 하는 서비스를 도출하되 전체 서비스의 20%를 넘지 않는 선에서 수행하는 것이 좋다(성능 테스트에서 황금률은 전체 20%의 서비스가 전체 자원의 80%를 소모한다는 법칙이 있는데 많은 서비스를 테스트한다고 해도 성능 검증에 큰 영향을 주지 않는 경우가 많다).

표 11-1 성능 테스트 전략 수립 항목

위의 표에서 언급한 대로 목적, 목표, 대상을 수립했다면 이에 대한 기준을 세워야 하는데 가장 좋은 기준은 이미 해당 서비스를 하고 있는 경우이다. 이 경우 현재 서비스의 상태와 총 사용자 수, 특정 시간대의 동시 사용자 수, 그리고 초당 평균 요청 수 등을 뽑고 이 값을 기준으로 향후 어느 정도의 부하를 감당해야 하는지 정의하면 좋다.

항목	내용
총 사용자 수	• 서비스를 사용하고 있는 혹은 사용할 예정인 전체 사용자 수를 정의한다. 사용자는 잠재적으로 서비스에 부하를 발생시키고 성능에 영향을 주는 주요한 항목이다. • 현재 서비스의 가입자 항목, 가입은 하지 않았지만 '손님'과 같은 형태로 사용하는 경우도 모두 도출하는 것이 좋다.
동시 사용자 수	• 총 사용자 수보다 더 중요한 항목이 바로 동시 사용자 수다. 동시 사용자 수에 대한 정의는 다소 애매한 부분이 있는데, 주로 특정 시간 동안 서비스를 요청하는 사용자 수를 의미한다. • 대부분 특정 시간대(피크 타임)의 1초 동안 서비스를 요청하는 사용자 수로 정의하며 정확한 집계가 어렵다면 웹서버나 WAS의 ACCESS 로그에 찍히는 IP 정보와 시간을 분석해서 도출한다.
평균 TPS	• TPS는 초당 요청 횟수를 의미하며 성능 테스트 시 가장 보편적으로 사용하는 수치이다. • 이 역시 동시 사용자수와 마찬가지로 피크 타임 때의 로그를 분석해서 평균 TPS를 수집하는데, 이때 주의할 것은 단순한 HTML이나 이미지 파일 등 미들웨어나 데이터베이스에 큰 영향을 주지 않는 요청은 제외시키는 것이 좋다.

표 11-2 성능 기준 정보 정의

표 11-2의 현행 성능 기준 정보를 바탕으로 목표에 대한 값과 대상을 산출하게 되며 향후 5년간 서비스의 발전을 고려해서 최종 성능 테스트 도달 목표를 정의하는 것이 좋다. 예를 들어 현재 동시 사용자가 100명이고 평균 TPS가 2000인데 해당 비즈니스가 매년 20%씩 증가한다고 가정한다면 이를 기준으로 5년 후의 동시 사용자와 평균 TPS를 산정하는 것이다.

지금까지 설명한 내용은 이미 서비스가 제공되고 있어서 서비스 업그레이드나 하드웨어 업그레이드, 혹은 개편 시에 기존 서비스를 기반으로 성능 테스트 기준 정보를 산출하는 경우다. 그런데 신규로 만들고 있는 서비스라면 이를 도출하기가 매우 어렵다. 이러한 경우는 목표를 잡을 때에 다소 추상적으로 잡을 수밖에 없고 테스트할 대상도 좀 더 많이 정의해야 한다.

11.3.2 구간별/대상별 목표 수립

앞서 설정한 목표는 성능 테스트에 사용할 상위 수준의 목표이며 해당 항목들이
정의되면 이제 상세 목표를 수립해야 한다.

상세 목표를 수립할 때는 구간별 목표와 대상별 목표를 정의해야 한다. 최근
소프트웨어 개발은 멀티 티어 환경에서 이루어지고 있어서 각 구간별로 별도의
목표를 수립하는 것이 중요하다. 일반적으로 많이 사용하는 웹 기반 프로젝트에
서는 미들웨어에서의 성능 수치, 데이터베이스의 성능 수치, 대내/대외 연계를
위한 성능 수치, 최종적으로 네트워크의 성능 수치를 고려해야 한다. 이러한 구
간별 목표는 클라이언트(주로 웹 브라우저)의 요청부터 응답까지 수행되는 각
구간을 사전에 정의하고 구간에 따른 누적 수치를 산출하게 되는데 중요한 것은
구간별로 수치값을 측정할 수 있는 환경이 마련되어 있어야 한다는 점이다. 왜
냐하면 JMeter에서의 성능 테스트는 클라이언트의 요청과 응답을 기준으로 측
정하기 때문에, 구간별 측정 방법이 제공되지 않으면 어떤 서비스의 어떤 구간
에서 문제가 발생했는지 알 수가 없다.

구간별 목표가 정의되었다면 성능 테스트 대상 서비스별 목표 수립이 필요하
다. 동일한 소프트웨어에서 제공하는 서비스라도 서비스의 성격에 따라 목표가
달라지기 때문이다. 다음은 대상별 목표 수립 시 고려해야 할 항목과 예이다.

- 로그인 업무: 주로 업무가 시작되는 시간에 집중적으로 부하가 발생한다. 아
  침 출근 한 시간 전부터 출근 후 한 시간이 가장 피크타임이다. 그리고 점심
  시간 이후 오후 근무 시작 시점부터 한 시간 역시 로그인이 가장 많은 부하를
  받는다.
- 일 마감/월 마감 업무: 일 마감의 경우 퇴근 시간 1~2시간부터 급격히 부하가
  증가한다. 월 마감 업무의 경우 매월 마지막 일을 기준으로 2~3일 전이 가장
  피크 시간대이며 거의 하루 종일 시스템에 큰 영향을 미친다.
- 공통 업무: 업무마다 공통적으로 호출되는 기능의 경우 응답 시간은 매우 빠
  르지만 워낙 호출되는 트랜잭션 수가 많기 때문에 최대한의 성능 튜닝 및 사
  전 검증이 필요하다.
- 통계 업무: 통계 화면은 주로 오전 시간대에 많은 부하가 발생한다. 전날 혹
  은 전월 통계를 기반으로 금일 작업 계획을 세우기 때문이다. 상대적으로 오
  후에는 부하가 급격히 떨어진다.

위의 4가지 특성은 해당 서비스에서 요구하는 비즈니스 상황에 따라 달라질 수

있다. 그리고 기업을 위한 서비스가 아닌 일반인을 대상으로 하는 서비스일 경우 상황은 완전히 달라진다. 특히 최근에는 글로벌 기업이 늘고 글로벌 서비스가 많아지면서 부하가 발생하는 특정 시간대를 규정하기가 어려운 경우도 많다. 그러므로 목표로 하는 서비스 상황을 고려해서 성능을 테스트할 서비스를 도출하고 각각에 대한 목표 수치를 수립할 필요가 있다.

그럼 이제 성능 테스트 시 각 단계별로 수행하고 정의해야 할 내용들에 대해서 알아보자.

11.4 테스트 환경 구축

성능 테스트를 하기 위해서는 테스트를 할 수 있는 환경을 마련해야 한다. 성능 테스트는 어떻게 환경을 구성하느냐에 따라 결과의 차이가 크고, 잘못된 환경은 성능 테스트 자체에 대한 신뢰성을 훼손하기 때문에 통상적으로 표 11-3과 같은 환경과 전제 조건을 바탕으로 테스트를 수행한다.

항목	내용
성능 테스트 소프트웨어	여러 명의 사용자가 동시에 다른 데이터를 요청해서 처리하는 시나리오를 실행시키는 소프트웨어. 다양한 애플리케이션 수행을 위해 다양한 프로토콜을 지원해야 하며 테스트 결과를 시각적으로 보여준다.
네트워크 환경	성능 테스트하는 소프트웨어는 가급적 테스트할 서버와 같은 네트워크 환경에 존재하는 것이 좋다. 그렇지 않으면 네트워크의 성능 차이 때문에 성능 측정 결과가 변질될 소지가 있다.
테스트 데이터	제대로 된 성능 테스트를 수행하기 위해서는 충분한 테스트 데이터가 확보되어야 한다. 특히 데이터베이스의 경우 축적된 데이터의 양에 따라 성능 결과가 크게 다를 수 있기 때문에 실제 운영 환경을 고려해서 데이터를 준비해야 한다.
다양한 요청 데이터	각각의 사용자들이 동일한 파라미터로 요청하는 경우는 극히 드물다. 그러므로 실제 서비스 환경을 고려해서 사용자들의 요청 데이터를 다양하게 준비할 필요가 있다. 특히 요즘 미들웨어나 데이터베이스는 동일한 요청값으로 들어온 데이터는 캐시 기능을 이용해서 상당히 빠르게 처리하는데 이를 보고 성능이 좋다고 오판할 수 있다.
구간 모니터링 방안	최근 개발되는 애플리케이션은 멀티 티어 환경으로 구현되기 때문에 성능 테스트를 수행한 결과값을 각 구간별로 수집하고 구분할 수 있어야 한다. 예를 들어 A라는 요청은 데이터베이스 처리를 20번 하고 파일 처리를 1번 한다면 각각의 항목의 수치값을 뽑을 수 있어야 향후 성능 튜닝에 참조할 수 있다.

표 11-3 성능 테스트를 위한 환경

위의 표에서 언급한 내용은 성능 테스트 전략 수립 시 고려해야 할 항목의 일부이다. 제대로 된 성능 테스트와 부하 테스트를 수행하기 위해서는 정확한 수치를 뽑고 이를 기반으로 상세 정보를 분석할 수 있어야 한다. 이러한 준비 없이 진행한다면 테스트 결과를 이용해서 개선 활동이나 분석 활동을 할 수 없게 된다.

11.5 아파치 JMeter란

성능 테스트를 위한 많은 테스트 도구들이 있는데 여기서는 무료로 사용할 수 있고 업계에서 널리 사용되고 있는 아파치의 JMeter를 사용할 것이다.

JMeter는 아파치에서 관리하고 있는 성능 테스트 애플리케이션으로, 애플리케이션 기능에 대한 부하 테스트를 수행하고 이에 대한 성능을 측정하는 기능을 제공한다. 오픈 소스이며 100% 자바로 개발되어 있어서 요구하는 자바 버전만 맞으면 운영체제에 상관없이 운영이 가능하다. 처음 JMeter가 만들어진 이유는 아파치 JServ(톰캣의 전신)의 성능을 테스트하기 위해서였다. 때문에 웹 애플리케이션의 성능 테스트가 주목적이었으나 이후 버전업되면서 추가적인 프로토콜을 이용해 웹 외에도 테스트할 수 있게 되었다.

성능 테스트를 수행할 때 중요한 것 중 하나는 어떤 프로토콜을 이용해서 테스트를 진행할지 결정하는 것이다. 요즘 개발되는 대부분의 애플리케이션들이 웹 서비스나 HTTP 프로토콜을 이용해서 클라이언트의 요청을 수행해서 큰 영향은 없지만 웹이 아닌 애플리케이션인 경우 이에 대한 방안을 마련해야 한다.

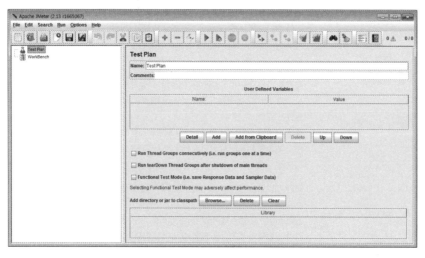

그림 11-1 아파치 JMeter 초기 화면

JMeter의 핵심 기능은 샘플러(Sampler)이다. 샘플러가 성능 테스트를 위한 부하를 발생시키는 역할을 하며 사사은 샘플러에서 실행할 수 있는 특별한 프로토콜에 맞는 값을 설정할 수 있다. 그리고 샘플러의 실행 결과가 수집되어서 성능 테스트에 대한 결과를 분석할 수 있는데 요청에 대한 성공/실패, 소요 시간 등에 대한 정보를 기록한다.

표 11-4는 현재 JMeter 2.13 버전에서 제공하는 샘플러 중 주요하게 사용하는 목록이다.

Sampler 목록	내용
HTTP Request	HTTP/HTTPS 프로토콜을 이용해서 성능 테스트를 수행할 때 사용 JMeter에서 가장 많이 사용되는 샘플러
FTP Request	FTP는 주로 파일 기반의 데이터 송/수신에 많이 사용하는 업무로, 이에 대한 성능 테스트를 할 때 사용
JDBC Request	데이터베이스의 특정 SQL의 성능 테스트를 수행할 때 사용 HTTP Request Sampler를 이용해서 테스트를 수행한 후 특정 JDBC에 대한 테스트가 필요할 때 종종 사용함 JDBC 테스트를 위해서는 별도의 JDBC 드라이버를 JMeter의 클래스 패스에 추가해야 함
SOAP/XML-RPC Request	SOAP 기반의 RPC 요청 성능 테스트를 수행할 때 사용
LDAP Request	LDAP의 성능을 측정할 때 사용
TCP Sampler	TCP 프로토콜을 수행할 때 사용하지만 테스트하고자 하는 서버 데몬의 TCP 규격이 복잡할 경우 이를 모두 수용하지는 못함
JMS Publisher	JMS Publisher 방식의 메시지 큐 서비스의 성능 테스트를 수행할 때 사용 JMS를 테스트하기 위해서는 JMS 클라이언트를 구현한 라이브러리를 JMeter의 클래스 패스에 추가해야 함
JMS Subscriber	JMS Subscriber 방식의 메시지 큐 서비스의 성능 테스트를 수행할 때 사용 JMS를 테스트하기 위해서는 JMS 클라이언트를 구현한 라이브러리를 JMeter의 클래스 패스에 추가해야 함.

표 11-4 JMeter의 대표적인 샘플러 목록 및 내용

위의 표에서 나열한 샘플러 외에도 많은 샘플러가 제공되고 있으며 버전업이 될 때마다 추가되고 있다.

11.6 성능 테스트 설정 - 테스트 플랜 작성

처음부터 복잡한 웹 화면을 테스트하기보다는 간단한 JSP 혹은 서블릿을 작성하고 이를 테스트해 나가면서 JMeter의 테스트 모델을 이해해 보도록 하자.

소스 11-1은 "user_name"을 GET/POST 방식으로 값을 받아서 화면에 출력하는 간단한 JSP이다. 이 파일을 사용할 수 있는 톰캣과 같은 환경에 배포해서 테스트를 수행할 것이다.

소스 11-1 printName.jsp

```
<%@ page language="java" contentType="text/html; charset=EUC-KR"
  pageEncoding="EUC-KR"%>
<%
  String yourName = request.getParameter("user_name");
%>
<!DOCTYPE html PUBLIC "-//W3C//DTD HTML 4.01 Transitional//EN"
  "http://www.w3.org/TR/html4/loose.dtd">
<html>
<head>
<meta http-equiv="Content-Type" content="text/html; charset=EUC-KR">
<title>Hello</title>
</head>
<body>
Hello, <%= yourName %>
</body>
</html>
```

위의 접속 URL은 필자의 PC 기준으로 *http://localhost:8080/javatools/printName.jsp*이고 넘겨야 하는 파라미터는 user_name이다. 그럼 이 정보를 가지고 JMeter의 성능 테스트 모델을 작성해보자.

JMeter를 실행하면 왼쪽 창에 [Test Plan]과 [WorkBench]라는 항목이 나온다. 성능 테스트를 위한 설정은 우선 [Test Plan] 영역에서 진행한다. 또한 작성한 테스트 플랜은 별도의 파일로 저장해서 관리할 수 있으며 필요 시 다시 불러와서 진행할 수 있다. [Test Plan]에는 다음과 같이 항목들을 추가해서 사용할 수 있다.

---

1 램프업이란 본격적인 테스트 전에 일정 시간 동안 테스트를 실행시켜서 시스템을 예열시키는 것을 말한다.

항목	내용
Thread Group	Thread Group은 모든 테스트 플랜 작성의 시작 지점으로 Thread Group 아래에 모든 컨트롤러와 샘플러가 위치한다. Thread Group에는 실행하는 스레드 수, 램프업[1] 시간, 테스트 수행 시간을 지정한다. 하나의 테스트 플랜에는 여러 개의 Thread Group을 지정할 수 있다.
Samplers	샘플러는 JMeter가 대상 시스템에 요청해야 하는 정보를 설정한다. 예를 들어 HTTP 프로토콜을 이용해서 테스트한다면 "HTTP Request Sampler"를 추가하고 여기에 연결한 URL 정보와 파라미터 값을 설정한다. 각각의 샘플러는 해당 프로토콜에 맞는 속성값들을 정의하게 되어 있으며 테스트 시 해당 프로토콜에 대한 이해 없이는 설정이 거의 불가능하다.
Logical Controllers	Logical Controller는 JMeter가 언제 서버에 요청을 전달할지를 결정한다. 예를 들어 전체 부하 테스트 중에서 로그인은 한 번만 하는 경우, 혹은 HTTP URL이 2개이고 해당 요청의 순서가 존재한다면 "HTTP Request Sampler"를 2개 등록하고 Logical Controller로 2개의 상관 관계를 정의할 수 있다.
Listeners	JMeter를 통해 테스트하는 결과 정보 및 진행 상태 정보를 표시한다. 일반적으로 [Graph Result]를 이용해서 진행되는 추이를 그래픽하게 확인한다. 또한 수집된 정보는 XML 혹은 CSV로 저장이 가능하다.
Timers	JMeter의 테스트 플랜에 샘플러를 등록하면 순차적으로 진행이 되지만 현실 세계에서 하나의 사용자가 요청을 순차적으로 매우 빠른 시간내에 수행하는 것은 불가능하다. 이처럼 요청과 요청 사이에 특정한 시간 간격을 두려면 Timers를 이용해서 설정할 수 있다.
Assertions	JMeter의 HTTP 프로토콜을 이용해서 성능 테스트를 할 경우 요청별 성공/실패 여부는 HTTP 응답 코드의 값을 이용해서 판단한다. HTTP 응답 코드가 200이면 성공을, 그 외에 다른 코드 값은 실패로 규약되어 있다. JMeter에서도 이를 그대로 사용하며 200번 코드가 리턴되면 테스트는 성공으로 인식한다. 하지만 업무적으로 200번 코드가 리턴되더라도 실패로 판단해야 하는 경우도 많이 있다(예: 프로그램적으로 성공해서 200번 코드가 리턴되었지만 계산 결과 값이 틀린 경우). 이 경우 Assertions를 이용해서 응답 정보에 특정한 메시지를 필터링해서 성공/실패를 판단할 수 있다. 예를 들어 응답 문장에 "SUCCESS"라는 단어가 있으면 성공, 없으면 실패로 인식하게 할 수 있다.
Configuration Elements	Configuration Elements는 샘플러와 밀접한 관련이 있다. 비록 직접적으로 요청을 수행하지는 않지만 샘플러의 요청 정보를 관리할 수 있다. 예를 들어 테스트 플랜이 복잡해서 HTTP Request Sampler 작성을 많이 해야 하는데, 서버 IP나 포트 등 공통적으로 많이 사용되는 부분이 있다면 Configuration Elements의 "HTTP Request Defaults"에 설정을 하면 된다. 그러면 해당 설정 정보가 관련된 HTTP Request에 모두 적용된다.
Pre-Processor Elements	샘플러를 실행하기 전에 수행해야 할 내용을 정의한다. 예를 들어 요청을 하기 전에 파라미터 값을 초기화하는 등의 작업에 사용한다.
Post-Processor Elements	샘플러를 실행한 후에 수행해야 할 내용을 정의한다.

표 11-5 Test Plan의 주요 항목들

위의 표에 언급한 항목들은 JMeter 실행 시 우선순위가 존재하는데 그 내용은
다음과 같다.

1. Configuration Elements
2. Pre-Processor
3. 타이머(Timer)
4. 샘플러(Sampler)
5. Post-Processor
6. Assertions
7. 리스터(Listner)

이 순서가 중요한 이유는, JMeter가 성능 테스트를 수행할 때 작성된 테스트 플
랜과 Thread Group에 정의되어 있는 내용 중 위의 순서 규칙을 참조해서 동작
하기 때문이다. 이 내용을 이해하지 못하면 작성하는 데 어려움을 겪을 수 있고
실제 테스트 시에도 정확한 결과를 얻지 못할 수 있다.

11.6.1 Test Plan 설정

제일 먼저 할 일은 JMeter의 Test Plan을 선택해서 현재 작성하고자 하는 Test
Plan에 대한 이름과 설명을 작성하는 것이다(그림 11-2).

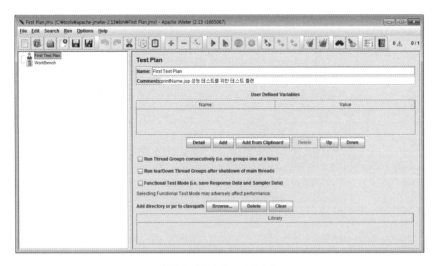

그림 11-2 Test Plan 설정 화면

성능 테스트에 Test Plan의 이름과 설명이 영향을 주지는 않지만 향후 여러 버전
혹은 여러 대상 애플리케이션을 작업해야 한다면 이름과 설명을 제대로 작성해
두는 것이 좋다.

또한 실행에 직접적으로 영향을 주는 옵션이 제공되는데 일반적으로는 잘 사
용하지는 않지만 알아두는 것이 좋다. 각 옵션에 대한 내용은 표 11-6과 같다.

속성	내용
User Defiend Variables	변수 선언이 필요할 때 사용한다. 테스트 전반에 걸쳐서 선언한 변수와 값을 이용할 수 있다.
Run Thread Groups consecutively	Test Plan에 여러 개의 Thread Group이 있는 경우 이 옵션을 선택하면 병렬로 동작하는 것이 아니라 순차적으로 실행된다.
Run tearDown Thread Groups after shutdown of main threads	테스트를 종료한 후 후속 테스트를 수행하도록 설정할 수 있다. 이를 위해서는 별도의 "tearDown Thread Group"을 설정해야 한다.
Functional Test Mode	이 옵션을 선택하게 되면 테스트 시에 서버로부터 응답받은 데이터를 JMeter가 저장한다. 특히 파일 Listener를 Test Plan에 추가한 경우 응답 데이터를 파일에 저장할 수 있으며 저장된 데이터를 보고 정상적으로 Test Plan이 작성되었는지 확인할 수 있다. 이 옵션은 JMeter의 성능에 큰 영향을 주기 때문에 실제 테스트 시에는 절대 선택해서는 안된다.
Add directory or jar to classpath	Test Plan에 사용할 JAR 혹은 디렉터리를 클래스 패스에 추가하는 것으로 주로 데이터베이스 드라이버, JMS 클라이언트 등을 사용한다.

표 11-6 Test Plan의 속성들

위의 옵션 중 'Funtional Test Mode'는 작성한 성능 테스트 모델을 검증하기 위
해서 종종 사용한다. 이 옵션을 통해 응답 데이터를 저장하고 해당 저장된 내용
이 원하는 대로 처리되고 전달되었는지 1차적으로 검증할 필요가 있다. 꼭 기억
해야 할 것은 실제 성능 테스트를 수행할 때는 이 옵션을 반드시 해제해야 한다
는 점이다.

11.6.2 부하 발생 시간 및 스레드 설정 - Thread Group

Test Plan에는 반드시 하나 이상의 Thread Group이 있어야 한다. [First Test
Plan]에서 마우스 오른쪽 버튼을 클릭하고 [Add]-[Threads (Users)]-[Thread
Group]을 선택하면 다음 화면이 나타난다(그림 11-3).

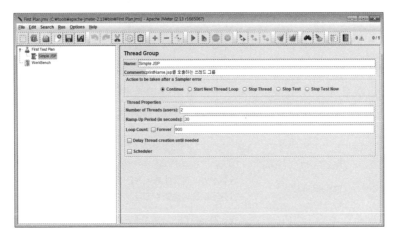

그림 11-3 Thread Group 설정 화면

Thread Group의 설정 내용은 성능 테스트 시에 진행할 사용자 수라고 생각하면 된다. 예를 들어 테스트할 애플리케이션의 동시 사용자가 10명이라면 스레드 숫자는 10을 설정해야 하고 JMeter는 이 수치만큼 스레드를 생성해서 부하를 발생시킨다. 각 항목에 대한 설명은 표 11-7과 같다. 이 수치는 성능 테스트 시에 매우 중요하게 사용되기 때문에 꼭 이해하고 넘어가야 한다.

속성	내용
Number of Threads	사용자 수를 의미하며 해당 값만큼 JMeter가 스레드를 생성해서 요청을 수행한다.
Ramp-up Period	정확한 테스트를 위해 초기 일정 시간 동안 준비하는 시간을 의미한다. 예를 들어 Ramp-up 시간이 100초이고 스레드 수가 2라면 50초 동안 수행한 요청에 대해서는 결과를 수집하지 않는다.
Loop Count (Forever)	스레드당 수행할 테스트 횟수를 의미한다. 만일 스레드 수가 3이고 Loop Count가 1000이라면 3000번 동안 Thread Group을 반복해서 실행된다. 만일 'Forever'에 체크하면 사용자가 종료할 때까지 계속 실행한다.
Scheduler	테스트에 대한 스케줄링 시간을 설정한다.

표 11-7 Thread Group의 속성들

위의 항목에 해당하는 값을 설정한다. 초기에는 스레드 사용자를 1로 시작해서 점차 늘려가는 것이 좋다. 처음부터 너무 큰 값을 설정하면 애플리케이션에 부하도 많이 걸리고 정확한 테스트 수치를 얻기가 힘들기 때문이다. 그러므로 작은 값부터 시작해서 조금씩 늘려가면서 증가시킨 만큼 처리 성능이 늘어나는지 확인하고 만일 더 이상 늘어나지 않거나 오히려 즐어들 경우 이를 해당 애플리케이션의 한계라고 생각하면 된다.

11.6.3 환경 변수 설정 - Config Element

Config Element는 샘플러와 밀접하게 연관된 것으로, 추가하고자 하는 샘플러에 공통적인 설정 정보를 제공한다. 가장 대표적인 것이 테스트할 애플리케이션의 IP와 포트 정보이다. 샘플러가 한두 개면 상관없지만 상당히 많은 샘플러를 등록해야 한다면 반드시 Config Element를 통해 공통 정보를 설정해 두는 것이 유용하다. 특히 테스트할 애플리케이션의 IP와 포트 혹은 도메인 네임이 변경될 가능성이 높다면 Config Element를 이용해야 한다. 그렇지 않으면 필요할 때마다 모든 샘플러를 변경해야 한다.

여기서는 "HTTP Request"에 대한 공통 정보를 설정할 수 있는 Config Element인 "HTTP Request Defaults"를 이용할 것이다.

HTTP Request Defaults의 경우 테스트 플랜에 추가할 수도 있고 스레드 그룹에 추가할 수도 있는데 추가하는 곳의 위치에 따라 "HTTP Request Defaults"의 적용 범위가 결정된다. 예를 들어 스레드 그룹에 추가하였다면 해당 스레드 그룹에 정의되어 있는 "HTTP Request"에만 적용된다.

11.6.4 테스트 대상 설정 - 샘플러

Thread Group을 생성한 다음 할 일은 샘플러를 추가하는 것이다. 왼쪽의 Thread Group에서 마우스 오른쪽 버튼을 클릭하고 [Add-[Sampler]-[HTTP Request]를 선택하면 그림 11-4와 같은 화면이 나타난다.

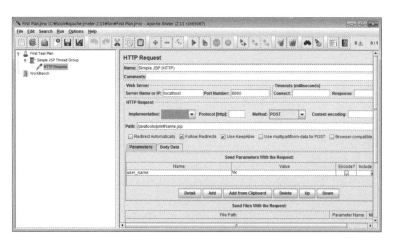

그림 11-4 HTTP Request 샘플러

요청할 Server Name 혹은 IP와 포트 번호를 기입하고 요청할 JSP 페이지 혹은 서블릿 페이지를 기입한 다음 POST 혹은 GET으로 전달할 파라미터 값을 [Parameters] 탭에 기입한다.

해당 JSP 외에 추가적으로 테스트할 JSP 혹은 서블릿 등이 있다면 계속해서 Thread Group에 HTTP Request 샘플러를 추가하면 된다.

샘플러 설정이 완료되었다면 JMeter를 이용해서 바로 성능 테스트를 시작할 수 있지만 이 외에도 몇 가지 정의할 내용이 있다. 그 내용에 대해서 계속 알아보자.

11.6.5 대기 시간 설정 - 타이머

성능 테스트 시나리오를 작성할 때 실제 사람이 동작하는 것과 유사하게 모델링을 해야 성능 테스트의 정확도를 높일 수 있다. 예를 들어 특정 페이지를 조회한 후 조회 결과의 상세 정보를 클릭하는 시나리오가 있다면, 조회 결과가 나온 후 상세 페이지를 클릭하기까지 비록 짧은 시간이지만 시간 간격이 발생하는데 이를 대기 시간이라고 한다(씽크 타임이라는 표현도 많이 사용한다).

JMeter에서는 이러한 대기 시간을 타이머로 설정할 수 있다. Thread Group 에서 마우스 오른쪽 버튼을 클릭하고 [Add]-[Timer]-[Constant Timer]를 선택하면 그림 11-5와 같은 화면이 나타난다. 이 화면에서 대기에 필요한 시간을 기입하면 실제 성능 테스트 시 해당 시간만큼 대기하였다가 다음 작업을 진행한다.

여기서는 가장 많이 사용하는 'Constant Timer'를 이용했으나 많은 타이머가 존재하기 때문에 작성하고자 하는 환경에 맞게 추가해서 사용하면 된다.

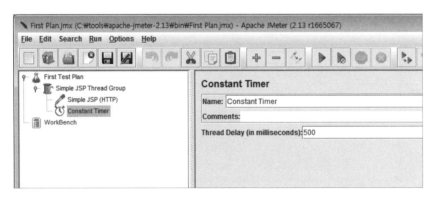

그림 11-5 타이머 설정

11.6.6 테스트 상태 수집 - 리스너

리스너는 성능 테스트한 결과를 수집하는 역할을 하며 궁극적으로 리스너를 통해 모든 결과를 분석하고 테스트한 애플리케이션의 성능을 확인할 수 있다. 리스너는 결과 서버에서 응답한 정보를 토대로 결과 정보를 보여주거나 저장하는 역할을 하기 때문에 사전에 각 리스너에 대한 기능을 잘 이해하고 작성한 시나리오에 합당한 리스너를 선택해서 추가해야 한다.

우선 Thread Group에서 마우스 오른쪽 버튼을 클릭하고 [Add]-[Listener]-[Graphic Results]를 선택하면 그림 11-6과 같은 화면이 나타난다.

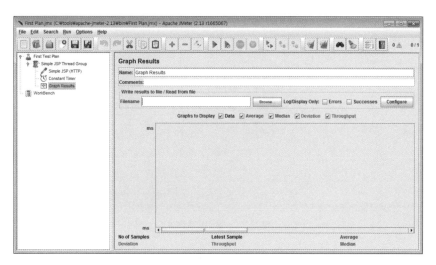

그림 11-6 리스너의 Graphic Results 화면

위의 그림을 보면 Listener는 설정 내용이 많지는 않지만 테스트 시에 Listener에서 보여주는 결과를 해석할 수 있는 능력이 필요하다. 또한 결과를 기억하기 위해서 파일에 기록할 수 있도록 [Filename] 부분에 저장할 파일을 지정하도록 하자.

11.6.7 변수 설정 - Variable

JMeter에서 변수를 사용하는 방법을 알면 테스트 플랜을 작성할 때나 실제 테스트를 수행할 때 유용하게 사용할 수 있다. 특히 샘플러를 이용한 테스트에서 변수를 사용하지 않게 되면 POST 혹은 GET으로 전달하는 파라미터 값을 한 개밖에 사용할 수 없다. 이는 성능 테스트에 매우 큰 문제를 발생시키는데 대부분의 미들웨어나 데이터베이스가 같은 값으로 조회하면 캐싱 기능을 통해서 매우 빠르게 응답하기 때문이다. 때문에 테스트 수행 시 적절하게 파라미터 값을 변경해 가면서 성능 테스트를 하는 것이 일반적이다. 이러한 요구를 수용하기 위해 JMeter는 CSV 파일을 이용해서 여러 개의 파라미터 데이터를 정의해서 사용할 수 있다.

먼저 [First Test Plan]에서 [Add]-[Config Element]-[CSV Data Set Config]를 선택하여 그림 11-7과 같이 정보를 입력한다.

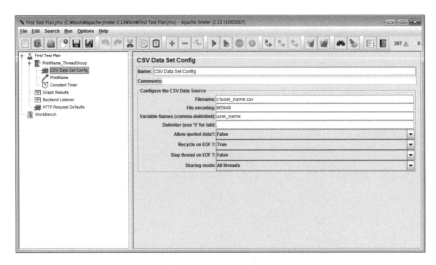

그림 11-7 CSV를 이용한 값 설정

위의 그림과 같이 사용할 CSV 파일을 Filename 속성에 지정하고 이 파일에 포함되어 있는 데이터 정보를 나머지 속성들에 입력해야 한다.

[Variable Names]에는 CSV 데이터를 읽어서 JMeter에서 사용하기 위한 변수명을 지정하는데 변수명이 여러 개가 필요하면 콤마(반드시 ',' 사용)로 구분해서 나열한다. 그리고 CVS에 있는 데이터의 구분자(일반적으로 ','를 이용)를 [Delimiter] 속성에 입력한다. 설정이 완료되면 앞서 설정한 HTTP Request 샘플러를 오픈해서 파라미터의 [Value] 값을 ${user_name}으로 변경하자(그림 11-8).

JMeter에서 변수명에 대한 값을 참조할 때는 ${변수명} 형태로 사용한다. 여기서 변수명은 앞서 [CSV Data Set Config]에서 지정한 변수명과 일치해야 한다.

설정을 완료하면 JMeter 테스트 수행 시 스레드가 CSV 파일의 데이터를 한 줄씩 읽어가면서 테스트를 수행한다.

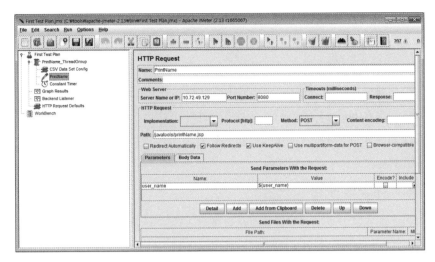

그림 11-8 HTTP Request 샘플러에 변수명 적용

여기서는 테스트에 수행할 파라미터 값을 변수 처리하는 방법에 대해서 알아 봤지만 향후 변경의 소지가 높은 값들을 추가로 변수 처리해서 테스트 플랜을 작성하면 유용하다. 대표적인 것이 서버 주소와 포트 정보인데, 아무리 Config Elements의 HTTP Request Defaults를 이용해서 정의하더라도 이 역시 해당 설정이 많으면 변경해야 하는 경우가 많다.

테스트 플랜 화면을 보면 테스트 플랜 단위로 변수와 값을 지정하는 방법이 있다. 테스트 플랜을 선택하고 변수에 이름과 값을 지정해 보자(그림 11-9).

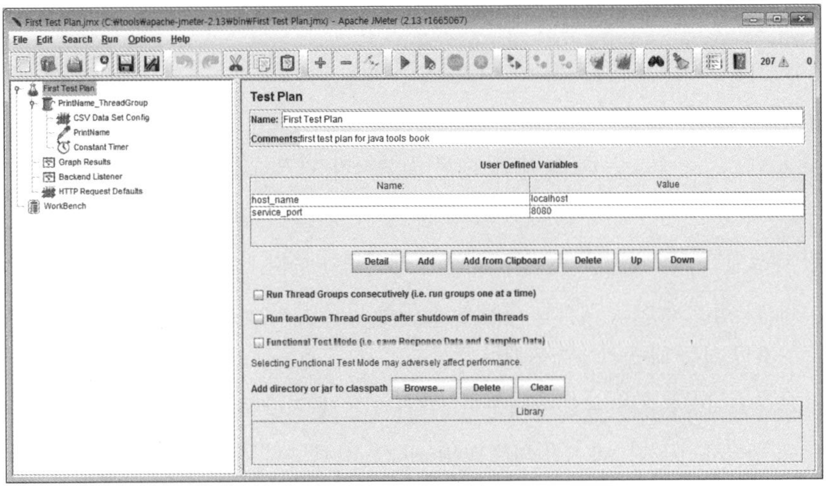

그림 11-9 테스트 플랜에서 변수 지정

이렇게 테스트 플랜에서 변수를 지정한 후에 해당 값을 사용하기 위해서 ${host_name}이나 ${service_port} 형태로 설정하면 변수에 설정된 값으로 치환해서 테스트가 실행된다.

이 외에도 [Add]-[Config Element]-[User Defined Variables] 메뉴에서 정의할 수도 있고 Random Variables처럼 특정 구간의 숫자 범위에 해당하는 값을 랜덤하게 취해서 사용하는 변수를 정의할 수도 있다.

11.7 테스트 수행

테스트할 플랜을 모두 작성하였다면 이제 테스트를 실행해 보자. JMeter에서는 테스트를 실행하는 방법은 로컬 테스트와 원격 테스트 2가지가 있다. 각 내용은 다음과 같다.

- 로컬 테스트: 로컬에서 실행한 JMeter에서 바로 대상 애플리케이션의 성능을 테스트하는 경우로 소규모 테스트를 하거나 테스트 플랜을 검증하는 목적으로 사용한다.
- 원격 테스트: 성능 테스트 시 가급적이면 원격으로 운영되고 있는 서버와 같은 네트워크 내에서 테스트하는 것이 좋다. 그렇지 않으면 네트워크 병목이나 속도로 인해 정확한 수치를 확인하기 어렵기 때문이다. 때문에 좀 더 정확한 정보나 대규모 부하 테스트를 할 경우 원격 테스트를 주로 사용한다.

위의 2가지 경우를 가정해서 테스트하는 방법을 각각 설명하도록 하겠다.

11.7.1 로컬 테스트

로컬 테스트는 JMeter를 로컬 PC에서 실행시켜 원격지(데이터 센터 혹은 클라우드)에 있는 애플리케이션을 테스트할 때 사용한다. 이러한 로컬 테스트 결과는 네트워크 속도나 병목 등을 고려해서 해석해야 한다.

테스트하기 원하는 테스트 플랜을 불러온 다음 JMeter에 있는 실행 아이콘을 클릭하면 성능 테스트가 실행된다.

그림 11-10과 같이 실행 아이콘이 2개가 있는데 일반적으로 왼쪽의 Start 아이콘을 클릭하면 된다. 아이콘 외에도 [Run]-[Start] 메뉴나 〈Ctrl+R〉 단축키를 이용할 수도 있다. [Start] 메뉴 외에 추가로 [Start no pause] 메뉴도 제공되는데 이 명령을 이용하면 타이머 설정을 무시하고 성능 테스트가 진행된다.

성능 테스트를 시작하면 그림 11-10에서는 회색으로 비활성화된 상태인 오른쪽 아이콘 2개가 활성화되는데 이 아이콘을 클릭하면 테스트를 중단할 수 있다. Stop 아이콘은 테스트를 종료하되 실행 중인 요청은 처리를 완료한

그림 11-10 실행 아이콘

다. Shutdown 아이콘은 현재 실행 중인 요청과 상관없이 테스트를 강제로 종료시킨다.

　로컬 테스트를 시작하게 되면 앞서 추가한 리스너에서 테스트가 진행되는 상황을 확인할 수 있다.[2]

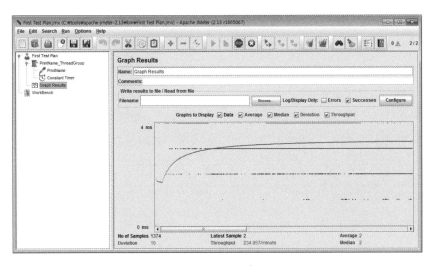

그림 11-11 JMeter 테스트 결과 화면

11.7.2 원격 테스트

원격 테스트는 테스트 결과를 좀 더 정밀하게 확인하고 싶을 때나 테스트 플랜이 복잡하고 다양한 경우에 자주 사용하는 방식이다. 원격 테스트는 주로 원격의 서버에 JMeter를 데몬 형태로 실행시키고, 로컬 PC에서 실행한 JMeter는 원격의 JMeter에 접속해서 테스트 시작/종료를 관리하고 결과를 취합하는 용도로 사용한다.

　이러한 원격 테스트 시에는 서버에 데몬으로 실행되는 JMeter를 '테스트 에이전트'라고 명명하고 PC에서 실행시킨 JMeter의 경우 '테스트 클라이언트'라고 용어적으로 구분하는 경우도 있다.

2　아쉽게도 JMeter의 리스너는 타 상용 솔루션에 비해 기능적으로나 UI적으로 다소 부족한 점이 있다. 그러므로 가급적 결과를 파일로 저장한 후 값을 분석하는 방법을 고려하는 것이 좋다.

이러한 테스트 방식은 서버와 로컬 PC 간의 네트워크로 인한 성능 테스트 영향을 줄이고, 대량의 테스트 데이터를 여러 대의 JMeter 데몬에서 서버로 요청할 때 유용하다. 또한 서버에 있는 JMeter에 별도의 테스트 플랜을 배포할 필요없이 클라이언트에서 저장한 테스트 플랜을 그대로 사용할 수 있는 편리함도 제공한다. 단, 원격 테스트 시 다음의 2가지를 고려해야 한다.

- JMeter 클라이언트와 서버는 RMI로 상호 통신한다. 때문에 클라이언트와 서버 간에 RMI 통신이 가능해야 하고 방화벽으로 막혀 있으면 테스트가 불가능하다.

- JMeter의 원격 테스트는 원격 서버별로 부하를 분산시키는 등의 기능을 제공하지 않고 설정된 테스트 플랜을 그대로 실행하는 역할만 한다. 예를 들어 원격 JMeter가 5대이고 테스트 플랜상 테스트 횟수가 1000번이라면 총 5000번의 테스트가 실행된다.

- 원격에서 테스트된 결과가 JMeter 클라이언트로 전송될 때 네트워크 부하가 발생할 수 있다. 그러므로 원격 테스트 시에는 JMeter 클라이언트에는 진행 상태 확인을 위한 기본 정보만 전송하고 상세 내용은 각 서버에서 파일로 저장한 후 이를 향후 수집하여 분석하는 것이 효율적이다.

앞서 JMeter를 실행시킬 때 jmeter 혹은 jmeter.bat을 실행했는데 데몬 형태(non-GUI)로 실행하기 위해서는 jmeter-server 혹은 jmeter-server.bat 명령으로 실행해야 한다.

일부 리눅스/유닉스 환경에서는 jmeter-server 명령 실행 시 Created remote object: 에러가 발생하는 데 이러한 경우를 위해서 다음과 같이 RMI 서버 호스트(예: 10.72.49.129)를 명시적으로 기입해서 실행시키면 된다.

```
./jmeter-server -Djava.rmi.server.hostname=10.72.49.129
```

위와 같이 실행시키면 그림 11-12와 같이 RMI 통신을 위한 원격 객체가 정상적으로 실행되었다는 메시지를 확인할 수 있다.

```
ykchang@javatools: /system/apache-jmeter-2.13/bin
ykchang@javatools:/system/apache-jmeter-2.13/bin$ ./jmeter-server -Djava.rmi.ser
ver.hostname=10.72.49.129
Picked up JAVA_TOOL_OPTIONS: -javaagent:/usr/share/java/jayatanaag.jar
Created remote object: UnicastServerRef [liveRef: [endpoint:[10.72.49.129:58938]
(local),objID:[27525e75:14ef23e73bf:-7fff, 336384278477280580]]]
```

그림 11-12 JMeter 서버 실행

서버를 실행했으면 이제 JMeter 클라이언트에 접속할 서버 정보를 설정해야 한다. 서버 설정 작업은 아쉽게도 GUI로 하지는 못하고 JMeter의 bin 파일에 있는 jmeter.properties 파일에 기술해야 한다. 해당 파일을 열어서 remote_hosts 파일에 원하는 서버 IP를 기입한다. 만일 여러 개의 서버를 운영하길 원한다면 ','로 구분해서 나열하면 JMeter가 인식한다.

소스 11-2는 jmeter.properties 중에서 원격 테스트와 관련된 설정 부분이다.

소스 11-2 printName.jsp

```
#----------------------------------------------------------------------
# Remote hosts and RMI configuration
#----------------------------------------------------------------------

# Remote Hosts - comma delimited
remote_hosts=10.72.49.129,10.72.49.130,10.72.49.131
#remote_hosts=localhost:1099,localhost:2010

# RMI port to be used by the server (must start rmiregistry with same port)
#server_port=1099

# To change the port to (say) 1234:
# On the server(s)
# - set server_port=1234
# - start rmiregistry with port 1234
# On Windows this can be done by:
# SET SERVER_PORT=1234
# JMETER-SERVER
#
# On Unix:
# SERVER_PORT=1234 jmeter-server
#
# On the client:
# - set remote_hosts=server:1234

# Parameter that controls the RMI port used by the RemoteSampleListenerImpl (The
Controler)
# Default value is 0 which means port is randomly assigned
# You may need to open Firewall port on the Controller machine
#client.rmi.localport=0

# When distributed test is starting, there may be several attempts to initialize
# remote engines. By default, only single try is made. Increase following
property
# to make it retry for additional times
#client.tries=1

# If there is initialization retries, following property sets delay between
attempts
#client.retries_delay=5000

# When all initialization tries was made, test will fail if some remote engines
```

```
are failed
# Set following property to true to ignore failed nodes and proceed with test
#client.continue_on_fail=false

# To change the default port (1099) used to access the server:
#server.rmi.port=1234

# To use a specific port for the JMeter server engine, define
# the following property before starting the server:
#server.rmi.localport=4000

# From JMeter 2.3.1, the jmeter server creates the RMI registry as part of the
server process.
# To stop the server creating the RMI registry:
#server.rmi.create=false

# From JMeter 2.3.1, define the following property to cause JMeter to exit after
the first test
#server.exitaftertest=true

# Prefix used by IncludeController when building file name
#includecontroller.prefix=
```

위의 설정 내용은 JMeter 클라이언트뿐만 아니라 JMeter 서버에서 사용하는 설정이 함께 되어 있다. 간단히 여기서는 remote_hosts에 원하는 서버 IP를 기입하였다. 경우에 따라서 RMI 포트를 변경할 필요가 있는데 기본값은 1099번이다. 변경을 원하는 경우에는 IP:PORT 형태로 remote_hosts에 기입하면 된다.

설정 정보를 저장하고 JMeter를 재시작한 다음 [Run]-[Remote Start] 메뉴를 선택해 보면 앞서 정의한 IP 정보가 나열된다. 원하는 특정 JMeter 서버만 실행시키고 싶을 경우 해당 IP를 클릭하면 되고 전체를 실행시키고 싶은 경우는 [Remote Start All] 메뉴를 선택하면 된다.

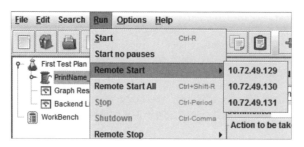

그림 11-13 JMeter 원격 실행

원격 테스트의 종료 역시 마찬가지로 [Remote Stop] 메뉴를 선택해서 종료할 서버를 선택하거나 [Remote Stop All] 메뉴를 선택해서 전체 테스트 서버를 종료할 수 있다.

11.7.3 테스트 스케줄 지정

성능 테스트는 서버에 많은 부하를 주기 때문에 대부분 업무가 종료된 저녁이나 새벽 시간 아니면 주말에 많이 이루어진다. 모든 테스트를 비업무 시간에 수행하기 때문에 성능 테스트 작업은 낮과 밤이 뒤바뀐 채 진행되는 경우가 많은데 JMeter는 이러한 것을 대비하기 위해서 스케줄링 기능을 제공한다.

JMeter에서 제공하는 스케줄 기능은 스레드 그룹 단위로 적용이 가능하다. 먼저 설정하고자 하는 스레드 그룹을 설정하고 'Scheduler' 옵션을 체크하면 그림 11-14와 같이 아래에 [Scheduler Configuration] 항목이 나타난다.

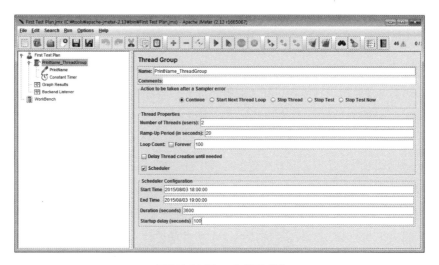

그림 11-14 JMeter 스케줄러 설정

테스트 시작 시간과 종료할 시간 그리고 테스트 수행 시간을 설정할 수 있다. 또한 [Startup delay] 옵션을 통해 스케줄러가 실행된 후 일정 시간 동안 테스트를 대기시킬 수 있다. 이 옵션은 잘못된 테스트 실행을 미연에 방지하고 일정 시간 대기시킬 수 있게 하기 위해서 제공된다.

스케줄러 옵션을 모두 정의한 다음 JMeter 테스트를 실행시키면 아무런 동작을 하지 않는 것을 알 수 있는데 스케줄러 시작 시간이 되면 자동으로 실행된다. 이때 주의할 것은 스케줄러 시간을 설정했더라도 반드시 JMeter의 [Run]-[Start] 명령을 이용해서 테스트를 실행시킨 상태여야만 한다.

11.8 요약

이번 장에서는 그동안 이 책에서 설명한 다른 유틸리티와 다른 설명 방법을 사용했는데 주된 내용은 다음 3가지이다.

- 성능 테스트 이해
- 성능 테스트 전략 수립
- JMeter를 이용한 성능 테스트

사실 기술적으로 설명한 내용보다는 전략과 절차 그리고 테스트 시 고려할 사항이 무엇인지 위주로 설명했다. 이렇게 전략과 절차를 자세히 설명한 이유는 성능 테스트라는 것이 정확한 전략과 절차 그리고 목표 없이 이루어지면 아무런 의미가 없기 때문이다.

이렇게 충분히 사전에 준비하고 고려한 내용을 바탕으로 성능 테스트 소프트웨어를 이용해서 테스트를 수행하고 튜닝을 반복해서 진행하게 된다.

그리고 성능 테스트 소프트웨어인 JMeter에 대해서 알아봤다. JMeter는 웹 기반 애플리케이션의 성능 테스트뿐만 아니라 다양한 프로토콜 기반의 부하를 발생시키고 이에 대한 결과를 그래픽하게 표현해 주는 기능이 제공된다. 비록 상용 성능 테스트 도구에 비해서 부하 모델 설정이나 실시간 변경 등의 기능이 부족하지만 성능 테스트를 검증하고 이해하는 데 충분히 적합한 도구이며 버전이 올라갈수록 기능이 계속 발전하고 있어서 충분히 활용해볼 만한 좋은 도구이다.

12장

자바 모니터링 도구 및 유용한 명령어들

12.1 들어가며

지금까지 알아본 도구들은 주로 애플리케이션을 개발하고 협업하고 테스트하기 위한 것이며 개발 생산성을 높이고 품질 좋은 소프트웨어를 만드는 데 큰 도움을 받을 수 있다. 관점상으로는 다소 차이가 있지만 개발 및 테스트 과정뿐만 아니라 운영 과정에서 애플리케이션을 모니터링하고 관리하는 것은 매우 중요한 일이다. 예를 들어 성능을 모니터링하거나 동작하고 있는 소프트웨어가 우리가 예상한 대로 정상적으로 실행되고 있는지 주기적으로 모니터링하고 확인할 수 있는 방안을 사전에 마련해 놓고, 운영 시점뿐만 아니라 개발 시점에도 활용하는 것이 좋다.

이러한 것을 통칭해서 모니터링 도구라고 하는데 모니터링 도구는 상용 소프트웨어가 많이 사용되고 있고 그 가격이 개인이나 혹은 팀 차원에서 구입하여 사용하기에는 굉장히 버거운 부분이 있는 것도 사실이다.

이번 장에서는 소프트웨어 관리 측면에서 모니터링하고 디버깅할 수 있는 도구에 대해서 알아보겠다.

- JConsole을 이용한 JVM 모니터링
- VisualVM을 이용한 JVM 모니터링
- Java Mission Control을 이용한 JVM 모니터링
- JDK에서 제공하는 명령어들

모니터링은 JVM 모니터링뿐만 아니라 셸 스크립트 등을 이용한 네트워크 상태

모니터링, 프로세스 모니터링 등도 구현하지만 이 책에서는 JVM 모니터링으로
한정하겠다.

12.2 JDK에서 제공하는 명령어들

자바 개발 도구인 JDK를 설치하면 bin 디렉터리에 많은 명령어가 존재하는데
대부분의 개발자들이 잘 알고 있는 java, javac, jar 명령 외에도 유용한 도구들이
많이 포함되어 있다. 또한 자바 개발 도구 혹은 자바 가상 머신 환경을 제공하는
소프트웨어 벤더마다 추가적인 명령어들이 포함되어 있는데 이 명령어들을 잘
활용하게 되면 유용하게 사용할 수 있다.

오라클에서 제공하는 자바 SE 문서[1]를 보면 Reference 부분에 윈도우 혹은 유
닉스 환경에서의 JDK에서 제공하는 명령어에 대한 사용 방법 및 내용에 대한 설
명이 나와 있다(그림 12-1).

특히 Monitor and Troubleshoot 부분을 보면 이 단원에서 설명할 자바에 대
한 모니터링 방법에 대해서 상세히 나와 있으니 해당 내용을 참조하도록 하고
여기서는 대표적으로 많이 사용되고 유용한 도구들에 대해서 알아보겠다.[2]

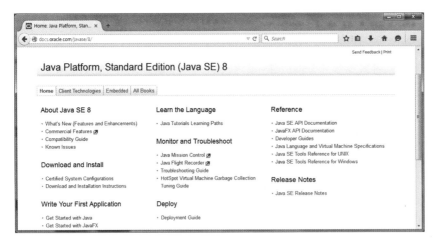

그림 12-1 자바 SE 문서

위의 웹 페이지에서 설명하고 있는 자바 명령어들은 JDK를 기준으로 한 것이며
JRE(Java Runtime Environment)에는 대부분 포함되어 있지 않다.

---

1 http://docs.oracle.com/javase/8
2 JDK를 제공하는 벤더들마다 제공하는 명령어들에 차이가 있다. 이 책에서는 오라클에서 제공하는 JDK를 기
   준으로 설명했다.

12.3 JConsole을 이용한 JVM 모니터링

JConsole은 JDK에 포함(JRE에는 포함되어 있지 않다)되어 있는 모니터링 도구로, JMX(Java Management eXtensions)를 기반으로 자바 가상 머신의 정보를 추출하여 그래픽하게 표현해 준다. 로컬에서 동작하고 있는 자바 가상 머신 외에 원격 서버에서 동작하고 있는 자바 가상 머신에도 연결해서 모니터링이 가능하다.

대표적으로 표현하는 정보는 다음 4가지이다.

- Overview 정보: JConsole에서 관리하는 메모리, 스레드, 클래스, CPU 사용 그래프를 하나의 화면에 요약해서 표시한다.
- 스레드 정보: 현재 JVM의 스레드 개수를 확인할 수 있다. 특히 멀티스레드 환경에서 애플리케이션 개발 시 스레드 개수는 매우 중요하기 때문에 이 기능을 통해 스레드가 정상적으로 종료되지 않고 계속 증가하는 것이 있는지 확인하는 것이 좋다. 이 화면에서 현재 데드락 상태에 빠져 있는 스레드 정보도 확인할 수 있다.
- 메모리 정보: JVM에서 정보를 획득할 수 있는 메모리 정보로, 실제 운영체제에서 제공하는 메모리 정보와는 다소 상이하다. 특히 힙 메모리의 상태 정보를 지속적으로 모니터링해서 가비지 컬렉션 튜닝 시 참조 자료로 사용할 수 있다.
- 클래스 로딩 정보: JVM상에 로딩된 클래스 정보를 제공한다. 스레드와 메모리 정보에 비해서 중요하게 모니터링하는 항목은 아니지만 모니터링할 애플리케이션의 전체적인 크기를 가늠할 수 있다.
- VM 정보: 모니터링하는 자바 가상 머신의 정보를 표시하며 주로 실행할 때 사용하는 파라미터, 스레드/메모리/클래스 로딩의 요약 정보를 표시한다.
- MBean: JMX를 통해 자바 가상 머신에서 제공하는 MBean 목록을 확인할 수 있으며 이를 통해 속성 정보를 확인하고 이와 관련된 명령을 수행할 수 있다.

다소 상위 수준의 데이터이긴 하지만 메모리 부족이나 스레드 모니터링 용도로 사용할 수 있고 JDK 벤더와 상관없이 대부분의 JDK에 포함되어 있기 때문에 사용 방법이나 표현하는 내용을 이해하면 유용하게 사용할 수 있다.

그 외에도 자바 가상 머신에 적용할 수 있는 파라미터 혹은 옵션을 JConsole의 JMX 클라이언트를 이용해서 일부 실시간으로 변경할 수 있는 기능도 제공한다. 특히 가비지 컬렉션과 관련된 옵션을 실시간으로 변경해서 JVM 튜닝 시 이를 활용할 수 있다. 하지만 이러한 파라미터 변경은 애플리케이션을 재시작하게 되면 값이 원래대로 돌아가며 또한 변경 시 실행 중인 서비스에 영향이 있을 수 있기 때문에 운영 환경에서는 가급적 사용하지 않는 것이 좋다.

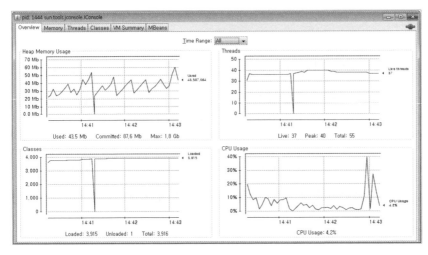

그림 12-2 JConsole Overview 화면

JConsole로 원격에서 자바 애플리케이션을 모니터링하기 위해서는 JMX가 원격으로 접속이 가능해야 하는데 특별한 파라미터를 주지 않고 자바 애플리케이션을 실행시킬 경우 원격 접속이 불가능하다. 이를 위해서 자바 가상 머신을 실행시킬 때 다음 옵션을 추가해야 한다.

```
-Dcom.sun.management.jmxremote
```

또한 방화벽이나 포트 충돌을 피하기 위해서 JMX 클라이언트 포트를 지정해 주길 원한다면 다음 옵션을 통해 포트 정보를 지정해 줄 수 있다.

```
-Dcom.sun.management.jmxremote.port
```

모니터링할 애플리케이션에 접속하고 일정 시간 동안 모니터링한 결과를 저장하고 싶으면 원하는 그래프에서 마우스 오른쪽 버튼을 클릭하고 [Save data as…]를 선택하면 CSV 파일로 저장이 가능하고 이를 엑셀과 같은 소프트웨어에서 사용할 수 있다. 한 가지 아쉬운 점은 저장한 파일을 다시 JConsole로 불러와서 그래프를 표시할 수는 없으며 그래프상에서 지나간 데이터는 저장되지 않는다.

JConsole을 사용하면서 가장 유용한 점은 자바 가상 머신에 대한 가비지 컬렉션 피라미드 튜닝 시에 파라미터 변경에 따른 가상 머신 내부적인 영향을 그래픽하게 확인할 수 있다는 점이다. 최적의 튜닝 파라미터 값을 찾을 때 많은 도움을 준다. 그리고 가비지 컬렉션 튜닝 시에 필요한 Heap 메모리(Eden, Survivor, Old) 영역과 Non Heap 메모리 영역을 구분해서 확인할 수 있어서 자바 가상 머신에서 제공하는 가비지 컬렉션 튜닝 가이드와 병행해서 확인하기에 좋다.

요즘 대부분의 모니터링 도구가 JMX를 통하고 있고 JMX로 노출되는 MBean 정보를 확인할 수 있는 기능이 제공되지만 과거에는 JConsole이 거의 최초로 제공하는 기능이었다. 그림 12-3과 같이 자바 가상 머신에서 기본 제공하는 MBean 정보 외에 애플리케이션에서 자체적으로 정의하고 제공하는 MBean까지 확인이 가능하며 또한 MBean의 연산자를 이용해서 해당 정보들을 실시간으로 변경할 수도 있다.

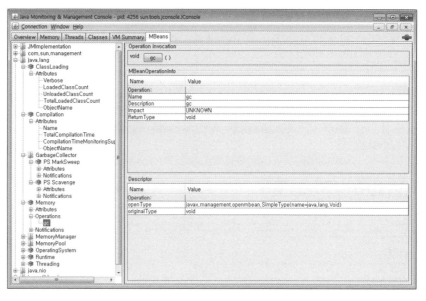

그림 12-3 JConsole을 이용한 MBean 정보 확인

JConsole을 사용할 때 주의할 것은 JConsole에 취합된 데이터는 특정한 데이터나 파일로 저장이 되지 않는다는 점이다. JConsole은 동작을 위해 컴퓨터 자원의 CPU 및 메모리를 많이 소모하고 정보를 수집하기 위해 많은 JMX 호출이 발생하기 때문에 운영 시스템에 접속하거나 운영 시스템에서 이를 직접 실행시킬

경우 주의해야 한다.[3]

　JConsole뿐만 아니라 앞으로 설명할 다른 도구들 역시 기본적으로 개발자 혹은 관리자가 자바의 가비지 컬렉션과 이에 대한 용어에 어느 정도 익숙해야 화면에서 표시하는 내용을 이해할 수 있다. 그러므로 JConsole이나 다른 도구를 사용하기에 앞서 자바 가비지 컬렉션에 대해서 이해해 두는 것이 좋다.

12.4 VisualVM을 이용한 JVM 모니터링

JConsole과 마찬가지로 VisualVM도 JDK 6 Update 7부터 기본 포함되어 배포[4] 되고 있고 동일한 목적과 방법으로 자바 가상 머신의 상태를 모니터링할 수 있다. JConsole에 비해 좀 더 많은 정보를 제공하고 있으며 그래픽 UI 역시 좀 더 세련되게 만들어졌지만 Java SE 6 버전의 Update 6부터 포함되었기 때문에 이전 버전에서 사용하기 위해서는 별도로 호환되는 VisualVM을 다운받아서 사용해야 한다. 만일 현재 사용하고 있는 JDK에 VisualVM이 없다면 VisualVM을 공식 관리하고 있는 비주얼VM(VisualVM)[5]에서 다운로드 및 상세한 정보를 확인할 수 있다.

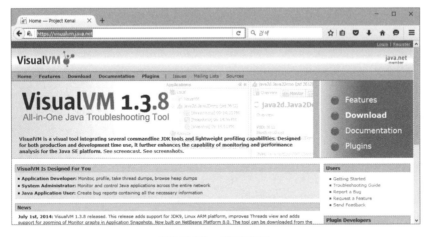

그림 12-4 VisualVM 홈페이지

3　JConsole에 대한 자세한 내용은 다음 URL에서 확인할 수 있으며 해당 웹 페이지에 있는 링크들도 유심히 읽어 보면 자바 모니터링에 유용하게 사용할 수 있다.
　http://docs.oracle.com/javase/8/docs/technotes/tools/windows/jconsole.html#CACCABEH
4　JDK 벤더 및 버전에 따라 다소 차이는 있지만 OpenJDK에는 아직 포함되어 있지 않아서 별도의 다운로드 과정을 거쳐야 한다.
5　*https://visualvm.java.net*

12.4.1 VisualVM 기능

VisualVM은 넷빈즈 플랫폼을 기반으로 개발되어 있어서 넷빈즈에 익숙한 개발 자라면 매우 친근하게 UI를 이해할 수 있다.

　JConsole과 마찬가지로 VisualVM도 로컬의 자바 가상 머신과 원격의 자바 가 상 머신을 모두 모니터링할 수 있으며 커맨드로 jvisualvm을 실행시키면 화면이 실행된다. 실행하면 [Local] 항목에 현재 로컬에서 실행하고 있는 자바 가상 머 신의 목록이 나오고 여기서 원하는 것을 선택하면 자바 가상 머신에 대한 모니 터링을 시작한다(그림 12-5).

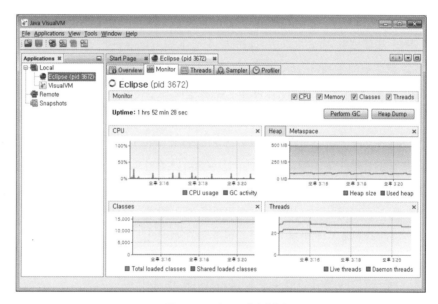

그림 12-5 VisualVM 모니터링 화면

VisualVM은 기능이나 UI면으로 보아도 JConsole보다 장점이 많고 별도의 플러 그인을 통해서 기능을 확장할 수도 있다. 그 장점을 정리해 보면 다음과 같다.

- 명령어 통합: 자바 개발 도구에서 제공하는 JConsole, jmap, jinfo, jstat 그리 고 jstack 명령을 내장하고 있어서 정보를 얻기 위해 해당 명령을 실행하고 결과 정보를 취합하는 과정을 UI 도구에서 할 수 있다.
- 샘플러: 모니터링 화면의 [Sampler] 탭에는 CPU와 Memory 정보에 대해 좀 더 상세한 내용을 확인할 수 있는 기능을 제공한다. 이 기능을 통해 CPU와 메모리의 소모량이 많은 자바 가상 머신 내의 클래스를 추정할 수 있다.
- 스냅샷: 모니터링한 결과 정보를 스냅샷으로 저장하고 향후 VisualVM 화면

에서 저장한 정보를 다시 불러와서 그래픽하게 결과를 확인할 수 있다. 또한 2개의 스냅샷 정보를 서로 비교할 수 있는 기능을 제공한다.

- 향상된 UI: UI의 시각적 효과를 개선해서 JConsole을 이용해서 모니터링할 때보다 가시성이 뛰어나다.
- 기능 확장: 개발자가 VisualVM에 추가적으로 플러그인을 개발해서 확장할 수 있다.

이 외에도 여러 가지 자바 명령어가 포함되어 있어서 힙 덤프, 스레드 덤프, 코어 덤프 등을 별도의 명령 없이 화면에서 실행시키고 그 결과를 확인할 수 있는 기능을 제공한다.

특히 자바 개발 시점 그리고 모니터링 시점에 많이 사용하는 스레드 덤프 기능을 통해 현재 모니터링하는 JVM 내에서 실행 중인 스레드 목록을 확인할 수 있다. 특히 스레드가 Lock 상태이거나 Wait 상태에 있는지 찾아내서 문제의 원인이 무엇인지 확인하기가 쉽다. 기존에는 kill -3 명령 등을 통해 명령행 창에서 생성되는 내용을 캡처해서 파일로 저장한 후 관리했지만 이제는 손쉽게 원하는 JVM을 선택한 후 스레드 덤프 메뉴를 클릭하는 것만으로 이러한 결과를 확인할 수 있다.

또한 최신 버전인 VisualVM 1.3.8 버전의 경우 향후 출시된 자바 9 버전까지 지원하기 때문에 자바 버전 지원성도 매우 좋은 편이다.

그림 12-6은 VisualVM의 [Toools]-[Plugins] 메뉴를 선택하면 나타나는 화면으로, 현재 공식적으로 추가할 수 있는 플러그인은 16개이다.

만일 사용하는 개발 PC 환경에서 인터넷 연결이 불가능하다면 다른 컴퓨터에서 해당 플러그인을 웹 브라우저로 다운로드 받은 후에 파일을 옮겨와 별도의 설치 작업을 할 수도 있다. 플러그인 다운로드는 VisualVM 플러그인 센터 페이지에서 VisualVM 버전 혹은 JDK 버전에 따른 플러그인 링크를 제공하고 있다.[6]

생각보다 많은 플러그인이 제공되는 것은 아니지만 이 중에서 가장 인기 있고 유명한 플러그인은 Visual GC이다. Visual GC라는 별도의 소프트웨어를 플러그인 형태로 VisualVM 내에 내장시킨 것으로 JConsole이나 VisualVM에서 제공하는 가비지 컬렉션 정보 외에 다른 시각으로 그래프를 표현해 주며 Visual GC의 그래프 표현 방식을 훨씬 더 신뢰하고 좋아하는 개발자들도 많다.

---

6 *https://visualvm.java.net/pluginscenters.html*

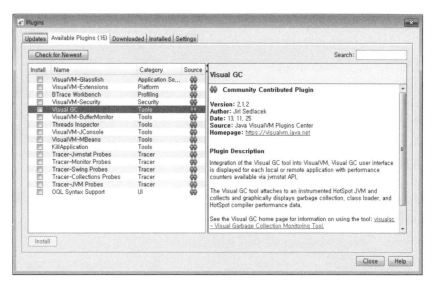

그림 12-6 VisualVM 플러그인 관리 화면

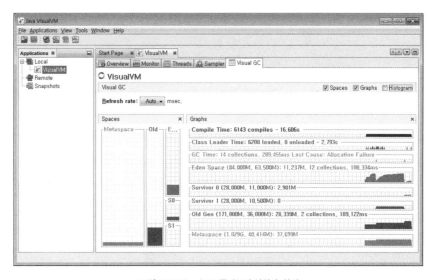

그림 12-7 Visual GC 플러그인 설치 후 화면

12.4.2 프로파일링

프로파일링이라는 용어는 흔히 범죄 유형 분석 활동을 지칭하는데, 소프트웨어 개발에서 말하는 프로파일링이란 자바 가상 머신 내부에서 어떠한 일이 일어나는지 좀 더 상세히 분석하는 것을 의미한다. VisualVM에서는 프로파일링이라는 용어 대신 '샘플러'라는 용어를 사용한다.

　VisualVM도 CPU와 메모리에 대한 프로파일링 기능을 제공하고 있으며 CPU 프로파일링은 애플리케이션의 성능을, 메모리 프로파일링은 애플리케이션의 메모리 사용률을 분석할 수 있다.

　CPU의 경우 스레드를 기반으로 분석 작업이 이루어지며 실질적인 CPU 사용률이 아닌 해당 스레드가 얼마의 시간 동안 CPU를 사용했는지를 표현해 준다. 이를 통해 어떤 스레드에서 작업이 많이 이루어지는지 확인할 수 있다(운영체제에서 제공하는 CPU 사용률 정보와는 상이하다).

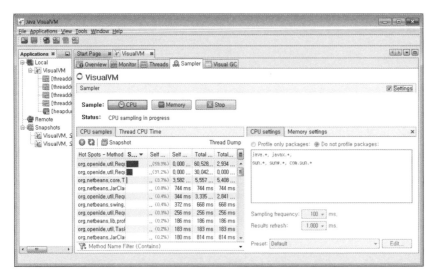

그림 12-8 CPU 분석 정보

　또한 [Memory] 버튼을 클릭하게 되면 그림 12-9와 같이 힙 메모리에 올라가 있는 객체 목록을 보여주는데 한 가지 아쉬운 점은 주로 String이나 int 같이 자바 개발에서 많이 사용하는 객체 목록이 표시되어서 식별성이 높지는 않다는 점이다. [Per thread allocations] 탭을 보면 스레드별로 힙 메모리를 소모하는 것을 확인할 수 있다.

　프로파일링 화면에 나오는 스레드나 자바 객체들이 너무 많아서 모니터링하기 곤란한 경우가 생기는데, 이때 'Settings' 체크박스를 선택하면 원하는 항목을 필터링할 수 있는 옵션이 제공된다.

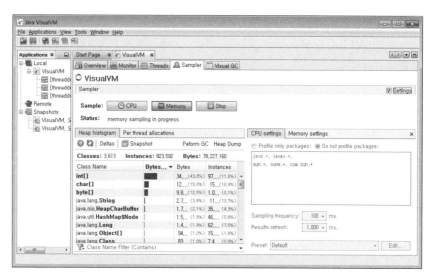

그림 12-9 Memory 분석 정보

VisualVM은 자바 개발 도구에서 제공하는 모니터링 관련 명령어들을 모두 화면
상에 포함시켜 편리하게 사용할 수 있었기 때문에 빠르게 JConsole을 대체했다.[7]

12.5 JMC를 이용한 JVM 모니터링

웹 로직으로 유명한 BEA 사가 기업용 환경에서 좀 더 효과적인 성능을 확보하
기 위해 내놓은 자바 가상 머신이 JRockit이다. BEA가 오라클에 합병되면서 많
은 변화가 있었지만 그 와중에서도 JRockit은 강력한 기능과 뛰어난 성능 때문
에 별도의 제품으로 판매될 정도로 인기가 높았다. 이 JRockit에 번들되어 있는
모니터링 도구가 Java Mission Control(이하 JMC)인데 Java 7 버전부터 오라클
JDK에도 포함해서 배포되고 있다. 아쉽게도 다른 벤더의 자바 가상 머신에는
포함되어 있지 않으며 오라클에서 제공하는 것이라도 자바 런타임 환경에서는
이 기능을 제공하지 않는다.

JMC는 앞서 설명한 JConsole이나 VisualVM에 비해서 좀 더 상세한 기능과
시각적 화면을 제공하고 있으며 별도의 추가 플러그인들을 다운로드해서 적용
할 수도 있다.

---

7 VisualVM에 대한 자세한 정보는 다음 URL에서 얻을 수 있으며 기본적인 사용법부터 플러그인 개발 방법까
지 매우 자세하게 나와 있으니 필요 시 참고하면 좋다. *http://docs.oracle.com/javase/8/docs/technotes/guides/
visualvm/index.html*

12.5.1 JMC 클라이언트 사용

JMC는 이클립스의 RCP 기반으로 개발된 애플리케이션이며 이클립스와 마찬가지로 별도의 플러그인을 사용할 수 있고 직접 확장할 수도 있다.

JMC는 크게 3가지 모듈로 구성되어 있으며 각각의 내용은 다음과 같다.

- JVM 브라우저: 실행 중인 자바 가상 머신 목록을 보여준다. 이 목록을 통해 모니터링할 자바 가상 머신에 접속할 수 있다. 또한, 한 번에 여러 개의 자바 가상 머신에 접속해서 모니터링할 수 있는 기능도 제공한다.
- JMX 콘솔: 자바 가상 머신에 접속해서 상태 정보를 수집하고 그 결과를 실시간으로 그래픽하게 보여준다. 또한 MBean을 통해 운영 중 속성 정보를 변경할 수 있는 기능을 제공한다.
- Java Flight Recorder(JFR): 성능 모니터링 결과 및 프로파일링 결과 정보를 레코딩하여 저장하는 기능을 제공하며 JMC에서 가장 중요하게 생각하는 기능이다.

JMC는 자바 가상 머신에 연결할 때 다른 모니터링과 마찬가지로 JMX 에이전트 기능을 사용한다. 그러므로 앞서 JConsole에서 언급한 것과 같이 모니터링할 자바 가상 머신의 원격 JMX 옵션이 켜져 있어야 원격 접속이 가능하다(로컬 모니터링은 해당 옵션과 관련 없이 모니터링이 가능하다).

JMC를 실행시키기 위해서는 자바 개발 도구(JDK)의 bin 디렉터리에 있는 jmc 명령을 실행시키면 된다. 실행하고 나면 왼쪽의 [JVM Browser] 탭에 자바 가상 머신 목록이 나타나고 해당 항목 하위에 있는 [MBean Server]를 더블클릭하면 자바 가상 머신에 대한 모니터링이 시작된다(그림 12-10).

그림 12-10을 보면 다른 모니터링 화면에 비해서 훨씬 가시적이고 화려한 UI를 볼 수 있다. 그리고 여러 가지 모니터링 탭들을 통해 세부 정보를 추가로 확인할 수 있다. 각 탭의 내용은 다음과 같다.

- Overview: 자바 가상 머신의 성능에 대한 요약 정보가 표시된다. 특별한 설정 변경을 하지 않으면 CPU 사용률과 메모리 사용률에 대한 정보를 확인할 수 있고, 오른쪽 상단의 [+] 아이콘을 클릭해 그래프로 표시하고자 하는 속성 정보를 추가할 수 있다.
- MBean Browser: JMX를 통해 자바 가상 머신의 MBean 정보를 확인할 수 있는 탭으로, MBean의 속성과 명령을 실행할 수 있다.

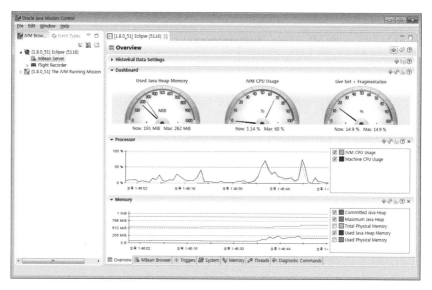

그림 12-10 JMC 모니터링 화면

- Triggers: 모니터링하는 항목의 임계치를 정의하고 설정한 값 이상의 상태가 되면 이를 알려주는 기능을 제공한다. 예를 들어 스레드 수가 1000개 이상일 경우 이를 감지해서 JMC의 콘솔에 정보를 남기거나 로그에 기록하거나 이메일 등을 전송해서 정보를 제공할 수 있다.

- System: 자바 가상 머신이 운영되는 시스템 정보를 표시한다. 주로 운영체제와 사용하는 자바 버전, 디렉터리 정보 등을 표시한다. 그 외에 자바 가상 머신을 실행시킬 때 사용한 시스템 속성 혹은 기본적으로 설정되어 있는 속성 정보를 표시한다.

- Memory: 자바 가상 머신의 메모리 정보를 표시하며 VisualVM에서 표시했던 메모리 프로파일링 기능과 유사하다. 힙 메모리를 차지하고 있는 자바 객체와 그 용량을 함께 표시한다. 또한 힙 메모리에 대한 GC 정보를 표시해서 GC의 수행 횟수, Old/Eden/Survivor 등에 대한 상태 정보를 확인할 수 있다.

- Threads: 자바 가상 머신에서 동작하고 있는 스레드 목록을 확인할 수 있으며 해당 스레드가 소모하고 있는 CPU 시간을 함께 확인할 수 있다. 특히 대기하고 있는 스레드, 데드락이 걸린 스레드, 죽지 않고 계속 살아 있는 스레드 등을 함께 확인할 수 있다.

- Diagnostic Commands: 상세 모니터링 정보를 수집하기 위한 명령을 수행할 수 있다. 예를 들어 VM.flags 항목에 대해 Execute 명령을 실행시키면 자바 가상 머신을 실행시킬 때 사용한 VM 옵션을 확인할 수 있다.

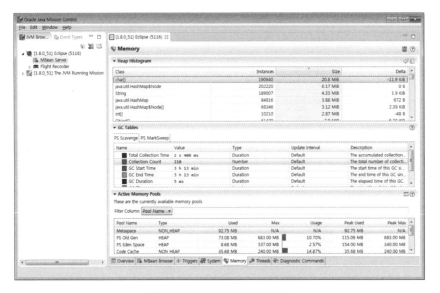

그림 12-11 JMC 메모리 모니터링 화면

12.5.2 Flight Recorder

Flight Recorder란 비행기에서 블랙박스에 운행 정보를 기록하는 것을 의미하며 JMC에서는 모니터링한 결과를 저장하는 기능을 말한다. VisualVM에서는 스냅샷이라는 기능을 통해서 모니터링한 정보를 저장하고 불러올 수 있듯이 JMC에서는 Flight Recorder를 통해서 해당 기능을 사용할 수 있다. 사용 시 주의할 점은 Flight Recorder는 상용 라이선스가 있어서 운영 환경에서 사용하기 위해서는 비용을 지불해야 한다는 것이다. 그러나 비용을 지불하지 않고 사용하더라도 사용상 제약이 있거나 별도의 라이선스 파일 혹은 라이선스 키 등을 요구하지는 않는다.

Flight Recorder는 기존 모니터링 화면과 유사하지만 다른 시각으로 분석할 수 있는 그래프 화면을 제공하며, 무엇보다도 이 기능을 통해 모니터링한 결과를 파일로 저장할 수 있는 장점이 있다(그림 12-12).

12.5.3 JMC 플러그인 관리

JMC는 이클립스의 플러그인 관리 기능과 동일한 플러그인 기능을 사용하고 있으며 [Help]-[Install New Software]를 선택하면 원하는 기능을 추가할 수 있다. 현재 선택할 수 있는 플러그인은 Console Plug-ins, DTrace Recorder, Flight Recorder Plug-in, Heap Analysis 정도이다.

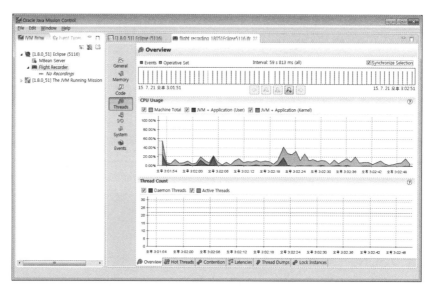

그림 12-12 Flight Recorder 화면

이상으로 Java Mission Control에 대해서 알아봤다. 만일 운영 환경이 오라클 자바 가상 머신이라면 꼭 사용해보길 권하며 모니터링할 때에 많은 도움을 받을 수 있을 것이다.[8]

12.6 JDK에서 제공하는 유용한 명령어들

자바에서 제공하는 JDK(JRE에는 포함되어 있지 않을 수 있다)에 포함되어 있는 많은 명령어는 개발자들이 실제로 사용하는 경우는 그리 많지 않고 대부분 통합 개발툴을 이용해서 활용하게 된다. 이 중에서 알아두면 매우 유용한 기능들이 있다. 앞에서 설명한 JConsole, VisualVM, Java Mission Control 외에 기능은 간단하지만 유용한 유틸리티성 명령어에 대해서 알아보겠다.[9]

12.6.1 jps – 자바 애플리케이션 목록 조회

현재 서버에서 실행되고 있는 자바 애플리케이션 목록을 조회하기 위해서는 유닉스/리눅스에서는 ps 명령어를 이용하고 윈도우에서는 작업관리자를 통해 PID 값을 확인한다. 이때 많은 프로그램 중 자바 관련 내용을 뽑아내기 위해서는

---

8 최신 정보와 상세한 내용은 *https://docs.oracle.com/javacomponents/index.html*에서 확인할 수 있다.

9 자바 개발 도구에 포함되어 있는 명령에 대한 설명은 다음 URL에 상세히 나와 있다. *http://docs.oracle.com/javase/8/docs/technotes/tools/windows/index.html*

grep 명령을 혼용해야 한다.

특히 윈도우 환경에서는 작업관리자를 이용해야 하는데, 찾기가 매우 불편하고 해당 애플리케이션의 PID를 알아내기 위해서는 작업관리자의 속성도 변경해주어야 한다. 이럴 때 jps 명령어를 사용하면 현재 운영체제 환경에서 실행되고 있는 자바 애플리케이션 목록을 PID 값과 함께 조회할 수 있다.

특별한 옵션 없이 jps를 실행하면 다음과 같은 결과를 확인할 수 있다(그림 12-13).

그림 12-13 jps 실행 결과

위의 그림과 같이 jps 명령만 실행시키면 PID 값과 해당 자바 애플리케이션 실행을 위한 메인 클래스를 보여주는데 정보가 부족하다면 l, m, v, V 옵션을 이용해서 패키지명과 파라미터 값 등도 화면에 출력시킬 수 있다.

12.6.2 jstat – 자바 애플리케이션 상태 조회

이 명령어를 이용하면 지정한 자바 애플리케이션의 PID를 기준으로 모니터링하고 상태 정보를 출력해 준다. 단, 이 명령을 통해 출력된 상태 정보는 검증되지 않은 기초적인 정보이며 공식적으로 그 내용을 보장하지는 않고 참고용으로만 사용할 수 있다.

모니터링하고자 하는 옵션을 선택하고 자바 애플리케이션의 PID를 지정해 주면 그 결과를 알 수 있다. 우선 사용할 수 있는 옵션을 확인하기 위해서는 다음 명령을 실행시킨다.

```
jstat –options
```

이 명령을 실행시키면 jstat를 통해서 모니터링할 수 있는 옵션 목록을 확인할 수 있으며 주로 가비지 콜렉션 관련 내용과 더불어 클래스 로딩 관련된 항목을 지정할 수 있다.

예를 들어서 PID가 2373인 자바 애플리케이션의 GC 상태를 1초(1000밀리초) 간격으로 확인하고 싶다면 다음과 같이 명령어를 수행하면 된다.

```
jstat -gc 2373 1000
```

이 명령어를 수행하면 그림 12-14와 같이 1초 간격으로 GC 상태 정보가 출력된다.

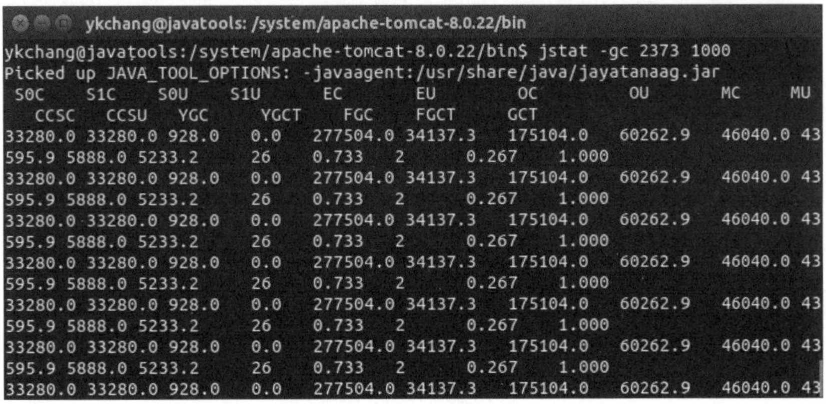

그림 12-14 jstat 실행 결과

12.6.3 jcmd – 진단 정보 조회

이 명령은 자바 애플리케이션에 진단 명령을 수행하여 그 결과를 확인하는 명령어이다. 아무런 옵션을 주지 않거나 -l 옵션을 적용해서 실행하면 jps와 마찬가지로 현재 머신에서 동작하고 있는 자바 애플리케이션의 목록이 조회된다.

예를 들어 PID가 2373인 자바 애플리케이션에 대한 진단 정보를 수집하기 위해서는 다음과 같은 명령어를 실행시키면 된다.

```
jcmd 2373 PerfCounter.print
```

이 명령어를 실행시키면 그림 12-15와 같이 해당 자바 애플리케이션에 대한 현재 진단 정보를 출력하게 된다.

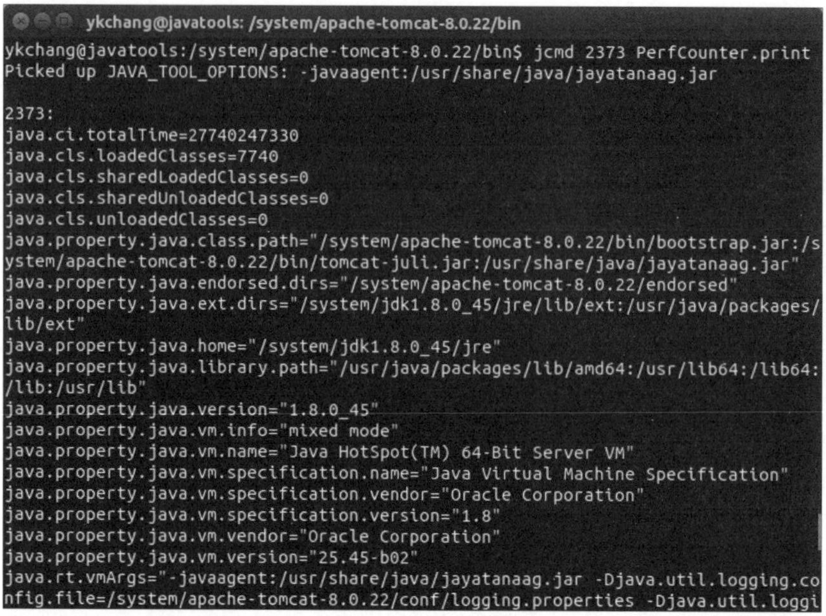

그림 12-15 jcmd 실행 결과 화면

12.6.4 jinfo – 자바 설정 정보 조회

jinfo를 이용하면 현재 실행되고 있는 자바 애플리케이션의 설정 정보를 확인할 수 있다. 일반적으로 자바 애플리케이션을 실행할 때 클래스 패스, 가비지 컬렉션 설정 등 많은 파라미터를 전달하게 되는데 이때 파라미터가 많아서 전체 파라미터 값을 확인하기가 매우 어렵다. ps 명령으로 확인하기에는 한계가 있기 때문에 파라미터 값을 간단하고 쉽게 확인할 때 jinfo는 유용하게 사용된다.

자바 애플리케이션의 설정 정보를 확인하기 위해 먼저 jps로 원하는 애플리케이션의 PID를 구하고 jinfo를 수행하면 된다. 예를 들어 PID가 2373일 경우 다음과 같이 수행하도록 하자.

```
jinfo 2373
```

이 명령을 수행하면 그림 12-16과 같은 결과 화면을 얻을 수 있다. 아래 그림을 보면 실행된 JDK 정보와 애플리케이션의 정보 및 파라미터들을 확인할 수 있다.

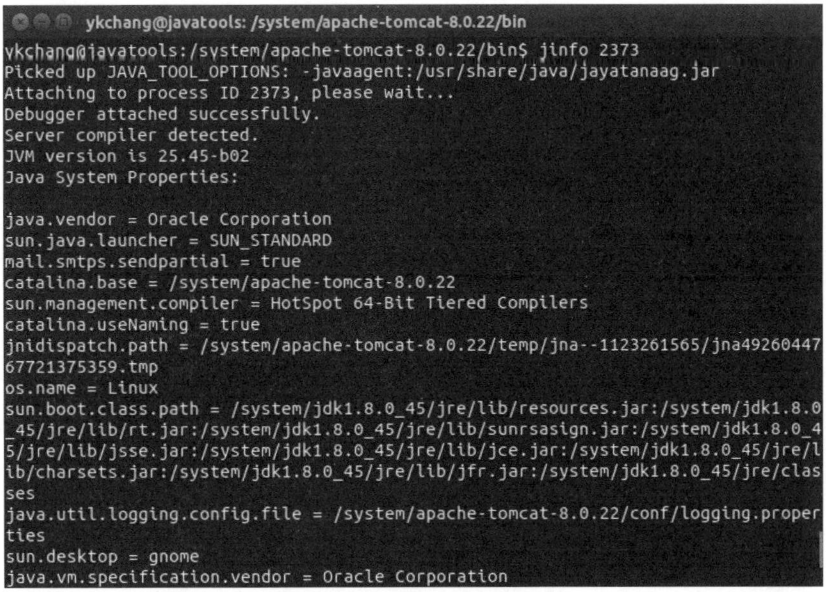

그림 12-16 jinfo 실행 결과 화면

일부 유닉스 및 리눅스 환경에서 jinfo나 jmap 같은 명령어를 실행하면 다음과
같은 에러가 발생하는 경우가 있다.

```
Error attaching to process: sun.jvm.hotspot.debugger.DebuggerException: Can't
attach to the process
```

주로 리눅스 장비에서 이런 에러를 많이 접하게 되는데 이는 리눅스 커널의
ptrace 기능 관련 문제로 다음 명령을 실행해 주면 jinfo나 jmap이 정상적으로
동작한다.

```
echo 0 | sudo tee /proc/sys/kernel/yama/ptrace_scope
```

경우에 따라서는 64비트 운영체제의 64비트 JDK에서 실행하고 있다면 64비트
모드로 정보를 조회할 필요가 있으며 이러한 경우 jinfo –d64 <PID> 형태로 실행
하면 된다.

12.6.5 jmap – 힙 메모리 덤프

jmap은 자바 애플리케이션의 메모리 정보를 화면에 출력하거나 파일로 저장
해 주는 기능을 한다. 일반적으로 자바 애플리케이션에 문제가 발생했을 때 제
일 먼저 하는 것이 스레드 덤프를 확인하여 어떤 스레드가 동작하고 있는지 확

인하는 일이다. 그 이후에 힙 덤프 파일을 생성해서 메모리에 어떤 파일들이 로
딩되어 있는지 확인한다. 메모리 정보를 덤프하기 위해서는 여러 가지 방법이
있지만 가장 쉬운 것이 앞서 설명한 jmap 명령을 이용하는 것이다. 간단히 jmap
<PID> 형태로 수행하면 정보를 화면에 출력시키는데 일반적으로는 다음 명령을
이용하여 덤프 파일을 생성시킨다. 예를 들어 PID가 2373인 자바 애플리케이
션을 tomcat_dump_20150724.bin이라는 파일로 저장하려면 다음과 같이 하면
된다.

```
jmap —dump:live,file=tomcat_dump_20150724.bin 2373
```

위의 명령을 실행시키면 명령을 실행시킨 위치에 해당 파일명이 저장되는데 VI
나 텍스트 에디터로 열게 되면 바이너리 형태의 파일이라서 열리지가 않는다.
이 파일의 분석은 이어서 설명할 jhat 명령을 이용해야 한다.

12.6.6 jhat – 메모리 덤프 정보 분석

jhat은 jmap으로 생성한 메모리 덤프 파일을 분석해 주는 명령어이다. Jhat은
jmap으로 생성한 덤프 파일을 파라미터로 지정해서 실행시키면 된다. 이때 덤프
파일을 분석한 후 웹서버 데몬으로 실행하면 웹 브라우저로 접속해서 그 결과를
확인할 수 있다. 예를 들어 덤프 파일명이 tomcat_dump_20150724.bin이라면
다음과 같이 실행하면 된다.

```
jhat tomct_dump_20150724.bin
```

위의 명령을 실행시키면 그림 12-17과 같이 HTTP 데몬이 실행되는 것을 확인할
수 있고 서비스되는 포트도 출력된다.

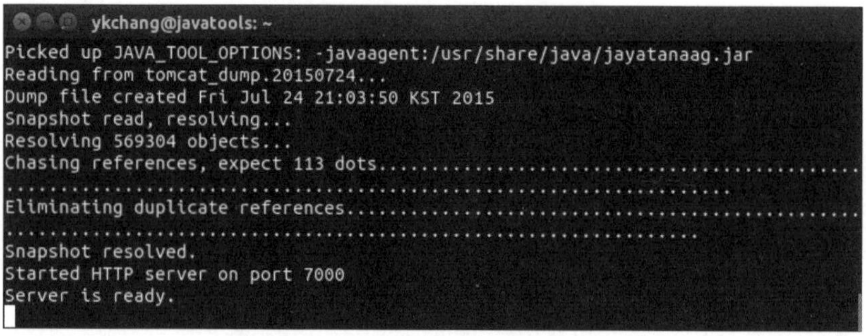

그림 12-17 jhat 실행 결과 화면

기본 포트 번호는 7000번이며 웹 브라우저로 접속해서 확인해 보면 덤프한 파일의 정보를 HTML 형태로 확인할 수 있다(그림 12-18).

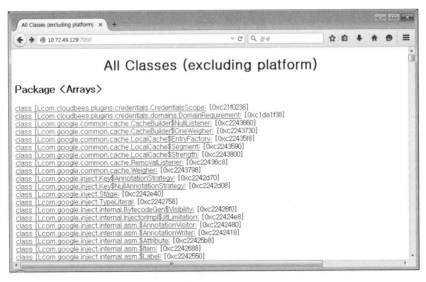

그림 12-18 jhat 내용 확인 결과

링크를 클릭하게 되면 로딩된 클래스의 정보를 추가적으로 확인할 수 있으며 화면 하단으로 스크롤하게 되면 메모리에 로딩된 클래스 및 패키지 외에도 힙 메모리 히스토그램 등을 확인할 수 있다.

12.6.7 jstack – 스레드 덤프

자바의 가장 큰 특징 중 하나가 멀티스레드 기능으로, 자바가 처음 나왔을 때 C 언어와 비교해서 우위에 있다고 강조하는 것 중 하나였다. 하지만 멀티스레드는 개발자가 제대로 개발하지 않거나 Exception 처리를 통해 스레드 관리를 제대로 하지 않으면 오히려 역효과가 날 수 있다. 예를 들면 스레드가 생성된 후에 종료되지 않고 계속 가상 머신 내부에 멈춰있는 경우도 있고 JDBC 프로그래밍의 실수로 DB상에 DeadLock이 발생하여 스레드가 멈출 수도 있다. 이러한 경우 현재 스레드의 목록과 각 스레드가 어떠한 일을 하고 있는지 확인하여 문제를 해결할 수 있는 단서를 찾을 수 있는데 이를 '스레드 덤프'라고 한다. 이와 같이 현재 자바 가상 머신상에서의 스레드 덤프를 생성할 수 있는 명령어가 jstack이다.

스레드 상태를 확인하기 원하는 자바 애플리케이션의 PID를 파라미터로 전달하면 결과를 확인할 수 있다. 예를 들어 PID가 2373이면 다음과 같이 실행하면 된다.

```
jstack 2373
```

이 명령을 실행하면 현재 실행되고 있는 자바 애플리케이션의 스레드 목록과 상태, 그리고 스택 트레이스 정보를 얻을 수 있다(그림 12-19). 이 정보를 파일로 저장하고 싶다면 '>'를 이용해서 파일로 저장하면 된다.

```
ykchang@javatools: ~
ykchang@javatools:~$ jstack 2373
Picked up JAVA_TOOL_OPTIONS: -javaagent:/usr/share/java/jayatanaag.jar
2015-07-24 21:46:08
Full thread dump Java HotSpot(TM) 64-Bit Server VM (25.45-b02 mixed mode):

"Attach Listener" #68 daemon prio=9 os_prio=0 tid=0x00007fac60002800 nid=0xbde w
aiting on condition [0x0000000000000000]
   java.lang.Thread.State: RUNNABLE

"JmDNS(fe80:0:0:0:a00:27ff:fe51:f22%eth0.local.).State.Timer" #53 prio=5 os_prio
=0 tid=0x00007fac90890800 nid=0x9a9 in Object.wait() [0x00007fac3a9cf000]
   java.lang.Thread.State: TIMED_WAITING (on object monitor)
        at java.lang.Object.wait(Native Method)
        at java.util.TimerThread.mainLoop(Timer.java:552)
        - locked <0x00000000c2611028> (a java.util.TaskQueue)
        at java.util.TimerThread.run(Timer.java:505)

"JmDNS(fe80:0:0:0:a00:27ff:fe51:f22%eth0.local.).Timer" #52 daemon prio=5 os_pri
o=0 tid=0x00007fac90722000 nid=0x9a8 in Object.wait() [0x00007fac4d35d000]
   java.lang.Thread.State: TIMED_WAITING (on object monitor)
        at java.lang.Object.wait(Native Method)
```

그림 12-19 jstack 실행 결과 화면

현재 제공되는 많은 모니터링 관련 유틸리티들이 기본적으로 스레드 덤프 기능을 제공한다. JConsole, VisualVM, JMC 등이 그렇고 WAS 제품인 톰캣, 웹로직, 웹스피어 등에서도 해당 기능을 제공하고 있다. 이렇게 많은 도구에서 스레드 덤프 기능을 제공하는 이유는 그만큼 스레드 모니터링이 중요한 모니터링 항목이기 때문이다.

Jstack이 많이 사용되는 이유는 간편하게 명령어 한 번이면 데이터를 얻을 수 있기 때문이다. 개인이 혼자 사용하는 환경이라면 각종 도구를 연결하기가 쉽지만 많은 사용자가 사용하고 있는 시스템이라면 도구 연결이 쉽지 않다. Jstack 명령과 유닉스의 다양한 도구들을 조합해서 많이 활용하고 있다.

12.7 요약

이번 장에서는 자바 개발 도구에 기본으로 포함되어 있는 유틸리티성 도구들에 대해서 알아봤다. 사실 많은 개발자가 자바 개발 도구를 설치한 이후에 해당 도구에서 제공하는 명령어를 직접 실행시켜서 활용하는 경우는 매우 드물다. 대부분 통합 자바 개발 도구를 이용하게 되고 컴파일, 실행, 디버깅 등을 클릭 한 번으로 실행할 수 있기 때문이다. 심지어 몇 번의 클릭만으로 모니터링 및 프로파일링까지 되는 경우도 있다.

하지만 이 책에서 한 장을 할애해서 JConsole부터 각종 jxxx 명령어들을 알아본 이유는 서버 개발을 많이 하면 할수록 명령행 기반의 데이터 처리가 대단히 유용하기 때문이다.

다만 이번 장에서 설명한 많은 명령어들과 소프트웨어들의 용어가 자바의 가상 머신에 대한 이해, 특히 가비지 컬렉션에 대한 기초적인 지식이 없이는 이해하기가 매우 어렵기 때문에, 우선 자바 언어의 내부적인 구조에 대해서 이해하고 사용해야 더 좋은 효과를 얻을 수 있다.

이번 장에서 설명한 많은 유틸리티 도구에 익숙해지길 바라며 해당 도구들이 제공하는 데이터들이 의미하는 것이 무엇인지 이해하도록 하자.

장

Practical **Java** **Utility**

인텔리제이 IDEA를 이용한 연계

13.1 들어가며

이클립스는 자바의 대표적인 개발 도구로 여전히 높은 점유율을 차지하고 있고 많은 기업에서 표준 자바 개발 도구로 사용하고 있다. 이클립스의 최대 장점은 무료라는 점과 계속해서 버전업이 되면서 기능이 보강되고 있다는 점, 대부분의 소프트웨어 및 개발 환경 들이 이클립스와의 호환성을 제공하고 있다는 점이다. 게다가 RCP 등을 이용해서 이클립스 플랫폼 기반의 애플리케이션을 만들거나 직접 수정할 수도 있다.

하지만 최근의 이클립스는 버전업에 따른 변화가 크게 느껴지지 않을 정도로 발전이 더뎌서 개발자들의 관심에서 벗어나고 있고, 또한 점점 무거워지고 느려지고 있다. 이렇게 이클립스가 정체되면서 개발자들로부터 인기를 끌기 시작한 도구가 바로 인텔리제이(IntelliJ) IDEA[1]이다.

이번 장에서는 인텔리제이 IDEA에 대해서 알아보고 상용 소프트웨어임에도 불구하고 왜 많은 개발자에게 인기를 얻고 있는지 알아보겠다.

- 인텔리제이 IDEA 소개
- 형상 관리 연계
- ANT, 메이븐, 그레이들 연계
- 젠킨스 연계

---

[1] 인텔리제이 IDEA : *https://www.jetbrains.com/idea/*

그리고 앞서 이클립스를 기반으로 연계 작업을 설명한 내용을 여기서는 인텔리제이 IDEA를 사용할 경우를 가정해서 어떻게 자바 프로젝트를 도와주는 도구들과 연동할지 설명할 것이다.

하나의 장에서 인텔리제이의 모든 기능을 설명할 수 없으니 여기에서는 앞서 설명한 소프트웨어와의 연계 위주로 설명할 것이며 자세한 세부 기능은 인텔리제이 IDEA의 홈페이지에서 동영상과 문서로 확인하도록 하자.[2]

13.2 인텔리제이 IDEA에 대한 이해

인텔리제이 IDEA 역시 자바 SE와 자바 EE 기반의 개발을 주된 목표로 하고 있다. 이클립스 환경에 이미 익숙한 사람은 개발 도구에서 언급하는 용어나 환경의 차이만 이해하면 금방 사용할 수 있을 정도로 쉽게 구성되어 있다. 이번 절에서는 인텔리제이 IDEA의 특징과 라이선스 정책 그리고 이클립스와의 차이점에 대해서 알아보겠다.

13.2.1 인텔리제이 IDEA의 특징

인텔리제이 IDEA는 제트브레인(JetBrains)에서 개발한 통합 자바 개발 도구이다. 제트브레인은 자바 개발 도구 외에 지속적 통합 도구(TeamCity), 닷넷, 루비, PHP 등 다양한 언어를 위한 소프트웨어를 제공하고 있다.

이 중 자바 환경을 위한 인텔리제이는 다소 비싸지만, 개발자들 사이에 입소문이 퍼지면서 개발의 생산성을 높이고 개발자들의 만족도를 높이기 위해 표준 개발 환경으로 선정하는 회사가 늘어가는 추세다.

도구가 좋고 나쁨을 직접적으로 비교하고 평가하기는 매우 어렵지만 인텔리제이를 사용해본 개발자들이 첫손에 꼽는 장점은 소스 코딩 지원 기능이 뛰어나다는 점이다. 다른 도구에 비해서 개발자들을 위한 세밀한 배려가 돋보인다는 평이다. 이클립스라는 무료로 사용할 수 있는 도구가 있음에도 불구하고 상용 제품을 사서 사용할 때는 분명히 이유가 있을 것이다. 다음은 인텔리제이에 대한 개발자들의 평을 정리한 것이다.

- 빠른 속도: 인텔리제이는 이클립스나 넷빈즈 등 타 자바 개발 도구에 비해서 매우 빠르게 실행되며 개발 작업 시에도 상대적으로 빠른 응답 속도를 자랑한다.

2 *https://www.jetbrains.com/idea/documentation*

- 화려한 UI: 자바 개발 도구들은 대체로 투박하다. 대부분 자바 언어에서 지원하는 UI를 이용하였기 때문인데 인텔리제이는 깨끗하고 선명한 UI를 제공하고 있으며 화면 레이아웃이나 표현이 매우 정교하다. 또한 단순히 화려하고 세련된 것만을 추구하는 것이 아니라 UI의 배치나 인터페이스가 개발자 친화적이라는 의견이 많다.
- 빠른 업데이트: 최신의 자바 개발 추세를 반영하여 유행하는 유틸리티나 기능들을 빠르게 수용하여 제공하고 있다.

반대로 오랜 기간 동안 이클립스를 사용한 개발자들은 다소 생소한 화면과 기존 이클립스에서 사용하던 단축키와 워크스페이스 기능, 프로젝트 연관 관계 등의 기능을 사용하지 못하는 것 때문에 거부감을 갖기도 한다. 그리고 무엇보다도 상당히 고가라는 점은 개발자들이 선뜻 구입하지 못하고 망설이는 요인이기도 하다.

13.2.2 다운로드 및 설치

인텔리제이는 공식적으로 윈도우, 맥 OS, 리눅스를 지원하고 있으며 무료로 사용할 수 있는 커뮤니티 에디션과 상용으로 제공되는 얼티멋 에디션, 이렇게 2가지가 있다. 비록 상용이긴 하지만 30일 무료 사용이 가능하고 그 이후에는 비용을 지불해야 사용할 수 있다. 두 에디션을 비교한 내용은 표 13-1과 같다.

분류	커뮤니티 에디션	얼티멋 에디션(커뮤니티 에디션 기능 포함)
IDE 기능	· Darcula 테마 · 안드로이드 · 메이븐, 그레이들, Ant 빌드 도구 · 단위 테스트 및 코드 커버리지 · 이슈 트래킹 연계 · 로컬 히스토리 · 스윙 GUI 디자이너 · 이클립스 프로젝트 호환성 · 코드 스펠링 검사기 등	· 데이터베이스 도구 · UML 디자이너 · 연관 구조 매트릭스 · 코드 중복 감지

지원 언어	· 자바 · 스칼라(Scala) · 그루비(Groovy) · 코틀린(Kotlin) · 클로저(Clojure) · XML, XSD, DTD · 정규 표현식 · Dart	· HTML, CSS · 자바스크립트, 커피스크립트, TypeScript · 액션스크립트 · Freemarker, Velocity · XSL, XPath · SQL · 루비, JRuby · 파이썬 · PHP
프레임워크	지원 안 함	· 스프링 프레임워크 · 자바 엔터프라이즈 에디션 · JPA, 하이버네이트 · GWT · Grails · Play 프레임워크 · JBoss Seam · Struts · Griffon · Node.js · Rails, RubyMotion 등
애플리케이션 서버	지원 안 함	· 톰캣 · 웹로직 · 웹스피어 · JBoss · GlassFish 등
버전 관리	· Git, GitHub · 서브버전(Subversion) · Git · 머큐리얼(Mercurial) · CVS	· Team Foundation Server · ClearCase · Perforce · Visual SourceSafe

표 13-1 인텔리제이 에디션별 차이[3]

위의 표를 보면 얼티멋 에디션과 커뮤니티 에디션 간의 기능 차이가 생각보다 크다. 커뮤니티 에디션은 웹 애플리케이션 및 엔터프라이즈 애플리케이션 개발 기능을 지원하지 않는다. 그래서 웹 애플리케이션 개발자의 경우 얼티멋 에디션 을 구입해서 사용해야 한다.

얼티멋 에디션은 다시 기업용 라이선스와 개인용 라이선스로 구분해서 구입 할 수 있는데 그 내용은 다음과 같다.

---

3 상세 비교 자료는 *https://www.jetbrains.com/idea/features/editions_comparison_matrix.html*에서 확인할 수 있다.

- 기업용 라이선스: 회사에 소속되어 있는 누구나 사용할 수 있는 라이선스지만 동시에 사용(실행)할 수 있는 수가 계약되어 있는 수를 넘어설 수 없다. 또한 회사에 소속되어 있지 않은 사람이 해당 라이선스를 사용할 경우 동시 사용자 수를 넘지 않더라도 라이선스상 문제가 될 수 있다.
- 개인용 라이선스: 구입한 개인만이 사용할 수 있는 라이선스로 구입한 사용자 외에는 사용할 수 없다. 본인이 소유하고 있는 모든 개발 환경에 설치해서 사용할 수 있으며, 해당 라이선스를 이용해서 상업용 소프트웨어 개발도 가능하다.

이 책에서는 인텔리제이 커뮤니티 에디션으로 설명할 것이다. 얼티멋 버전의 기능이 필요한 부분은 설명에서 제외할 것이며 필요하다면 인텔리제이의 매뉴얼을 참조하기 바란다.

인텔리제이를 구입하기로 결정했다면 부활절이나 크리스마스와 같은 기념일까지 기다려 보는 것이 좋다. 이런 특별한 날에 대대적인 할인 행사를 진행하거나 타 제품과 함께 패키지로 판매하는 경우가 많기 때문이다.

13.2.3 이클립스와의 차이점

자바 개발 도구를 선택할 때 가장 기준이 되는 비교 대상은 바로 이클립스이다. 이클립스는 2000년도에 처음 세상에 알려진 이후 15년 넘게 지속적으로 발전하고 개선한 도구이다 보니 많은 자바 개발자에게 JDK보다 더 익숙한 개발 도구가 되었기 때문이다. 이렇게 이클립스에 익숙한 상태에서 인텔리제이를 이용해서 자바 프로그래밍을 해보면 2가지 면에서 큰 차이점을 느끼게 되는데 그 내용은 다음과 같다.

- 워크스페이스(Workspace)가 없다: 이클립스의 워크스페이스처럼 여러 프로젝트를 모아놓고 연관 관계를 설정해서 개발하는 방법이 없다. 인텔리제이는 오직 한 번에 하나의 프로젝트만을 사용할 수 있으며, 내부적으로 모듈이라는 개념을 통해 논리적으로 소프트웨어 자원을 분리할 수 있디.
- 퍼스펙티브(Perspective)가 없다: 이클립스는 프로젝트의 유형에 따라 화면 UI가 동적으로 변하는데 이를 퍼스펙티브라고 한다. 인텔리제이에는 퍼스펙티브라는 개념이 없고 오직 고정된 화면 레이아웃을 사용하며 필요한 환경에 따라 창을 통해서 볼 수 있는 내용이 달라진다.

이 중 가장 당황스러운 것이 바로 워크스페이스가 없다는 점인데 용어 차이가 있긴 하지만 이클립스와 인텔리제이를 구조적으로 비교해 보면 표 13-2와 같다.

이클립스	인텔리제이
Workspace	Project
Project	Module
Facet	Facet
Library	Library
JRE	SDK
Classpath variable	Path variable

표 13-2 Thread Group의 속성들

위의 표를 보면 용어에 차이가 있다. 인텔리제이는 최상위 그룹이 프로젝트이고 모듈이 그다음 단계이다. 이클립스에서의 워크스페이스와 프로젝트의 관계로 이해하면 된다.

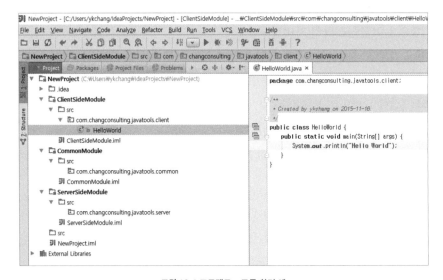

그림 13-1 프로젝트 – 모듈 화면 예

인텔리제이에 빠르게 적응하기 위해서는 반드시 프로젝트와 모듈이라는 개념을 이해해야 한다. 용어적으로 그리고 기능적으로 다음과 같이 프로젝트와 모듈을 정의할 수 있다.

- 프로젝트: 프로젝트는 하나의 소프트웨어를 정의하는 개념이다. 프로젝트

는 소스 코드, 이미지, 문서 및 스크립트 파일 등은 포함하고 있지 않으며 오직 모듈에 대한 정의, 연관 관계, 라이브러리 등 소프트웨어와 관련된 정의만 한다.

- 모듈: 하나의 프로젝트는 여러 개의 모듈을 가진다. 모듈은 프로젝트 내에서 다른 모듈이나 소스 코드와 연관된 파일들을 구분하고 컴파일, 실행, 디버깅 등의 단위 역시 분리시킬 수 있다.

프로젝트 내에 정의되어 있는 모듈의 구성과 연관 관계 등은 [File]-[Project Structure] 메뉴에서 쉽게 정의하고 변경할 수 있다(그림 13-2).

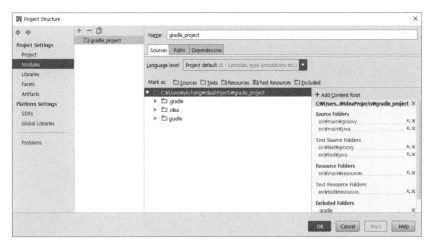

그림 13-2 프로젝트 구조 정의

이클립스를 오래 사용하다 보면 프로젝트별로 화면이 변경되는 퍼스펙티브 개념에 익숙할 것이다. 자바 개발을 할 때와 팀 작업을 할 때, 혹은 C나 PHP 프로그래밍을 할 때 UI가 동적으로 변경되는데 인텔리제이는 그러한 퍼스펙티브 개념이 아니다. 하지만 UI를 구성하고 한정된 개발 도구의 화면 레이아웃을 효율적으로 쓰기 위한 다른 방법을 제시하고 있다.

처음에 [View]-[Tool Windows] 메뉴에서 원하는 화면을 선택하면 이후 오픈한 화면들의 이력이 기록되고 아이콘을 클릭하기만 하면 손쉽게 화면을 볼 수 있다.

인텔리제이는 그림 13-3과 같이 화면 구성을 왼쪽, 오른쪽과 아래쪽에 배치할 수 있고 중앙에는 코드를 수정하는 에디터 영역이 들어오는데, 각 영역별로 숨겨져 있는 창을 선택해서 표시할 수 있다.

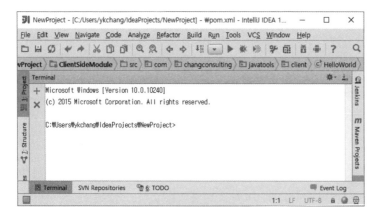

그림 13-3 도구 창 목록

또한 화면의 왼쪽 하단에 있는 모니터 모양의 아이콘에 마우스 커서를 올려 놓으면 앞서 설명한 [View]-[Tool Windows]에서 보이는 모든 메뉴를 확인할 수 있어서 별도로 메뉴를 선택해서 들어갈 필요 없이 바로 원하는 창을 볼 수 있다.

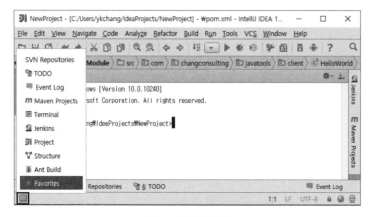

그림 13-4 창 선택 아이콘

인텔리제이에 이클립스 단축키를 적용해서 사용하면 우선 편리하겠지만 가급적 인텔리제이 단축키에 익숙해지는 것이 좋다. 같이 개발하는 동료들이 인텔리제이 환경에서 모두 이클립스 단축키를 사용할 거라고 기대할 수 없으며 인텔리제이의 모든 문서나 설명이 인텔리제이 단축키를 기준으로 하기 때문이다.

하지만 수년 동안 사용하던 단축키의 변화는 작업 능률에 영향이 크고 쉽게 적응하기 힘들다. 이러한 문제를 해결하기 위해 인텔리제이에서는 이클립스의 단축키를 그대로 사용할 수 있는 옵션을 제공한다. [File]-[Settings]-[Keymap]에서 다양한 개발 도구의 단축키를 선택할 수 있다(그림 13-5).

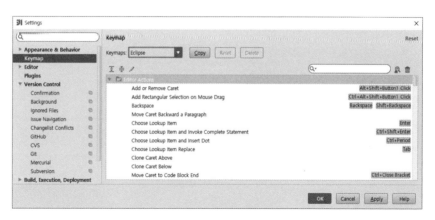

그림 13-5 단축키 선택

이러한 화면의 변화뿐만 아니라 몇 가지 개발 행동에 변화가 있는데, 대표적으로 인텔리제이는 저장을 따로 하지 않아도 변경분을 항상 자동으로 저장한다. 또한 이클립스는 소스 코드에 변경이 있으면 해당 프로젝트의 빌드 작업(컴파일)을 자동으로 실행하는데, 인텔리제이는 자동 컴파일 기능의 기본값이 꺼져 있어서 반드시 개발자가 빌드 작업을 실행시켰을 때만 컴파일 작업이 일어난다.

제트브레인 사(社)에서는 이클립스 개발자가 인텔리제이에 빠르게 적응할 수 있도록 관련 설명과 매뉴얼을 제공하고 있다.[4]

13.3 형상 관리 연계

인텔리제이는 Git, 서브버전, CVS, GitHub, 머큐리얼(Mercurial)[5]을 기본적으로 탑재해서 지원하고 있다. 여기서는 서브버전 설정 방법을 알아보자. 나머지 형상 관리 소프트웨어의 설정 작업 역시 동일하므로 서브버전만 익숙해지면 별다른 어려움 없이 사용할 수 있다.

인텔리제이에서는 서브버전 플러그인이 번들로 제공되므로 서브버전을 사용하기 위해서 별도의 설치 작업이 필요하지 않다. 특히 인텔리제이의 서브버전 플러그인은 별도의 서브버전 클라이언트의 설치도 필요 없다.

사용법은 매우 쉽다. 기존 서브버전 프로젝트를 체크아웃하려면 [VCS]-[Checkout from Version Control]-[Subversion]을 선택한 다음 원하는 서브버전 URL을 입력하면 된다(그림 13-6).

---

4 *https://www.jetbrains.com/idea/help/eclipse.html*
5 머큐리얼은 분산 형상 관리 기능을 지원하는 무료 소프트웨어다. 국내에는 아직 잘 알려져 있지 않다. *https:// www.mercurial-scm.org*

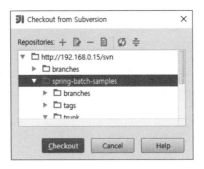

그림 13-6 서브버전 체크아웃

설정마다 다소 차이가 있지만 서브버전을 이용해서 체크아웃, 커밋, 업데이트 등의 작업을 수행할 때 다음과 같은 에러가 발생하는 경우가 있다.

```
Cannot run program "svn": CreateProcess error=2, The system cannot find the
file specified
```

이러한 에러는 인텔리제이의 서브버전 플러그인이 자체 서브버전 명령을 이용해서 처리하지 않고 외부의 서브버전 클라이언트와 연동해서 사용하도록 설정되어 있는 경우에 발생한다.

이 문제를 해결하기 위해서는 [File]-[Settings…]-[Version Control]-[Subversion]에서 'Use command line client' 옵션이 선택되어 있는지 확인해볼 필요가 있다.

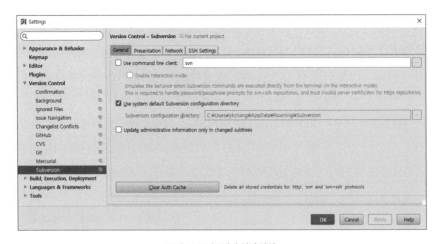

그림 13-7 서브버전 설정 작업

선택이 되어 있다면 외부 서브버전 클라이언트를 찾으니 반드시 선택을 해제해야 한다. 만일 서브버전 클라이언트를 사용하고 싶다면 이를 체크하고 PC에 설치되어 있는 서브버전 클라이언트의 위치를 지정해 주면 된다.

Git 혹은 GitHub 역시 메뉴명에만 차이가 있을 뿐 동일한 방식으로 처리하면 된다. 자세한 내용은 *https://www.jetbrains.com/idea/help/version-control-with-intellij-idea.html*에서 확인할 수 있다.

13.4 ANT, 메이븐, 그레이들 연계

인텔리제이의 커뮤니티 에디션에서는 ANT, 메이븐, 그레이들 기능을 사용할 수 있으며 해당 기능의 플러그인이 번들로 들어 있어서 별도의 설치나 변경 없이 바로 사용할 수 있다.

[File]-[New Project]를 선택하면 메이븐과 그레이들 프로젝트를 생성할 수 있는 옵션을 볼 수 있다(그림 13-8).

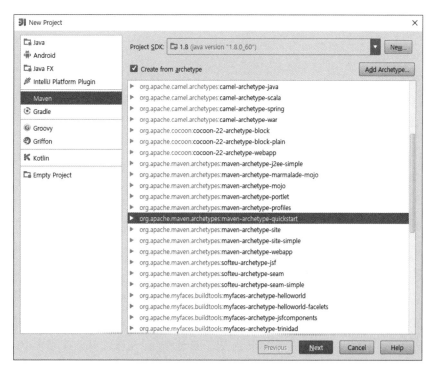

그림 13-8 메이븐의 Archetype 선택

특별히 메이븐 옵션을 선택할 때에는 위의 그림과 같이 Archetype으로 프로젝트를 생성할 수 있는 방법을 제공한다. 프로젝트를 생성하고 자바 프로그램을 작성한 다음 메이븐의 라이프사이클을 실행해야 하는데 이클립스에 익숙한 사람은 처음에 당황하게 된다. 프로젝트 메뉴에도 실행 메뉴에도 메이븐의 라이프사이클을 선택할 수 있는 화면이 나타나지 않기 때문이다. 이를 위해서는 [View]-[Tool Windows]-[Maven Projects]를 선택하면 그림 13-9와 같은 화면을 볼 수 있고 여기서 원하는 라이프사이클을 실행시키면 된다.

그림 13-9 메이븐 플러그인 창

그레이들도 메이븐과 큰 차이점은 없고 프로젝트 생성 시 그레이들을 선택한 후 그루비와 자바 기능의 사용 여부를 선택만 하면 된다.

이클립스와 마찬가지로 인텔리제이 역시 별도의 프로젝트로 ANT의 생성을 제공하는 것은 아니고, 이미 생성한 프로젝트에서 ANT의 빌드 파일을 추가할 수 있는 형태로 기능을 지원하고 있다. 또한 인텔리제이용 ANT 플러그인은 기본으로 포함되어 있어서 별도의 설치 작업 없이 바로 사용할 수 있다.

ANT 빌드 도구를 추가하기 위해서는 [View]-[Tool Windows]-[Ant Build] 메뉴를 선택하면 그림 13-10과 같은 창이 개발 툴에 보이게 된다. 여기서 [+] 아이콘을 클릭해서 빌드 파일을 선택한다. 빌드 파일은 xml 형태로 사전에 생성되어 있어야 한다.

그림 13-10 Ant 플러그인 창

13.5 젠킨스 연계

지속적 통합 도구로 많이 사용되고 있는 젠킨스의 경우 인텔리제이에서 공식적으로 플러그인을 제공하지는 않지만 별도의 플러그인 설치 작업을 통해서 연동할 수 있다.

　제트브레인에서 운영하고 있는 인텔리제이용 플러그인 홈페이지에서 수많은 플러그인들을 확인할 수 있으며 커뮤니티 에디션/얼티멋 에디션을 구분해서 조회할 수 있다.[6]

　젠킨스 플러그인[7]도 이 책을 쓰는 시점에는 안정화 버전인 1.0에 도달하지는 않았지만 테스트해본 결과 크게 문제는 없었다.

　플러그인의 설치는 앞서 설명한 홈페이지에서 검색해서 다운로드하고 설치하는 방법도 있지만 인텔리제이에서 직접 조회해서 설치하는 방법도 있다.[8] [File]-[Settings]-[Plugin]-[Browse Repositories…] 버튼을 클릭하면 앞서 홈페이지에서 본 항목들을 조회할 수 있으며 바로 설치한 후 사용할 수 있다(그림 13-11).

　플러그인을 설치하고 인텔리제이를 재시작하면 [View]-[Tool Windows] 메뉴에 [Jenkins] 메뉴가 추가된 것을 확인할 수 있으며 그림 13-12와 같이 [File]-[Settings] 메뉴를 클릭하면 [Other Settings]에 젠킨스 연계를 위한 설정 화면을 확인할 수 있다.

　이 화면에서 젠킨스에 연결하기 위한 URL 정보와 접속을 위한 사용자 이름, 비밀번호를 입력하면 인텔리제이에서 젠킨스와 연동해서 팀 작업을 수행할 수 있게 된다.

6　*https://plugins.jetbrains.com/?idea*
7　*https://plugins.jetbrains.com/plugin/6110?pr=idea_ce*
8　최근엔 방화벽으로 외부 접근이 막히거나 데이터센터와 같은 고립된 환경에서 개발이 필요한 경우가 있다. 이러한 경우는 홈페이지에서 사전에 플러그인을 다운로드하고 오프라인에서 설치하는 방법도 알아두는 것이 좋다.

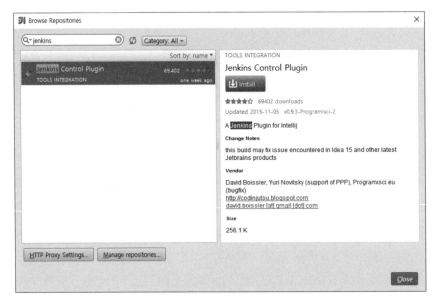

그림 13-11 젠킨스 플러그인 설치 화면

그림 13-12 젠킨스 연계 설정 화면

위와 같이 접속해야 할 젠킨스 서버 정보를 입력하고 나면 [View]-[Tool windows]-[Jenkins]를 선택할 수 있으며 해당 화면에서 젠킨스에서 관리하고 있는 작업 목록과 이에 대한 연동 작업을 진행할 수 있다(그림 13-13).

그림 13-13 젠킨스 작업 창

여기서는 젠킨스만 언급했지만 허드슨 플러그인을 이용한 연계도 가능하다. 또한 인텔리제이를 만든 제트브레인 사에서 나온 지속적 통합 도구인 TeamCity[9]도 있다. 상용 지속적 통합 소프트웨어 중 높은 인지도와 기능을 제공하고 있고 인텔리제이에서 바로 연동할 수 있는 기능도 제공하고 있다.

13.6 요약

이상으로 인텔리제이에 대해서 알아보았고 이 책에서 설명한 자바 프로젝트를 도와주는 유틸리티와 연동하는 방법에 대해서도 설명했다. 인텔리제이는 최근 자바 개발자들 사이에서 가장 각광받는 개발 도구이며, 고가이긴 하지만 직원의 복리 후생 차원에서 인텔리제이 얼티멋 에디션을 구입해서 제공하고 있는 기업들도 있다. 그만큼 높은 만족도와 생산성을 제공해 주기 때문이다.

특히 이 책에서 서술한 대부분의 기능들을 모두 충족할 수 있는 플러그인 및 기능들을 제공하고 있으며 다른 자바 개발 도구에 비해서 가볍고 빨라서 개발 PC의 자원 소모가 적고 동일한 환경에서 좀 더 쾌적하게 사용할 수 있다.

여기에서는 인텔리제이와 관련해서 다음의 내용은 설명하지 않았다. 그러므로 관심 있는 독자들의 경우 인텔리제이 매뉴얼을 참조해서 확인해 보기 바란다.

• 자바 소스 코드 작성, 컴파일, 실행 및 디버깅
• JUnit, TestNG 등을 이용한 단위 테스트
• 태스크 기능을 이용한 협업 관리

9 *https://www.jetbrains.com/teamcity*

개발자들 사이에서의 입소문과 명성, 그리고 좋은 기능에도 불구하고 여전히 매년 10~50여만 원을 지불해야만 쓸 수 있다는 점은 쉽게 결정하기 어려운 요소이다. 또한 이미 익숙해진 환경을 쉽게 버릴 수 없다는 점 역시 개발 환경을 인텔리제이로 옮기는 데 고민되는 부분이다. 그리고 그 누구도 절대 무시할 수 없는 점은 이클립스가 아직까지 무료라는 점이다.

하지만 인텔리제이를 통해 훌륭한 환경과 개발 생산성을 확보할 수 있다고 판단한다면 충분히 투자할 가치는 있다.

찾아보기